JN079311

中里城Ⅰ郭の空壕（中里町教育委員会提供）

丘陵上の曲輪を廻る空堀（からぼり）．平安時代にまでさかのぼる遺構

高館（たかだて）登り口付近

坂の上に2つの曲輪からなる高館がある．山麓の東北自動車道では，10～11世紀の集落跡が調査されている

島守館(しまもりたて)

段丘上に2つの曲輪を並べた城館で，本曲輪から二ノ曲輪（外館）を望む．天正19年九戸氏に加担したため，根城南部氏によって陥落した

空から見た一戸城

(一戸町教育委員会提供)

一戸南部氏の居城で，馬淵川右岸の段丘上に5つの曲輪が並ぶ．竪穴(たてあな)建物跡から馬印(うまのかね)が一対出土し，城主は一戸牧の司であった

伏津館空中写真（岩手県文化振興事業団埋蔵文化財センター提供）

山頂から中腹に 15 世紀の山城の遺構が展開し，豊富な出土遺物があった．路線敷以外の曲輪は現在も残る

双六館空中写真

（男鹿市教育委員会提供）

漁港を控えた海城の様子．15 世紀から 16 世紀の陶磁器類が採集されている．背景は寒風山

滝沢城と前郷(まえごう)地区空中写真（由利本荘市教育委員会提供）

河岸段丘上に城と城下が営まれた戦国期城館の好例．城は本丸と二ノ丸の二重の構えを持っていた

本堂城跡内館空中写真

（美郷町教育委員会提供）

仙北(せんぼく)平野に進出した平城で，現在は内館の地形が良好に残る．5キロ東方には山城の元本堂城．中間には、城下町の本堂城廻りに集落があり，慶長19年（1614）の絵図も現存している

飯村 均・室野秀文［編］

続・東北の名城を歩く 北東北編

青森・岩手・秋田

吉川弘文館

刊行のことば

少し前までの城郭探訪といえば、天守や櫓(やぐら)などが残る、近世大名の居城が中心であった。しかし、近年の城ブームは、建物が残らない石垣の山城のほか、土塁、空堀主体の土の城までが、城郭探訪の対象になってきた。これは城郭研究者の地道な調査研究の蓄積、さらには、各地で行われる中世城館の発掘調査成果により、中世城館の実像が、広く認識されてきたからにほかならない。

中世城館の多くは、直接の史料が伝わらないものがほとんどで、いつ誰が築き、どのような歴史があったのかなど、詳しい歴史がわからない。しかし、現実に城跡が存在するということは、その時代に、城館を拠点として、村や地域を命がけで守ろうとする人々がいた、まぎれもない証拠なのである。

中世城館は各地に広く分布しており、その数は意外と多い。皆さんのお住まいから、数キロ圏内にも、いくつかの城館跡が存在すると思う。城館跡の所在は、都道府県や各自治体教育委員会で把握されているので、問い合わせれば教えてもらえるし、最近は自治体のホームページでも埋蔵文化財の位置を発信している場合もある。普段の散歩やサイクリングコースに、城館跡もいれてみてはいかがだろうか。何度か探訪していくうちに、城の内容も分かってくれば、地域の歴史や魅力の再発見につながるだろう。

本書は、既刊の『東北の名城を歩く 北東北編』の続編として編集した。国や県指定史跡以外にも、身近なところに、多くの城館跡があることに気づくだろう。これを足掛かりに、さらに周辺の城館へと足を運んでいただけたならば、本書に関係したものとして、このうえない喜びである。

なお、編集にあたっては、青森県については工藤清泰氏、秋田県について高橋学氏に、城館の選定から執筆者の選定までご指導いただいた。明記して、感謝申し上げます。

令和三年八月

飯村　均
室野秀文

目次

秋田県

北東北の名城の立地・環境・類型

室野秀文

中世城館を歩き、学ぶ際の視角として、城館そのものの規模や構造はもちろんのこと、城館の立地条件や、周辺地形や街道、町、村との関係など踏まえながら、歩いてみると、より深く城館の実像に迫れるだろう。なお以下、前書とは『東北の名城を歩く 北東北編』を指す。

【拠点城館の立地条件】 中世城館を探るとき、まず、地域を代表する、大型の拠点城館に向かう人が多いと思う。規模の大きな城館は、土木工事量も大きく、堀や土塁（どるい）、曲輪や虎口（こぐち）もまた見事である。こうした代表的城館は、いわゆる拠点城館であり、室町・戦国時代の大名や、有力国人（こくじん）領主の居城である。拠点城館は必ずしも要害堅固な山城ではなく、主要河川や陸路に沿った、政治・経済の中心地に存在する。こうした場所の近くに、一段高く安定した段丘面や、低い丘陵の舌状（ぜつじょう）台地、河川近くでも水害を受けにくい微高地などに城を構えるのである。

この点をみても、当時の拠点城館は、必ずしも軍事的優位性のみを追求したものではない。むしろ、平時の物流や、人々の往来、市などの経済活動、産業活動、周辺農村部の農業経営とも密接に関係しながら、これらを掌握できる範囲で、適所に構築されていたとみるべきだろう。

このような地域支配の拠点として置かれた城館は、場所の特性を生かしつつ、地形的弱点を克服しながら城を縄張し、有事に備えていたのである。青森県八戸市**根城**（前書七五頁）、青森県青森市**浪岡城**（同一八頁）、岩手県二戸市**九戸城**（同一〇〇頁）、盛岡市**不来方城**（同一一七頁）、秋田県仙北市**角館城**（同二四四頁）などは、その好例である。角館城や青森県**三戸城**（同八五頁）は河川の合流点と街道を扼す山城であるが、根城と浪岡城・九戸城は河川に臨む段丘縁辺部にあり、城内の外曲輪内に街道が通じる。不来方城は北上川舟運の起点岩手津に近く、東側丘陵沿いには街道が通じ、伝馬宿がおかれていた。城は河川合流点の低丘陵に立地している。こうした拠点城館の周囲には、人々や物資が集散する市が開かれ、宗教的な要である大きな寺院や神社が存在する。不来方城近くには平安時代後期にさかのぼる丈六の十一面観世音を本尊とする仁王観世音堂や、伝説の三ツ石、斗米石、烏帽子岩の巨岩・奇岩があり、城に隣接して、城主福士氏菩提寺の東顕寺が存在した。人々の精神的支柱であった聖地もまた、拠点城館の存立に関係していたのである。

【川湊と城館】　岩手県内陸部から宮城県石巻へ流れる北上川は、古代から舟運が発達しており、人流・物流の大動脈だった。律令国家の城柵、胆沢城（奥州市）、志波城（盛岡市）、徳丹城（矢巾町）は、北上川と支流に面した立地であり、北上川とやや距離のある徳丹城では、大きな運河で川と城柵がつながれている。**久保田城**（秋田市・前書二二六頁）と**勅使館**（前書二二四頁）は、雄物川河口に面し、中世後期には、秋田湊を支配下湊安藤氏の**湊城**（本書一九四頁）へと引き継がれる。こうした舟運と城館の関係は、安倍氏の**鳥海柵**（前書一五六頁）、黒沢尻柵（北上市）にも認められる。

さらに、平泉藤原氏の**柳之御所遺跡**（前書一六六頁）、比爪氏の**比爪館**（前書一二七頁）などにもみられる。近年比爪館周辺では、北上川沿いの小路口・大銀・北条館などの遺跡で、関連遺跡が確認され、北上川との深いつながりが明らかになりつつある。大河川と城との関係は、中世後期になってさらに多くの事例がある。**栗谷川城**（本書一二〇頁）、斯波氏の**高水寺城**（前書一二三頁）、白鳥氏の**白鳥舘遺跡**（前書一五一頁）、**金ケ崎城**（本書一五八頁）などがある。また、馬淵（まべち）川沿いでは**根城**（前書七五頁）、**三戸城**（前書八五頁）、**九戸城**（前書一〇〇頁）津軽では**藤崎城**（前書五八頁）、**石川城**（前書五四頁）、**堀越城**（前書四九頁）、**大光寺城**（本書四八頁）など、枚挙にいとまがない。

【海の拠点城館と漁港を守る城館】　岩手県の三陸沿岸部や、青森県の太平洋沿岸、陸奥湾、青森県津軽から秋田県の日本海沿岸にも、大小の城館が多く分布している。秋田県男鹿市の**脇本城**（前書二一六頁）は、安藤氏が築いた壮大な山城である。男鹿半島の海に接した山の地形を巧みに活用し、多くの曲輪が造成されている。麓の脇本漁港から城へ上る道は天下道と呼ばれている。この脇本城から西へ一五キロほど離れた、館山崎には**双六館**（本書一九〇頁）があり、半島の両側に漁港がある。水産業や海運業を基盤とする城館立地である。男鹿半島には、漁港と城館が対になって分布している。

同様の事例には、本書のコラム（九四頁）で紹介された、道南の**和人の館**、上ノ国館や志苔館。岩手県気仙郡の**末崎城**（本書一六五頁）。**米ヶ崎城**（前書一七九頁）などが好例である。青森県五所川原市の**福島城**（前書二二一頁）は、十三湖（じゅうさんこ）北岸の段丘上に立地する。ここも一四世紀に築かれた安藤氏の城で、方形の居館を主郭とし、台地を区画する長大な土塁・空堀による外郭がある。城から西方には、交易・海運の要として発展した、十三湊（とさみなと）を俯瞰できる。

【山城と領地経営の平城、街道の城】　秋田県仙北郡美郷町の**本堂城**（本書二二六頁）は、古代の払田柵（ほったのさく）の東方にある平城である。本堂氏の古い山城は、平城から五キロの山沿いにある、元本堂城であるという。この山沿いには、一丈木館や鎧ヶ崎城などの中世城館が列をなしており、山沿いの道の存在が明らかである。元本堂城と本堂城は道で結ばれて、その中間には、本堂城廻りという集落があり、本堂城とともに整備された城下町とされる。このあたりは真昼岳（まひるだけ）山麓の扇状地であり、元本堂城は扇頂部の山城、本堂城廻りは伏流水の湧出点に開かれた町場。本堂城はそれよりも西に離れた平城で、矢島川に面している。

矢島川は払田柵の西方で丸子川に合流し、大仙市大曲で雄物川に合流する。小河川や豊富な伏流水によって、このあたりは古くから水田が開かれていた。元本堂城は要害性に優れた山城で、本堂城と本堂城廻りは農業生産を基盤としながら、領地経営に重きを置いた平城と城下と考えられる。おそらく、南北朝から室町時代中期には、領主間の抗争や合従連衡（がっしょうれんこう）が繰り返される中で、要害としての山城を拠点を置かざるをえなかったが、戸沢氏や六郷氏との同盟関係によって、より安定した領地経営を進める必要から、本堂城が必要になったと考えられる。

岩手県気仙郡の**世田米城**（本書一六七頁）は、沿岸部と内陸部を結ぶ、山間にある街道の宿駅であった。この地にあった世田米殿は、遠野の阿曽沼氏と同族とも言われているが、葛西氏に属していたらしい。森林資源や各地の産物の流通から得られた利益が、主な経済基盤であったと考えられる。世田米城のうち上館原城は町の北西側、下館とよばれた世田米城は、町の南東側にある山城で、下館は大船渡方面への道と、高田方面への道の分岐点に存在する。世田米氏の居館は町の中にあったといわれ、城館の位置は、世田米の町そのものを守る配置になっている。

盛岡市繋（つなぎ）の**舘市館**と**湯ノ舘**（本書一二五頁）は、繋（つなぎ）温泉を守るかのような配置である。温泉を守る山城というと、何か突飛な発想に思われるかもしれないが、この場所は盛岡市と雫石（しずくいし）をつなぐ要地であり、経塚（きょうづか）などの考古資料から見ても、温泉の開創は、中世以前にさかのぼる蓋然性は高い。こうした事例がほかにもあるならば大変面白いが、まずは現地を見ていただければ幸いである。

【中世城館とはなにか】　中世城館を立地や類型から概観してきたが、武家政権の象徴として築かれた、江戸時代の大名の居城とは、内容が大きく異なる。それは、領主や館主、家臣が武士階層ではあっても、城館の存立には、武士階層のみで成り立っていたものではなく、地域の経済、産業や、さまざまな職能民との密接な関係によって成立していたことが分かる。特に、東北地方北部では、遺構や遺物にその傾向が強く表れている。たとえば、**一戸城**（本書一〇七頁）では、一戸牧の馬産の登録商標ともいうべき、雀印の焼き印が出土している。また、二戸市浄法寺の五庵（ごあん）Ⅱ遺跡は駒ケ嶺館に隣接し、竪穴（たてあな）建物などから、漆の漉（こ）し殻（がら）が出土しているのは、地元の生産物と城主との関係を如実に示している。城内や城の近傍に、大小の竪穴建物が、他の地域よりも卓越して構築されていた事実も、この地方の城館の大きな特質である。こうしたことから中世城館は、その当時の地域社会が凝縮された遺跡ともいえるものであり、そうした視点で中世城館に接するとき、その歴史的意義と重要性に、改めて気づかされるだろう。

●青森県名城マップ

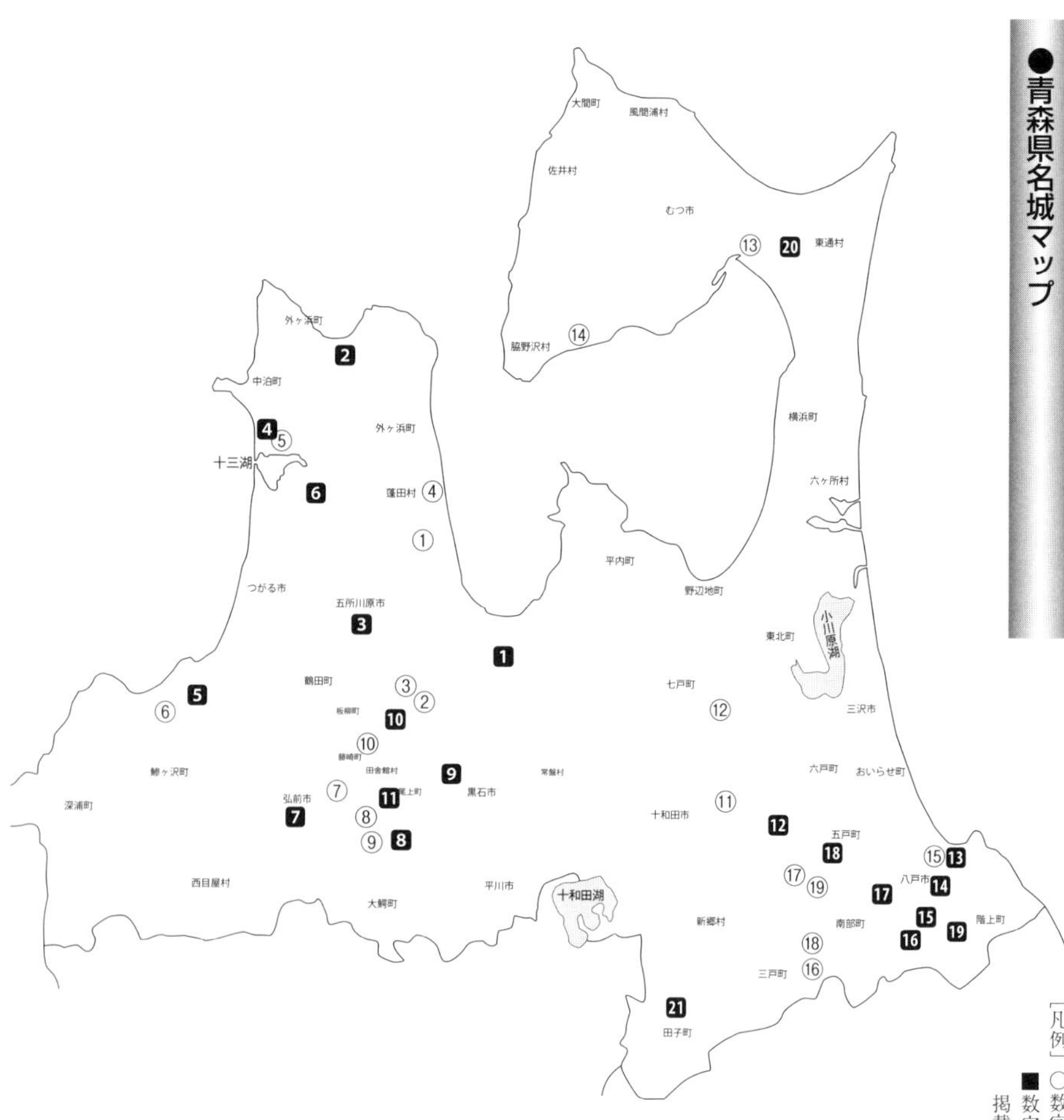

［凡例］○数字は『東北の名城を歩く 北東北編』青森・岩手・秋田に掲載。
■数字は『続・東北の名城を歩く 北東北編』青森・岩手・秋田で掲載。

〔青森県〕

①尻八館
②浪岡城
③高屋敷館遺跡
④蓬田大館
⑤福島館
⑥種里城
⑦弘前城
⑧堀越城
⑨石川城
⑩藤崎城
⑪沢田館
⑫七戸城
⑬田名部館
⑭蠣崎城
⑮根城
⑯三戸城
⑰中市館
⑱聖寿寺館
⑲浅水城・浅水館

〔青森県〕

■1 横内城
■2 大開城
■3 飯詰城
■4 唐川城
■5 元城
■6 中里城
■7 大浦城
■8 乳井茶臼館
■9 高館
■10 水木館
■11 大光寺城
■12 伝法寺館
■13 八戸城
■14 新田城
■15 風張館
■16 島守館
■17 法師岡館
■18 野沢城
■19 小沢館
■20 目名高館
■21 石亀館

●岩手県名城マップ

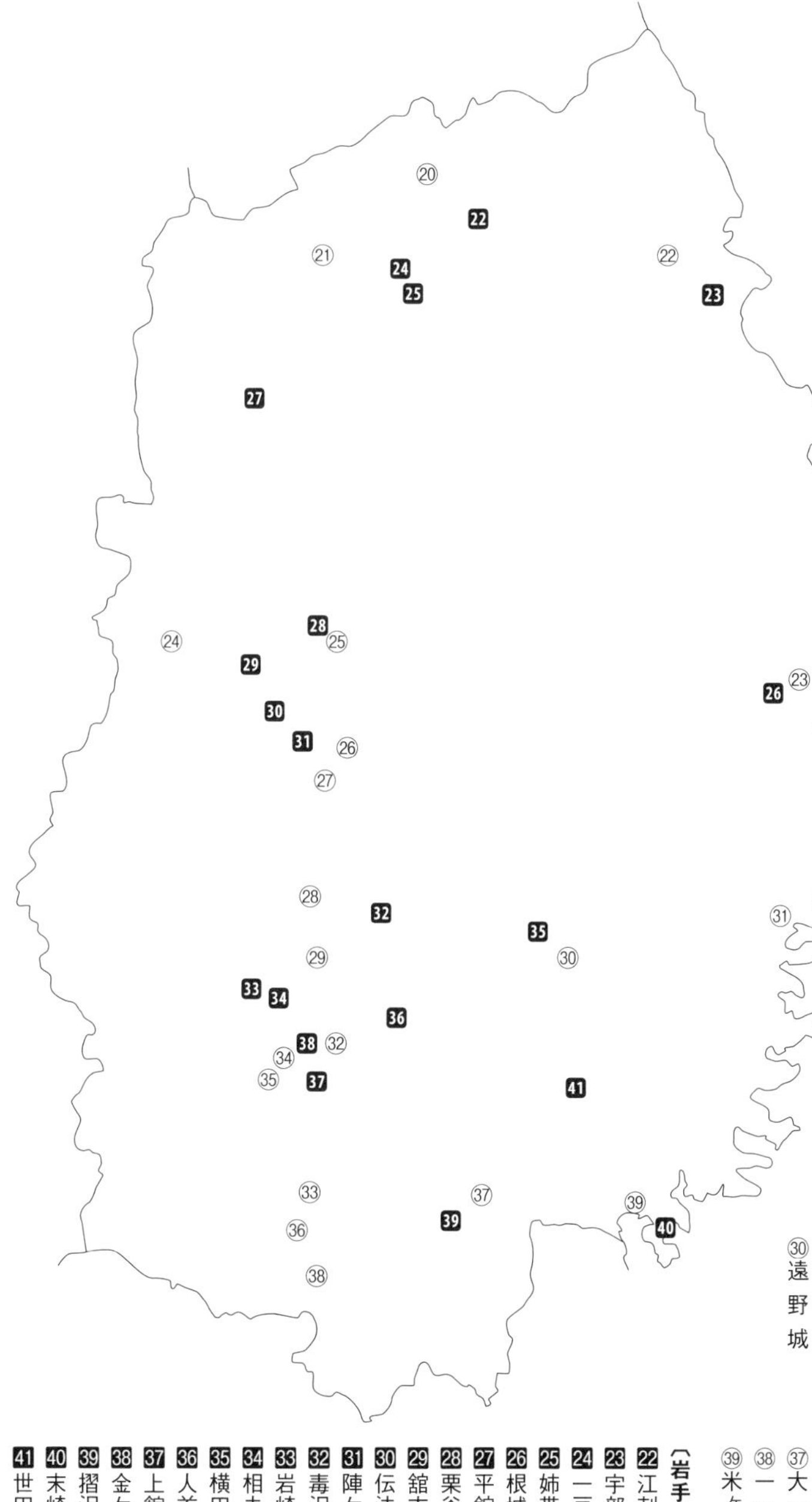

〔岩手県〕
⑳九戸城
㉑浄法寺城
㉒久慈城
㉓千徳城
㉔大館(付)雫石城
㉕不来方城
㉖高水寺城
㉗比爪館
㉘鳥谷崎城
㉙二子城
㉚遠野城
㉛大槌城
㉜岩谷堂城
㉝白鳥舘遺跡
㉞鳥海柵
㉟大林城
㊱柳之御所遺跡
㊲大原城
㊳一関城
㊴米ヶ崎城(付)高田城

〔岩手県〕
22 江刺家館
23 宇部館
24 一戸城
25 姉帯城
26 根城
27 平舘城
28 栗谷川城
29 舘市館・湯ノ舘
30 伝法寺館
31 陣ケ岡
32 毒沢城
33 岩崎城
34 相去城(鶴野館)
35 横田城(護摩堂城)
36 人首城
37 上館
38 金ケ崎城
39 摺沢城
40 末崎城
41 世田米城・上原館城

●秋田県名城マップ

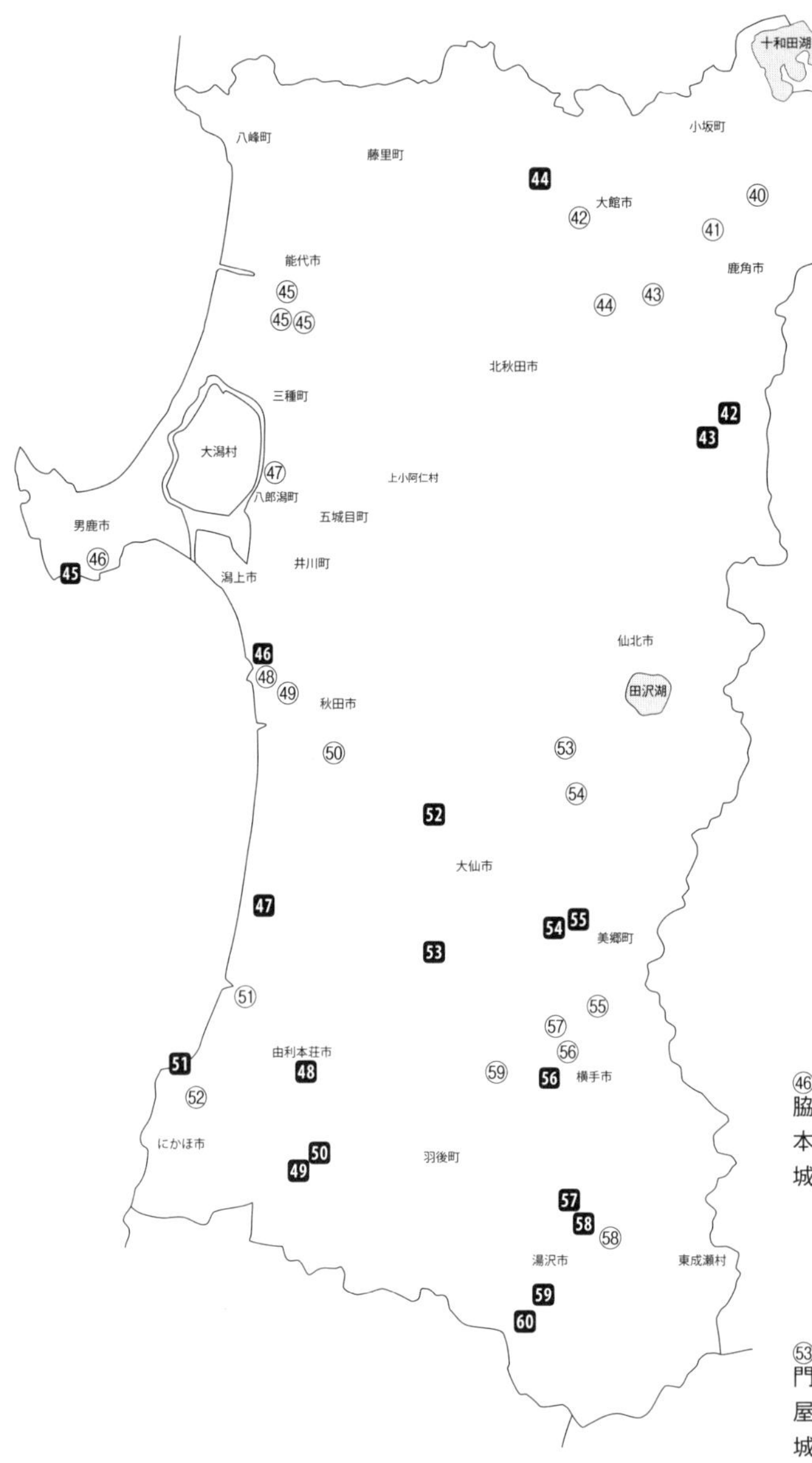

〔秋田県〕
㊵大湯館
㊶柏崎城
㊷大館城
㊸十二所城
㊹十狐城
㊺檜山城・大館・茶臼館
㊻脇本城
㊼浦城
㊽勅使館
㊾久保田城
㊿豊島館
(51)本荘城
(52)山根館
(53)門屋城
(54)角館城
(55)金沢城・陣館遺跡
(56)横手城
(57)大鳥井山遺跡
(58)稲庭城
(59)沼舘城

〔秋田県〕
42 大里館
43 長牛館
44 花岡城
45 双六館
46 湊城
47 天鷲城
48 滝沢城
49 矢島根城館
50 根井館
51 仁賀保陣屋
52 唐松城
53 松山城
54 堀田城
55 本堂城
56 吉田城
57 岩崎城
58 湯沢城
59 小野城
60 法領館

青森県

飯詰(いいづめ)城空中写真

丘陵上に３つの曲輪を配置している．周囲には街道や城下町の地割が確認されている．

●三戸南部氏の外ヶ浜の拠点

横内城

〔所在地〕青森市横内字亀井
〔比　高〕ほぼ平坦
〔分　類〕平城
〔年　代〕一五世紀～一六世紀代
〔城　主〕三戸南部氏一族堤氏
〔交通アクセス〕青森市営バス・ＪＲバス「横内」下車、徒歩五分。

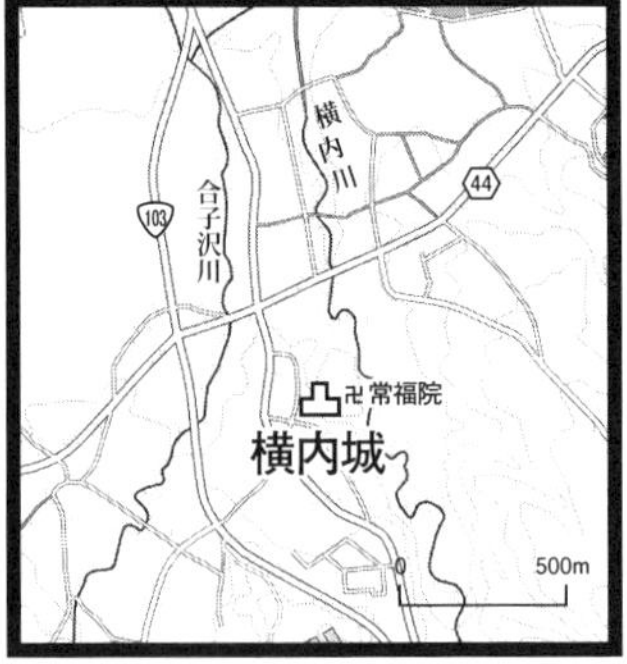

【城の立地】 横内城は青森市中心部から酸ヶ湯に通じる国道一〇三号線の旧道沿いの横内地区に所在している、横内川と合子沢川に挟まれた丘陵の先端、標高約二〇メートルに立地している。北東と東側は横内川と比高差約八メートルの急崖となっており、北西から南側は空堀跡で区画され城館を構築している。現在、城跡には真言宗朝日山常福院が建っている。その他は宅地や畑地となっており、往時の面影を失いつつある。

【城　主】 横内城は三戸南部氏一族の堤氏が居城とした城である。堤氏については不明な点が多いが津軽家が記録した『前代歴譜』には、「七年戊午（中略）此年、南部馬頭政康之弟達磨弾正左衛門源康時、津輕外濱堤ノ浦へ来ル後、横内ニ築テ居之」とある。また、盛岡南部家の系譜『御系譜』には、南部信時四男光康の説明として「堤弾正左衛門、始達戸又田子康時トモ　領知奥州津軽郡堤浦、津軽郡代、居堤浦」と記している。津軽、南部両家の記録からは、南部光康（津軽側では康時）が明応七年（一四九八）に「津軽郡代」として田子（田子町）から堤浦（青森市堤町付近）に入り、堤氏を名乗ったことが推測できる。その後、年代は不明であるが、横内城を築いたことがうかがえる。その後の横内城の城主については、代々弾正を名乗ったと伝わるが、永禄年間（一五五八～六九）に堤孫六が南部桜庭合戦に出陣、討死した記録がある以外は存在しない。

江戸時代になり、寛文四年（一六六四）に津軽家家臣高屋豊前守が記した『東日流記』には、天正十三年（一五八五）

の大浦（津軽）為信による油川城（青森市）攻めの際に、周辺の諸城とともに開城したことが記録されている。一方、年未詳六月六日付の三戸南部氏の重臣南慶儀から八戸政栄宛の書状に「左候ハんにハ横内可有如何　候　哉」とある。この書状については、近年の文献史料による研究成果から天正十七

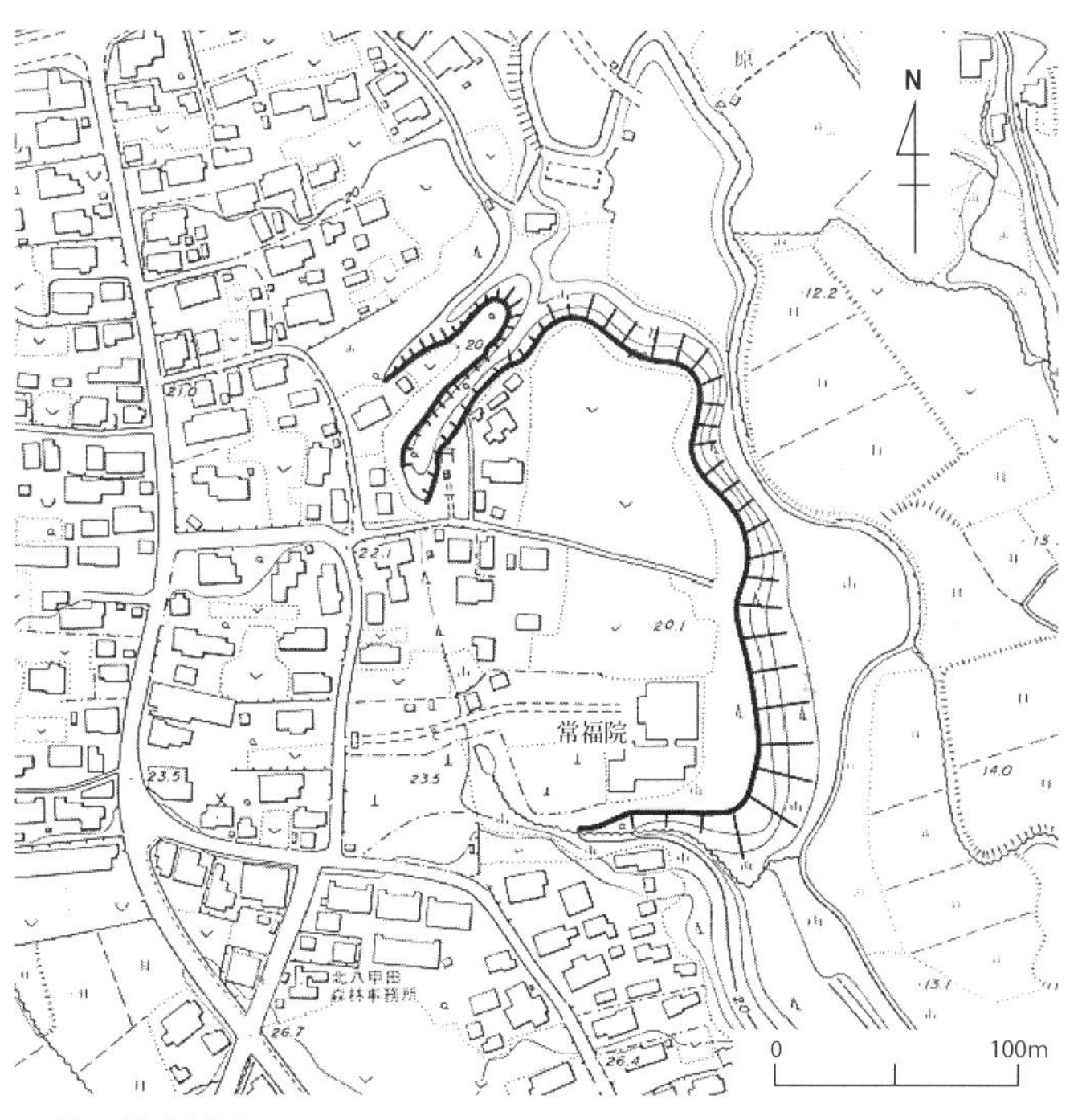

●―横内城周辺図（作図：齋藤正）

年（一五八九）に比定されている。このことから、横内城は依然として南部氏勢力下にあり、外ヶ浜支配の拠点であったことがうかがえる。津軽家側の天正十三年の開城は、豊臣秀吉の「惣無事令」発令前に、津軽家が外ヶ浜を含めた津軽支配を終えていたことを示す必要があったため、創作されたものと考えられている。

天正十八年（一五九〇）に外ヶ浜を含めた津軽地方は豊臣秀吉から大浦為信に安堵され、南部氏は横内城から撤退した。それにともない、大浦為信は南部氏への押えと外ヶ浜支配として「横内城番十人衆」を配置したという。現在、常福院の山門には「津軽と南部の架け橋の寺」と記されており、横内城の城主が南部氏から津軽氏へ変遷した歴史を物語っている。

【城館の縄張】　横内城は円形であったため「鏡城」とも呼ばれていた。城跡は現況で北西部に中土塁を持つ二重堀、西から南にかけて空堀跡が巡っているのが確認できる。北西の堀幅が中土塁を含めて、約三〇メートル、その他の堀跡でも幅は約一〇～一五メートルあり、大規模なものであることがわかる。残念ながら土地の改変により、これ以上の往時の姿を見ることは困難である。

『新青森市史』に掲載されている古図（小友淑雄『津軽封内

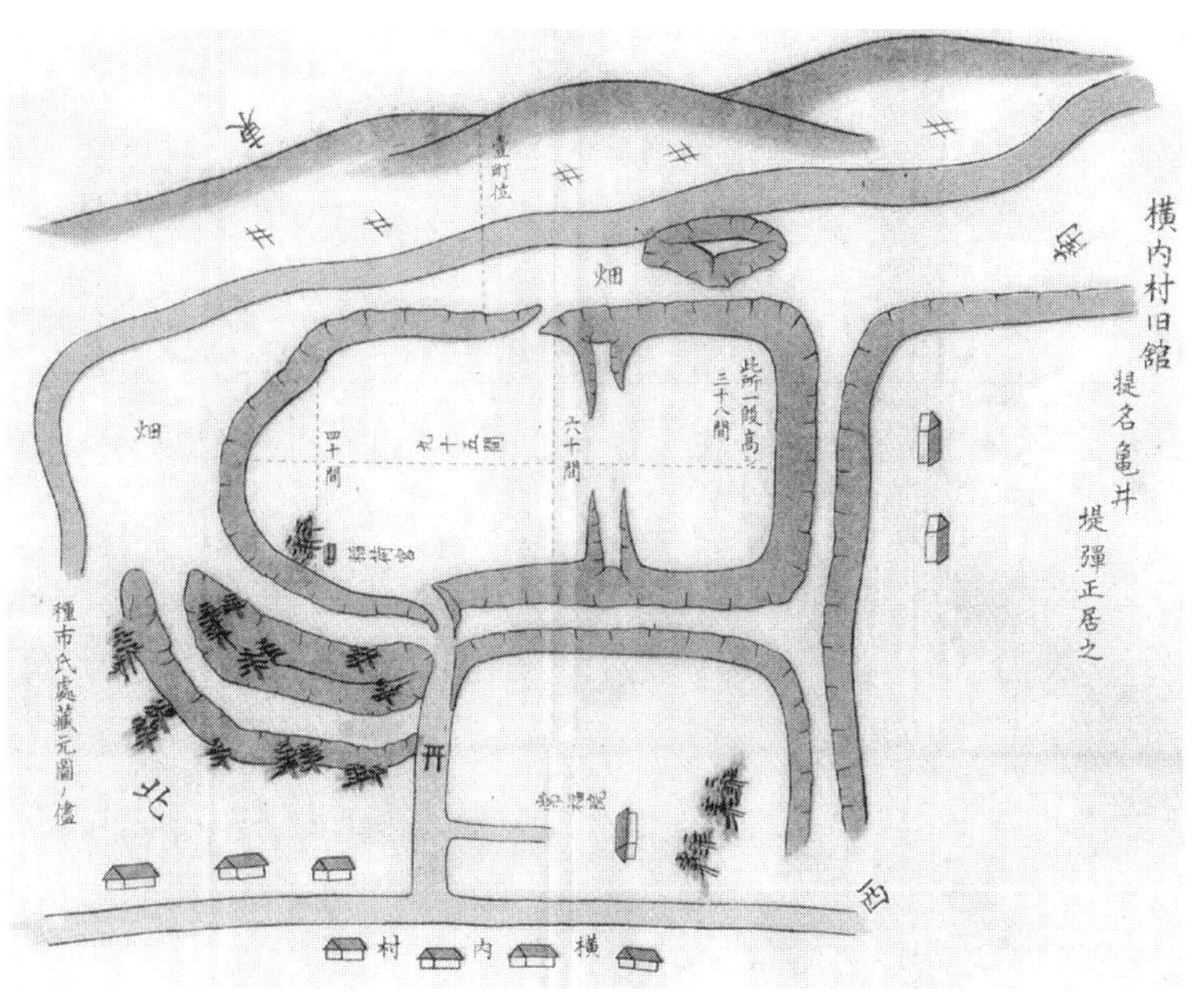

●—横内城古図（『新青森市史』〈2005〉より転載）

城趾考』所収「横内城古図」）によれば、北西部の土塁が明確に描かれている他、「南北九五間、東西四〇～六〇間」の規模で曲輪が示されており、南北約一七一メートル、東西約七二～一〇八メートルの長さである。

曲輪内部には、堀跡と思われる痕跡が描かれており、堀を挟んで二つの曲輪が南北に配置されていたことがわかる。図中に「此所一段高シ三十八間」と記されている曲輪が主曲輪と想定され、一段高い部分には城主が居住していたと思われる。現在、この部分には寺院が建っている。この図には、二つの曲輪以外に西側にも曲輪が存在するように描かれている。宅地化にともない不明な点が多いが、横内城は二～三の曲輪が存在したとみられる。

●—堤弾正則景と朝日御前の石塔

【発掘調査】 発掘調査は寺院建設にともない青森市教育委員

会により実施されている。遺構は竪穴建物跡、柱穴、土坑、溝跡等が検出されている。遺物は青磁雷文帯碗・綾花皿、白磁皿、染付玉取獅子文皿、瀬戸美濃灰釉皿、唐津焼等の陶磁器や茶臼、銭貨が出土している。出土遺物から城跡は一五世紀中頃～一六世紀代と考えられる。

【城下町】『新青森市史』によると、城跡沿いに北から南に通じている道路と短冊型地割に似た地割のあり方から、小規模ではあるが、城の南側と西側に町場があった可能性を指摘している。見学の際には、大部分が私有地であるため立ち入りが難しい面があるものの、常福院や稲荷神社からは堀跡の様相を見ることは可能である。また、常福院の山門をくぐると、堤弾正則景（孫六）と朝日御前（常福尼）の石塔が佇んでいる。

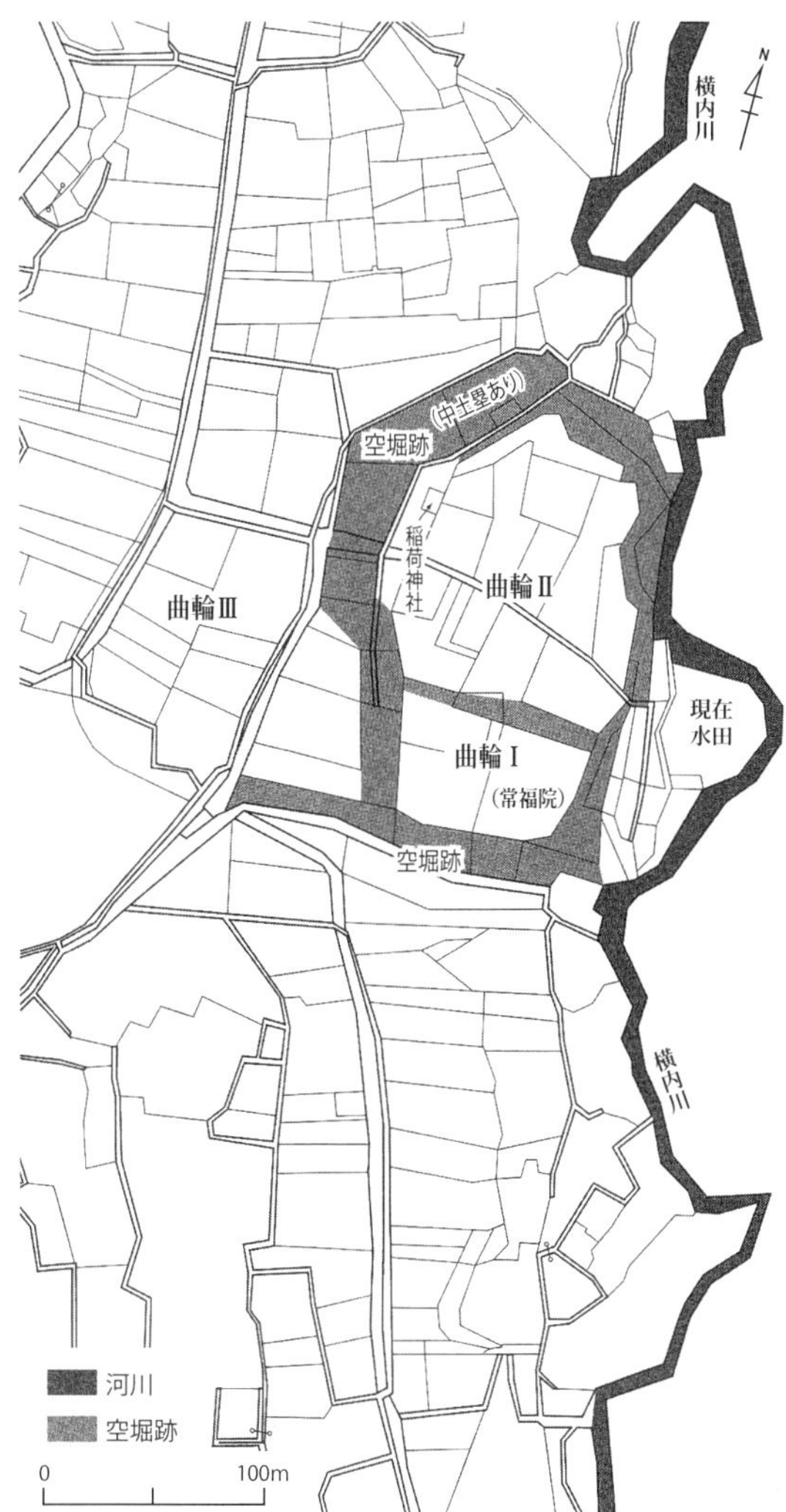

●—横内城の城域（『新青森市史』〈2005〉より転載）

【参考文献】青森県教育委員会『青森県の中世城館』（一九八四）、青森市教育委員会『横内城跡発掘調査報告書』（青森市埋蔵文化財調査報告書、一九八六）、青森県『青森県史　資料編　考古四　中世・近世』（二〇〇三）、青森市『新青森市史　資料編二　古代・中世編』（二〇〇五）、齋藤正「津軽における南部系城館」『ふる里なんぶ』二二号（南部町歴史研究会、二〇一八）、齋藤正「津軽の南部系城館」『戦国大名南部氏の一族と城館』（戒光祥出版、二〇二一）

（齋藤　正）

●津軽半島北端を代表する城館

大開城（おおびらきじょう）

〔今別町指定史跡〕

〔所在地〕今別町大川平字西大川平山国有林
〔比　高〕一〇〇メートル
〔分　類〕山城
〔年　代〕一五～一六世紀前半
〔城　主〕平杢之助
〔交通アクセス〕ＪＲ津軽線「大川平駅」下車、徒歩五〇分。

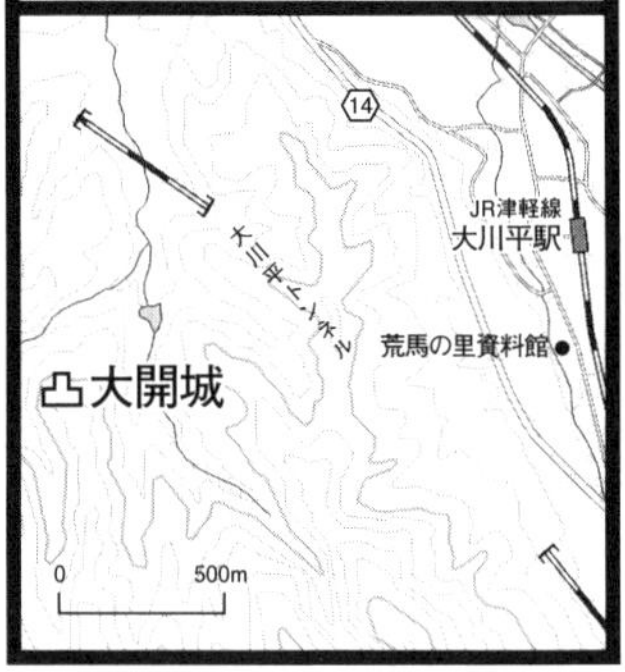

【アプローチと立地】　ＪＲ津軽線「大川平駅」下車、県道一四号に入って北上すると左側に町の設置した「今別町文化財・大開城」案内板がある。ここから舗装された林道に入って、北海道新幹線高架を越えた一・五キロあたりから山道に入ってひと山越え、沢を登ったところから城域になる。私有地があるので注意が必要である。

東側の小開沢、西側の大開沢に挟まれた津軽山地から派生する丘陵先端部に立地している。

【調査状況】　昭和五十年（一九七五）の本堂寿一による調査後に町指定史跡となっている。その後、小山彦逸の遺跡分布調査と青森県史編さん過程で工藤忍が本城館の概要を報告、平成二十七年（二〇一五）には工藤によって詳細な縄張調査がなされるとともに文献史料の検討と採集資料による年代同定の総合的調査がなされている。なお、本堂に拠る本体部調査の後、小山・工藤ともに南西部に「詰城（つめじろ）」としての曲輪を示しているが、今回は採集資料の年代をもとに主郭（工藤の示した1号曲輪）のみの紹介とし、Ⅰ郭と仮称して記述する。

【城館の構造】　Ⅰ郭は最高所の標高八七メートル、沢からの比高は五〇メートルである。平場の規模は、一一五×六〇メートルで、約六九〇〇平方メートルの面積を有している。Ⅰ郭から北北東に尾根筋を横堀（よこぼり）で遮断する三ヵ所の平場があるが、曲輪とみるか意見の分かれるところである。本堂の調査ではⅠ郭平場のみを曲輪とみているのに対して、工藤は平場面の削平状況が不十分ではあるものの2～4号曲輪とみている。周囲の切岸（きりぎし）を曲輪形成の要件としたことと2号曲輪の北西側に畝状空堀群が存在することに拠る認定である。

Ⅰ郭の一段低い東側には土塁状の痕跡（切岸の通路か）が残り、幅六メートルで低地まで七〇メートルの長さを有している。平場内には直径四〜五メートル、深さ二メートルほどの井戸跡と推定される落ち込みが認められ、他に盗掘の落ち込みも存在する。

Ⅰ郭は基本的に南から北へ傾斜する尾根筋であることから南側を遮断する横堀と西側に入り込む沢筋に造られた横堀・土塁による防御構造となっている。そのため、堀底を通路として使用している状況があり、当初の構造は見極めにくい面がある。

●—大開城入口の案内板（県道14号西側に設置）

【採集陶磁器ほか】　Ⅰ郭の★印の部分が陶磁器の採集地点および昭和五十年本堂調査の採集地点と想定される場所である。中国製の青磁と白磁のみで、本堂採集の青磁は見込みに印花紋のある鉢の底部、工藤忍採集品には口縁内湾の白磁皿（1・2）、青磁口縁端反無紋碗（3）、同箆描き蓮弁紋碗（4）、同口縁直行無紋碗（5・8）、同内面に削り出しのソギを入れる盤（7）、同線描蓮弁紋碗（9）などがある。おおむね一五世紀代の器種に一六世紀代の器種が若干入っている状況と思われる。

【城館の特徴と城館主】　津軽半島においては平野部を見下ろす山城が多いのに対して、津軽海峡に面した城館は数が少なく、それも海岸部から三キロ内陸部に入った丘陵に位置する山城は特異な立地と言わざるを得ない。

一五世紀から一六世紀の津軽半島北部は、十三湊安藤氏とその後に南部氏の庇護下で浪岡北畠氏が勢力を得ていたと考えられるが、『北畠永禄日記』に「今淵（渕）城主平木工（杢）之助」と記載されることから、大開城主もこの平木工之助とする説が流布している。今別城がどこにあって、大開城と同じものか定かではない。この地域に関しては『津軽一統志』でも浪岡北畠氏関連の事績として北濱（一般的には外濱というが、浪岡北畠氏が天文年間〈一五三二〜五四〉に編纂したとされる「津軽郡中名字」の中で善知鳥から竜飛までの津軽半島東部から津軽海峡にかけての地域をいう）の油川村十二所権現社に北畠具永再興棟札（永禄二年〈一五五九〉）、そして今淵村八幡宮に北畠具運の妻・平氏女の再興棟札（永禄三年）記載もあって、江戸期まで伝えられるほど浪岡北畠氏の影響力があった土地柄とみられる。

本堂は、この浪岡北畠氏と関係する城主平杢之助が平時にいる居館から、一朝有事の際の逃城と考えているが、Ⅰ郭は面積も広く山城にしては採集資料も多く発見されることから、単なる逃城というより居住空間をもった平場と考えられる。実態解明は発掘調査に期待するしかない。

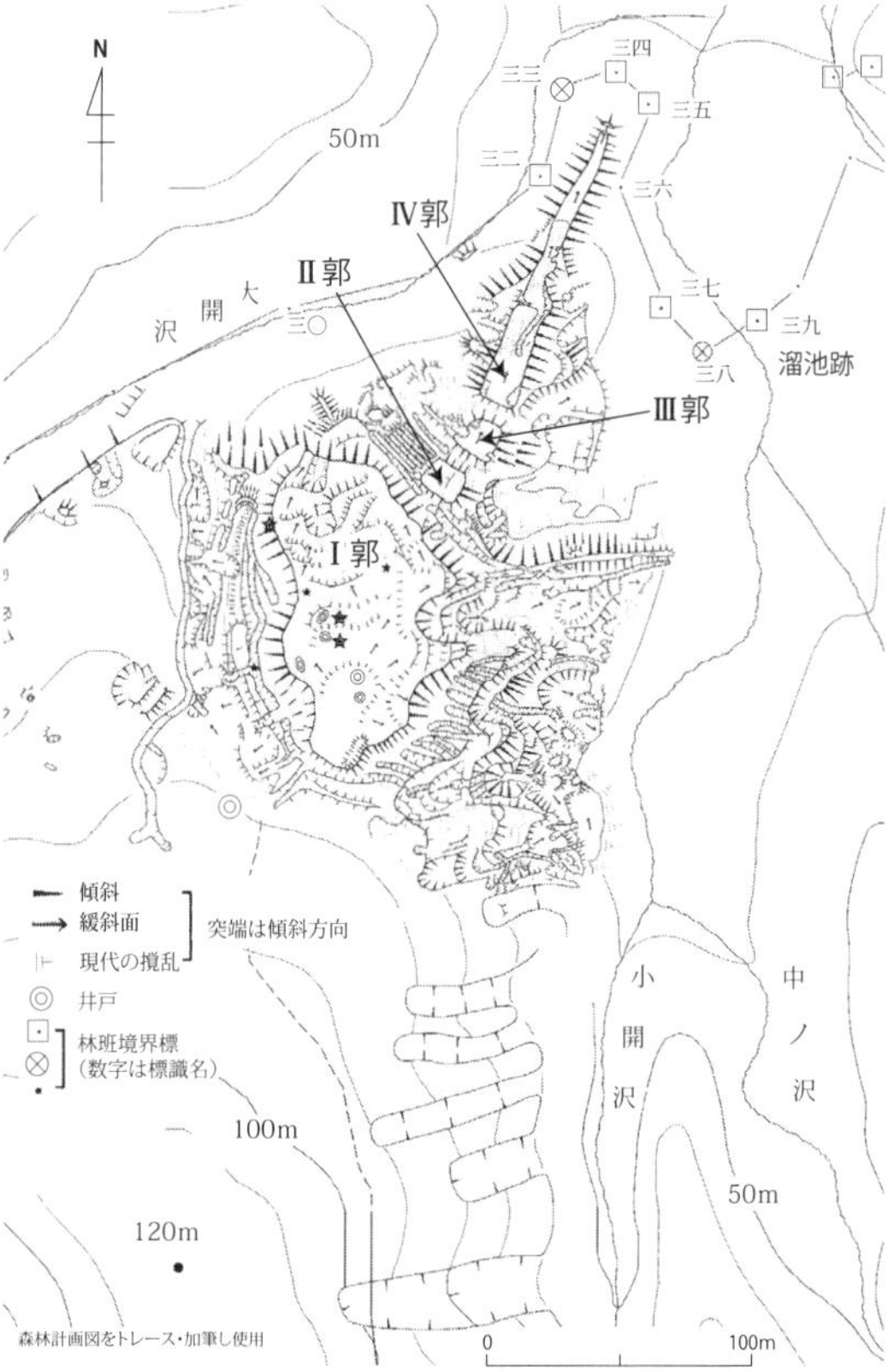

【参考文献】本堂寿一「今別町大開城の調査」『考古風土記』創刊号（一九七六）、青森県教育委員会編・刊「中世城館跡詳細分布調査の報告（3）」『青森県遺跡詳細分布調査報告書ⅩⅡ』（二〇〇〇）、工藤忍「大開城跡」『青森県史資料編考古4中世・近世』（青森県、二〇〇三）、工藤忍「今別町所在の大開城跡について」『北奥文化』第三六号（北奥文化研究会、二〇一五）、工藤忍「大開城跡1号曲輪外南西地区について」『北奥文化』第三八号（北奥文化研究会、二〇一七）

（工藤清泰）

●—大開城の全体図（作図：工藤忍 2015 より，森林計画図をトレース・加筆）

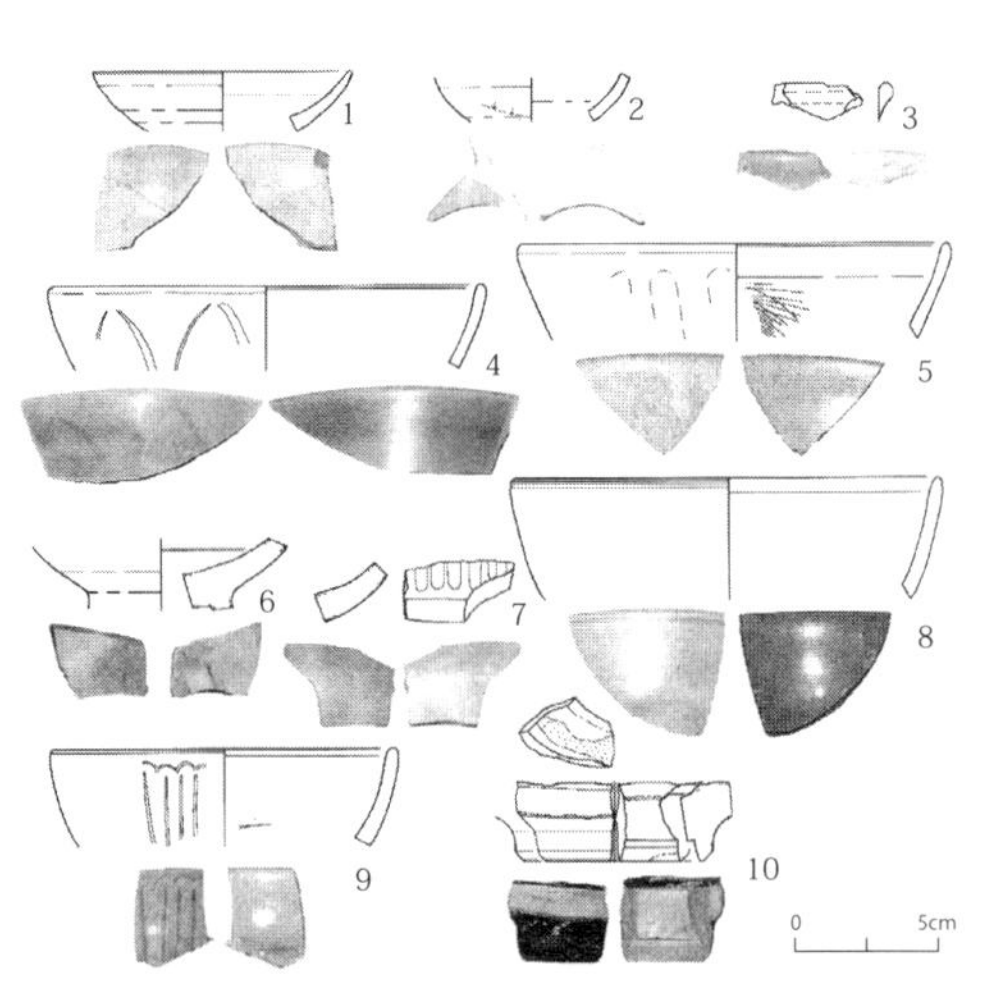

●—大開城の採集陶磁器（工藤忍 2015 より）

●浪岡北畠氏配下の城館

飯詰城

〔所在地〕五所川原市飯詰字福泉ほか
〔比　高〕三六メートル
〔分　類〕山城
〔年　代〕一五～一六世紀
〔城　主〕朝日氏？
〔交通アクセス〕津軽鉄道「津軽飯詰駅」下車、徒歩二〇分。

【アプローチと立地】 津軽鉄道「津軽飯詰駅」で下車したら、日蓮宗の寺院・高楯山妙龍寺を目指す。寺院の直上が飯詰城跡となることから、門前を過ぎて狭い沢筋の道を登っていくと左手に帯状の平場がみられる。

城館は、東西約四〇〇メートル、南北一〇〇～二〇〇メートルの独立丘陵上に立地し、北側に糠塚川があって西へ流れている。南側は沢になっていて、この沢の対面丘陵を「南館」とするが、城館構造は明確でない。今回は「南館（南郭）」を除いて扱う。

【調査状況】『日本城郭大系二』（一九八〇）・『青森県の中世城館』（一九八三）で取り上げられるが、五所川原市史編さん事業にともなう調査が群を抜いている。小山彦逸は、『五所川原市史史料編一』（一九九三）で一〇〇〇分の一地形測量図を基にして詳細な縄張図を作製、曲輪の名称もⅠ～Ⅶ郭まで示したが、主郭との関連が分かりづらいことから、文意をそこなわない範囲で任意のⅠ～Ⅴ郭で示す。また、同書で半澤紀による中国産・国産の採集陶磁器二五五点等の報告があり、城館の形成年代を想定できる。半澤は城館を主郭・東館・西館の三

●—城館の近景（西から撮影）

ブロックに分けて本城館を捉えている。さらに、『五所川原市史通史編一』（一九九八）では、城下町の形成や交通との関連も考察されていて参考になる。

【城館の構造】 Ⅰ郭は、丘陵頂部のほぼ中央に位置し、標高五九・二メートルを最高所とする。この曲輪の規模は三五×二三メートルで八七五平方メートル、ここが主郭と想定され、東側の切岸は六メートルの比高差、北と西側には比高三メートルで幅一〇メートルの帯曲輪を二段にわたって巻いている。さらに北側には糠塚川に落ち込む斜面まで四～五段の帯曲輪を、南側は沢筋まで二段の帯曲輪を造作している。

Ⅱ郭は、東側の最高所で標高五二メートル、西側は四四メートルで馬の背状の緩斜面となっている。東西一四五メートルの長さ、南北は一

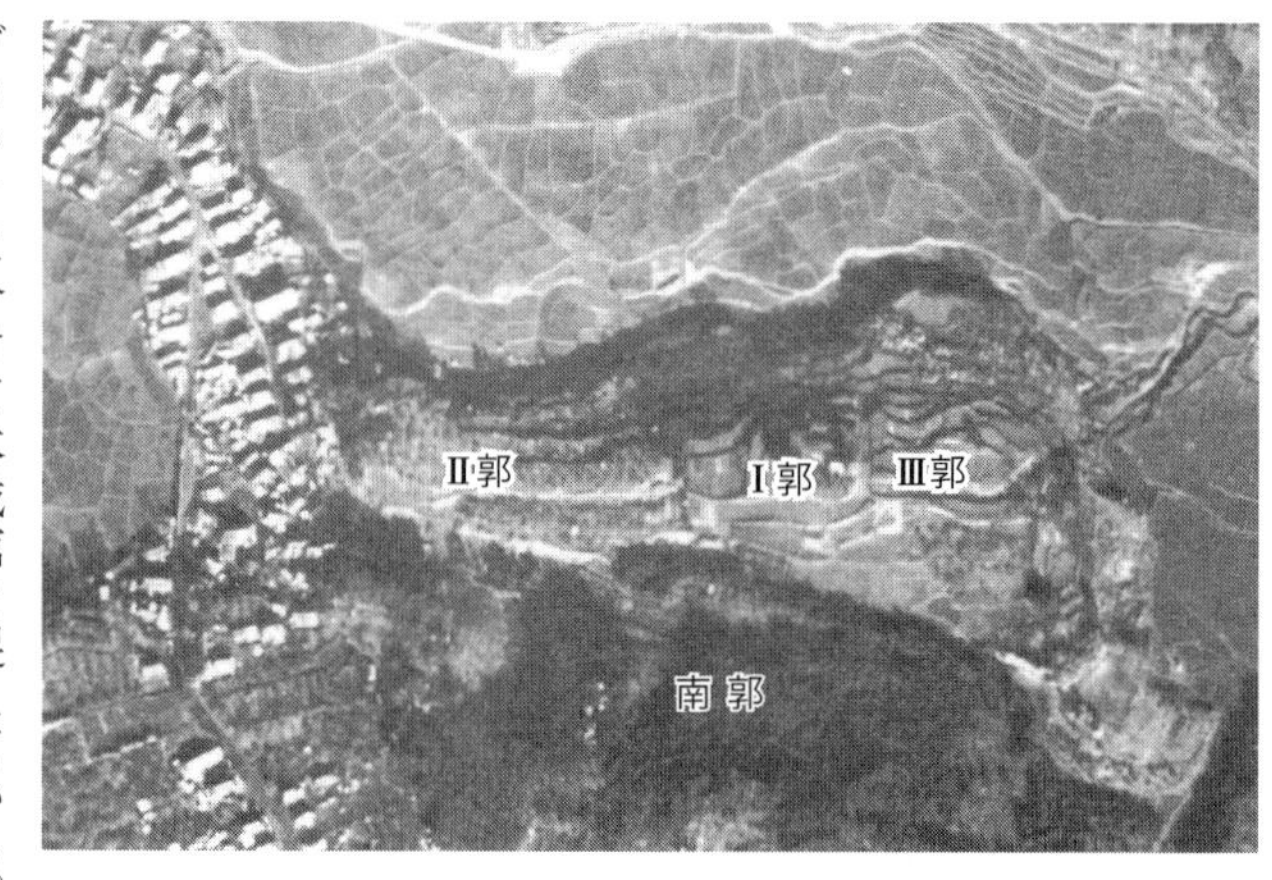
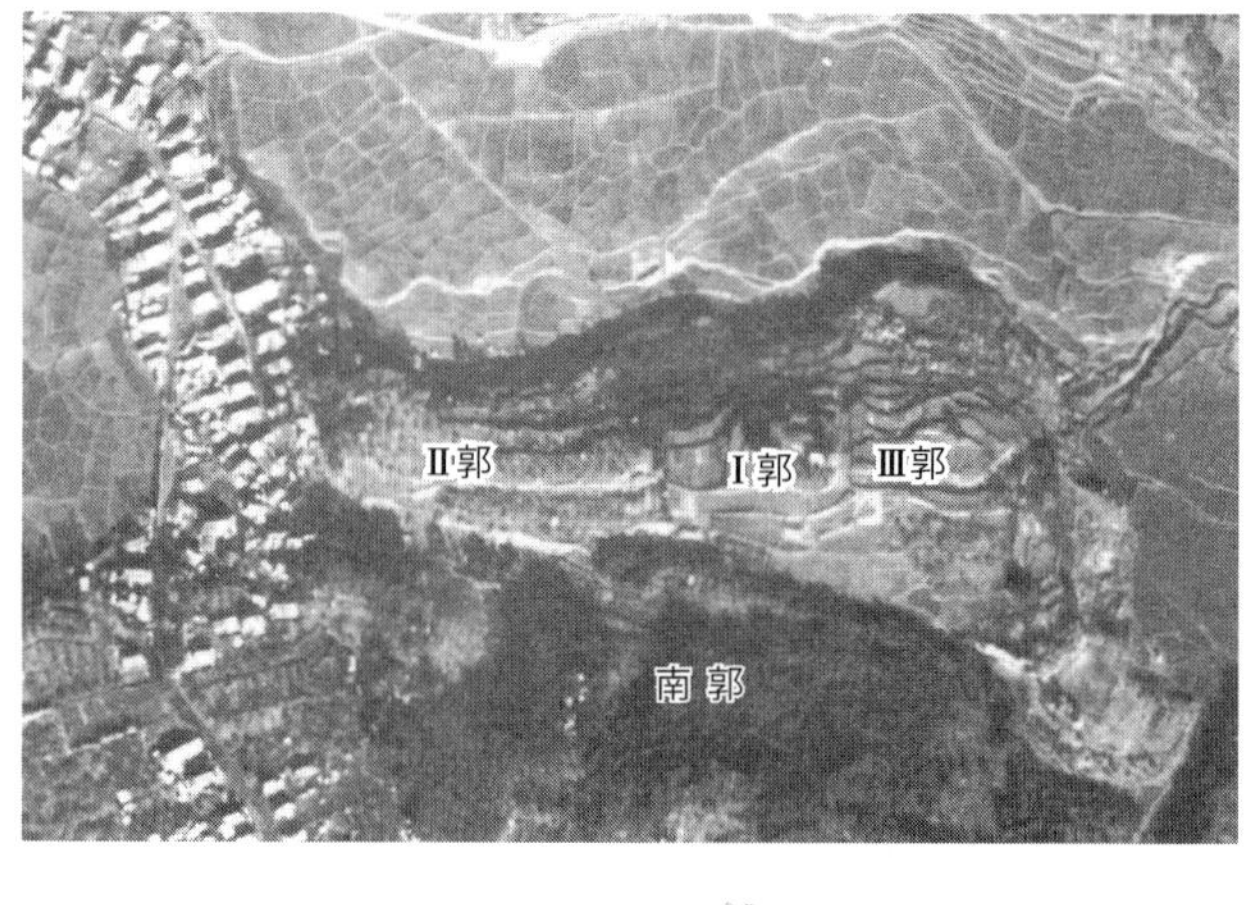

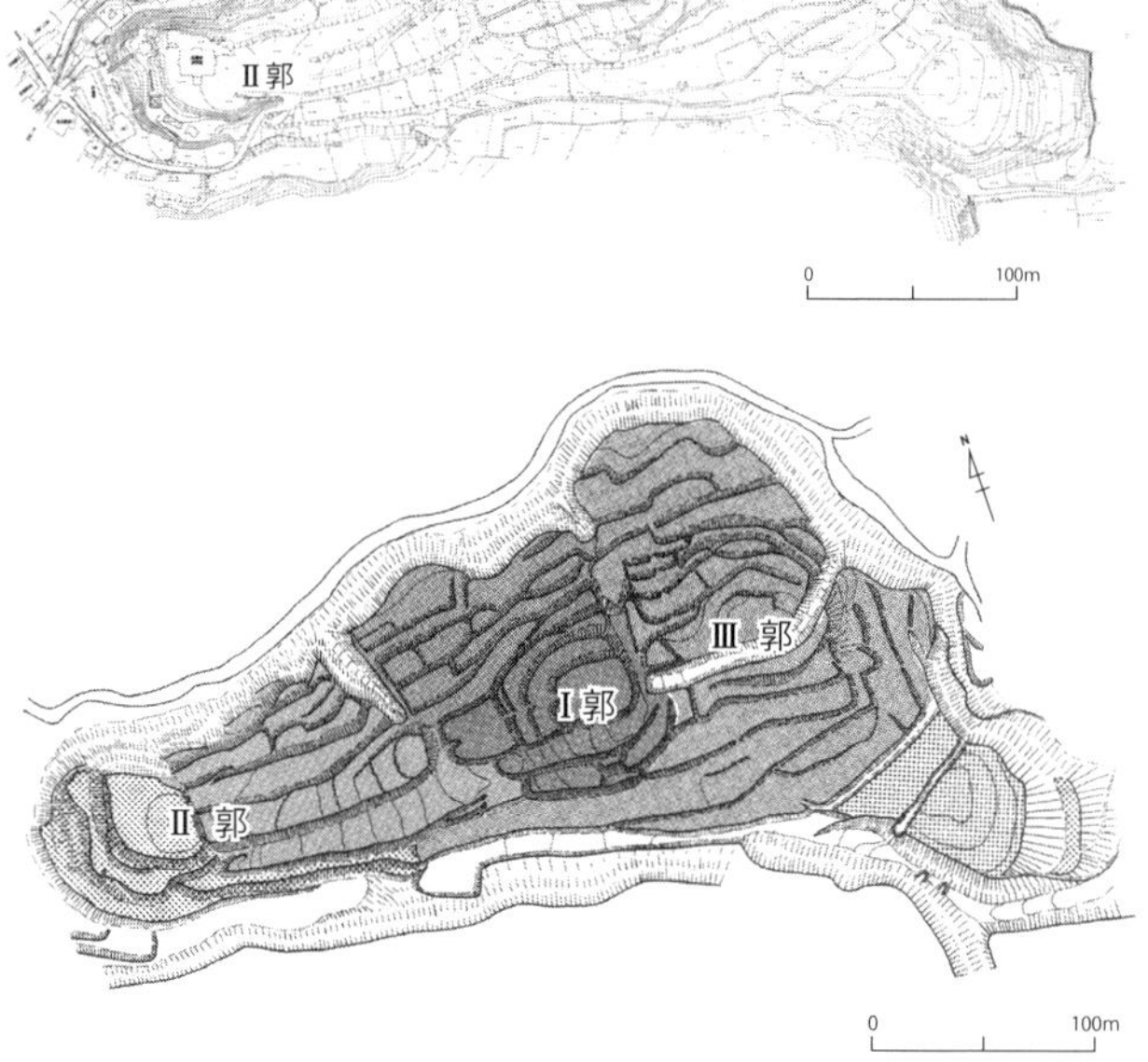

●—飯詰城跡航空写真（上）実測図（中）縄張図（下）（いずれも『五所川原市史史料編１』（1993）より転載）

○～三五メートルの幅を有する。比高三～四メートルの曲輪直下、北・南側には幅一○メートル以上の帯曲輪がみられ、その下にも幅の狭い帯曲輪を配置している。最西端の一角が広いスペースとなってその西側にも帯曲輪状の部分があり、今は墓所となっている。

Ⅲ郭は、最高所の標高五五メートル、東西七○メートル、南北三○メートルの規模で、北側は林野地となっているため明確ではないが、五段ほどの帯曲輪があるらしい。南側には四段がみなれ、さらに南東方向に緩い傾斜面をもって途中に、幅五メートルの堀を認めることができる。この南東部を別の曲輪とみることも可能であるが、表採資料もないことから城館としての位置付けは不明である。

この城館の大きな特色としては、糠塚川から三本の竪堀が見られることである。Ⅱ郭とⅠ郭の間、Ⅰ郭とⅢ郭の間、そしてⅢ郭東側からこのⅢ郭を壊すようにⅠ郭直下に向かうものである。糠塚川を防禦ラインとしているのであれば、これらの竪堀は防御性はあるものの通常は通路等にも使用していたのであろうか、はたまた後世の城館改変の痕跡であろうか。性格は明確でない。

【採集陶磁器】　一九八○年代後半に耕作地となっていたⅠ郭とⅡ郭の北側帯曲輪、Ⅲ郭の南側帯曲輪で採集した資料である。

中国製陶磁器としては、青磁碗・皿、白磁皿・小杯、染付碗・皿等がある。青磁碗は無紋で口縁外反の一五世紀タイプと口縁直行で外面に線描蓮弁紋がみられるものが多く、皿はいわゆる稜花皿である。白磁は口禿碗・軟質内湾小皿・口縁外反皿が多い。染付は口縁外反碗・口縁直行蓮子碗・口縁外反皿（玉取獅子紋が多い）・口縁内湾の漳洲窯系皿などがみられる。

国産品には瀬戸美濃灰釉皿・同盤・鉄釉碗、唐津皿、珠洲擂鉢、越前擂鉢・甕、燭台と思われる瓦質土器があり、瓦質土器は浪岡城跡出土資料に類似している。

銭貨としては永楽通宝・元佑通宝他がある。

いずれも一五～一六世紀の一般的な資料であり、唐津の出土から一七世紀初頭までの継続年代が想定される。資料数が二○○点を超えることから、城域全体で日常的生活を行っていたとみられる。古代の土師器・須恵器も表採されていることから、古代集落の存在も想定される。

【城館の特徴と城館主】　Ⅰ郭・Ⅱ郭・Ⅲ郭の馬ノ背状平坦面から南と北に帯曲輪状の平坦面を造作して、防御と居住を併せ持った城館といえる。

浪岡城主北畠氏編纂と伝える「津軽郡中名字」（天文年間

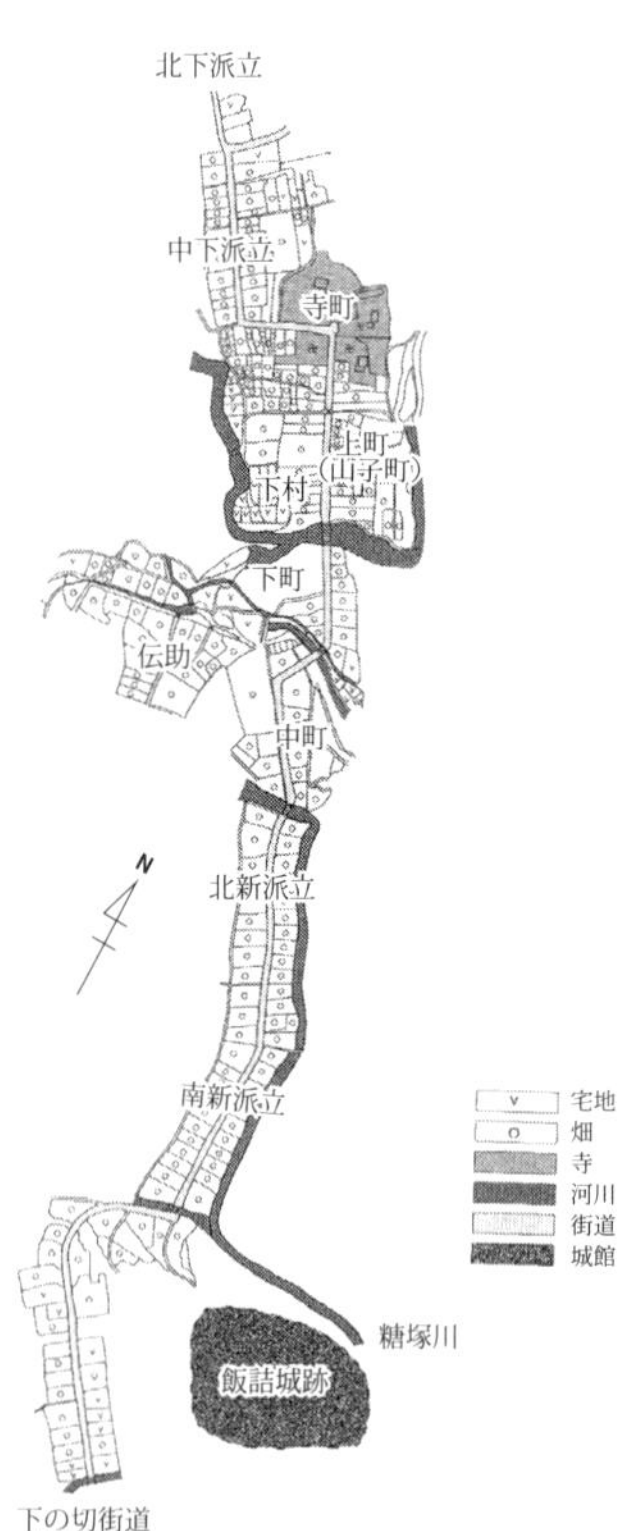

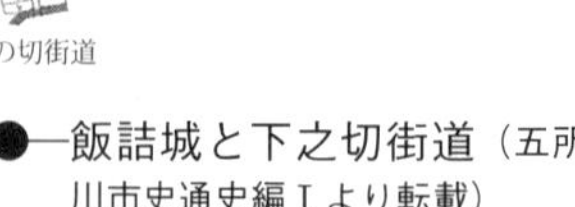

●—飯詰城と下之切街道（五所川市史通史編Ⅰより転載）

●—採集陶磁器（筆者撮影）

成立）に「原子　飯積　忌来市」とあり、現在の原子・飯詰・喜良市、浪岡から中里・相内をへて小泊は伸びる下之切街道沿いの集落と認定できる。この街道を押さえるための城館の一つが飯詰城であったと想定され、明治初期に作成された「福泉一筆限図」の地籍では街道沿いに短冊型地割りも認められることから、戦国末から江戸初期にかけて城下が形成されたとみられる。

城主に関しては、弘前藩作製の『本藩通観録』中に「一　飯詰村館主　朝日左衛門尉　一説に朝日佐殿共言」とあることから、一般的に城主を朝日氏としているが、真偽は不明である。

【参考文献】青森県教育委員編・刊「飯詰城跡」『青森県の中世城館』（一九八三）、小山彦逸・半澤紀『五所川原市史史料編一』（五所川原市、一九九三）、長谷川成一・小山彦逸・半澤紀『五所川原市史通史編一』（五所川原市、一九九八）、榊原滋高「交通の要衝に位置した城—飯詰城と朝日氏」『図説五所川原・西北津軽の遺跡』（郷土出版社、二〇〇六）、半澤紀「飯詰高楯城の中世陶磁器について」『北奥文化』第三四号（北奥文化研究会、二〇一三）

（工藤清泰）

●十三湊を見下ろす古代・中世の山城

唐川城（からかわじょう）

〔所在地〕五所川原市相内字岩井
〔比　高〕一四〇メートル
〔分　類〕山城
〔年　代〕①一〇世紀後半～一一世紀代　②一五世紀前半
〔城　主〕①不明　②十三湊安藤氏？
〔交通アクセス〕JR五能線「五所川原駅」、ないし津軽鉄道「津軽中里駅」下車、弘南バス小泊線「相内南口」下車、徒歩三〇分。

唐川城
唐川
大沼
339
0
1000m
弘南バス「相内南口」

【アプローチと立地】　市浦地域の案内板は数多くあり、徒歩・車どちらでも、まずは唐川城跡展望台を目指す。展望台は城館南端の急崖直下にあり、眼下の十三湖（じゅうさんこ）・十三湊（とさみなと）遺跡とともに、晴天であれば岩木山や日本海の遠望を楽しむことができる。城館内に入るには、展望台から東側に降りて春日（はるひ）内観音堂（ないかんのんどう）脇の沢筋から直登するルートもあるが健脚むき。車だと舗装された林道を東に迂回して城館への通路を目指すのがよい（図の入口矢印を参照）。

城跡は、日本海に注ぐ十三湖河口から北北東へ五キロの独立丘陵上に立地する。標高は最高所で一六六メートル、西側は唐川が流れる急崖、東側は山王坊（さんのうぼう）川から派生する緩やかな沢筋になって、南北に長い丘陵部を活用している。

【調査状況】　最初に縄張図を示した沼館愛三（ぬまだてあいぞう）によると（『津軽諸城の研究』一九七七）、形態は単郭・茶臼状と見て、現状の実測図とは合致しない。青森県教育委員会編・刊の『青森県の中世城館』（一九八三）では、曲輪を北・中央・南の三郭に分けて示し、現状に近

●—城館の近景（大沼から撮影）

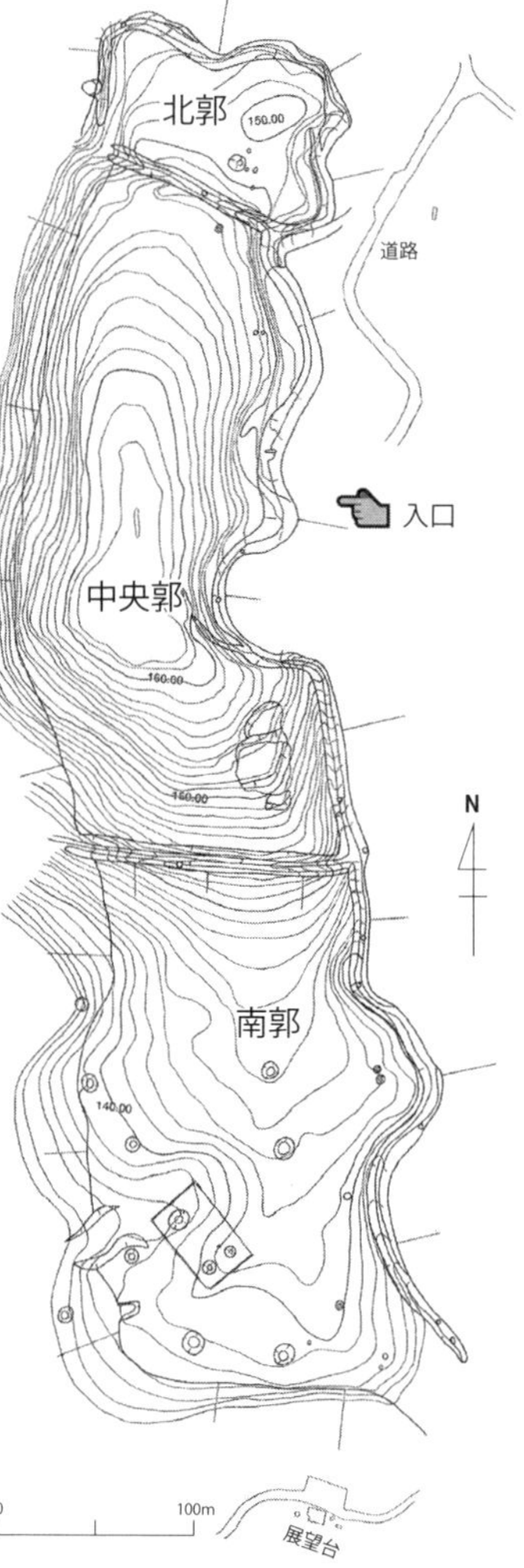

づいている。平成三～五年（一九九一～九三）に行われた国立歴史民俗博物館を主体とする十三湊・福島城の総合学術調査に関連して、当時注目を集めていた古代環壕集落（「古代防御性集落」ともいう）を究明しようと、富山大学人文学部考古学研究室（代表：前川要教授）が本城館の発掘調査に挑んだ。その成果は『津軽唐川城跡―古代環壕集落の調査―』（二〇〇二）として刊行されており、本書はこの報告にもとづいている。なお、曲輪の名称は榊原滋高（二〇〇六）に従い、北郭・中央郭・南郭を使用する。

【城館の構造】城館は南北七〇〇メートル、東西約一〇〇～二〇〇メートルの規模を有し、南北に長い丘陵頂部を三郭に分割した構成を示す。総面積約八万平方メートルは、全体が古代環壕集落であった場合、もっとも広い面積となる。

北郭は標高一五〇メートル、南北六〇メートル、東西一〇〇メートルの四周に空壕を周回し約六〇〇〇平方メートルの規模。内部に井戸跡が存在するらしい。中央郭と区画する空壕は幅九メートル、深さ約二メートルである。

●―唐川城の全体図（富山大学人文学部考古学研究室 2002 より転載，一部改変）

中央郭は中央部が盛り上がって標高一六六～一四五メートル、北側は緩傾斜で南傾斜面に中世段階の狭い平坦面がある。南郭と区画する空壕は幅約八メートル、深さ約二メートル。南郭側に明瞭な土塁上の盛土を確認できるが、中央郭にも盛土が存在することから、土塁としての認識は少なかったと考えられる。東側には蛇行する空壕があるものの西側は急傾斜面のみとなっている。

南郭は標高一四〇～一二八メートル、南への緩傾斜とともに南西方向に窪地が存在し井戸跡と想定された遺構が存在した。南郭も東側に空壕を巡るが西側は傾斜面のみである。南側は急崖となって直下に展望台がある。

空壕や土塁の構築は一〇～一一世紀と考えられて、一五世紀段階では大きく手を加えられていないらしい。

【発見された遺構群と出土遺物】 ①空壕等にともなう遺構としては、竪穴建物跡二棟、井戸跡一基、製錬炉一基が南郭で発見されている。

竪穴建物跡は一辺約七～八メートルの方形、深さ〇・六四メートルの規模で、どちらも新旧二期の重複が見られた。出土遺物には擦文土器甕（1・2）、土師器甕（3）・堝（4）・坏（5～7）・壺（8）、須恵器大甕・中甕（9）・長頸壺、支脚（10）、土錘、羽口（11）、砥石、台石、鉄製鋤先（12）がある。台石の存在から鍛冶作業を行っていた可能性が高い。

井戸跡は上端幅一〇メートル、深さ二・五メートルでもともと擂鉢状の状態を呈していた。湧水は確認できなかったことから溜井戸と考えられる。

竪穴建物跡に隣接して炉底が傾斜している製錬炉が発見され、周辺から流動滓（約三〇キロ）と鉄滓（約五〇キロ）が出土している。羽口は製錬炉と鍛冶作業にともなうものと推定される。以上、遺物の年代は一〇世紀後半から一一世紀代と想定された。

●—井戸跡の調査（2000 年 8 月　筆者撮影）

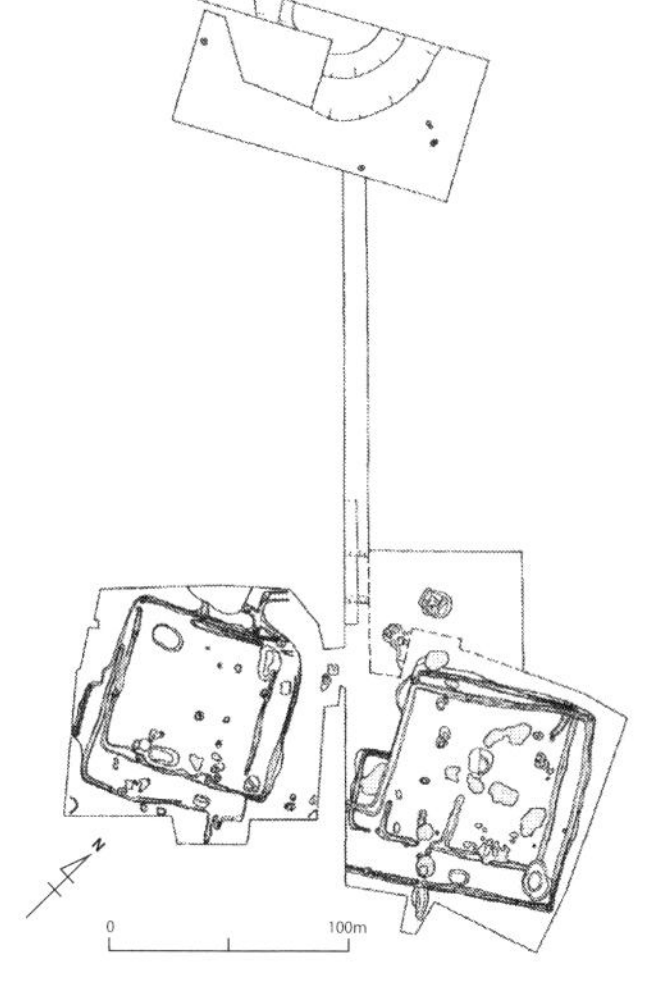

●—井戸跡と竪穴建物跡実測図（全体図南郭の枠線部分）（富山大学人文学部考古学研究室 2002 より転載）

②中央郭南斜面の平坦面から遺構は明確でないが中世の遺物が発見されている。陶磁器としては中国製青磁無紋碗、珠洲甕・擂鉢があり、いずれも一四世

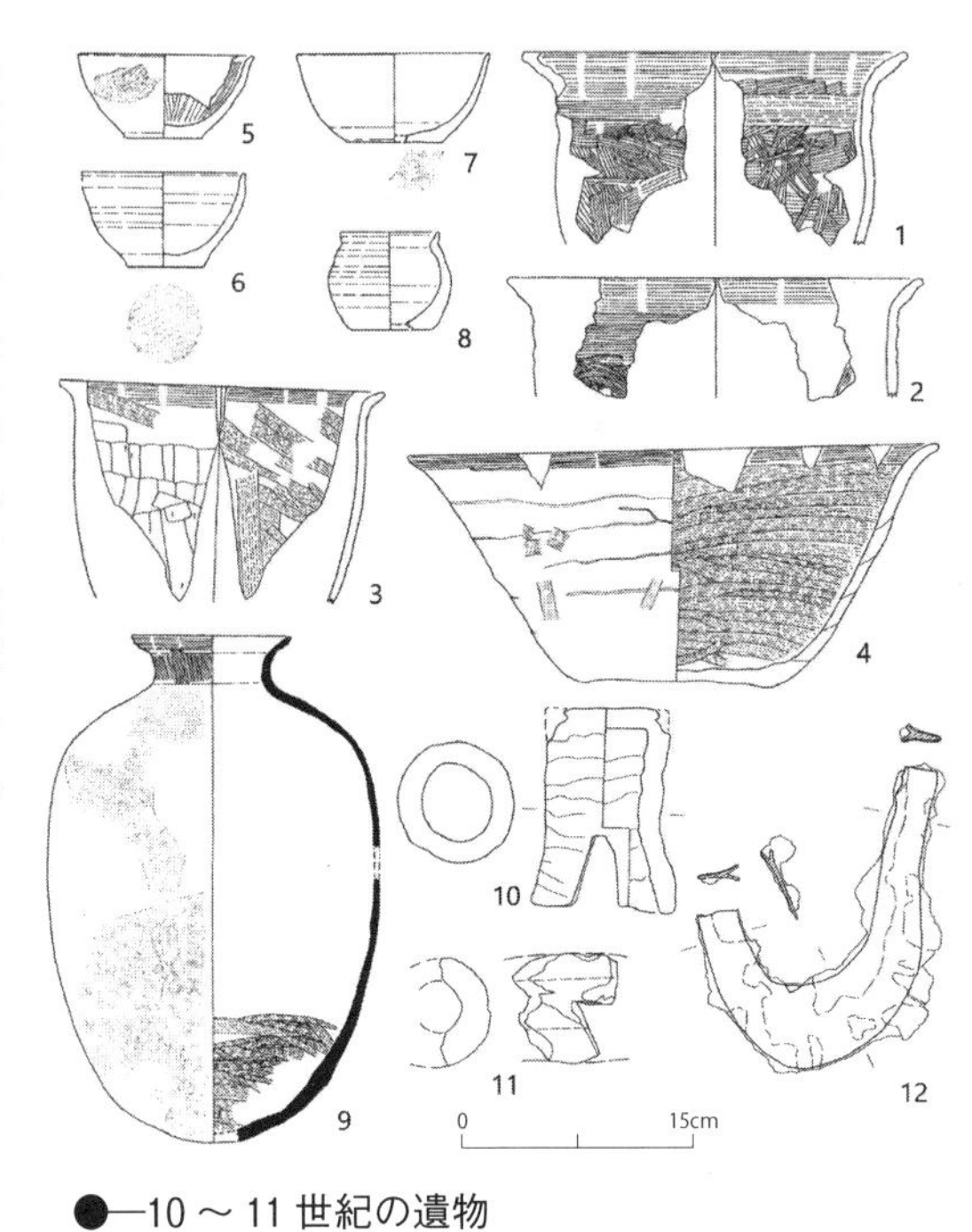

●—10～11世紀の遺物

紀後半から一五世紀前半の年代である。

【城館の特徴と城館主】　全体図で示された円形の落ち込みは、埋まりきらない竪穴建物跡と井戸跡であり、北海道や北奥地域ではよく見られる現象である。南郭に集中しているが、北郭・中央郭の発掘が進んでいないため全域に存在するかは未定である。

古代と中世が重複する意味に関して、千田嘉博は「北の山城」の中で、古代に構えられた地域の城は、中世に至っても築城主体に権威の正統性を示す事例と捉え、中世段階で曲輪整形の未熟と堀の卓越は安藤氏の拠点城館に見られるとした。

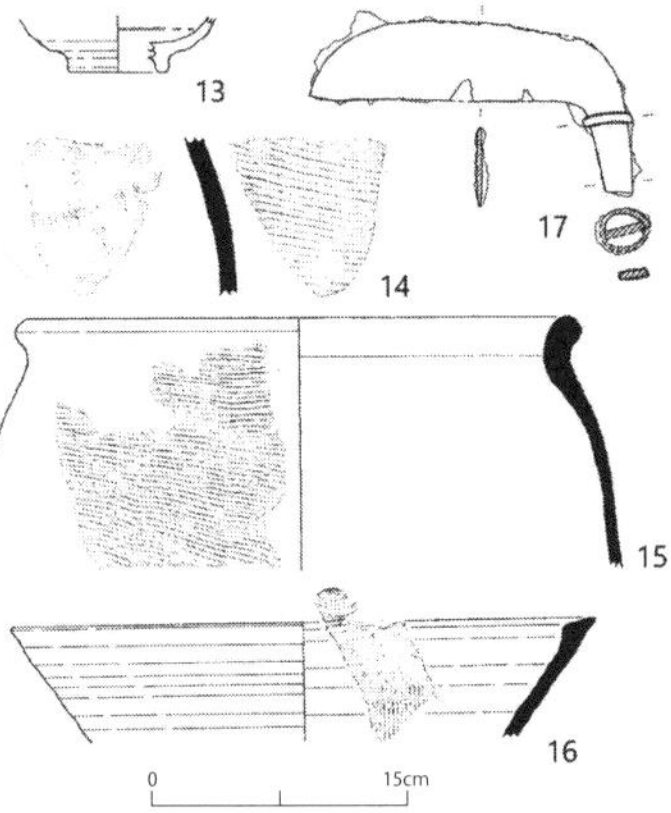

●—14世紀後半から15世紀前半の遺物

津軽地域の中世城館を戦前にまとめた小友叔雄の『津軽封内城趾考』（一九四三）では「安東氏の支城ならん、盛季は本城より此城に退去せしと云ふ。築城年代並沿革詳らかならず」として、本城の福島城から退去する段階の山城とみており、以後この考え方は現在に至るまで継続している。

【参考文献】青森県教育委員編・刊『唐川城跡』『青森県の中世城館』（一九八三）、千田嘉博「北の山城」『国立歴史民俗博物館研究報告』第六四集（国立歴史民俗博物館、一九九五）、富山大学人文学部考古学研究室『津軽唐川城跡—古代環壕集落の調査—』富山大学考古学研究報告第七冊（二〇〇二）、榊原滋高「環濠集落を起源とした遺跡—唐川城跡」『図説五所川原・西北津軽の遺跡』（郷土出版社、二〇〇六）

（工藤清泰）

●日本海の戦国城館

元城（もとしろ）

〔深浦町指定史跡〕

〔所在地〕深浦町深浦字元城
〔比　高〕五五メートル
〔分　類〕山城
〔年　代〕一五世紀後半～一六世紀
〔城　主〕葛西木庭袋伊予守頼清・千葉弾正？
〔交通アクセス〕ＪＲ五能線「深浦駅」下車、徒歩三〇分。

【アプローチと立地】　日本海西海岸の名刹春光山円覚寺山門を出て右手に南下する道を五分ほど歩くと、深浦町福祉センター元城館に到着する。道を挟んで対面する山稜が元城跡で、道の脇に元城の説明版が立っている。道路から曲輪への登頂は、この説明版脇の場所か、そこから左側へ行く舗装道路を少し歩くと沢筋になっている場所があり、その二ヵ所が最適である。

城跡は、東側に亡ノ沢、西側に磯崎川が流れる六角沢があって北方向に突き出た丘陵突端部に立地している。上端部の標高は六〇～七〇メートルで南から北にかけて緩斜面を形成している。

【調査状況】　昭和五十五年（一九八〇）八月、深浦町教育委員会の依頼によって、本堂寿一が行った踏査とその記録を嚆矢とする。以後、本堂作製の縄張図と採集資料を基本として進展をみるが、発掘調査には至っていない。『青森県史資料編考古４　中世・近世』の関連調査、榊原滋高・中田書矢・伊藤信による調査記録『津軽西海岸の城館遺跡』の中で取り上げられ、現在は町史跡に指定されている。

【城館の構造】　平場は南北二ヵ所確認、北東方向から伸びる沢が頂部に達する堀で区分され、本堂は北側をⅠ郭、南側をⅡ郭と通称して、前者を主郭、後者を副郭とする。基本はこの二つの平場で構成されるが、伊東はⅠ郭とⅡ郭の間にも段築が存在することから別な曲輪が存在するとみている。今回は本堂の考えにしたがう。

●—城館の近景（北西から撮影、左下が説明版）

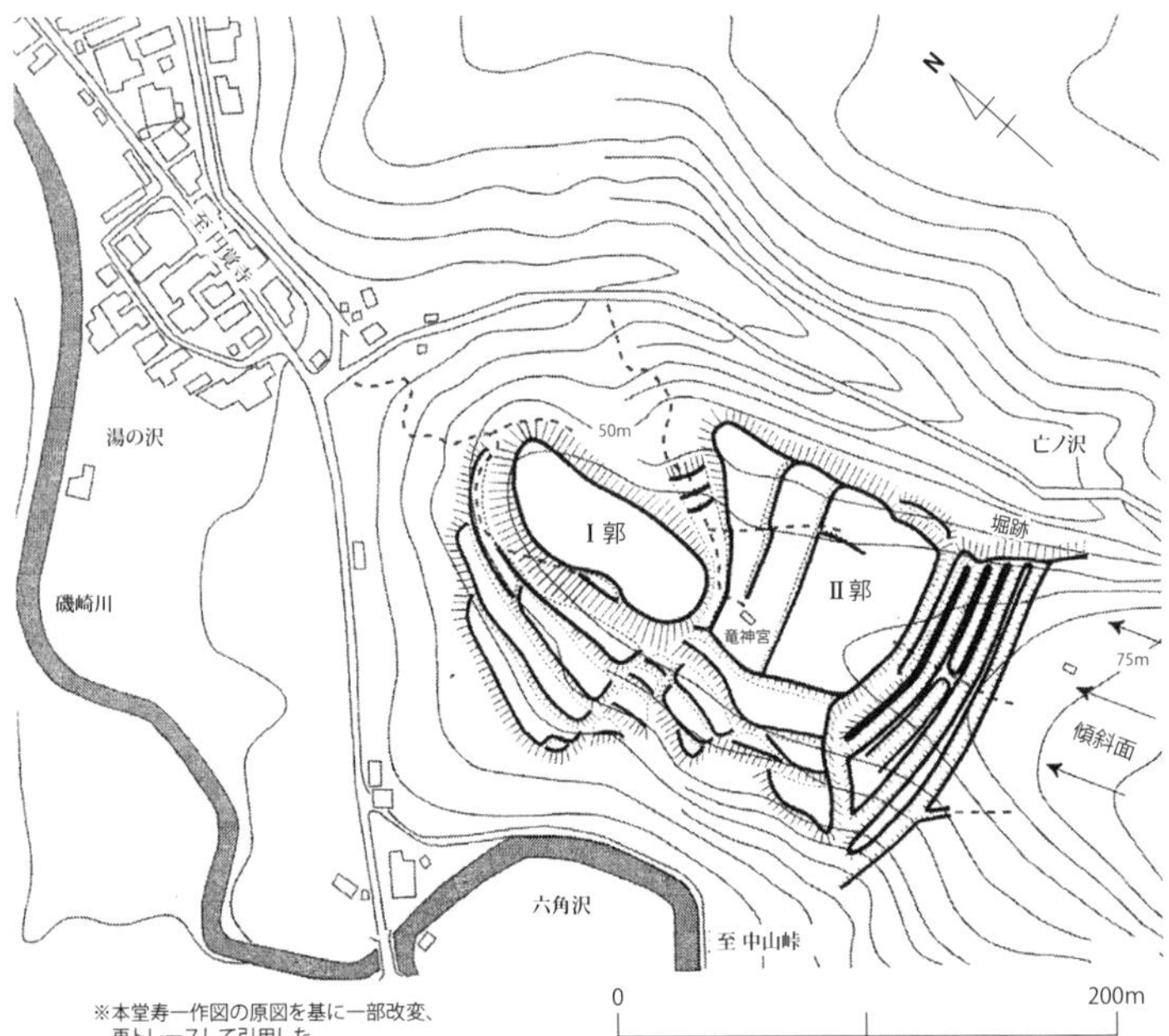

※本堂寿一作図の原図を基に一部改変、再トレースして引用した。

●—元城跡の全体図（伊東信 2007『津軽西海岸の城館遺跡』を一部改変）

Ⅰ郭は、南北八八メートル、東西三一メートルの規模で、西側の五〇センチ下に小さい平場が付属した上で、さらにその下に四～五段ほどの帯曲輪が存在する。

Ⅱ郭は、南北一〇〇メートル、東西八〇メートルの規模でⅠ郭の三倍ほどの面積を有している。南側から北側に三段の段築となっており、Ⅰ郭に近い北西部に竜神宮を祀るお堂が存在する。近接して井戸跡があって、城館期からの遺構と考えられている。また、西側にはⅠ郭と同じく四段の帯曲輪（腰曲輪）が存在するが、小さく区分している状況がみられる。

Ⅱ郭の南側に、本城館の特徴的構造物である五本の壕跡がある。丘陵基部を区分して全体の幅は約四五メートルにおよび、Ⅱ

郭直下の壕は幅一五㍍深さ約七㍍となっている。中央の三本目の壕には土橋状の掘り残し部分も見える。ただしこの部分だけであり、通路として使用した土橋か疑問が残る。

【採集陶磁器ほか】 深浦町歴史民俗資料館に保管されている採集陶磁器をみると、中国製の青磁・白磁・染付と国産の瀬戸美濃・越前がある。昭和五十五年（一九八〇）の踏査では珠洲擂鉢を採集したとするが現物を見ることはできなかった。青磁は無紋碗（1）・線描蓮弁紋碗（2）・口縁が稜花状を呈する皿（3）、白磁は口縁外反皿（4）・内面蛇ノ目を呈する皿（5）、染付は底に「大明年製」と書かれ見込みが盛り上がる饅頭心碗（6）・口縁直行碗（7）・外面渦巻紋と内面梵字紋と想定される皿（8）・玉取獅子紋の皿（9・10）である。瀬戸美濃はすべて灰釉製品で、外面剣先状蓮弁紋碗（11）・口縁内湾皿（12）・端反皿（13）で大窯第1・2段階の製品、越前は擂鉢（16）を除けば甕類である（14・15・17〜20）。

以上の採集品から城館の形成年代は、一五世紀後葉から一六世紀前半と推定される。

さらに興味深いことに、元城出土とされる茶臼が円覚寺に伝世している。茶臼の上臼径二一㌢、下臼底径三〇㌢、下臼受皿径三九㌢を計測し、石質は不明であるが、光沢のある優品である。他の城館出土品と比較した場合でも一五〜一六世紀に位置付けられる製品と思われ、採集陶磁器との年代は整合する。

●—採集陶磁器（筆者撮影）

【城館の特徴と城館主】　文献上、築城・廃城年代を示す確実な史料はないことから、本城館の成立・形成年代は考古学的資料に拠らざるを得ない。また立地上、深浦湊から海浜部に突き出た艫作崎（へなしざき）を通る「月屋道」と、湊から磯崎川沿いに南下して元城直下を通って中山峠を越える山道「中山通」の分岐に位置している。道を押さえる機能を有している。

城主に関しては、円覚寺薬師堂の覆堂（ふくどう）にある永正三年（一五〇六）銘棟札に「葛西木庭袋（かさい）伊予守頼清敬白」とあることから葛西義清（よしきよ）を城主とする説と、円覚寺所蔵宝物取調の中に、前述の「千葉弾正所持茶臼　一個」解説として「年月不詳当地古城ノ千葉弾正慶長年中亡落　古城趾ヨリ掘獲シタルモノニシテ伝来」とあることから千葉弾正とする説が並立している。採集資料に慶長年間まで下る陶磁器はないことから、一六世紀初頭の名が残る葛西頼清と考えることが無難であろう。

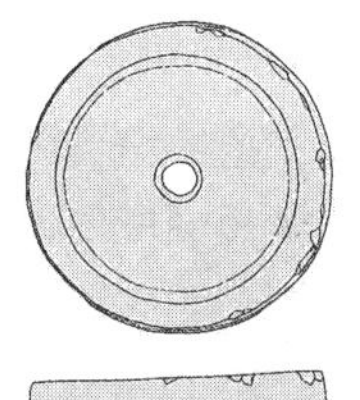
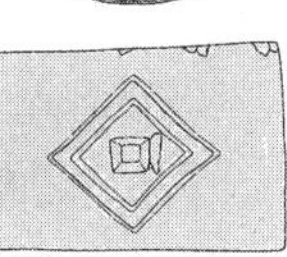
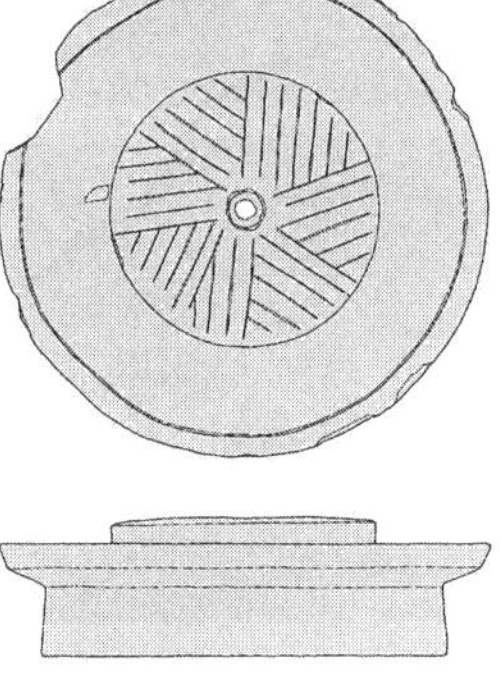
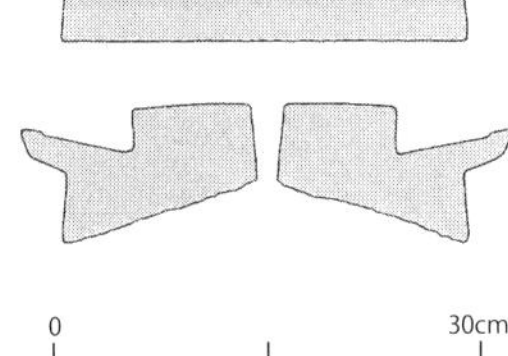

●—円覚寺伝世茶臼（中田書矢原図）

山城でありながら、平場の面積も広く、採集遺物も認められることから、生活拠点としての機能も有していることは間違いなく、茶臼の伝世や井戸跡の痕跡はその名残と考えられる。

現在、城館内には雑草の繁茂や松くい虫による倒木がみられることから、服装等には十分に注意して登城した方がよい。

【参考文献】青森県教育委員編・刊「元城跡」『青森県の中世城館』（一九八三）、本堂寿一「青森県深浦町元城跡踏査報告」『考古風土記』第八号（一九八三）、佐藤仁『青森県「歴史の道」調査報告書　西浜街道（鰺ヶ沢街道）』（青森県教育委員会、一九八四）、工藤睦男ほか『深浦町史　下巻』（深浦町、一九八五）、中田書矢「元城跡」『青森県史資料編考古4　中世・近世』（青森県、二〇〇三）、伊藤信「元城跡」『津軽西海岸の城館遺跡』（鰺ヶ沢町・深浦町城館遺跡調査会、二〇〇七）

（工藤清泰）

●古代と中世が重複する山城

中里城（なかさとじょう）

〔青森県指定史跡〕

〔所在地〕中泊町中里字亀山
〔比　高〕四〇～五〇メートル
〔分　類〕山城
〔年　代〕①一〇世紀後半～一一世紀代　②一四～一五世紀前半
〔城　主〕①不明　②津軽安藤氏？
〔交通アクセス〕津軽鉄道「津軽中里駅」下車、徒歩一五分。

中里川
中里城
津軽鉄道
津軽中里駅
339
中泊町役場
103
宮野沢川
0
500m

【アプローチと立地】　津軽鉄道「津軽中里（なかさと）駅」から出て、中里神明宮の参道を徒歩で登るか、中泊町斎場まで足を運び駐車場から中里城跡史跡公園への道を登るのが最適である。

城館は、北の中里川と南の宮野沢川に挟まれた丘陵突端部に立地している。

【調査状況】　昭和六十三年（一九八八）から中里町・中里町教育委員会が企図した「中里城跡公園整備事業」にともなう発掘・史料調査を開始、古代と中世の二時期の城館であることを明らかにした。平成五年（一九九三）の「環境整備基本構想」にもとづき「史跡公園」として整備、一般公開されている。なお、曲輪の名称は、齋藤（二〇〇五）の「Ⅰ・Ⅱ・Ⅲ区」を「Ⅰ・Ⅱ・Ⅲ郭」と変更して使用する。

【城館の構造】　大きく区分して古代・中世二時期の城館が重複していることから、遺構も二時期に分けて記述する必要があるが、発掘調査された曲輪と壕・柵列、そして曲輪内の竪（たて）穴（あな）建物跡・柱穴の時期認定をみると、城館の原形は、ほぼ古代に形成されていたと想定される。そのため記述は、一〇世紀後半～一一世紀代の構造が中心となる。Ⅰ郭中央部に見られた東西を区分する土塁（どるい）と堀跡は、層序の検討と近世陶磁器の出土から近世以降の構築で城館とは無関係の遺構であるため除外する。

Ⅰ～Ⅲ郭はそれぞれ関連する曲輪で尾根の平坦面を機能的に活用した状況となっている。Ⅰ郭は、もっとも広い平坦面を有することから城館の主郭と考えられる。Ⅱ郭は現在の神

●—城館の遠景（住宅地の上が城館、西から撮影）

明宮社地で、南側に四～五段の帯曲輪を配置した平坦面で構成され北側にも同程度の平坦面がある。Ⅲ郭はⅠ郭の西側、旧神明宮跡地であり、南側に帯曲輪を三段、Ⅰ郭との間に空堀があると推定される。

一〇世紀後半～一一世紀代の城館構造は、Ⅰ郭において竪穴建物跡が全域に広がることから、高所に営まれる集落構造を基盤としている。史跡公園となっているⅠ郭は、東西一二〇メートル、南北五〇メートル、約五九〇〇平方メートルの調査がなされ、約八〇軒の竪穴建物跡を発見、一〇世紀前半から一一世紀代までおよそ八期の変遷がある。また一三〇〇近くの柱穴（ピット）を検出しているが、明確に掘立柱建物跡を構成できる組み合わせは確認でなかった。出土陶磁器から一五世紀のものもある。

一〇世紀前半代の竪穴建物は南や南東方向にカマドを有して壁溝があるのに対し、一〇世紀後半を過ぎると平場区画に規範された配置を示しカマドを持たないものが多くなる。このような変化に対応するように、一〇世紀後半から一一世紀には、東側と北東側の斜面に幅三・五～五・五メートル、深さ一・二～三・二メートル、全長一三〇メートルの空壕が構築される。この部分は当初帯曲輪とみていたもので、発掘調査によって発見された。この空壕の掘り上げた土は、Ⅰ郭に土塁として積まれていたようであるが、自然崩壊もあって最終的には埋め戻しが行われているらしい。さらに、急傾斜面になっている南側の法面上端から全長八五メートルの柵列が見つかり、空壕・柵列ともに埋め戻し・埋没時期から中世段階ではないことを確認している。

このような区画（防御）施設ができる段階で、平場では井戸跡、土坑跡、溝跡、土器焼成跡、精錬・鍛冶関係の遺構が構築されている。

一四〜一五世紀前半の城館遺構は明確でなく、古代の遺構群を踏襲した形で構成されている。Ｉ郭平場では、中世陶磁器を出土する竪穴建物跡が二基ほど発見されているのみで、中世段階で独自の工事が行われていたかどうかは、調査区域を拡大するしかない。

【出土土器・陶磁器ほか】

出土した土器の大部分は土師器(はじき)であるが他に須恵器(すえき)・擦文(さつもん)土器がある。

土師器の器種は、坏・皿・甕(かめ)・鉢・堝(なべ)・台付鉢・把手(とって)付土器・ミニチュア土器などがある。坏(つき)（1〜3）・皿（4）は、ロクロ成形無調整がほとんどで、ロクロを使用しない手づくねも若干ある。内面を黒色処理する例もある。甕（7・8）は、口径二〇センチ以上と一五センチ前後の法量に二分でき、整形段

●—中里城跡全体図（齋藤 2005 を改変）

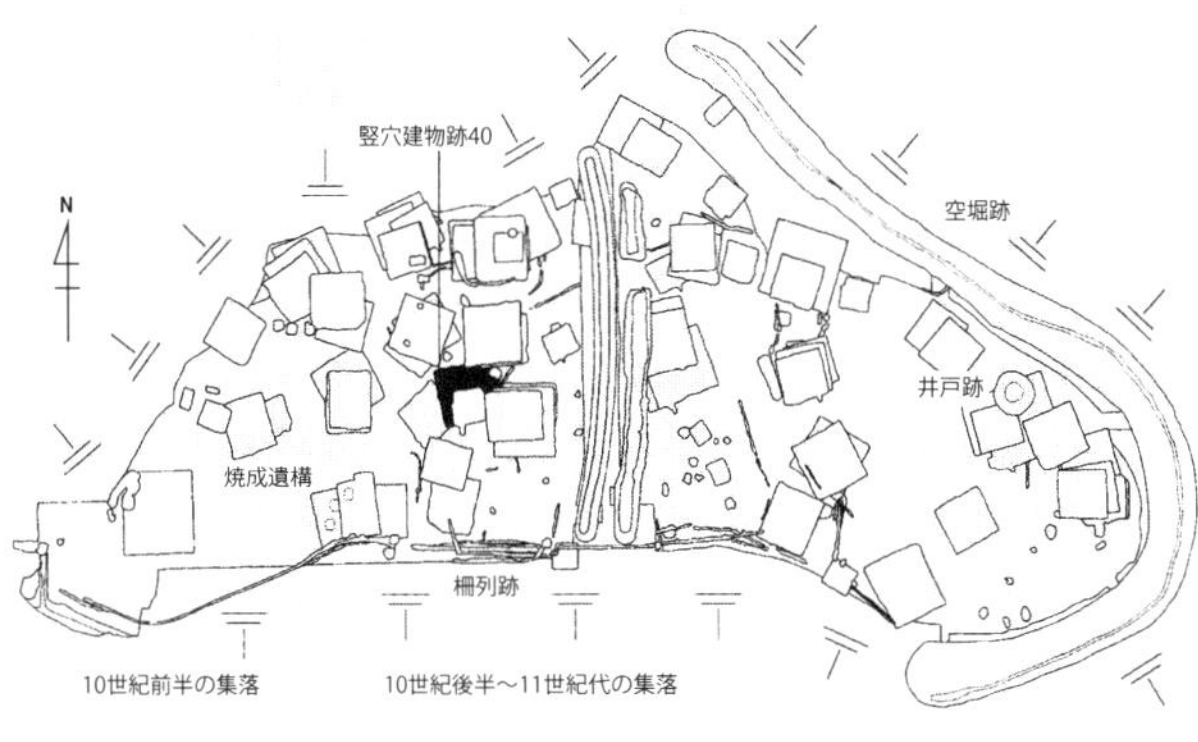

●—Ｉ郭の遺構配置図（齋藤 2005 より）

●—Ⅰ郭北東の空壕（中泊町博物館提供）

階でロクロを使用しないものが多く、ヘラナデを基調とした調整である。鉢（6）・堝（5）・台付鉢はそれぞれ一～二点の出土で、鉢は輪積み成形痕、堝は口縁部の面取りが特徴的である。把手付土器（9）は一〇点ほど出土し、大部分に二次焼成痕がある。ミニチュア土器は五点ほど出土、ロクロ・手づくね成形双方が認められる。

須恵器の器種は、大甕・中甕・長頸壺があり坏類は若干存在する。大甕は口径五八センチで一個体出土。中甕（11）は頸部に刻書を有し、外面胴部から底部には叩き具痕が施され、底部は丸底と推定される。長頸壺は口径一五センチ以下で頸部や胴部上半に刻書のみられるものもある。いずれも五所川原須恵器窯跡の製品と考えられる。

●—空壕の深さと埋没状況（中泊町博物館提供）

擦文土器の器種は、すべて甕（10）で九三点の出土がある。

土製品には網に付ける土錘、精錬・鍛冶作業に使用する羽口、カマドの支脚がある。鉄製品には刀子・錫杖状鉄製品、石製品には砥石、ほかに鉄滓・炭化米がみられる。以上の出土品の帰属年代は一〇世紀前半から一一世紀代である。

中世陶磁器は、最低三五個体分の破片が出土、中国製品には青磁・白磁、国産製品には瀬戸・珠洲・信楽がある。

青磁は碗・皿・盤の器種がある。碗は口縁直行の例（1）、外反の例（2）、外反しながら玉縁状を呈する例（3）があり、いずれも無紋を基調とする。皿は見込み内面に印花紋を施す例（4）、盤は内面胴部に削り出しのソギを入れる例（9）がある。白磁は皿と小杯の器種がある。皿は口縁が内湾して底部に抉りを入れる例（1・2）、小杯は胴部を八角に面取りした例（3・4）がある。

瀬戸は鉄釉の天目茶碗、灰釉の仏花瓶（10）、そして盤がそれぞれ数点出土している。珠洲は口縁部内面に波状紋を有する擂鉢と中甕と思われる破片がある。信楽は、細かく破砕された壺が一点出土している。

ほかに、茶臼、硯、鉄釘、提子の部品と想定される銅製品、開元通寶・景祐通寶・嘉祐通寶・元豊通寶・洪武通寶の銭貨が出土している。以上の出土品の帰属年代は一四世紀後半から一五世紀前半代であると思われるが、主体年代は一五世紀前半代である。

【城館の特徴と城館主】 本城館の周辺には堀を有する古代集落である五林遺跡、一本松遺跡、胡桃谷遺跡が存在している。特に、南西に五〇〇メートル離れた五林遺跡（五林館）は、一四〇×六〇メートルの平場に環壕を巡らして中里城Ⅰ郭よりも広い面積である。部分的試掘調査では、古代の出土土器も類似

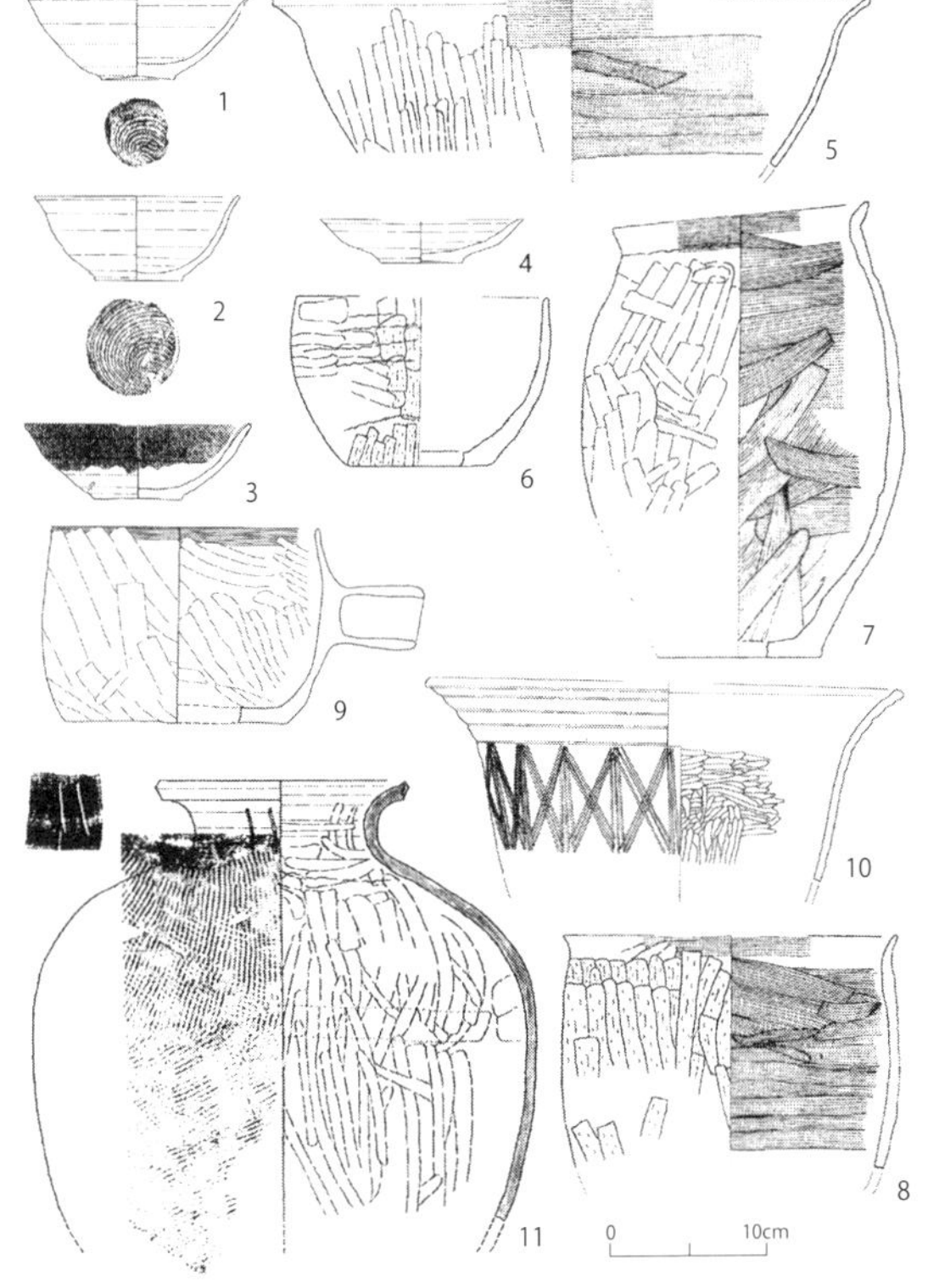

●—出土土器類（報告書より抽出）

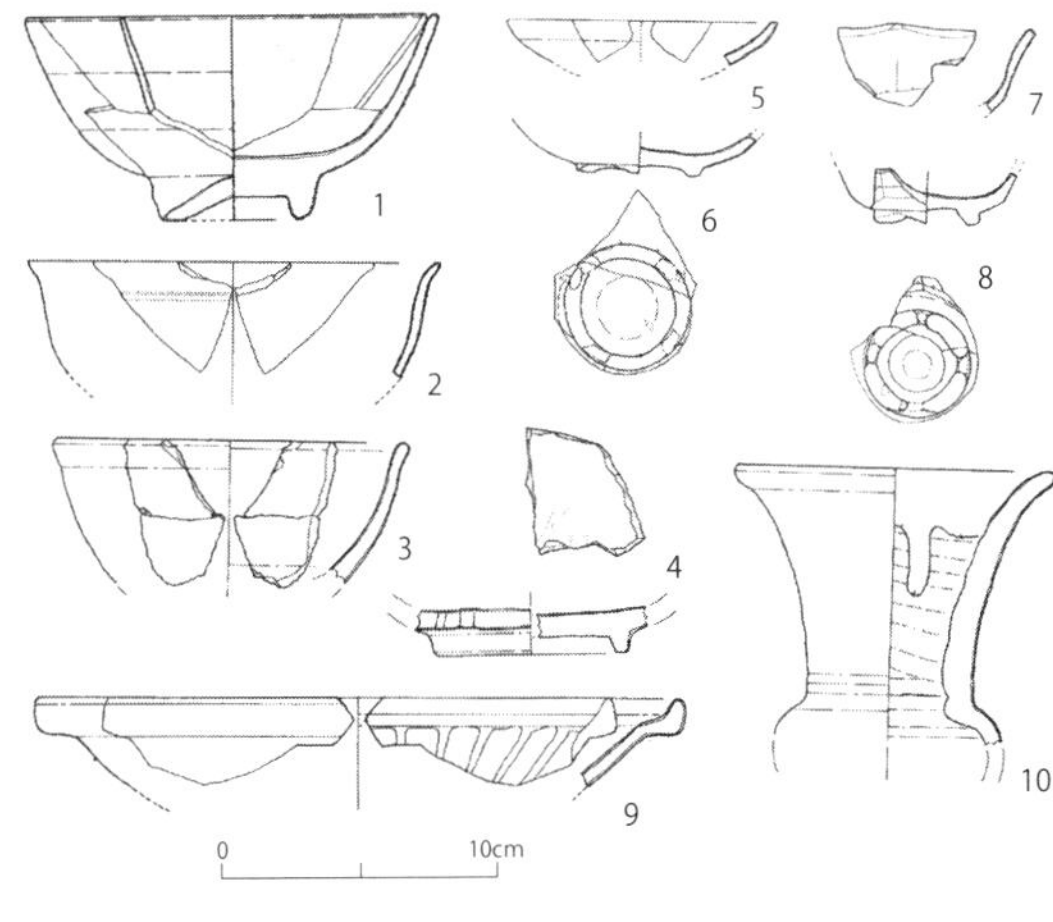

●—出土陶磁器（報告書より抽出）

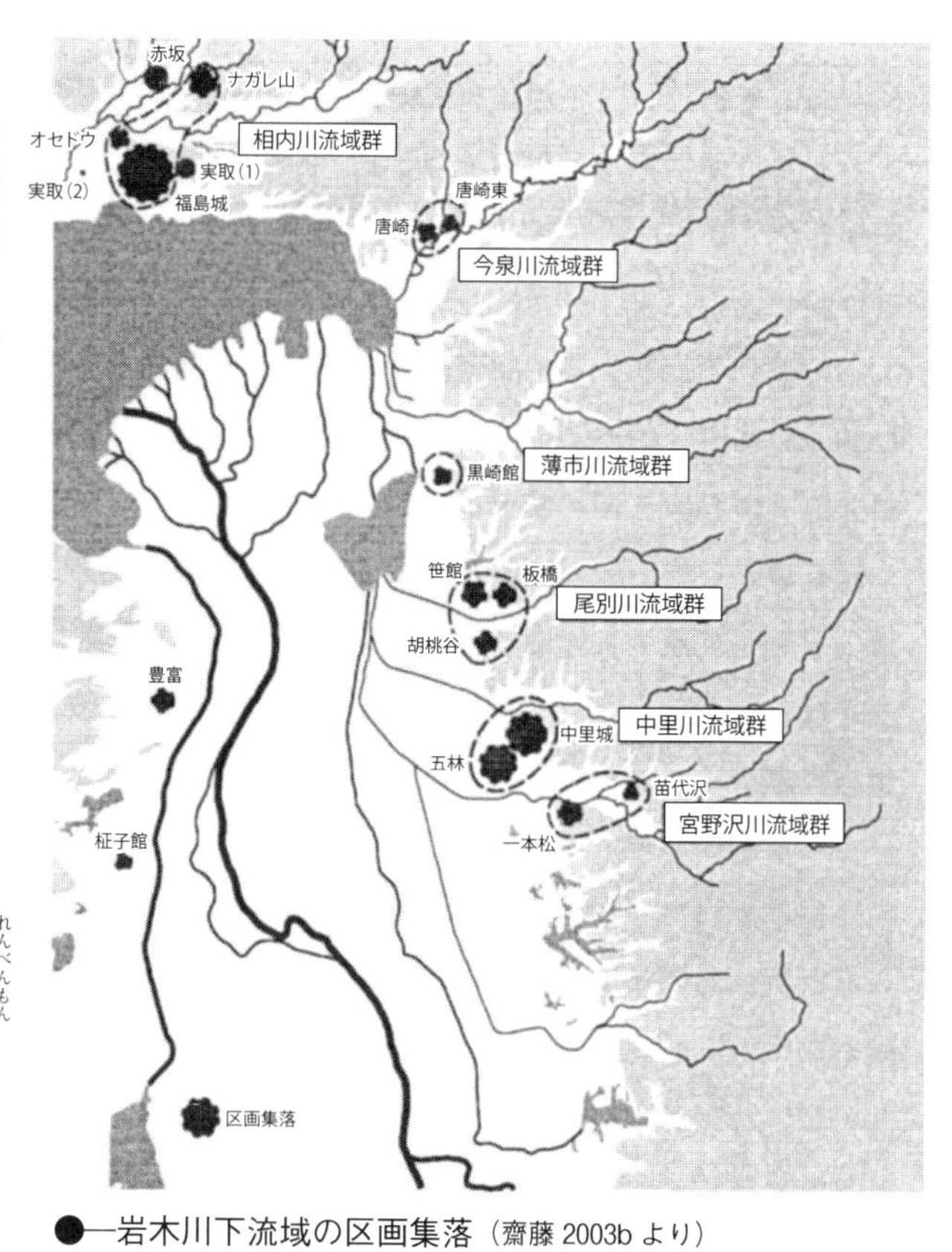

●—岩木川下流域の区画集落（齋藤2003bより）

して形成年代もほぼ同じである。また、表採品の青磁蓮弁紋皿（一五世紀?）、隣接する水田発見の珠洲壺（一二世紀）とともに遺跡内にある五林神社の御神体は、五輪塔（鎌倉～室町時代）と宝篋印塔（室町時代：日引石製か）であり中世の残痕を確認できる。五林遺跡と中里城は四〇メートルの比高を有して、十三湖方面へ向かう下之切通り（街道）を挟む位置にあって街道を押さえる関連城館であったと推測できる。

齋藤淳の研究によると、岩木川下流域では河川流域ごとに一〇世紀後半代から中里城のような環壕（区画）集落が形成されることから、「集団の統合・組織化と序列化の進展という意味では、そこに中世権力への胎動を見出すことも可能」として中世から近世に至るまで防御的ではあっても、聖地として継承する城館の姿を捉えようとしている。

なお文献上から、中里城の館主は不明であり、出土遺物からは十三湊安藤氏との関連を想定できるのみである。

【参考文献】中里町・中里町教育委員会『中里城跡試掘調査報告書』（一九八九）、同『中里城跡Ⅰ』（一九九〇）、同『中里城跡Ⅱ・平山西』（一九九一）、同『中里城跡環境整備基本構想』（一九九三）、齋藤淳「中里城跡」『青森県史資料編考古四　中世・近世』（青森県、二〇〇三a）、齋藤淳「古代の区画施設を有する集落」『東北中世考古学叢書3遺跡と景観』（高志書院、二〇〇三b）、齋藤淳「中里城遺跡」『青森県史資料編考古三　弥生～古代』（青森県、二〇〇五）

（工藤清泰）

●大浦氏の津軽平野進出の拠点

大浦城（おおうらじょう）

〔所在地〕弘前市賀田字大浦大字五代字早稲田
〔比　高〕約二〜三メートル
〔分　類〕平城
〔年　代〕一五〜一六世紀代
〔城　主〕大浦氏
〔交通アクセス〕弘南バス百沢嶽線「診療所前」下車、徒歩一分。

【城館の立地】　大浦城は岩木山を臨む後長根川南岸の台地の先端に立地している。標高は約四二メートルである。後長根川流域の低湿地より二〜三メートルの比高がある。現況は弘前市立津軽中学校や住宅地のほか、水田やリンゴ園となっており、城の姿はほとんど残されていない。中学校の校庭横を通る道路の脇に城跡を示す石碑が建っている。城跡の南側には岩木山麓を経て鯵ヶ沢町に向かう百沢街道が通っている。

【歴史的環境】　種里城（鯵ヶ沢町）に入った南部光信が文亀二年（一五〇二）に鼻和郡賀田郷に城を築き、「大浦ノ城」と名付け、子の盛信を置いたという。大浦の地は津軽地方の日本海沿岸と内陸部を結ぶ要衝の地として、津軽奪還を目指す安藤氏が南部氏と激戦におよび、力尽きたとされる場所である。光信が大永六年（一五二六）に没し、盛信が二代目として大浦城で跡目を継いだ。『津軽郡中名字』には「鼻和郡三千八百町ハ大浦ノ屋形南部信州源盛信ト申ス也」と記載されている。盛信の子孫は政信、為則と続き、永禄十年（一五六七）には久慈氏を出自とする平蔵が養子として入り、為信を名乗り大浦城主になったとされる。津軽家の記録によると、為信は南部家中の内紛に乗じて、元亀二年（一五七一）に南部高信が拠る石川城（弘前市）を攻め、高信を自害に追い込んだという。この石川城攻めを手始めに南部氏からの独立を図り、天正十八年（一五九〇）に豊臣秀吉から津軽の領有を認められた。文禄三年（一五九四）に本拠を大浦城から堀越城に移し、藩政期には弘前藩の「賀田焔硝御蔵」が西

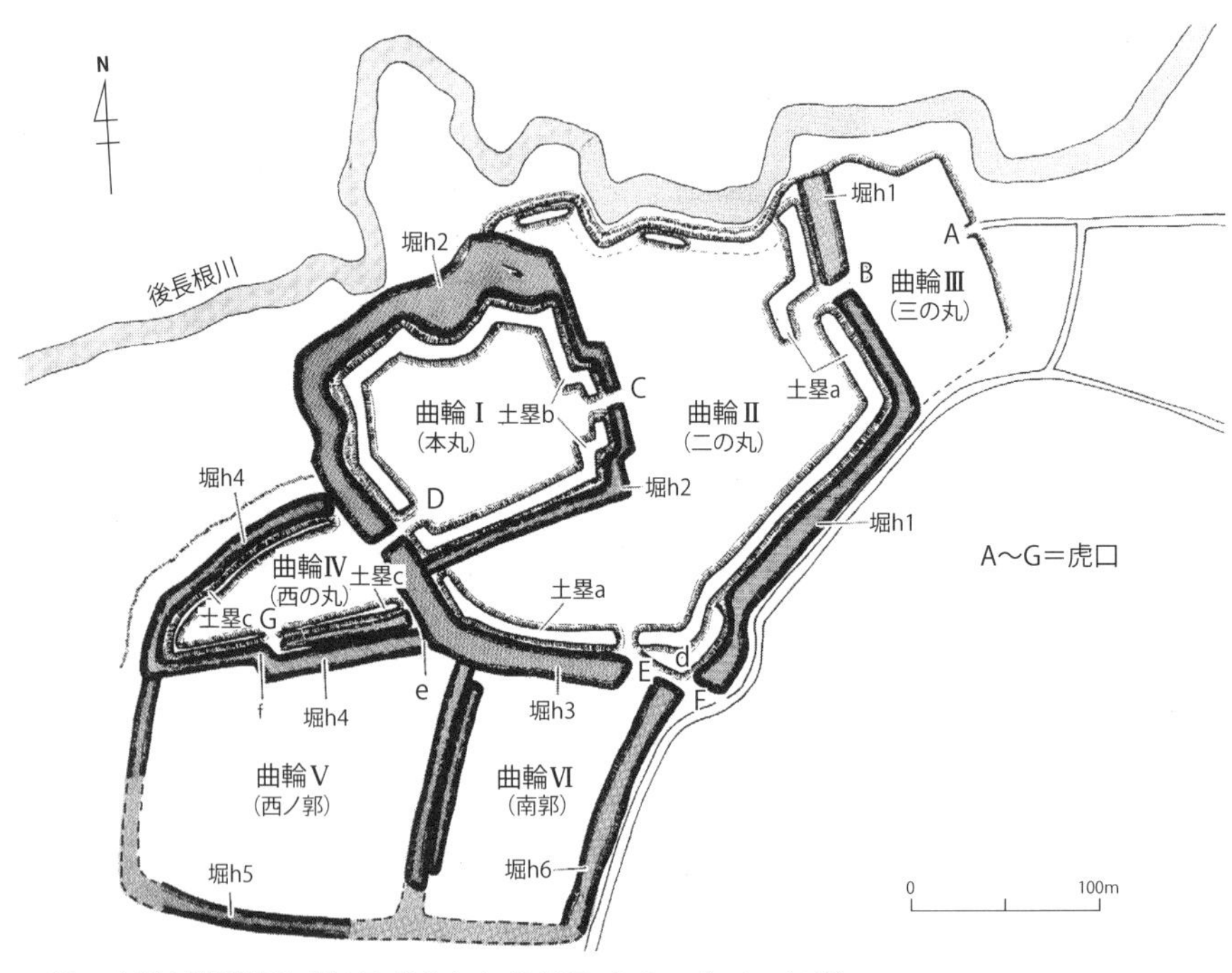

●—大浦城縄張図（『新編 弘前市史 資料編1』〈1995〉より転載）

の丸に設置された。

【曲輪配置】　城跡の大部分が中学校の敷地となっていることや宅地化の進展により城跡の姿を知ることは困難な状況である。『新編弘前市史』において曲輪配置の復元案が示されている。六つの曲輪から構成され、本丸は二の丸の北西隅に重複する形で存在、二の丸の東側には三の丸、西側には西の丸が配置されている。本丸、二の丸、西の丸は堀と土塁（どるい）で囲まれて、二の丸、西の丸の南側には堀で区画された西の郭と南郭が展開する。

虎口（こぐち）はA～Gの七ヵ所あったと言われ、Fが大手門とされる。Fにあった門は弘前城築城の際に三の丸の北門として移築され、「賀田門（よしたもん）」と称されたという。しかし、Aが本来は大手であったと思われる。Aは百沢（ひゃくさわ）街道が東から西へ進み、城に突き当たった正面に位置していたと推定されている。また、Aから三の丸にへて、二の丸に入る際には、「桝形（ますがた）虎口」を通らねばならず、敵の進入を防ぐ工夫がされていることからもAの可能性が高いと推定される。

大浦城の直線的な曲輪の形や曲輪を重ねる構造は、織豊系城郭の影響を受けたものと言われる。東北北部の中世城館の中では、堀越城や福村城といった大浦氏の持城に見られる。為信がこのような構造を学ぶ機会を得るのは、津軽領有を認められた天正十八年（一五九〇）以降とされ、大浦城は新しい技術を導入して改修をされたと推測されている。

【検出遺構】　発掘調査は平成七年（一九九五）にⅠ区（本丸西側）とⅡ区（二の丸と堀跡）において試掘調査が実施されている。遺構はⅠ区からは礎石建物跡、段築、焼土、集石が検出されている。礎石建物跡は抜き取り痕も含めて六基確認されている。間尺は一八〇～一九〇チセンである。礎石と同じ土層から銭貨や青磁、染付、瀬戸・美濃焼といった陶磁器が出土しており、一六世紀の建物跡である可能性がある。段築は北側に低くなった段を持ち、南側は堅く締められた状態であった。

●—城址石碑

Ⅱ区のAトレンチでは、井戸跡や礎石を確認した。Bトレンチの西側では堀跡と想定される落ち込みを検出し、南北方向に延びることを確認した。曲輪配置の復元案と比較して本丸と二の丸の間を区切る堀跡である可能性が高く、人為的に埋め戻されている状況であった。Cトレンチでは竪穴建物跡や土坑などが確認されている。

【出土遺物】　遺物は陶磁器、金属製品、鍛冶関連遺物、石製品、銭貨が出土している。陶磁器の年代は一五世紀末～一六世紀前半、一七世紀である。中国産の青磁の碗・皿、白磁の皿、染付の碗・皿、国産は瀬戸・美濃焼の灰釉皿・鉄釉碗、越前焼の甕・擂鉢、唐津焼の碗・皿・甕、瓦質土器は火鉢類が出土している。この他、伊万里焼の碗・皿・鉢が出土している。金属製品は鏃、釘、小刀が出土している。鍛冶関連遺物は鉄鋌状鉄製品が出土している。石製品は砥石がみられる。

銭貨は洪武通宝、朝鮮通宝の他、寛永通宝が出土している。陶磁器の出土量が多いのは一六世紀代であり、文献史料と矛盾しない様相を示している。伊万里焼や寛永通宝は藩政期の塩硝御蔵に伴うものと推定される。

【城下町】　『新編弘前市史』によると城跡東側の賀田地区は

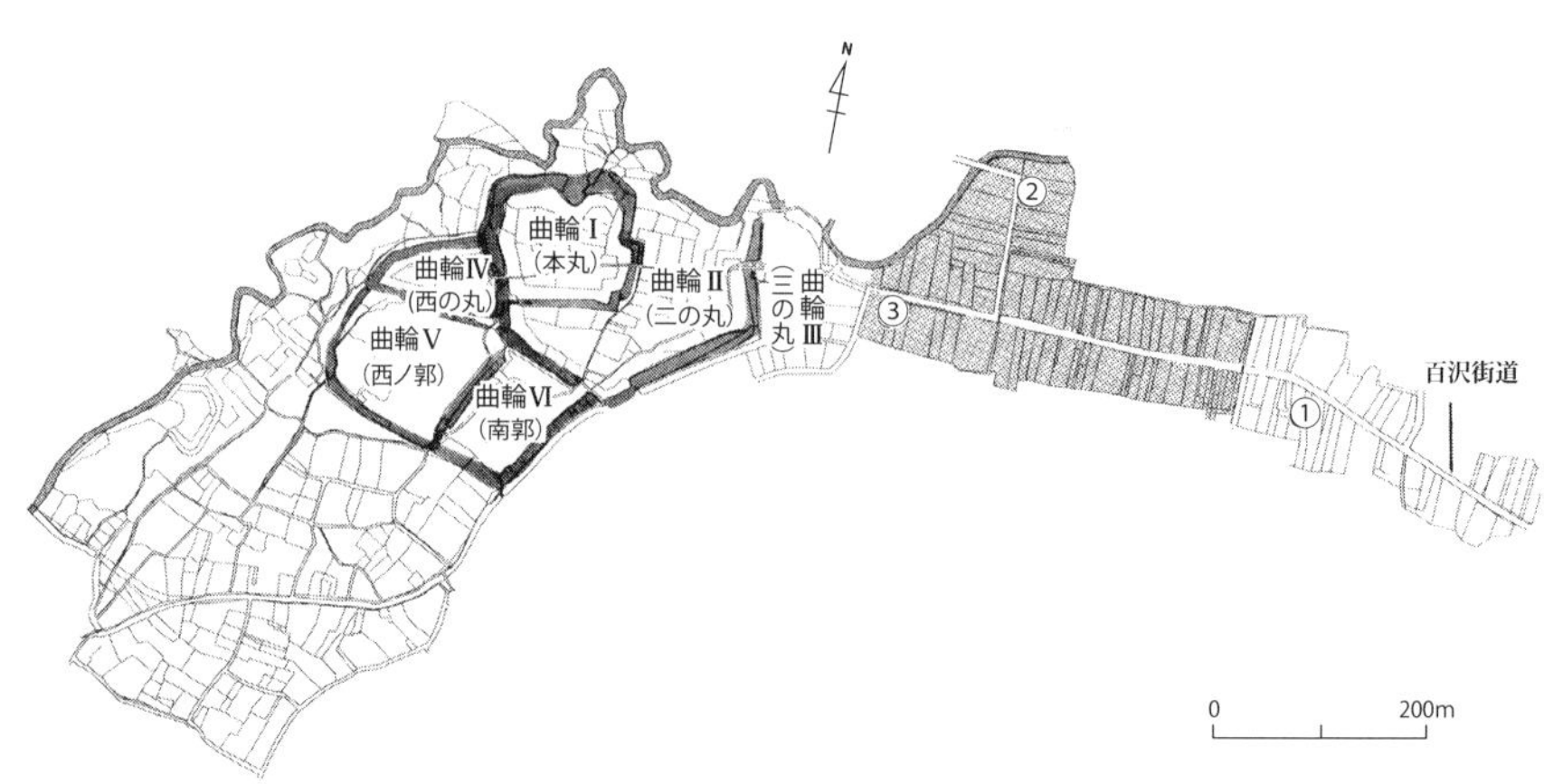

●―大浦城と城下町（『新編 弘前市史 資料編 1』〈1995〉より転載）

城下町と伝わる。地籍図には賀田地区の中央を通る百沢街道に沿って短冊型地割が見られる。道が緩く左に屈曲して、そこから明確な短冊型地割が広がっている。①の部分が「城下町」の中心と想定される。屈曲は東側から町並みを簡単に見通せないような工夫がされているという。②の部分にも屈曲があり、城下町への北の入口である。街道は③の屈曲から、大浦城の堀に沿って城跡南西側の門前地区に向かっている。門前地区は長勝寺・海蔵寺・隣松寺・明教寺等、現在は弘前市西茂森の禅林街にある寺院が存在したと伝わる。

●―大浦城の大手

見学の際は大部分が中学校や住宅地となっているので、立ち入りは難しい。県道沿いに郭や堀跡、城下の様相をみることは可能である。

【参考文献】弘前市『新編弘前市史　資料編一　古代・中世編』（一九九五）、青森県『青森県史　資料編　考古四　中世・近世』（二〇〇三）、齋藤正「津軽における南部系城館」『ふる里なんぶ』一二号（南部町歴史研究会、二〇一八）、齋藤正「津軽の南部系城館」『戦国大名南部氏の一族と城館』（戎光祥出版、二〇二一）

（齋藤　正）

●秋田方面から津軽平野への出入口

乳井茶臼館（にゅういちゃうすだて）

〔所在地〕弘前市乳井
〔比　高〕七〇メートル
〔分　類〕平山城
〔年　代〕一二世紀、一四・一五世紀、一六世紀末
〔城　主〕乳井氏？
〔交通アクセス〕弘南電鉄大鰐線「石川プール前駅」下車、徒歩三〇分。

【アプローチと立地】　東北自動車道大鰐（おおわに）弘前インターチェンジの東側に位置する。乳井（にゅうい）神社参道入口から南に歩くと乳井町内会設置の案内板があるので分かりやすい。

八甲田山系から派生する山陵突端部の独立丘陵上に立地し、西側には平川の支流六羽川（ろっぱ）が流れる。周辺には乳井城・乳井古館などの城館と中世初期から当地に鎮座する乳井神社（福王寺（ふくおうじ））に関連する板碑（いたび）等もみられる。

【調査状況】　中村良之進『青森県南津軽郡石川町郷土史』（一九二五）の先駆的研究がある。新編弘前市史編さんの過程では、明治期の地籍図や測量図・航空写真を駆使して詳細な縄張図を作成するとともに、乳井地区の歴史的景観の復元まで考察を進めている。

【城館の構造】　従来、曲輪Ⅰ（最高所の標高一一八メートル）のみを当城館としていたのに対し、新編弘前市史では西側に位置し六羽川に削られた丘陵を曲輪Ⅱ（最高所七六メートル）としている。この両曲輪の間を通るのが乳井通（中世の奥大道（おくだいどう））である。

曲輪Ⅰは、南北四〇〇メートル、東西二〇〇メートルの規模で南東部に堀切（ほりきり）を有するほかは周囲に帯（おび）曲輪を発達させた構造である。段築も五～八段となっていて、北側の虎口（こぐち）を段ごとに登って主曲輪に至ると、西側に対峙する石川城や岩木山も眺望の範囲となる。曲輪Ⅱは、西側の旧六羽川河道で削平されているが、南北二〇〇メートル、東西一六〇メートルほどの規模となる。

【出土陶磁器ほか】　城館本体における採集資料はないが、曲

輪Ⅰと曲輪Ⅱの間を通る県道（乳井通）の発掘調が行われ、土師器・須恵器や一二世紀代のかわらけ、さらに一四・一五世紀代の陶磁器が出土していて、城館関連の集落と想定している。

【城館の特徴と城館主】 帯曲輪の発達した城館で、見晴らしのよさと、街道を挟む曲輪配置から関所的機能を有している。城主は乳井福王寺の別当職であった乳井氏と考えられている。天正七年（一五七九）、津軽の『永禄日記』には「此山（檜山）之勢大勢茶磨館ニ籠り候所、無何事帰り申候」とあり、檜山城主安東愛季が大浦（津軽）為信と対峙して陣を張った場所としても有名である。

●—曲輪Ⅰの近景（西から撮影）

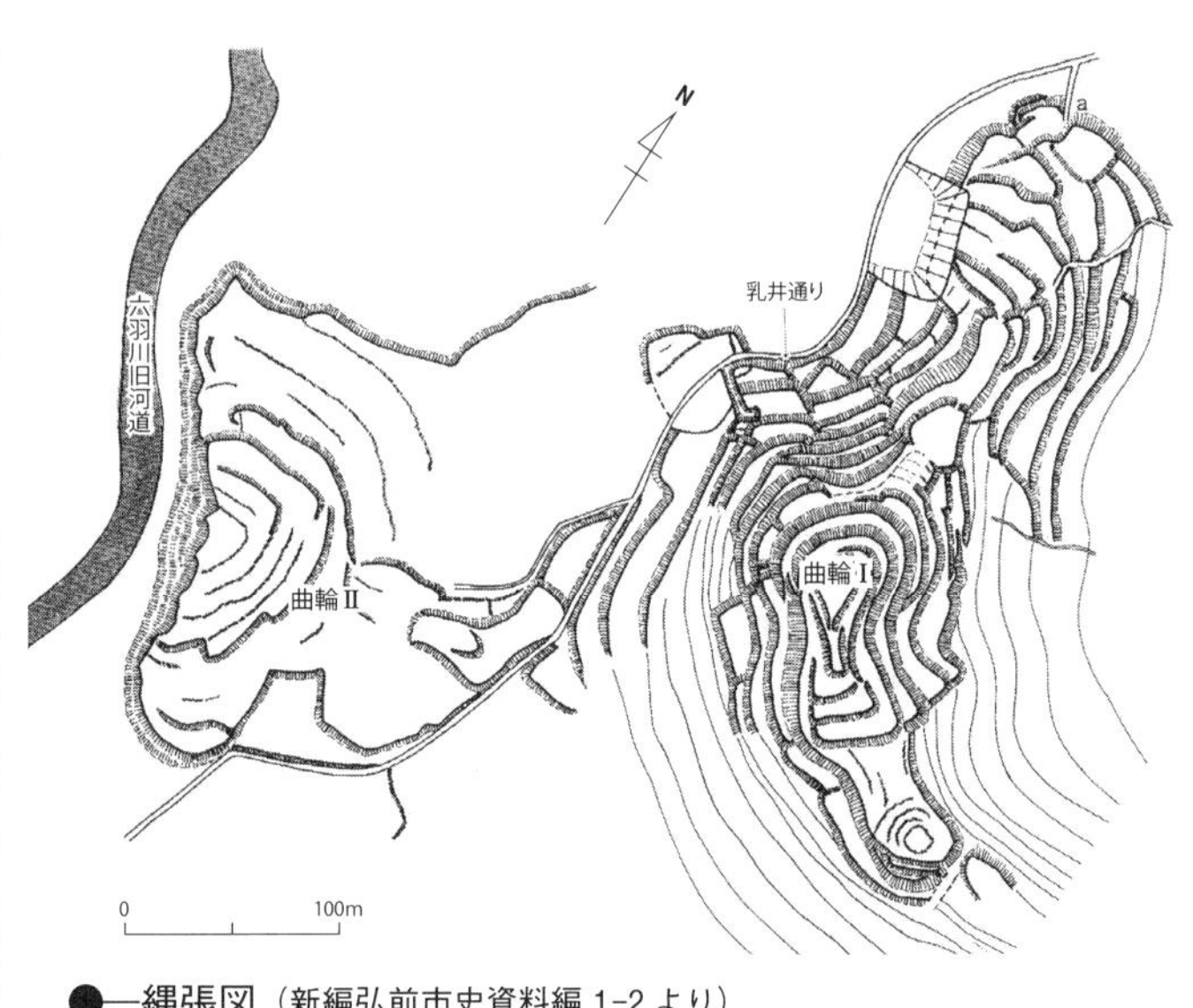

●—縄張図（新編弘前市史資料編 1-2 より）

【参考文献】斉藤利男・小山彦逸「第三章弘前地域の中世城館 第六節 乳井茶臼館跡と周辺の城館群」『新編弘前市史資料編1-2 古代・中世編』（弘前市市長公室企画課、一九九五）、木村高・工藤忍・加藤隆則『乳井茶臼館』（青森県教育委員会、二〇一一）

（工藤清泰）

●津軽平野を見下ろす山城

高館（たかだて）

〔所在地〕黒石市高館字丁（てい）高原
〔比　高〕五〇メートル
〔分　類〕山城
〔年　代〕一〇世紀後半～一三世紀代
〔城　主〕不明
〔交通アクセス〕ＪＲ奥羽線「浪岡駅」下車、弘南バス黒石浪岡線「高館」下車、徒歩一〇分。

【アプローチと立地】　県道一四六号沿い高館集落の稲荷神社鳥居を東へ、東北自動車道の高架をくぐると右手に稲荷神社社殿に登る階段がある。境内は城館域の一部、そこから南に行き架橋のある部分から東へ登るとⅠ郭・Ⅱ郭に至る。

八甲田山（はっこうださん）系から連なる丘陵突端部、西側に津軽平野の沖積地を見下ろす標高九〇メートル前後の丘陵に立地する。東から北側は急峻な斜面となっており、直下に高館（たかだて）川が流れて自然の濠を形成している。

【調査状況】　城館の西側斜面が東北自動車道の路線になったことから、一九七六年に青森県教育委員会によって約一万平方メートルの発掘調査を実施、その報告書が城館構造・歴史的経緯・形成年代についてもっともまとまっている。なお、発掘結果は一三世紀以降の遺物を確認できなかったが、主体部（Ⅰ郭・Ⅱ郭）の調査によっては中世の遺物を確認できる可能性がある。その後の調査は『日本城郭大系２青森・岩手・秋田』（一九八〇）・『青森県の中世城館』（一九八三）の中に記述されるが、城館構造の概要のみである。

【城館の構造】　曲輪は南北二ヵ所存在し、名称を最初に付した『青森県の中世城館』では本郭・二の郭としているが、今回はⅠ郭・Ⅱ郭として示す。

一九七〇年代の地形測量図や航空写真から、丘陵頂部平坦面は、標高九六メートルのⅠ郭と八七メートルのⅡ郭に分けることができる。現在は埋まりきっているが現場に立つとⅠ郭とⅡ郭の間には最大幅一〇メートル以上の堀があったと想定できる。深さはリ

●—Ⅰ郭・Ⅱ郭への登り口（西から筆者撮影）

ンゴ園造成や仮設小屋への客土で確認できない。

Ⅰ郭は南北一五〇メートル、東西一〇〇メートルの規模で東側に三段の平坦面が見られ、南側は四～五段、西側は三段の帯(おび)曲輪上の平坦面が認められる。

Ⅱ郭は、南北一〇〇メートル、東西七〇メートルの規模で、西側にかなり広めの平坦面を形成して、二段の帯曲輪が付属している。

Ⅰ郭・Ⅱ郭で示した帯曲輪は、リンゴ園地の造成に伴う可能性もある。

【発掘調査の成果】 平安時代（一〇～一二世紀）の竪穴(たてあな)建物跡一一六軒、土坑約九〇基、円形周溝遺構一基、溝跡二五条などが重複して発見されている。

遺物は、土師器(はじき)（甕(かめ)・坏・把手付土器・羽釜(はがま)・堝(なべ)）、須恵器(すえき)（甕・壺）、鉄製品（刀子(とうす)・釘・鈴・鎌・斧・鍬先(くわさき)・紡錘車(ぼうすいしゃ)・雁(かり)股鏃(またぞく)・苧引金(おひきがね)・二本ヤス）、鉄滓、砥石(といし)、羽口、炭化木製品（鉢・椀・櫛・曲物(まげもの)）、不明銅製品が主なものである。特筆されるのは、建物跡に伴い中国製白磁碗の口縁部片が一点出土していることで、故楢崎彰一の教示によると福建省厦門(アモイ)市の厦門碗窯で焼成された一二世紀中頃の製品とされ、城館形成年代の参考となる。

また、鉄滓・羽口の出土でも分かる通り、鉄生産・鉄加工に関係する生産作業場があったとともに、建物床面から出土した炭化種子の鑑定では米・麦・大豆・小豆が存在して農耕を基盤とした生活であったと理解できる。

【城館の特徴と城館主】 城館は、Ⅰ郭・Ⅱ郭の丘陵頂部の平坦面と南・西側の斜面に段築状の帯曲輪を形成し、発掘調査の結果では西側斜面全般に一〇～一二世紀の建物を配置した構造となっている。曲輪や傾斜面からの見晴らしは非常に良好で、北は浪岡方面、南は大鰐方面、西の正面には岩木山を見渡すことができる。城館下の北上する道（県道）は、江戸時代には乳井（にゅうい）通りで、一二世紀には「奥大道（おくだいどう）（平泉から外濱に通じる道）」と称された道と考えられる。

一〇～一二世紀の城館主に関しては記録がないため不明であるが、江戸時代になると「館長さ百間横三十間」（『天和絵図』）、「一　古館　弐百七拾五間　弐百間　拾八町三反三畝拾壱歩　壱箇所」（貞享四年：一六八七：『陸奥国津軽郡田舎庄

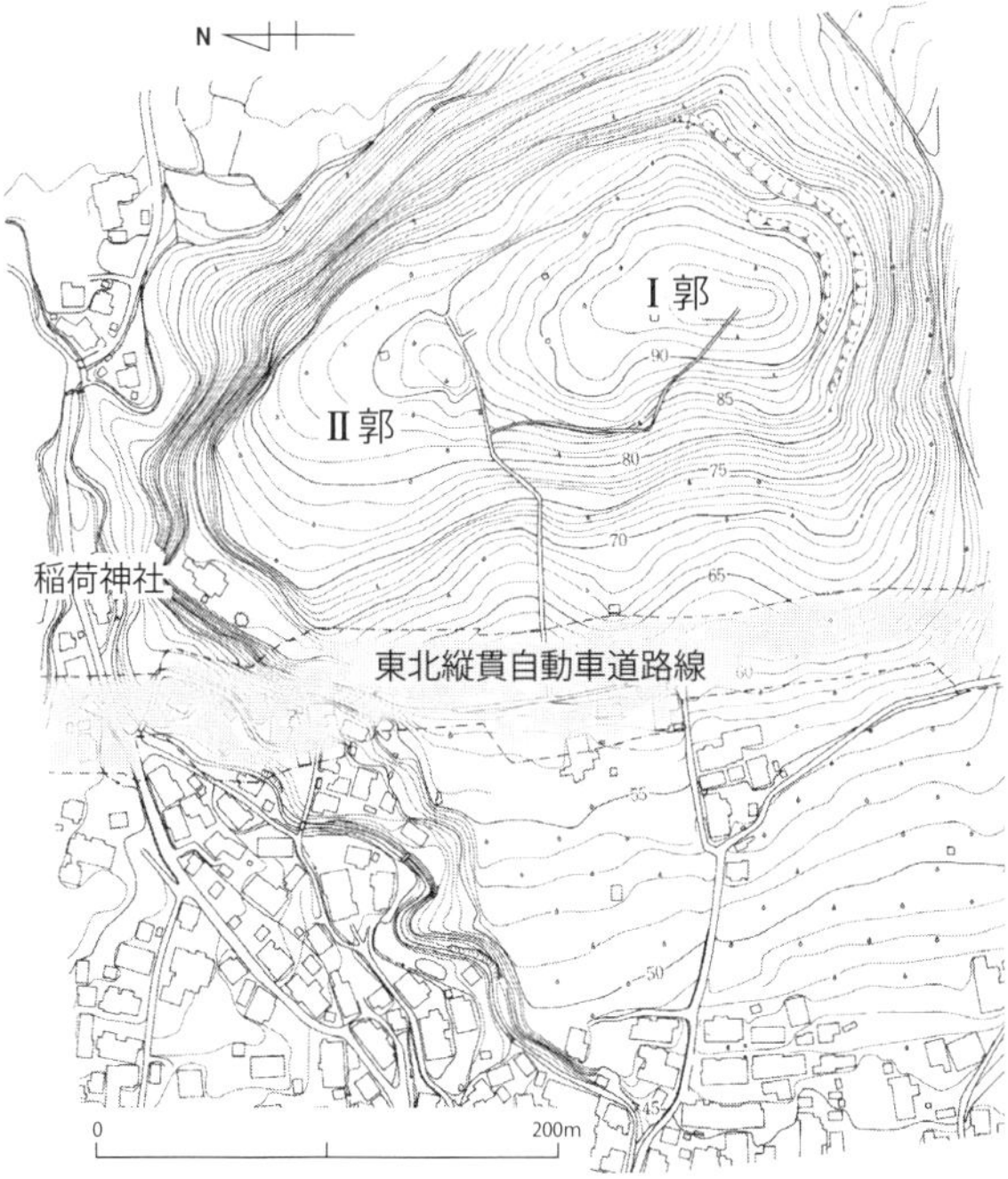

●―高館跡の地形測量図と航空写真（いずれも1970年代）

縄張概略図（1978年報告書から転載，筆者一部改変）

高館村御検地弐冊寄帳』）として、古い時代の館跡との認識を示している。中世段階での城館主を特定できる史料はないが、古代以来の街道を押さえる立地や見晴らしの良さから戦略的要地であることは間違いない。

発掘調査による遺跡形成年代を築城年代と想定することが的を射ているのだろう。

なお、津軽地域には高館と呼ばれる城館は三ヵ所ほど存在し、いずれも沿革不明な例が多い。

1976年の発掘調査状況（筆者撮影）

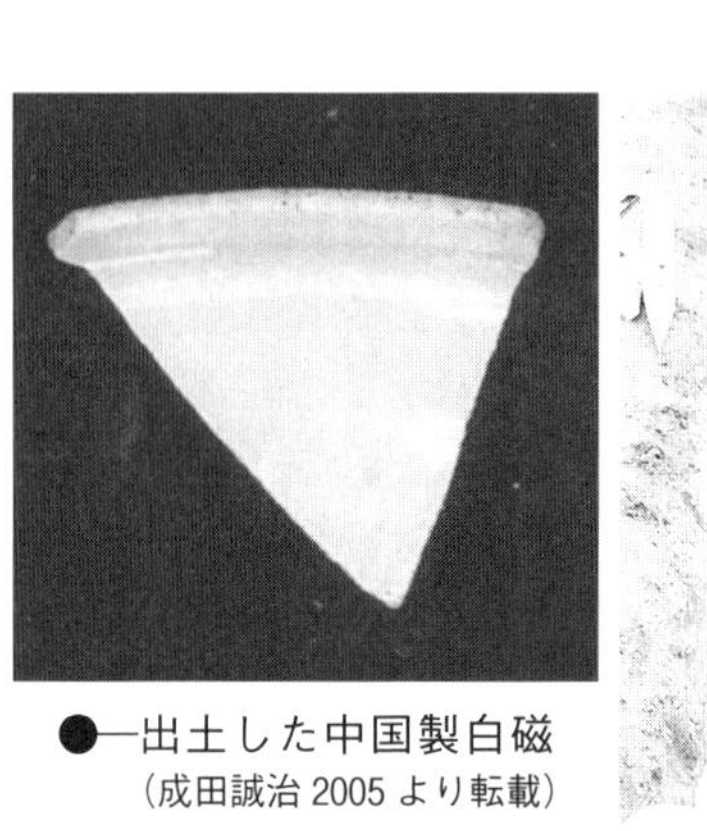
出土した中国製白磁（成田誠治2005より転載）

【参考文献】佐藤仁・成田誠治ほか『高館遺跡発掘調査報告書』（青森県教育委員会、一九七八）、成田誠治「高館（一）遺跡」『青森県史資料編考古三　弥生～古代』（青森県、二〇〇五）

（工藤清泰）

●浪岡北畠氏配下の平城

水木館（みずきだて）

〔所在地〕藤崎町大字水木字古館
〔比　高〕〇メートル
〔分　類〕平城
〔年　代〕①一〇世紀後半〜一一世紀代　②一五〜一六世紀
〔城　主〕①不明　②水木氏？
〔交通アクセス〕ＪＲ奥羽本線「北常盤（ときわ）駅」下車、徒歩二〇分。

【アプローチと立地】　ＪＲ北常盤駅から北北東一・五キロに位置、国道七号バイパスを横断して水木集落の熊野宮を目指す。熊野宮の北側が館跡である。

館は、標高約二〇メートル、北側を東から西に流れる十川（とがわ）の氾濫原に形成された自然堤防上に立地している。

【調査状況】　奈良岡洋一は昭和五十一年（一九七六）段階で当城館の採集品を報告、古代・中世・近世の土器・陶磁器を示している。一九九二〜九四年、青森県教育委員会が城館に近接する南側箇所七〇〇〇平方メートルの発掘調査を実施、古代・中世・近世の遺物が出土、主体は古代の遺構・遺物であった。

【城館の構造】　単郭構造の城館と考えられ、南北一七五メートル、東西一〇〇メートルの矩形を呈するが、南側は将棋駒頂部のように緩く張り出している。明治時代の分限図では四周に土塁（どるい）が盛られていた痕跡も見える。昭和五十五年（一九八〇）まで曲輪の周囲を巡る堀は、水田となっていた。約一メートルの深さで、東側の一部には堀の中に土塁状の高まりもあって二重堀の痕跡も存在した。昭和五十五年以後、堀は埋め立てられてリンゴ園となった。

【採集・出土遺物】　①土師器（はじき）坏・甕（かめ）・耳皿・把手付土器、須恵器（すえき）坏・壺・鉢・甕、木製曲物・椀・折敷などは一〇〜一一世紀の年代。②中国製青磁碗・白磁小杯、珠洲擂鉢（すずすりばち）、越前擂鉢、瀬戸美濃灰釉皿・鉄釉碗は一五〜一六世紀の年代である。

【城館の特徴と城館主】　城館は、構造や遺物等の年代から一五世紀以降の成立と想定され、天文年間（一五三二〜五四）に浪岡北畠氏が編さんした「津軽郡中名字」に「溝城」と出てくる地名に比定できることから、浪岡城の支城として溝城（水木）氏が居城していたらしい。ただし、発掘調査の成果では、沖積地に占地する一〇世紀後半以降の集落であることから、この時期から形成される環壕集落との関係も考慮しなければならない。館跡の北東一キロ、増館地域には壕に囲ま

●─水木館航空写真（1970 年代）

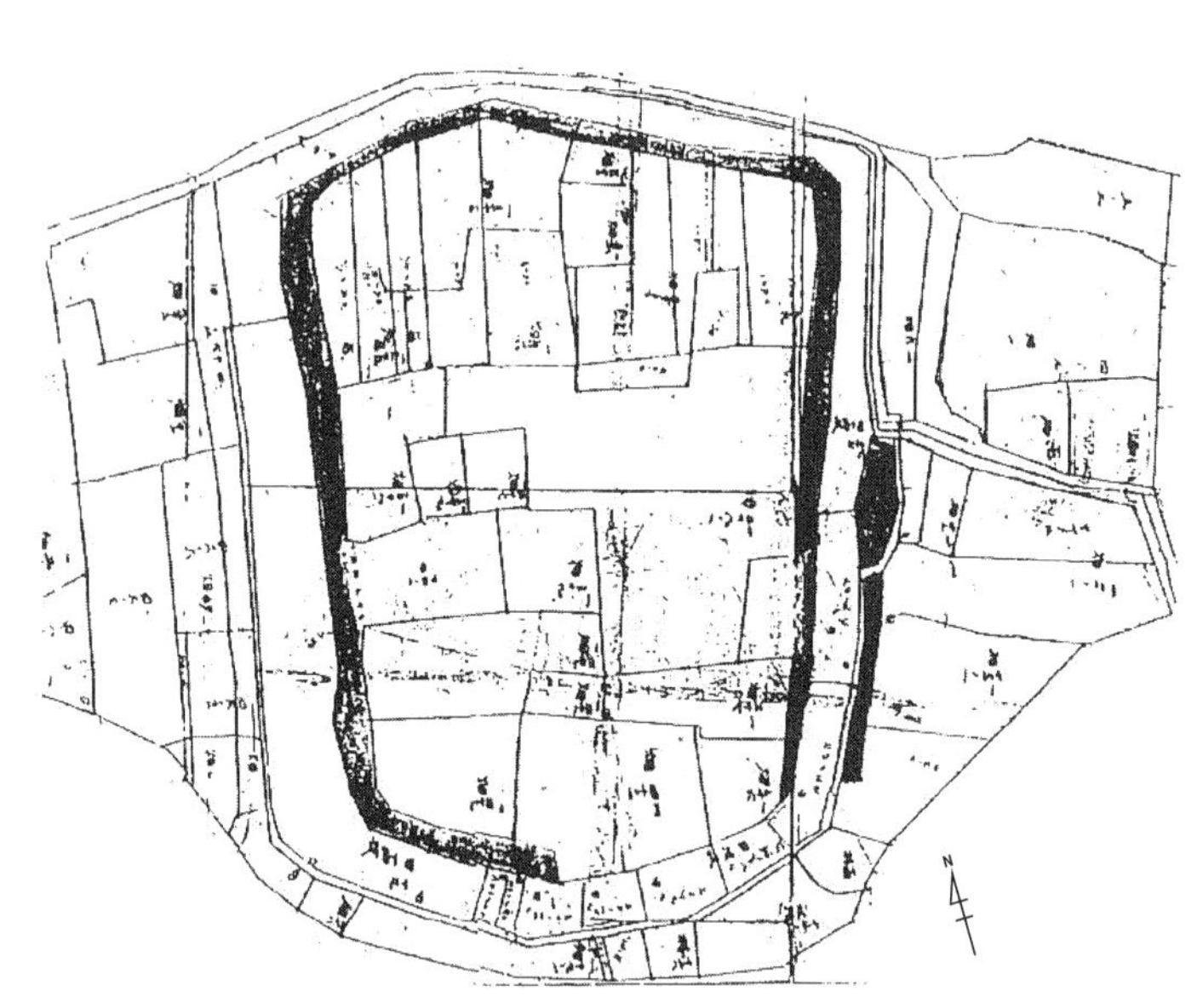

●─明治 22 年ごろの分限図（黒塗りが土塁か）（佐藤仁 1995 より転載）

れた古代集落の宮元(みやもと)遺跡も発見されていて、当城館との類似点を指摘できる。

●—水木館の堀跡変化（上：1980 年、下：2019 年）

【参考文献】奈良岡洋一「史跡浪岡城跡と水木館出土の陶磁器」『考古風土記』創刊号（一九七六）、青森県教育委員編・刊「水木館跡」『青森県の中世城館』（一九八三）、畠山昇・佐藤仁・半澤紀ほか『水木館遺跡発掘調査報告書』（青森県教育委員会、一九九五）

（工藤清泰）

●中世平賀郡の拠点城館

大光寺城（だいこうじじょう）

〔所在地〕平川市大光寺字三村井
〔比　高〕約五メートル
〔分　類〕平城
〔年　代〕一二世紀～慶長十五年（一六一〇）
〔城　主〕曽我氏、安東氏、大光寺氏、滝本氏、津軽氏
〔交通アクセス〕弘南鉄道弘南線「平賀駅」下車、徒歩一〇分。

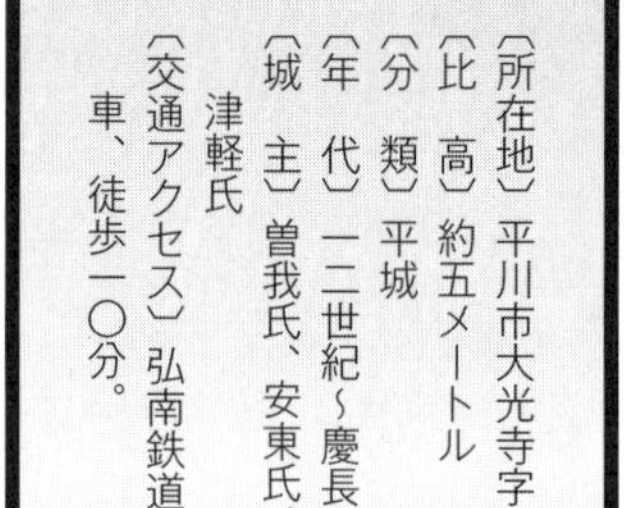

【城の立地】　大光寺城は津軽平野南部を流れる平川の分流である六羽川（ろっぱがわ）右岸に位置し、平地の微高地に立地している。標高は三九㍍前後である。現況は宅地化が進み、県道が横断しており、城の姿をほとんど見ることは困難である。大光寺城が位置する平賀郡（ひらか）は中世において、津軽地方の中でも早い時期に開発が行われた場所であり、また、鹿角（かづの）・比内（ひない）から津軽に入る玄関口として交通の要衝であった。

【城の歴史】　「大光寺」の名前が文献史料に初めて登場するのは元弘四年（一三三四）正月十日付「沙弥道為軍忠状案」『南部家文書』である。「津軽平賀郡大光寺楯郷合戦」と大光寺に「楯」があったことを記録しているが堀や土塁（どるい）といった遺構の規模や構造は不明である。

大光寺城の名は、一六八年後の文亀二年（一五〇二）に三戸南部氏が大光寺城主安倍（安東）教季（のりすえ）を没落させた記録に現れる。しかし、三戸南部氏の大光寺城攻略は、これより三〇年後の天文二年（一五三三）に、葛西頼清（よりきよ）の居城大光寺城を南部安信（やすのぶ）の弟高信（たかのぶ）が攻めた合戦であると伝える記録もある。これらの記録は近世に編纂されたため、三戸南部氏が大光寺城を攻略した時期や城主については説が分かれるところである。だが、天文二年頃には、大光寺城は三戸南部氏の支配下に置かれたと推測される。

大光寺城の城主として『系胤譜考』や『参考諸家系図』によると、堤浦（青森市）に入り、横内城（青森市）を築城した南部光康（みつやす）の子孫、南部経行（つねゆき）や南部影行（かげゆき）と伝わる。天文十五

年（一五四六）頃に浪岡北畠氏が編さんしたとされる『津軽郡中名字』には「平賀郡二千八百町は大光寺南部遠州源政行」と記されており、大光寺城は南部氏の支配下にあったことがわかる。この後、滝本重行が城代として大光寺城に入ったという。天正二～四年（一五七四～七六）頃に大光寺城は大浦為信による二度の攻めを受け、滝本重行は南部に退去したと伝わる。

●—城址石碑

大浦為信と同盟関係であったとされる庄内尾浦城（山形県鶴岡市）の大宝寺義氏書状（年未詳三月十六日付）に「大光寺之城際迄被押詰之由（略）」と大光寺城の城際まで攻撃している状況が記されている。この書状は義氏が天正十一年（一五八三）に自刃しているので、二度の大光寺城攻めのどちらかを伝えているものである。

大浦氏に攻略された大光寺城であるが、南部家の記録には、天正十年（一五八二）に南部信直の弟政信が浪岡城に入城した際に、大光寺城に大光寺左衛門光愛を入城させ、大浦為信と共に政信の補佐をさせたと伝わる。この内容からは、大浦氏の手に落ちた大光寺城は、南部氏に奪還された可能性が高く、大浦為信も南部氏と和睦したと考えられる。その後、大浦為信は、ふたたび南部氏に対して挙兵し、その過程で大光寺城を奪還したと思われる。

津軽の支配を安堵された大浦為信は、慶長四年（一五九九）に娘婿の左馬之助建広を大光寺城に置いたが、慶長十四年（一六〇九）の弘前藩主の跡目騒動で建広は追放される。慶長十五年（一六一〇）の弘前城築城にともない、大光寺城は取り壊され廃城になった。同年の『津軽編覧日記』には、大光寺城は領内にあった他の城館と共に破却され、部材は弘前城築城の構築材に転用されたと記述されている。弘前城北門（亀甲門）には大光寺城の大手門を移築したという伝承があるが、記録から考えると部材が転用されているものと推測される。

大光寺城は、慶安二年（一六四九）の『津軽領分大道小道磯辺路船路之帳』（以下『大道小道之帳』）に「大光寺古城」として、本丸、二之丸、三之丸の三つの曲輪が記されている。その後、承応二年（一六五三）の『津軽領道程帳』や天和四年（一六八四）の『大光寺村天和書上絵図』といった史料には、城地が畑地として利用されているのが記されている。

【曲輪配置】宅地化の進展や道路建設等により城跡の姿をみることはむずかしい。曲輪配置については『青森県史』（二〇〇三）によると北・主・南曲輪の三つの曲輪が、ほぼ南北に並び、主曲輪の東側に東曲輪が配置され、四つの曲輪から構成されていたとされる。大光寺城周辺図を見ると、城跡を囲む地割と曲輪を区画する地割を確認することができ、堀跡と思われる。東曲輪とされる部分も区画されているのが確認できる。

【検出遺構】発掘調査は昭和六十三年（一九八八）から平成十二年（二〇〇〇）にわたり北曲輪を中心に主・南曲輪で実施され、発掘調査面積は七一六五平方メートルである。遺構は竪穴（たてあな）建物跡、掘立柱（ほったてばしら）建物跡、堀跡、土橋（どばし）跡、鍛冶炉（かじろ）跡、井戸跡等が検出されている。しかし、公民館建設や県道建設にともなう発掘調査であったため、曲輪全体の状況はわからない。竪穴建物跡は五三棟検出され、北曲輪からが最も多い。二〜三回の建て替えが行われたと思われる。掘立柱建物跡は、多くが二間×三間の小規模なものであり、少なくとも二〜三回の建て替えが行われたと思われる。主曲輪からは大規模な盛土や整地が実施されている痕跡が確認されており、今後、大規模な掘立柱建物跡が検出される可能性がある。

堀跡は曲輪内から検出した堀跡と、曲輪を区画する堀跡が確認されている。出土遺物から曲輪内から検出した堀跡は一三〜一四世紀、曲輪を区画する堀跡は一五世紀後半〜一七世紀初頭に機能したことが確認されている。この結果から前者は「大光寺楯」の遺構と考えられ、後者は南部氏の支配下に置かれた時期に築かれ、修復等を行いながら続いたと想定される。現在、理解されている曲輪配置と堀跡は、南部氏時代から廃城に至るまでのものと理解することができ、発掘調査の成果から南北朝期の「大光寺楯」と重複していた可能性が高いと考えられる。

平成八年（一九九六）に検出した外堀跡は、断面形が逆台形状を呈し、幅約一五メートル、深さ約二メートルと大規模である。この外堀跡からは土橋跡やしがらみ状遺構が確認されている。土橋跡の両側には土留めの杭（くい）が見られた。また、土橋の東端部からは一対の門柱が検出された。しがらみ状遺構は土橋と対応するようにあり、遺構の上部には樋が設置されていたことから水量を調節する役割があったと思われ、堀は水堀であったと考えられる。

鍛冶炉は四二基検出され、周辺からは鉄滓、鉄鋌状鉄製品、坩堝、羽口が出土している。井戸跡は七五基検出された。井戸枠を有するものと素掘りのものがあり、後者が多い。

このほか、北曲輪では一七世紀前半と思われる畝状遺構が検出されており、史料を裏付ける結果となった。

【出土遺物】　遺物は陶磁器、金属製品、鍛冶関連遺物、木製品、石製品、人骨、獣骨等が出土している。陶磁器は約六〇〇〇点、年代は一二世紀～一七世紀初頭まで連続して出土している。最も古い資料は、一二世紀後葉～一三世紀代のかわらけ（手づくね・ロクロ成形の皿）である。この他、一三世紀の口禿皿、一三～一四世紀の白磁碗が出土している。もっとも出土量が多いのは一五～一六世紀代である。中国産では、青磁の碗・皿・小杯、香炉、白磁の碗・皿・小杯、染付の碗・皿、褐釉の壺などがある。朝鮮産は碗がある。国産は瀬戸・美濃焼の碗・天目茶碗・皿・小皿・香炉・壺・瓶子、珠洲焼の擂鉢、越前焼の擂鉢、信楽焼の壺、瓦質土器は風炉、茶入などがある。

金属製品は、武具の刀・鏃・火縄鋏・小札などがある。建築用具の釘・鎹・鑿・鋸・鉈、日常用具の小刀・

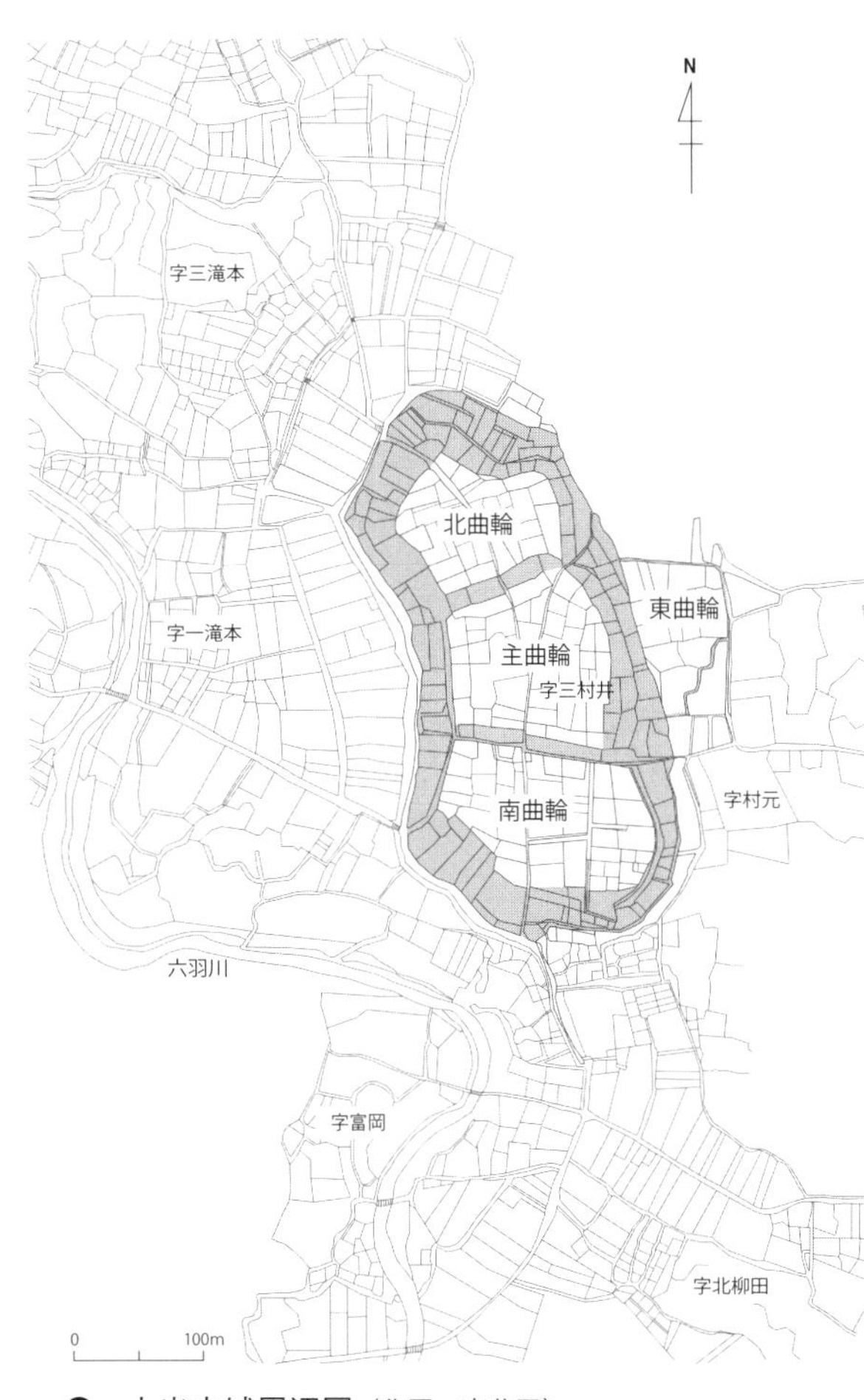

●—大光寺城周辺図（作図：齋藤正）

火打金、苧引金、鎌、化粧具の鏡・笄・毛抜き・鋏がある。鍛冶関連遺物は鉄滓、鉄鋌状鉄製品、坩堝、羽口が出土している。木製品では化粧具の櫛、宗教具の卒塔婆・柿経、碑伝などがある。石製品は茶臼、硯がみられる。

人骨は刀創が残る頭蓋が出土しており、戦国という時代背景を如実に物語っている。獣骨は馬・牛・犬の骨が出土しているほか、愛玩用の猫の骨が出土しており、青森県内初の出土例として注目される。多様な遺物からは、城内には武士とともに工人集団の居住を示しているものと考えられる。このほか、アイヌ文化の関連遺物が出土しており、城内で本州アイヌが制作していた可能性が考えられる。城の南側「北柳田」にも短冊型地割が見られる。「北柳田」の村名であった「本町村」は中世に起源を持つ可能性があり、この部分も中世までさかのぼる可能性がある。

【城下町】　大光寺城周辺図には城跡西側の「一滝本」に短冊型地割が確認できる。『津軽郡中名字』には平賀郡内の地名として「瀧本」とある。周辺図の「一滝本」周辺に対応しているものと思われ、「一滝本」の短冊型地割は中世までさかのぼる可能性がある。また、「滝本」は城代滝本重行の名字と一致しており、大光寺城と密接な関係にあった人々が居住していた可能性がある。城の南側「北柳田」にも短冊型地割が見られる。「北柳田」の村名であった「本町村」は中世に起源を持つ可能性があり、この部分も中世までさかのぼる可能性がある。

『大道小道之帳』には「惣がわ」という文言が記載されている。津軽氏の本拠堀越城においては、『大道小道之帳』に記載されている「惣がわ」の表現から、城下全体をとり込んだ惣構えの存在を指摘している。文献史料の検討から大光寺城にも惣構えが存在した可能性がある。

【参考文献】　青森県教育委員会『青森県の中世城館』（一九八三）、青森県『青森県史　資料編　近世一』（二〇〇一）、青森県『青森県史　資料編　近世二』（二〇〇一）、渡部学・齋藤正「中世大光寺城跡の歴史景観」『東北中世考古学会叢書3　遺跡と景観』（高志書院、二〇〇三）、青森県『青森県史　資料編　考古四　中世・近世』（二〇〇三）、齋藤正「津軽における南部系城館」（『ふる里なんぶ』一二号、二〇一八）、齋藤正「津軽の南部系城館」『戦国大名南部氏の一族と城館』（戎光祥出版、二〇二一）

（齋藤　正）

●九戸方の攻撃を防いだ城

伝法寺館（でんぽうじたて）

〔所在地〕十和田市伝法寺字上伝法寺
〔比　高〕約一〇メートル
〔分　類〕平山城
〔年　代〕一五～一六世紀代
〔城　主〕津村氏
〔交通アクセス〕南部バス「伝法寺」下車、徒歩三分。

伝法寺館
南部バス「伝法寺」
4
0　500m

【城館の立地】　伝法寺館は十和田市中心部から南東に約七キロ、国道四号線沿いの伝法寺地区に位置する。西から東に延びる舌状台地の先端にあり、西側には奥入瀬川の支流が流れている。標高は約四〇メートルである。「道の駅とわだ」から国道沿いに南へ約九〇〇メートルに進んだところに「伝法寺館跡」と記された標柱が設置されている。

【館　主】　伝承等によると承久元年（一二一九）に日宮中務大夫が館跡に居住したが、南部氏に従い甲斐国からやって来た津村越後が本丸に入り、日宮氏は二ノ丸に移り住んだとされる。これにより、本丸を「津村館」、二ノ丸を「日宮館」とも呼称している。

天正十九年（一五九一）に発生した九戸一揆の際に伝法寺館は、同年三月十三日に一戸城（岩手県一戸町）、苫米地館（南部町）と共に九戸方の夜襲をうけたことが『信直記』に記載されている。この夜襲に対して城主の伝法寺（津村）伝右衛門の防戦により、七戸城（七戸町）の七戸家国の攻撃を退けたと伝わる。慶長三年（一五九八）の『三戸御在城之節御家中身帯并皆目人数』（写）には「伝法寺　四百石　津村傳右衛門」とある。

津村氏については、『信直記』に三戸南部氏の「家ノ子」と記している。また、『奥南旧指録』附録「古代三戸年頭御規式之事」や『南部耆旧伝』所収「南部御家中御作法」では伝法寺と記載がされ、三戸南部氏の「外様衆」と記されている。「外様衆」とは三戸南部氏が勢力拡大の中で、本領であ

●—館跡標注

る三戸より外の地域の在地領主を家臣化したものと言われ、「外様衆」には、伝法寺以外の奥入瀬川流域の在地領主の名前も記されている。三戸南部氏の勢力が奥入瀬川流域にも拡大する過程において伝法寺、つまり、津村氏は三戸南部氏の家臣化して組み込まれていったと考えられる。いずれにせよ三戸南部氏の家臣団の中で有力であったと思われる。

その後の津村氏については、寛永十一年（一六三四）の盛岡藩家臣支配帳である『南部氏寛永支配帳』に津村伝衛門の名前が見える。また、寛文四年（一六六四）に八戸藩が成立した際に、盛岡藩から八戸藩へ分与された土地と家臣を記載した『宝譜伝万茎』には津村伝右衛門喬光が確認できる。文献史料からは盛岡藩士から八戸藩士になった津村氏の姿がうかがえる。

【曲輪配置】 館跡は「津村館」（Ⅰ曲輪）と「日宮館」（Ⅱ曲輪）の二つの曲輪からなり、「津村館」が主曲輪と言われる。曲輪配置については縄張図があるので、参考にみていくことにする。「津村館」の規模は東西約一一〇メートル、南北約一九〇メートルである。曲輪内には明瞭な段が見られ高まりを持った部分があり、館跡の中で中心であったと考えられている。

「津村館」の南側には堀跡が存在し、堀幅は約三〇メートルである。堀の中には全長約六〇メートル、高さ約一・七メートルの中土塁が設

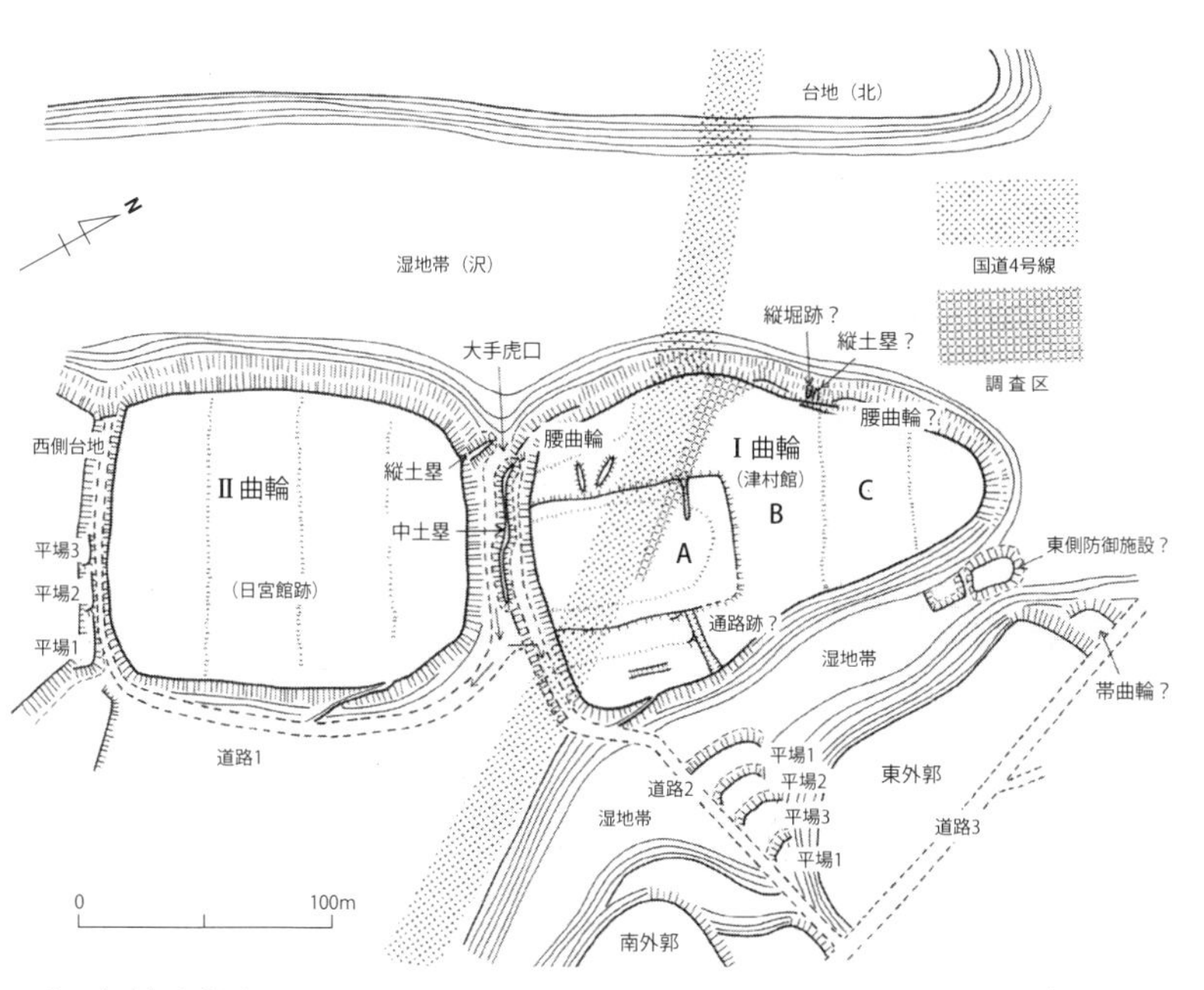

●―伝法寺館縄張図（作図：小山彦逸）（『大和田遺跡 寺山（3）遺跡 平窪（1）遺跡 平窪（2）遺跡 伝法寺館跡』青森県埋蔵文化財調査報告書第235集（青森県埋蔵文化財調査センター，1998より転載）

けられている。堀を挟んで南西側には「日宮館」がある。曲輪の規模は東西約一二〇メートル、南北約一五〇メートルである。形状は隅丸方形を呈している。南西側には堀跡があり、台地と区画している。

【発掘調査】 平成八年（一九九六）に十和田バイパス建設事業にともない青森県教育委員会によって発掘調査が実施されている。調査区は「津村館」と呼称される曲輪のほぼ中央部にあたり、調査面積は九〇〇〇平方である。調査により館跡は新期と古期の二時期があり、新期には斜面を大規模に改変していることが分かった。検出遺構は曲輪内を区画した段、掘立柱建物跡、竪穴建物跡、土坑が確認されている。

段は緩やかな斜面で比高差は約一・五メートルあり、段を境にして平場は上段と下段の平場に分けられる。掘立柱建物は三棟確認されている。竪穴建物跡は一四棟確認されている。作業場や倉庫や倉庫と想定されており、長軸が約二～三メートルで底面の隅と壁際にほぼ等間隔に柱穴を持っている。古期と新期では遺構の構築場所に明確な相違が見られ、古期は館縁辺に竪穴建物が並び、内部に掘立柱建物が作られる。また、新期は、掘立柱建物が中心となり、上段の平場の遺構が比較的大きいことが確認されている。縄張と発掘の両調査の成果から上段の平場は、館の中で中心的な場であったことが証明された。

遺物は陶磁器や石製品、金属製品、銭貨が出土している。

●―館跡近景

陶磁器は貿易陶磁器として一五〜一六世紀代の青磁、白磁、染付、赤絵が出土している。国産陶磁器は一六〜一七世紀の瀬戸・美濃焼が出土している。器種は碗や皿といった食膳具が多い。この他、香炉や水滴、天目茶碗が出土している。年代は一五〜一七世紀代まで連続して出土しているが、主体は一五〜一六世紀代と思われる。

石製品は硯、茶臼、砥石、石鉢、台石が出土している。金属製品は鉄製品と銅製品が出土している。機能的にみると武具、建築用具、生活用具と多様にある。鉄製品は小刀、小札、芋引金、火打金、鉄鏃、火箸、鉄鍋、釘、鋸が出土している。銅製品では鍔金具、小柄などが出土している。銭貨は永楽通宝や洪武通宝などが出土している。また、昭和三十七年（一九六二）の国道四号線建設の際には、室町時代中頃に作られた筋兜が出土している（十和田市郷土館所蔵）。

館跡は国道四号沿いにあり、車でのアクセスが非常に便利である。国道沿いに標柱が設置されているものの、道路から一段高くなったところにあるため見えにくい。車で館跡を探す際は注意が必要である。

【参考文献】青森県教育委員会『青森県の中世城館』（一九八四）、青森県教育委員会『大和田遺跡　寺山（3）遺跡　平窪（1）遺跡　平窪（2）遺跡　伝法寺館跡』（青森県埋蔵文化財調査報告書第二三五集、一九九八）、青森県『青森県史　資料編　考古四　中世・近世』（二〇〇五）、八戸市『新編　八戸市史　近世資料編Ⅰ』（二〇〇七）

（齋藤　正）

●八戸藩二万石の居城

八戸城（はちのへじょう）

〔所在地〕八戸市内丸
〔比　高〕一二メートル
〔分　類〕平城
〔年　代〕寛文四年（一六六四）～明治四年（一八七一）
〔城　主〕八戸南部氏
〔交通アクセス〕JR八戸線「本八戸駅」下車、徒歩一〇分。八戸自動車道「八戸IC」より一五分。

【八戸藩二万石の藩主居城】　八戸城は、太平洋に注ぐ馬淵（まべち）川の河口から約四キロの右岸、沖積低地に面した低位段丘北端に位置する平城の近世城郭である。城の標高は一六メートル、北側の低地との比高差は一二メートルである。

寛文四年（一六六四）に八戸藩が成立し、寛文五年（一六六五）二月に八戸城が藩主居城と定められた。その後、廃城となる明治四年まで藩主居城・藩庁として機能した。藩主八戸南部氏は城主格ではなかったため、陣屋形式で天守閣を持たないが、絵図等には「八戸城」と記されている。天保九年（一八三八）、沿岸警備の功により城主格昇進を果たし、公式に城と称されるようになった。

【八戸南部氏と八戸藩成立】　中世から、北奥羽に勢力を誇った南部氏一族のうち、八戸地域を治めていた一族は、根城を本拠とする根城南部氏であり、三戸地域を本拠とする三戸南部氏（盛岡南部氏）が盛岡藩主となった一族である。根城南部氏が盛岡藩初代藩主南部利直（としなお）から知行を安堵され、寛永四年（一六二七）遠野へ村替されたことにより、八戸は盛岡藩直轄地となった。根城南部氏の居城であった根城に代わり、盛岡藩政期に現在地に支城八戸城が築かれ、城下が整備されたという。盛岡藩政期は代官による支配が行われていた。整備された城下は根城周辺の町屋と、根城南部氏一族である新田氏の本拠・新井田周辺の町屋を城下に移住させて整備され、新たな支配拠点の整備が図られている。

寛文四年（一六六四）盛岡藩二代藩主南部重直（しげなお）が嫡子を定

めず病死したため、盛岡藩一〇万石は重直の弟重信（しげのぶ）へ八万石、同直房（なおふさ）へ二万石が分与された。これにより直房は新規取り立てとなった。翌寛文五年（一六六五）二月、藩主居城は八戸と定められ、寛文六年（一六六六）五月二十六日、初代藩主直房が八戸に入部し、同年六月二十七日に居城にて初のお目見えが行われた。この時居城となった建物は、代官所時代の建物を引き継いだと伝えられる。

八戸城の中心建物は、代官所時代の建物を改修して用いられたと考えられている。文政二年（一八一九）の藩政改革によって藩財政が好転し、寺社の造営や御殿の建替えが相次いで計画された。文政十年（一八二七）に「古御殿」「新御殿」の絵図面が完成し、御殿建替えにともなって本丸内の道や区割りも一部変更されたことが発掘調査で確認されている。文政十二年（一八二九）の新御殿完成後は、天守台や隅櫓（すみやぐら）の構築が計画されたが、実現しないまま、廃城を迎えている。明治四年（一八七一）九月には建物の取り壊しが始まる。本丸御殿跡には初代藩主を祭る三八城（みやぎ）神社が建立され、本丸内は学校用地等をへて、現在は公園や公共施設が立地している。

●—八戸城

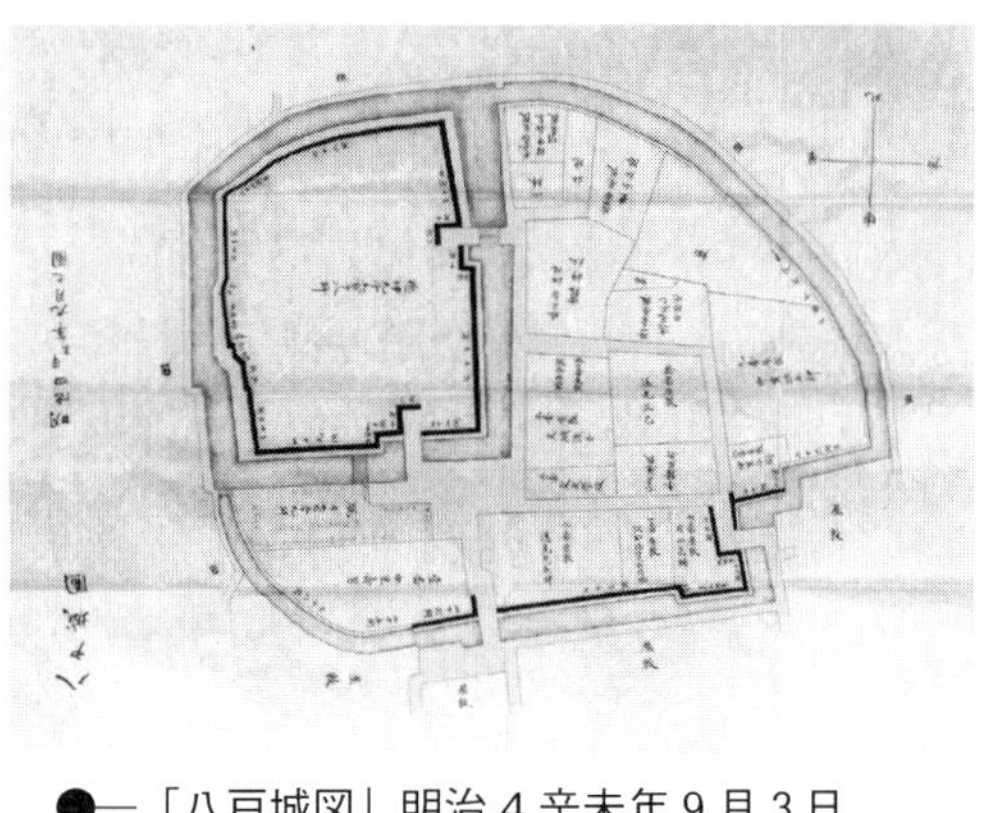

●—「八戸城図」明治４辛未年９月３日
（八戸市博物館蔵）

【城の構造】　南北約五四〇メートル、東西約五八〇メートル、総面積は約二三ヘクタールにおよぶ。本丸・二ノ丸の二つの郭で構成され、周囲を土塁（どるい）と堀がめぐる。本丸は藩主御殿、藩庁が置かれ、二ノ丸は藩主祈願寺や神社地、重臣の屋敷地となっていた。盛岡藩時代の築城時の様相は不明であるが、城の構造におよぶ大規模な改修の記録はなく、盛岡藩代官所時代の構造を引き継ぎ、幕末まで利用されたと考えられている。城北側の堀は段丘崖に沿って発達した低地を利用している。堀は石垣を持たない素掘りの堀で、湧水を利用した水堀であったと考えられている。明治四十年（一九〇七）に城の北側に鉄道が敷設されたことにともない、城北側の堀と本丸・二ノ丸を隔てる本丸東側の堀が埋め立てられ、本八戸駅から現在の八戸中心街へ至る道路が整備された。宅地化や公共施設建築により、現在はすべての堀が埋め立てられている。

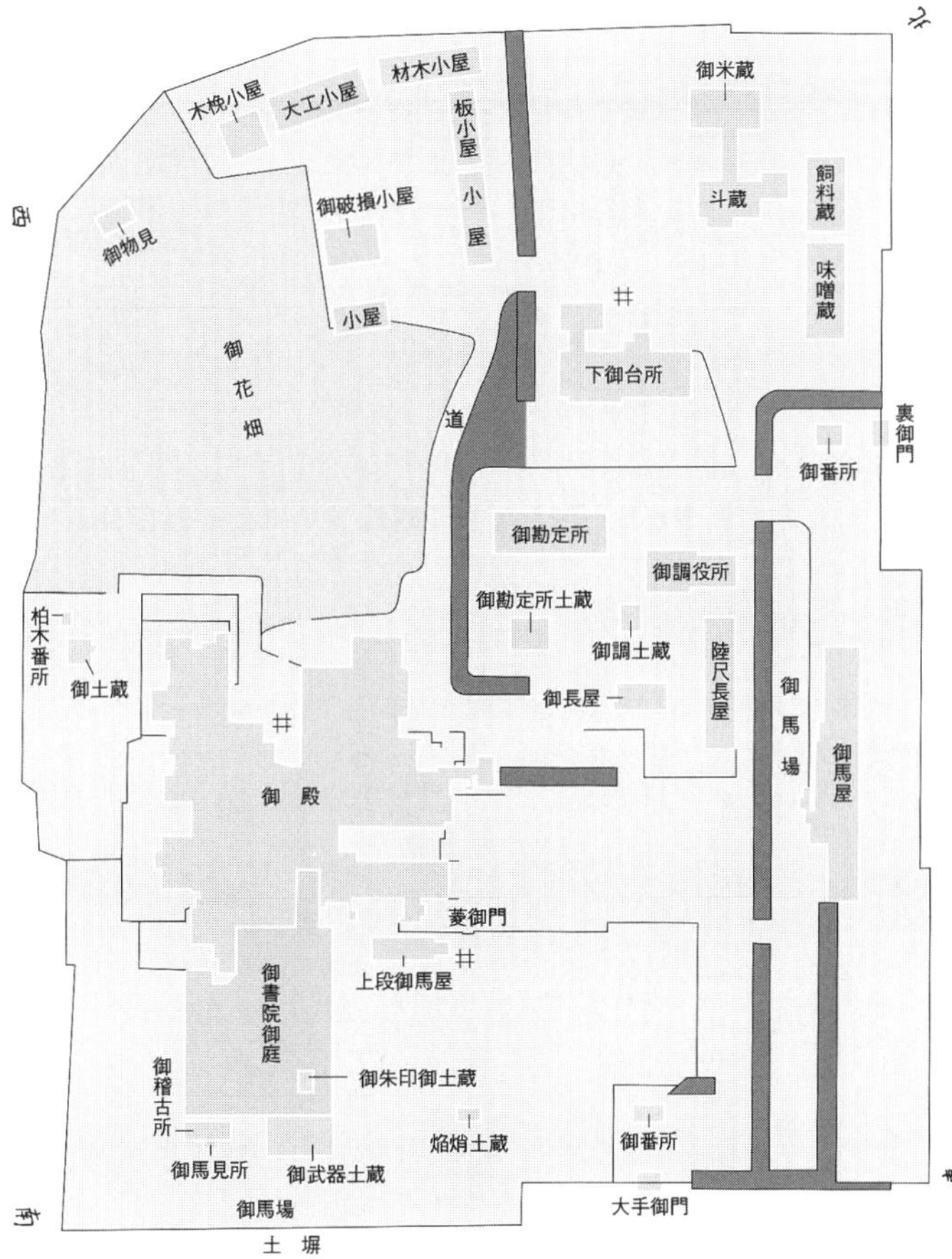

●—古御殿の本丸内概略図（「古御殿御絵図面」を元に作成）（『新編八戸市史　通史編2』八戸市より）

【本丸の発掘調査】　本丸北西部は、都市公園整備にともなう発掘調査が行われた。調査の結果、柱穴と礎石建物基礎が検出されている。この建物は、文政十年（一八二七）から十二年の御殿建替えの際の古御殿、新御殿に相当し、古御殿は掘立柱（ほったてばしら）建物、新御殿は礎石建物であったことがわかった。瓦の出土量が極めて少ないため、御殿は瓦葺きではなかったと考えられる。伝世品では、城下惣門の鬼瓦と伝えられる瓦が残されており、一部の構造物にのみ瓦が使用されていた。このほか、御殿に付属する土蔵の基礎や便所遺構も見つかっている。便所遺構の土壌分析では、ヤマブドウの種子と寄生虫卵が検出された。便所遺構は深さ三メートルにおよぶ方形の土坑で、絵図面との照合では御殿の中でも藩主

●—八戸城跡出土陶磁器（八戸市立図書館提供）

家族の居住域にあたっている。

建替え前の御殿を描いた「古御殿御絵図面」では、御殿以外の本丸内の建物や道、塀などが記されている。御殿北側の御花畑と記された区画には、現在築山が残っている。この築山は藩政期に築かれたことが判明し、築山へ上る道の脇には、植栽痕が並んでいた。築山西側には、州浜をともなう池が作られている。御花畑北側では畑の畝とみられる遺構や、植木鉢が多く出土した地下室があり、庭園に伴う作業空間が隣接して作られていた。

古御殿と新御殿の絵図面を比較すると、新御殿では北東側の藩庁部分の空間が拡張したため、築山東側の道と道に沿った堀を埋め立て、道を付け替えている。新御殿御絵図面には、御殿に御二階が描かれる。当時は馬淵川沿いの低地や対岸まで一望できたのであろう。

出土遺物は、陶磁器や土師質土器、木製品、金属製品など多種多様であり、一八〜一九世紀代が主体である。本丸内では、御殿建替え時の廃棄土坑から肥前色絵磁器蓋付碗や肥前青磁染付の中皿のセットがまとまって出土した。また、御殿建替え時に埋められた堀からは、建具・味噌箆・桶などの木製品も多数出土している。出土遺物の中でも、土師質土器（かわらけ）と焼塩壺は、八戸市内では八戸城でしか出土しない遺物である。全国の中世城館では宴会儀礼の器として多数出土するかわらけだが、南部氏の中世城館ではほとんど出土せず、江戸時代に入って城内での出土が確認される遺物である。江戸在地系のかわらけもわずかにみられるが、多くは産地不明で在地産と考えられる。

このほか、八戸藩領久慈産の琥珀や、同じく久慈で焼かれた小久慈焼陶器、八戸市内で焼かれた蟹沢焼など、領内の産物も出土した。出土遺物の一部は、八戸市博物館常設展示で展示している。

【城内を歩く】　現在の八戸城は、堀は埋め立てられているが、本丸内に残る土塁や二ノ丸内の道、県重宝に指定されている旧八戸城角御殿表門など、わずかに藩政期の様子をうかがうことができる。八戸城へ入る最初の門は、南御門である。現在の八戸市庁前のロータリー北側にあたる。市庁向かいには、藩政期から残る旧八戸城角御殿表門がある。この門は、元々藩士煙山（けむやま）氏が寛政年間（一七八九〜一八〇〇）に創建し、後に八代藩主信真（のぶざね）の七男造酒助の屋敷である角御殿の門として使われた。廃城後には一時藩主一家が本丸御殿から移り住んでいる。昭和五十三年（一九七八）の台風で倒壊し、修理されている。

●—八戸城角御殿表門（県重宝）（八戸市立図書館提供）

八戸市庁舎前を通り、県道から左の道へ入る。左手の八戸市公会堂が、かつての本丸と二ノ丸を区画する堀の上に建っている。本丸南に位置する大手御門を入ると御番所があり、御殿御庭を囲む塀に沿って北へと進む。この塀は八戸中央児童会館の建替えで確認されている。道路から左に入る道は、かつての御殿への道を踏襲しており、御殿の跡に勧請された三八城神社へ至る。三八城神社北側、かつての御殿北側と御花畑などがあった場所が、都市公園（三八城公園）として現在も残っている。藩政期の遺構は、公園中央に残る築山と本丸西側・中央に残る土塁のみである。築山上には、八戸藩初代藩主南部直房公の銅像が設置されている。本丸からは、かつては沖積平野を一望することができる。二ノ丸内には、城を守護する法霊社（現おがみ神社）や八幡宮、祈願寺であった豊山寺（ぶさんじ）などがあったが、現在はおがみ神社のみ残っている。本丸への門は、大手御門のほか、おがみ神社へ至る東御門、北側に北御門の三つの門があり、東御門から堀を渡る橋は、太鼓橋であったという。二ノ丸内の道は、現在も藩政期の道を踏襲している。発掘調査では、築城に際しての大

●—八戸城跡標柱

●—八戸城内堀（昭和36年2月18日　和井田登撮影）（八戸市博物館提供）

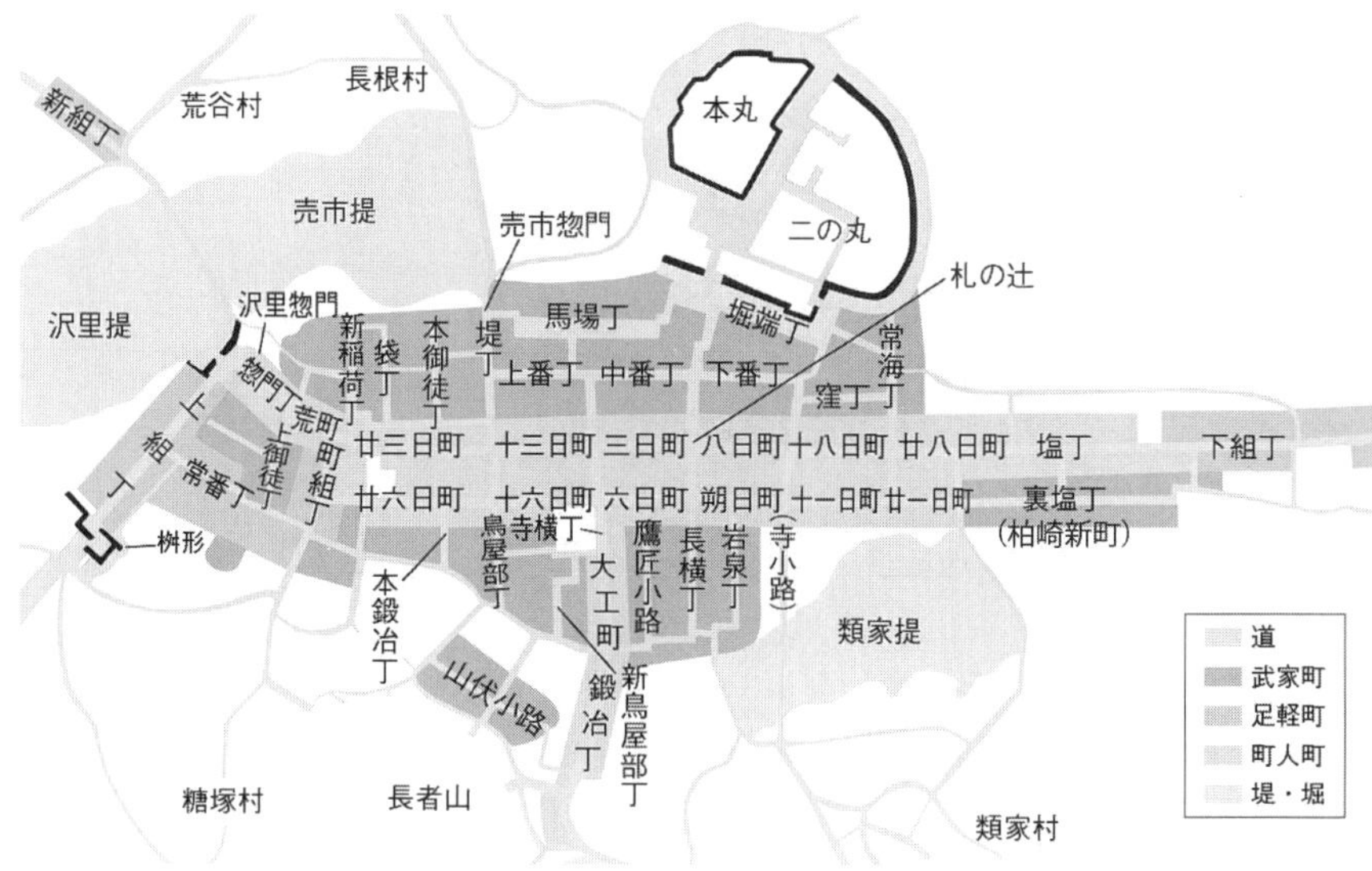

●—城下の概略図（「文久城下絵図」を元に作図）（『新編八戸市史　通史編2』八戸市より）

規模な盛土整地は確認されず、段丘縁辺へ向けて緩やかに傾斜する地形を残し、社寺や家臣屋敷が営まれていた。現在も当時の地形をよく残しているといえる。

城下町が広がっていた現在の八戸市中心街は、道の拡幅はされているものの、通りの形と町名が藩政期のまま残り、近世の絵図を元に現在の町を歩くことができる。東西に走る二本の通りを中心とした町人町と、町人町の南北に広がる武家屋敷地は、町人町＝町、武家屋敷地＝丁で区別されている。これらの町の名称は、各町内に建てられた標柱や路線バスのバス停で見ることができる。お時間があれば、ぜひ近世の城下絵図を頼りに、かつての城下町も歩いてみることをおすすめしたい。

【参考文献】八戸市『新編 八戸市史 近世資料編Ⅰ』（二〇〇七）、八戸市『新編 八戸市史 考古資料編』（二〇〇八）、八戸市『新編 八戸市史 通史編Ⅱ 近世』（二〇一三）、八戸市教育委員会『八戸城の建築』文化財シリーズ 第二三号（一九八二）、八戸市教育委員会『八戸城跡Ⅳ』八戸市埋蔵文化財調査報告書 第一二二集（二〇〇九）、八戸市教育委員会『八戸城跡Ⅴ』八戸市埋蔵文化財調査報告書 第一二六集（二〇一〇）、八戸市博物館『八戸藩―大名の国元と江戸―』（二〇〇一）

（船場昌子）

●根城南部氏を支えた新田氏の居城

新田城（にいだじょう）

〔所在地〕八戸市新井田
〔比　高〕三〇メートル
〔分　類〕平城
〔年　代〕明徳四年（一三九三）〜寛永四年（一六二七）
〔城　主〕新田氏
〔交通アクセス〕JR八戸線「八戸駅」下車、八戸市営バス「新井田」下車、徒歩一〇分。八戸自動車道「八戸IC」より二〇分。

【新井田川に面した新田氏の居城】　新田城は、太平洋に注ぐ新井田（にいだ）川の河口から約五キロ、新井田川と支流の松館（まつだて）川との合流点の右岸に位置する低位段丘先端に立地する。城の標高は六〜三七メートル、北側に新井田川の河口、西側に対岸の沖積平野を臨む。

城の立地する段丘先端には、縄文時代早期の標識遺跡となる集落が営まれ、川に面した南斜面には古代集落が形成されるなど、河川が合流する交通の要所であった。

古くから根城南部氏の一族「新田氏」の居城である「新田城跡」と伝えられており、城の主曲輪と伝えられる部分には八幡宮、二の曲輪は小学校用地や住宅地となっている。

もう一つ、新田氏に関わる城館として欠かせない城館が新井田古館（ふるだて）遺跡である。新田城の北に約七五〇メートル、沖積平野に位置している。かつては新田氏が新田城築城前に居を構えた城館と伝えられてきたが、城の中心部分ほぼ全面が発掘調査された結果、新田城と同時期に機能したことがわかった城館である。城の北東には新田氏の菩提寺・貴福山対泉院（きふくさんたいせんいん）が現在も残る。新田城と新井田古館遺跡の関係性は未だ判然としないが、いずれも新田氏に関わる城館である。

【根城南部氏の重臣・新田氏】　新田城を築城した新田氏は、根城を本拠とした根城南部氏（八戸氏）の一族で、根城南部家筆頭の重臣である。新田氏の祖は、根城南部氏第五代政長の次男政持であり、根城南部家に家督継承者がいない場合には、新田氏から養子を迎える慣例であった。根城南部氏一三

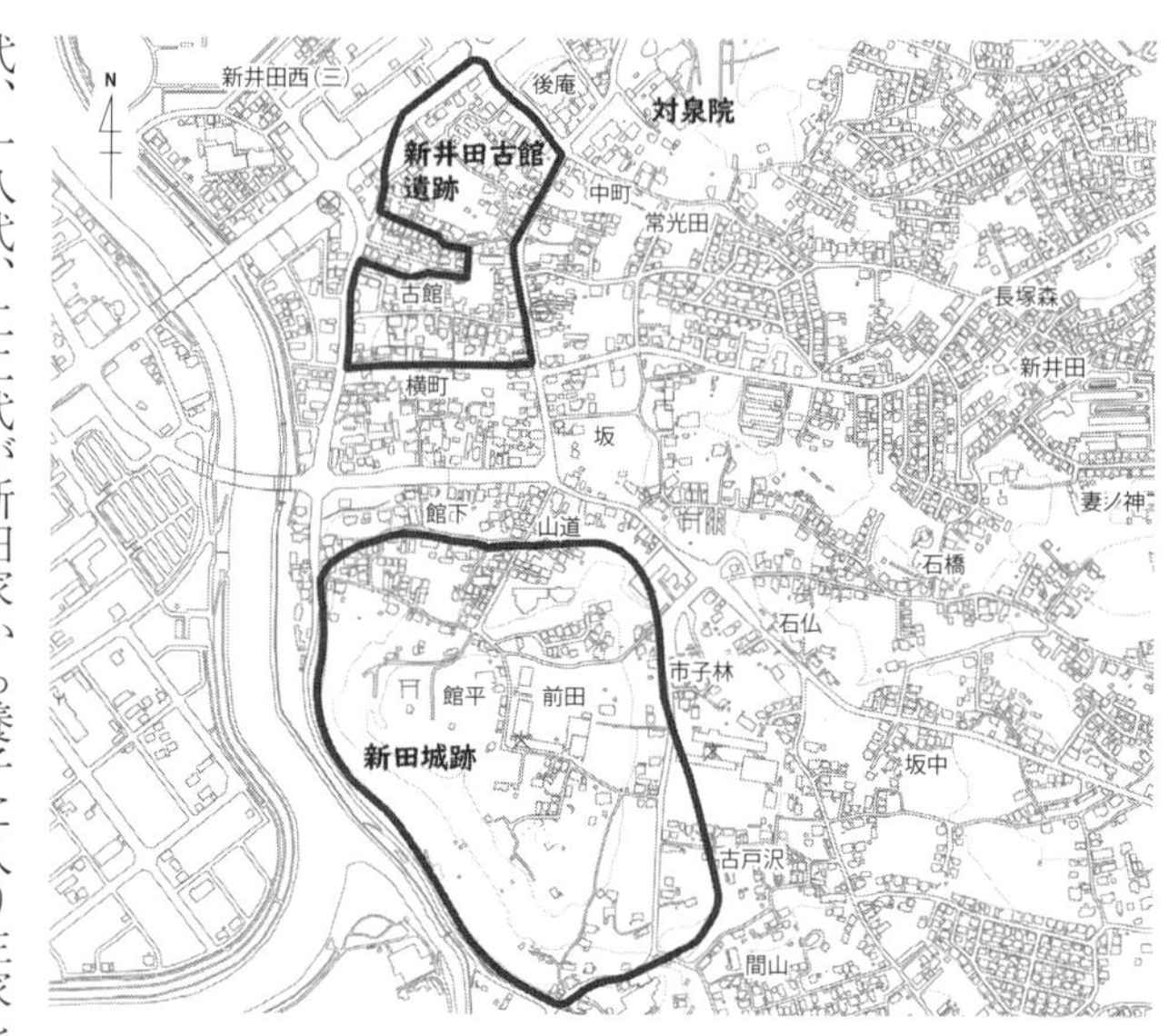

●—新田城・新井田古館遺跡位置図

代、一八代、二二代が新田家から養子に入り主家を継いでいる。

新田氏は元々根城南部氏と同様甲斐に所領を有し、南北朝時代はともに南朝方で戦った。新田氏の家伝では、新田氏二代親光（ちかみつ）が明徳四年（一三九三）に根城南部家八代政光（まさみつ）とともに八戸に下向し、新田城を築城したと伝えられる（「源氏南部八戸新田家系」青森県二〇〇四）。代々根城南部氏に仕え、一一代政広（まさひろ）は根城南部家当主清心尼の名代として、慶長十九年（一六一四）の大坂冬の陣に参陣している。寛永四年（一六二七）、現在の岩手県遠野市へ村替えとなった根城南部氏とともに遠野へ移り、その後も根城南部氏を支えた。

居館を築いた新井田村の地名と新田氏と、どちらが先行す

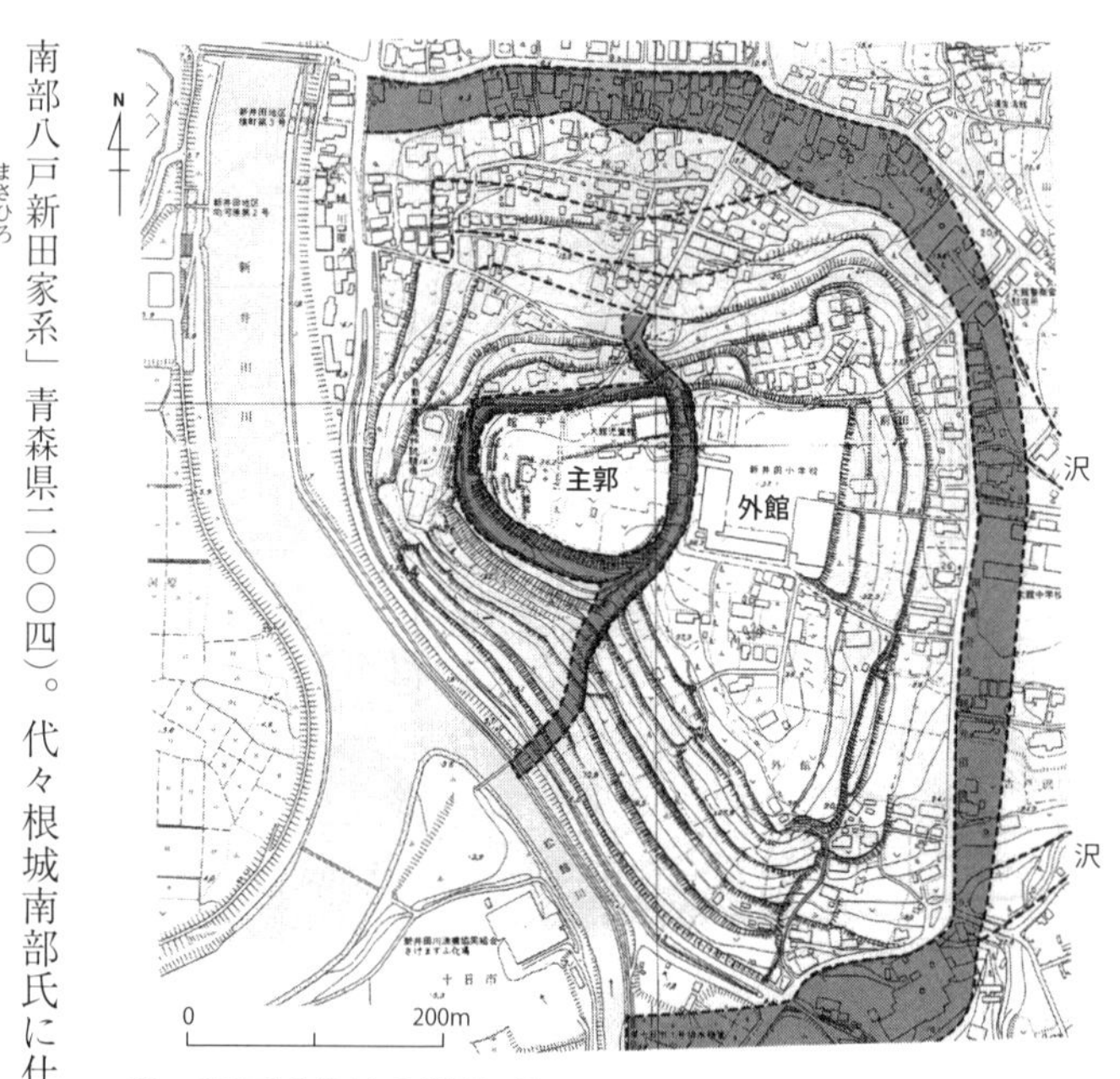

●—新田城曲輪の構え（『新編八戸市史　考古資料編』より転載）

●—新田城跡遠景

るものかはよくわかっていない。

根城南部氏の有力家臣団は、根城内の各郭に居住していたと伝えられているが、唯一新田氏だけが独立した城館を有している。元和七年（一六二一）の八戸家支配帳によれば、根城南部氏の所領の約四分の一が新田家に与えられており、家臣団の中でも突出した位置づけにあった。

【城の構造】　新田城は標高三六メートルの主曲輪と、主曲輪の東に位置する標高三七メートルの外館の二つの曲輪からなる。主曲輪は土塁（どるい）・堀がめぐり、主曲輪と外館を隔てる堀は南北にのびていたと推測され、南側で幅約七メートルである。主曲輪の規模は東西・南北とも約一五〇メートルの不整方形で、土塁の一部と幅二〇メートルの堀跡が現在も残っている。発掘調査では、中世〜近世の柱穴や堀・土塁が確認されているが、城館内の建物の様相は不明な点が多い。南側から外館へと至る現道が中世の道を踏襲している。

堀は、新井田川・松館川に向かう沢を利用し、城館の北・東・南をコの字状に囲む大規模なものと考えられている。主曲輪・外館の外縁斜面は帯（おび）曲輪状の平場が残り、本丸南側の斜面では、本丸をめぐる堀の延長にあたる、等高線と直交する幅二〜三メートルの溝跡が見つかっており、竪堀（たてぼり）の可能性がある。

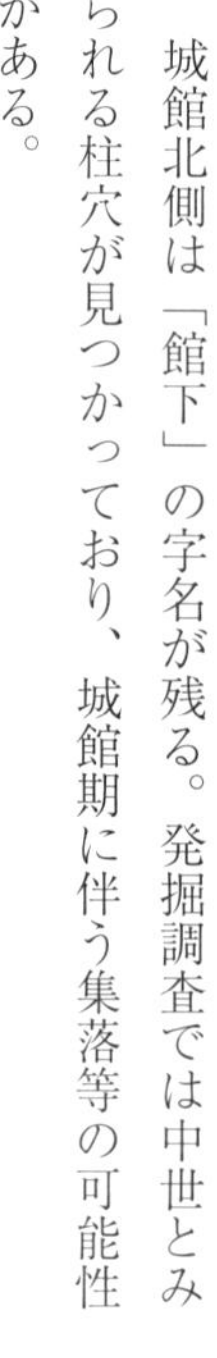
城館北側は「館下」の字名が残る。発掘調査では中世とみられる柱穴が見つかっており、城館期に伴う集落等の可能性がある。

新井田古館遺跡は、発掘調査以前は周囲に土塁と堀をめぐらす単郭の城館と考えられていた。『南部諸城の研究』では、四方に土塁と堀がめぐり、南側に大手口をもつと記されている。発掘調査の結果、外周に最大幅三・四五メートルと四・六メートル、深さ一・五メートルと二・一メートルの二重の薬研堀（やげんぼり）を巡らせ、内側に土塁が側は堀で区画された小規模な曲輪群で構成されている。中心となる曲輪は、当初は東西に走る堀によって南北二つに区画されていたが、一六世紀代に堀を埋め立て、一つの曲輪となっている。

【発掘調査成果】　新田城主曲輪は部分的に発掘調査が行われ、中世から近世の柱穴や土坑が検出されているが、曲輪内の建物配置や性格は未だ不明な点が多い。外館の発掘調査では、一二世紀代の遺構・遺物がみつかっているが、城館期の

●―主曲輪南側に残る土塁

●―主曲輪と外館を区画する堀跡（右：主曲輪、左：外館）

●―南から外館へ至る道（堀）の跡

遺構は不明である。主曲輪・外館を区画する堀の一部が発掘調査で確認されている。

出土遺物は一五～一六世紀の中国産青磁碗・角坏、瀬戸美濃産皿・坏、越前産擂鉢（すりばち）、唐津産碗・皿、銭貨、鉄製品などが出土しており、寛永四年（一六二七）の遠野出立にともなう廃城と矛盾しない。

新井田古館遺跡では、四時期にわたる主曲輪の建物配置と変遷が明らかになっている。もっとも古い時期の遺構群は一

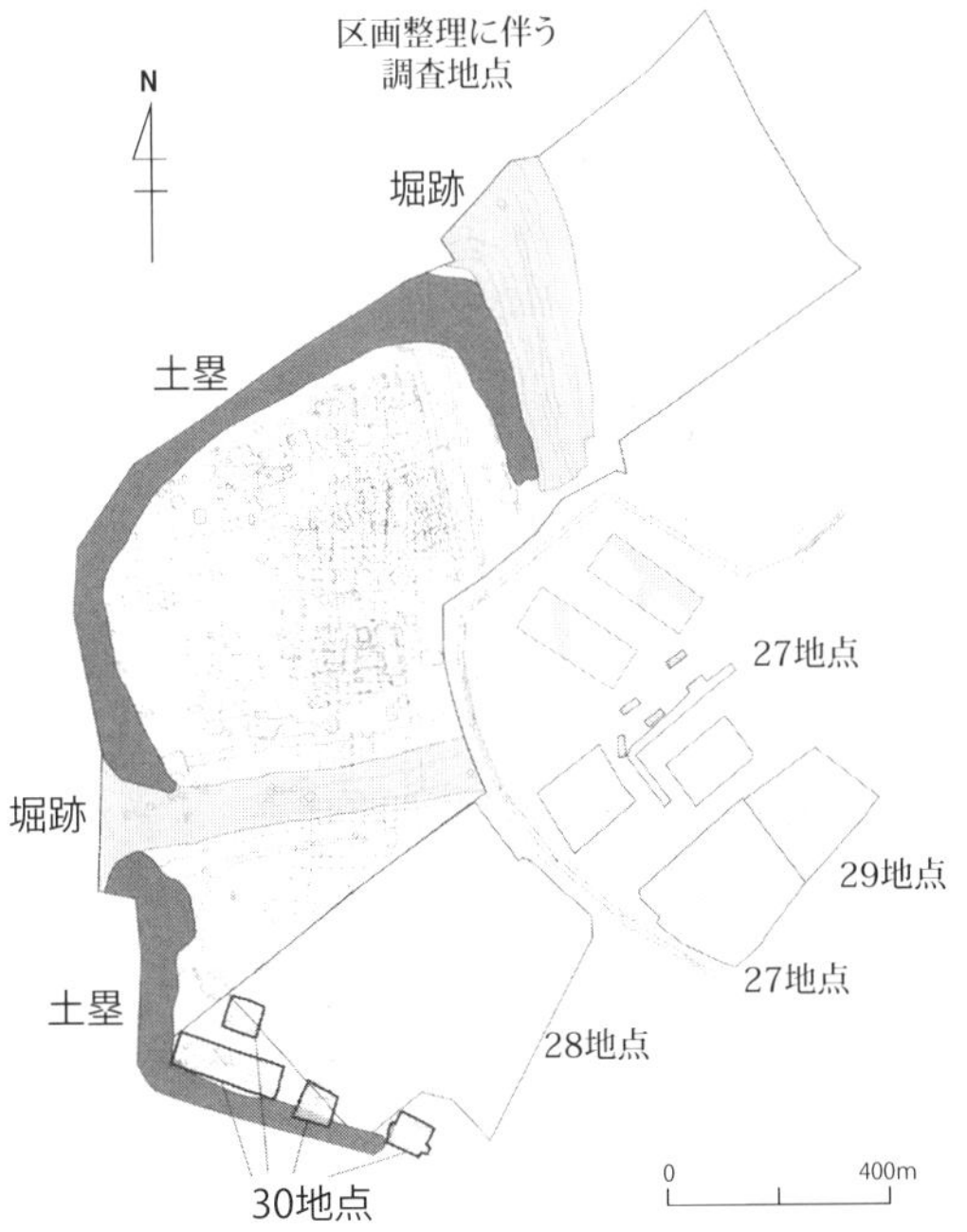

●—新井田古館遺跡曲輪の構え（『新井田古館遺跡30地点』より転載）

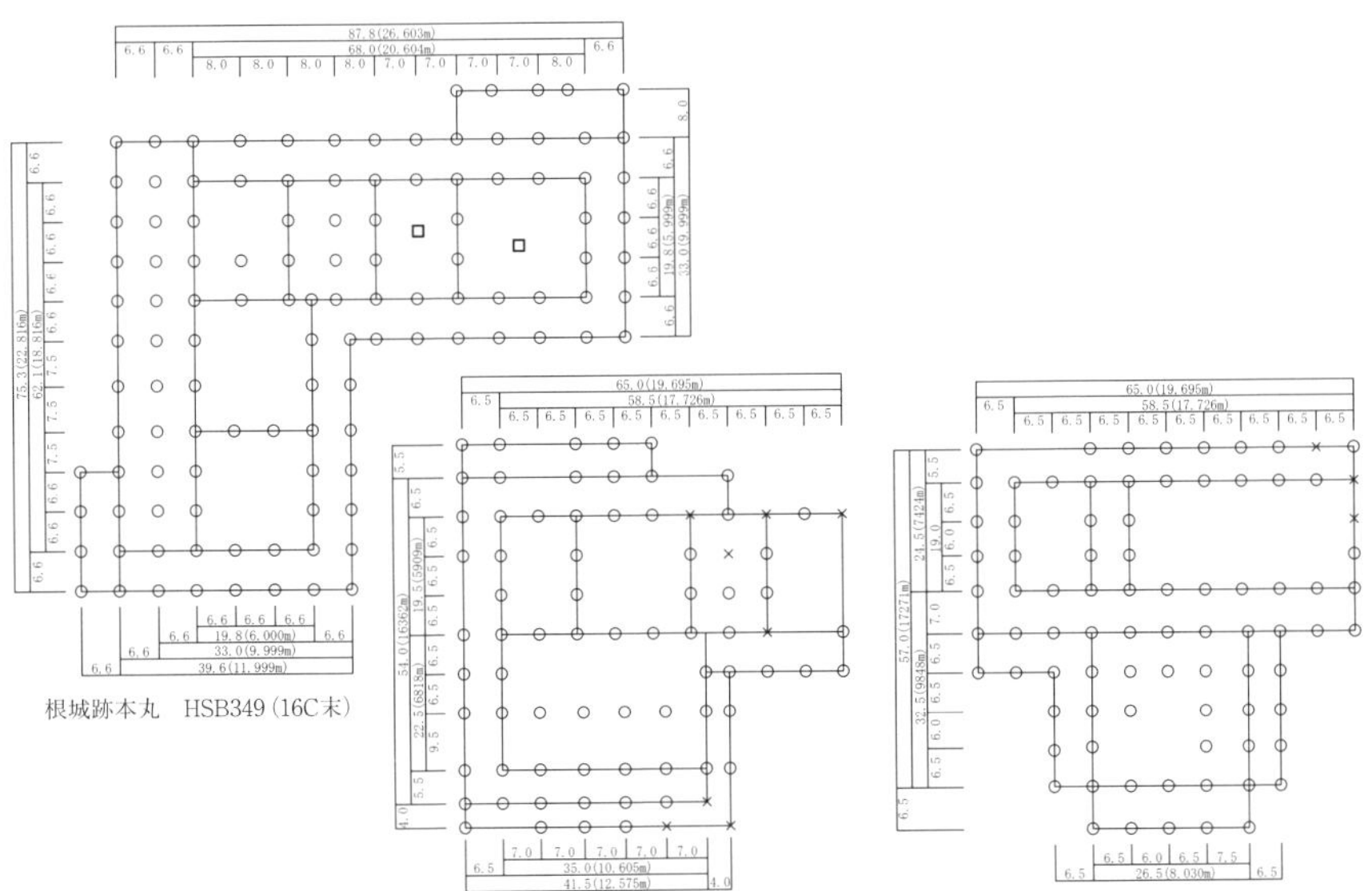

●—新井田古館遺跡で検出された主殿（八戸市教育委員会2014『新井田古館遺跡第28地点』より転載）

●—新井田古館遺跡に残る土塁（写真左が堀跡）

五世紀前葉とみられ、一五世紀中葉～後葉までは堀で区画された北側の曲輪に集中的に掘立柱建物が建てられ、一六世紀代に堀が埋め立てられ、大型の中心建物が建てられている。一六世紀代の中心建物は、梁間三間の建物をL字形につなげた独特の建物である。平面L字形の建物は、根城南部氏の本拠・根城の中心建物「主殿」で注目され、七戸城・一戸城など南部氏の主要城館の中心建物に共通してみられる。新井田古館遺跡の中心建物は、同時期の根城の主殿よりは小型だが一戸城・七戸城と同規模であり、南部氏一族の独立した領主と遜色ない。

出土遺物は、一五世紀～一七世紀前葉と一七世紀後葉以降に分かれ、一七世紀前葉に廃絶したと考えられる。出土遺物は中国産青磁碗・皿・盤、青白磁瓶類小片、白磁皿、染付皿、天目茶碗、瀬戸産天目茶碗・皿、珠洲産擂鉢・甕、信楽産壺、越前産甕、瓦質土器風炉・香炉・火鉢、茶臼・粉挽臼、金属製品、銭貨など、多様である。輸入陶磁器に加え、国産陶器の中でも北陸系の珠洲・越前産の甕や擂鉢が加わる様相は、根城と共通する。中国産青磁盤や青白磁梅瓶などのいわゆる威信財も出土している。出土遺物の年代は、新田氏の家伝による新田城築城時期と合致し、廃城の時期も新田城と同時期である。遺物の時期から、新田城・新井田古館遺跡は同時に機能していた時期があったと考えられ、複数時期にわたる遺構変遷や遺物の量から、新井田古館遺跡が新田氏の本拠であった可能性が考えられる。

【新田城・新井田古館遺跡をめぐる】　新井田川対岸の田向地区にある八戸市民病院前の橋を渡ると、新井田地区へ入る。この橋の上からは、右手に見える小高い丘が新田城、左手の低地の住宅地の中に新井田古館遺跡を臨むことができる。この道は近世「浜街道（新井田街道）」と呼ばれ、八戸藩時代の城下から新井田地区を抜け、岩手県洋野町まで至る。橋の両側には街道沿いの町屋が並んでいたといい、道路は拡幅されているが、道路に面した短冊状の区割りを見ることができる。橋を渡り、すぐ右手に折れると、新田城を左手に見上げながら城の南側へと進んでいく。右手には新井田川と松館川を望み、河川の合流地点であったこの地が、交通・交易の要所であったことがうかがえる。新田城跡の大手は不明であるが、南側から外館へと昇る現道は、城館期からの堀底道を踏襲していることが分かっており、道の脇には、地元町内会による説明板が立っている。

主曲輪西側には、新田八幡宮が鎮座し、郭南側に土塁が残る。新田八幡宮境内からは、対岸の低地を見渡すことができる。外館は八戸市立新井田小学校の敷地となっており、それぞれの曲輪を囲む堀もすべて埋められている。

新田城から北側へと下り、新田氏菩提寺の貴福山対泉院を目指して進み、左手へそれた住宅地の中に、新井田古館遺跡がある。南側が大手であったと伝えられる。堀はすべて埋められ、城館北側は区画整理事業によってかつての地割と大きく異なっているが、南西は、今も高さ六〇㌢ほどの土塁を住宅地の中にみることができる。

土塁西側のかつての堀は、住宅地となった現在も曲輪の内側より一段低くなっており、城館期の地形をわずかにうかがわせている。

新田城・新井田古館遺跡ともに周囲は宅地化が進み、城館期の遺構はわずかである。しかし、新井田地区では、現在も新田氏の歴史を伝える活動が地区をあげて行われている。地元公民館を中心とした歴史講座のほか、毎年秋には新田城まつりを開催し、地区住民と岩手県遠野市からの参加者による新田氏の遠野への出立行列再現も行われている。

【参考文献】　青森県『青森県史資料編中世一』（二〇〇四）、八戸市『新編八戸市史　考古資料編』（二〇〇九）、八戸市『新編八戸市史　中世資料編』（二〇一四）、八戸市教育委員会『新井田古館遺跡第三〇地点―太陽光発電設備設置に伴う発掘調査　報告書―』（二〇一六）、八戸市教育員会『新井田古館遺跡第二八地点―集合住宅建築に伴う発掘調査報告書―』（二〇一八）、沼館愛三『南部諸城の研究』（伊吉書院、一九八一）

（船場昌子）

●平安時代環濠集落と戦国期複郭城館

風張館（かざはりたて）

（所在地）八戸市是川字館ノ内
（比　高）〇メートル
（分　類）平城
（年　代）一六世紀
（城　主）水越氏か?
（交通アクセス）八戸自動車道「八戸是川ＩＣ」から二五分。

【新井田川に面した是川地区の拠点城館】　風張館跡は、新井田川右岸に位置する標高三四メートルの低位段丘先端に立地する。

新井田川沿いには、新田城・楢館・風張館・是川上館と中世城館が確認されている。同一丘陵の北側には、環濠をもつ古代集落・風張1遺跡があり、古くから河川交通の要所であったことがうかがえる。対岸には、根城南部氏（八戸氏）の一族・新田氏が造立した清水寺観音堂が残る。

是川地区については、正安三年（一三〇一）三月二十六日付「安藤三郎家族書上状」（きぬ女申詞書案）が残り、是川に住んでいた安藤三郎の妻きぬ女が語る一族・親族の所在が記されている。沼館愛三『南部諸城の研究』では、城主を八戸氏の家臣水越弥三郎、のち是川宇右衛門とする。

【四つの郭を堀が巡る構造】　風張館は比高差のほとんどない四つの郭で構成される。南北に並ぶ方形～長方形の曲輪Ⅱ（北郭）・曲輪Ⅰ（本郭）・曲輪Ⅲ（外郭）と曲輪Ⅰの東側に小規模な曲輪Ⅳ（東郭）が位置する（カッコ内の名称は『南部諸城の研究』による）。曲輪Ⅰは、東西約一三〇メートル×南北約六〇メートルの不正方形の曲輪で、南北を区画する堀は二重堀となっている。曲輪Ⅳは曲輪Ⅰの東側の防御を固めるための曲輪と考えられ、曲輪Ⅰが城の中心空間と捉えられる。

城館東側の堀跡は一部が残り、南側の堀は確認できないが、東西方向の堀跡は現在も良好に確認することができる。曲輪一帯には館ノ内の字名が残り、住民は水越氏の一族との伝承がある。曲輪Ⅲには、八幡宮が祀られている。

曲輪Ⅲの東側で一部発掘調査が行われ、一六世紀代の中国産染付皿、瀬戸産陶器灰釉皿が出土しているが、遺構は確認されていない。

【城跡を歩く】　縄文時代晩期の遺跡として知られる是川中居遺跡の北側を通り新井田川を渡る是川橋から上流へ五〇〇メートル、風張橋の対岸が風張館である。橋を渡り、右折する道路を進むと、館北側の堀へと入り、北側の堀切や道路左手に二重堀間の土塁の痕跡がうかがえる。曲輪の平坦面は、畑と宅地になっている。城館東側・南側の堀は確認できない。曲輪Ⅰの南北を区画する二重堀は、東側は一部埋め立てられているものの、丘陵先端部では堀と内土塁が良好に残る。丘陵斜面は山林となっている。

●—風張館曲輪配置図（作図：市村高男）（『新編八戸史市　考古資料編』より）

風張館はほとんど発掘調査されておらず、城の様相や築城・廃絶時期を推定することが難しい。しかし、大規模な二重堀と複数の曲輪を伴う構造から、新井田川流域の要所をおさえる城館として、対岸に造立された清水寺とともに、位置づけを検討していく必要がある。

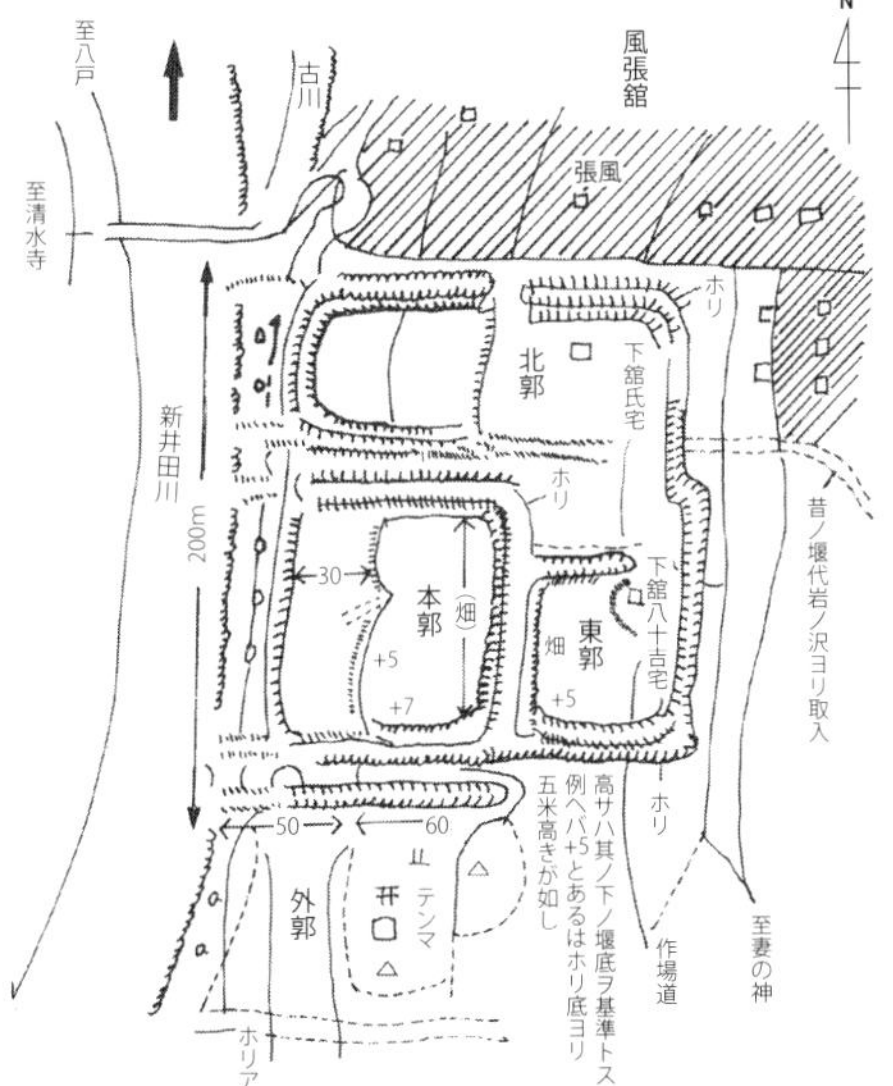

●—風張館（『南部諸城の研究』より）

【風張(1)遺跡】　風張館（(1)遺跡）は、太平洋に注ぐ新井田川の河口から約七キロ、新井田川に右岸に張り出した標高二五〜三三メートルの舌状(ぜつじょう)台地上に立地する。遺跡は、縄文時代後期の大集落として知られ、昭和六十三年（一九八八）〜平成四年（一九九二）の発掘調査で出土した土偶一点（合掌土偶）が国宝、土器・土製品など六六三点が重要文化財に指定されている。平安時代の集落は、丘陵の頂上部で検出された。丘陵北側には、新井田川を望む。

●―風張館曲輪Ⅰ　北側二重堀

●―新井田川の対岸から風張館を臨む

●―新井田川の対岸から風張(1)遺跡を臨む

【集落の一部を堀で囲む】　集落の一部または全部を堀で囲む集落は、一〇世紀中葉から一一世紀にかけて北東北でみられ、「防御性集落」「囲郭集落」とも呼ばれる。八戸地域で検出された事例は、集落の一部を堀で囲むものであり、上北型とも呼ばれる。風張館の集落の全容は不明であるが、堀で囲まれた外側にも集落が広がっていることが確認されている。堀は、幅二・五〜四メートル、深さ一・一〜二・八メートルで断面はU字形の部分とV字形の部分がある。堀は未調査部分でもくぼみ

●—上空からみた現在の風張(1)遺跡（国土地理院「地理院地図」より）
写真左側に流れる川が新井田川。写真中央、右下から左上へ張り出す丘陵の頂上部が遺跡である。現在は丘陵中央を道路が横断しており、環濠は道路部分から検出された。

が確認でき、東西約四五メートル、南北約三五メートルの長方形に区画している。堀を掘った際に出た土は、堀の外側に投げ捨てられていた。堀の外側に土塁をともなう事例もあるが、調査では土塁と呼べるほどの高まりは認められなかった。区画内への出入り口は東側と推定されるが、すでに遺構が壊されていたため、判然としない。

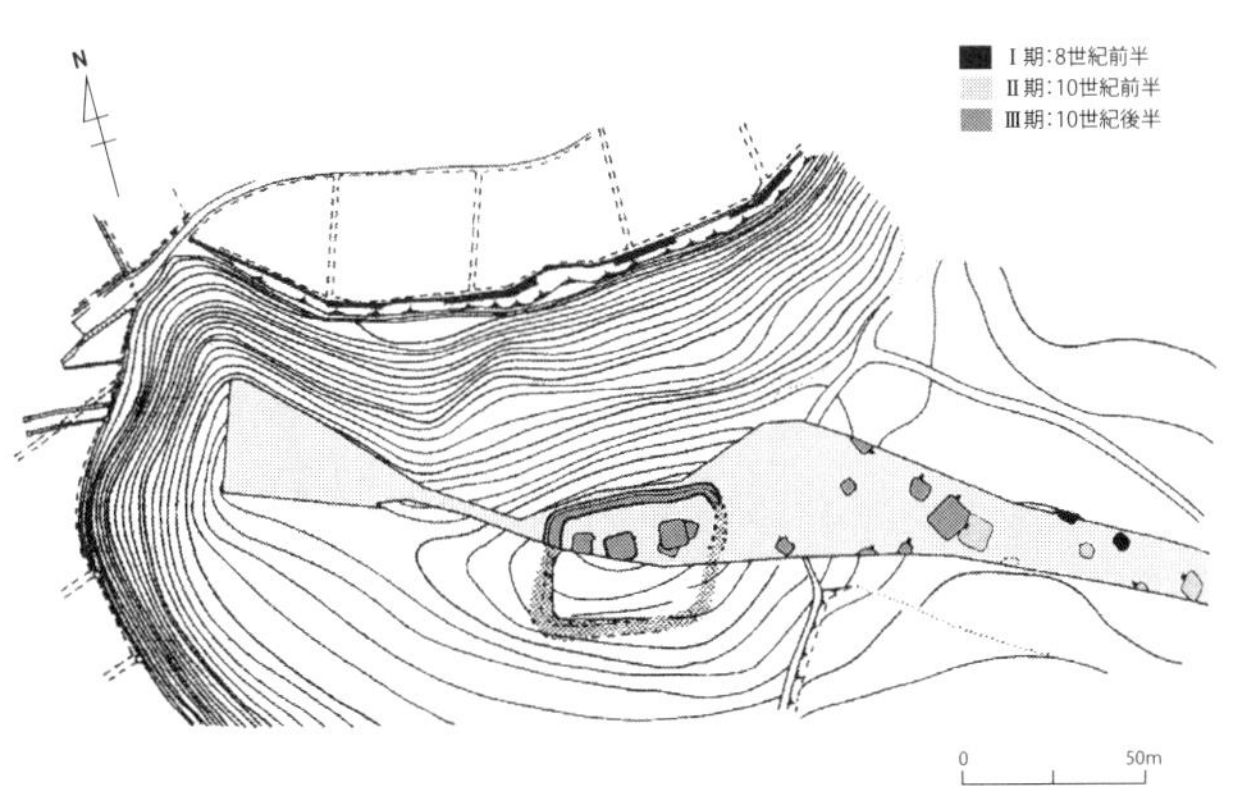

●—風張(1)遺跡遺構配置図（八戸市 2006『新編八戸市史　考古資料編』より）

堀の内側では一辺四〜七メートルの方形の竪穴建物跡が新旧あわせて六軒検出され、未調査範囲にも三、四軒が想定される。竪穴建物跡の新旧関係から、当初は調査区東側の丘陵上に形成された集落が、丘陵先端の方へ広がり、一部が堀

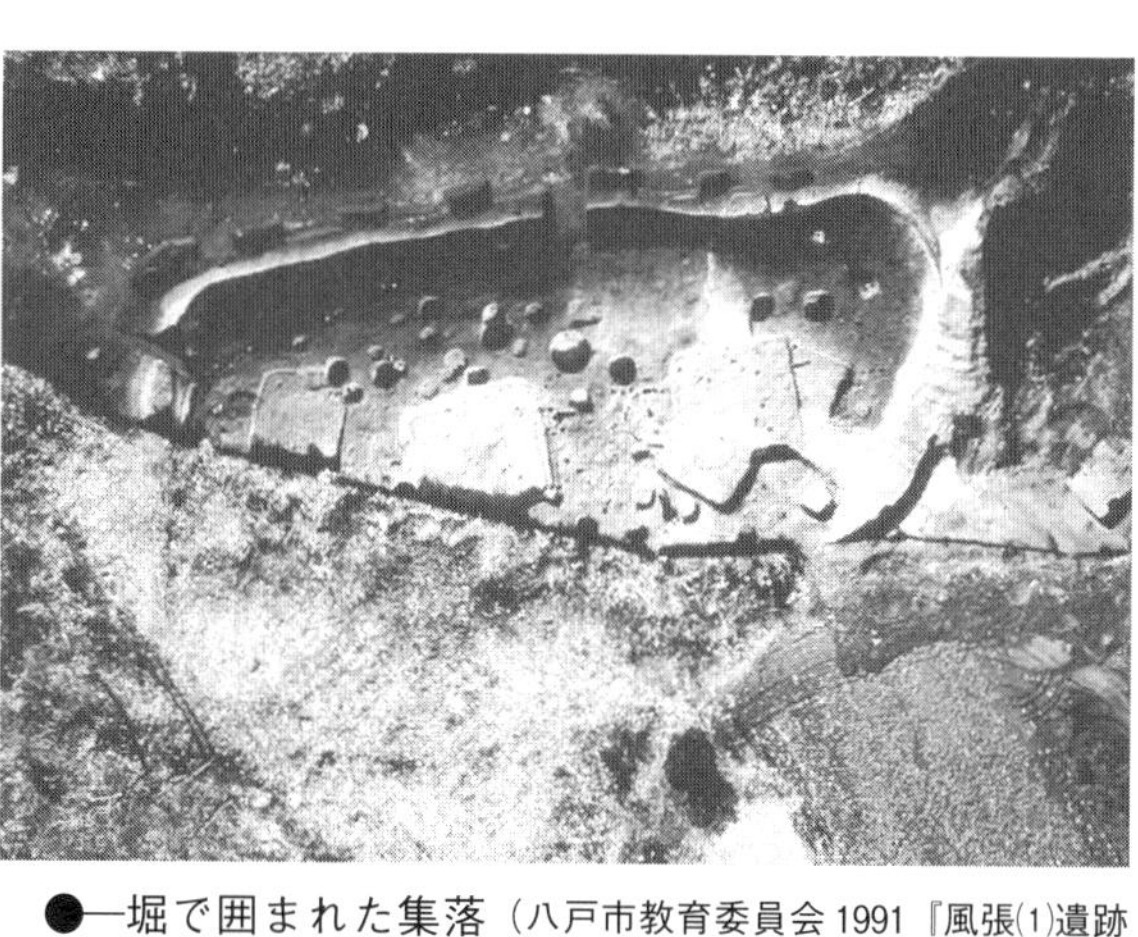
●―堀で囲まれた集落（八戸市教育委員会 1991『風張(1)遺跡Ⅱ』より）

で囲まれるようになったと考えられる。

堀の内部には、柵または塀と考えられる柱穴や用途不明の土坑も検出された。検出された竪穴建物のうち一軒は焼失しており、炭化した大量の大麦が出土した。堀の外側で検出された竪穴建物は、一辺三～四メートル前後のものが多いが、八メートルを超えるものもあり、堀の内外での差異や階層性は遺構・遺物からは捉えられなかった。出土遺物は土師器・須恵器のほか、鉄製品（鎌・手鎌・刀子など）とともに鉄滓・鞴の羽口が出土し、集落内で小規模な鍛冶が行われていた。

【環濠前後】 風張館では、奈良時代に調査区東側に集落が形成されていったん廃絶した後、平安時代にふたたび集落が形成され、最終段階で西側の丘陵先端の一部を堀で囲む集落が形成された。畑作主体の生業を営み、小規模な鍛冶を行う集団であったことが想定される。

集落の全容は不明であるが、堀で囲まれた範囲の規模が推定できるとともに、堀のない集落の段階から、堀が一部を囲む集落の段階の二時期が確認できる本遺跡は、当該期の環濠集落の形成過程を考えるうえで、重要な遺跡である。

確認された建物跡や堀は調査後削平され、道路となった。北側から新井田川にかかる橋を渡り、道路丘陵上へ進んでいくと、集落のある丘陵中央へ緩やかに登っていく。道路の両側の丘陵上に平安時代の集落が広がっていた。現在も、新井田川に向けて張り出す舌状台地の景観は現地で確認することができる。

【参考文献】 沼館愛三『南部諸城の研究』（伊吉書院、一九八一）、『八戸市埋蔵文化財調査報告書第九六集』（一九九〇）、八戸市教育委員会『風張(1)遺跡Ⅱ』八戸市埋蔵文化財調査報告書 第四二集（一九九一）、八戸市教育委員会「風張館遺跡」『市内遺跡発掘調査報告書一六』（二〇〇三）、八戸市教育委員会『風張(1)遺跡Ⅳ』八戸市埋蔵文化財調査報告書 第一一九集（二〇〇八）、八戸市『新編 八戸市史 考古資料編』（二〇〇八）

（船場昌子）

●九戸一揆で落城した館

島守館

（所在地）八戸市南郷大字島守字館
（比　高）八〇メートル
（分　類）平城
（年　代）一五世紀前半〜一六世紀
（城　主）島守氏
（交通アクセス）八戸自動車道「南郷ＩＣ」から車で五分。駐車場有

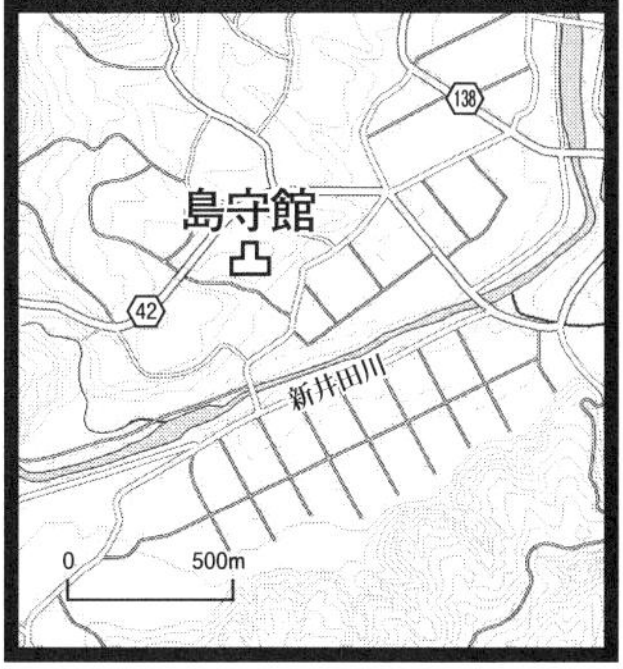

【島守盆地の出入りを押さえる城館】　島守館は、太平洋に注ぐ新井田川の河口から約一〇キロ、新井田川沿いに形成された沖積低地・島守盆地を臨む、北から張り出した標高約八〇メートルの丘陵先端に立地する。

島守地区は、建武元年（一三三四）十一月五日付の「すまもり公田別当注進状」（南部家文書）に記された「すまもり」にあたり、新井田川中流域の要所であった。島守館は櫛引方面、是川方面から盆地へ至る玄関口に位置する。

【城主島守氏】　城主は櫛引氏の一族、島守氏と伝えられる。天正十九年（一五九一）二月に九戸政実らの蜂起によって始まった九戸一揆に際し、同年七月、九戸方に与した櫛引清長（南部氏の一族・四戸氏の支族）の支城であった島森城（島守館）が根城南部家第一八代南部政栄の攻撃を受け、落城した（「源氏南部八戸家系」、「八戸家伝記」）。「南部家伝舊話集」によれば、この時、城主島守安芸は城から打って出たところを討たれ、首を取られたという。島守館北東には、島守安芸の墓と伝えられる五輪塔が残っている。

【城の構造】　標高約八〇メートルの二つの曲輪からなる。沼館愛三『南部諸城の研究』では、本郭・二ノ郭（外館）とし、本郭北西には三重の堀がめぐり、本郭と二ノ郭の間は堀底道となっている。本郭内は長軸一五〇メートル、短軸八〇メートルの不整方形の平場で、曲輪南側から東側に一段低い帯状の平場が残る。二ノ郭（外館）は、三つの平場が確認でき、もっとも大きな平場は長軸一三〇メートル、短軸五〇メートルの規模を有する。本郭北側

●—島守館遠景（八戸市 2006『新編八戸市史考古資料編』より，八戸市立図書館提供）

の三重堀は、太平洋戦争中に埋め立てて畑にしたという。堀の痕跡は、現在ではほとんど認められない。館の南東は「館下」の字名が残り、本郭へと至る大手口があったと推定されている。

【発掘調査成果】

平成十六年（二〇〇四）に行われた発掘調査により、本郭中央で掘立柱建物や竪穴建物・堀跡が検出された。中心の掘立柱建物には複数回の建替えがあり、規模・形態から、館の中心建物と推定されている。青磁碗、瀬戸天目茶碗・皿、珠洲擂鉢のほか、鎧の小札や銅が付着した坩堝・銭貨などが出土した。遺物の年代から、館の年代は一五世紀前葉から一六世紀と考えられる。このほか、本郭北側の三重堀の一部にあたる薬研堀が検出されている。

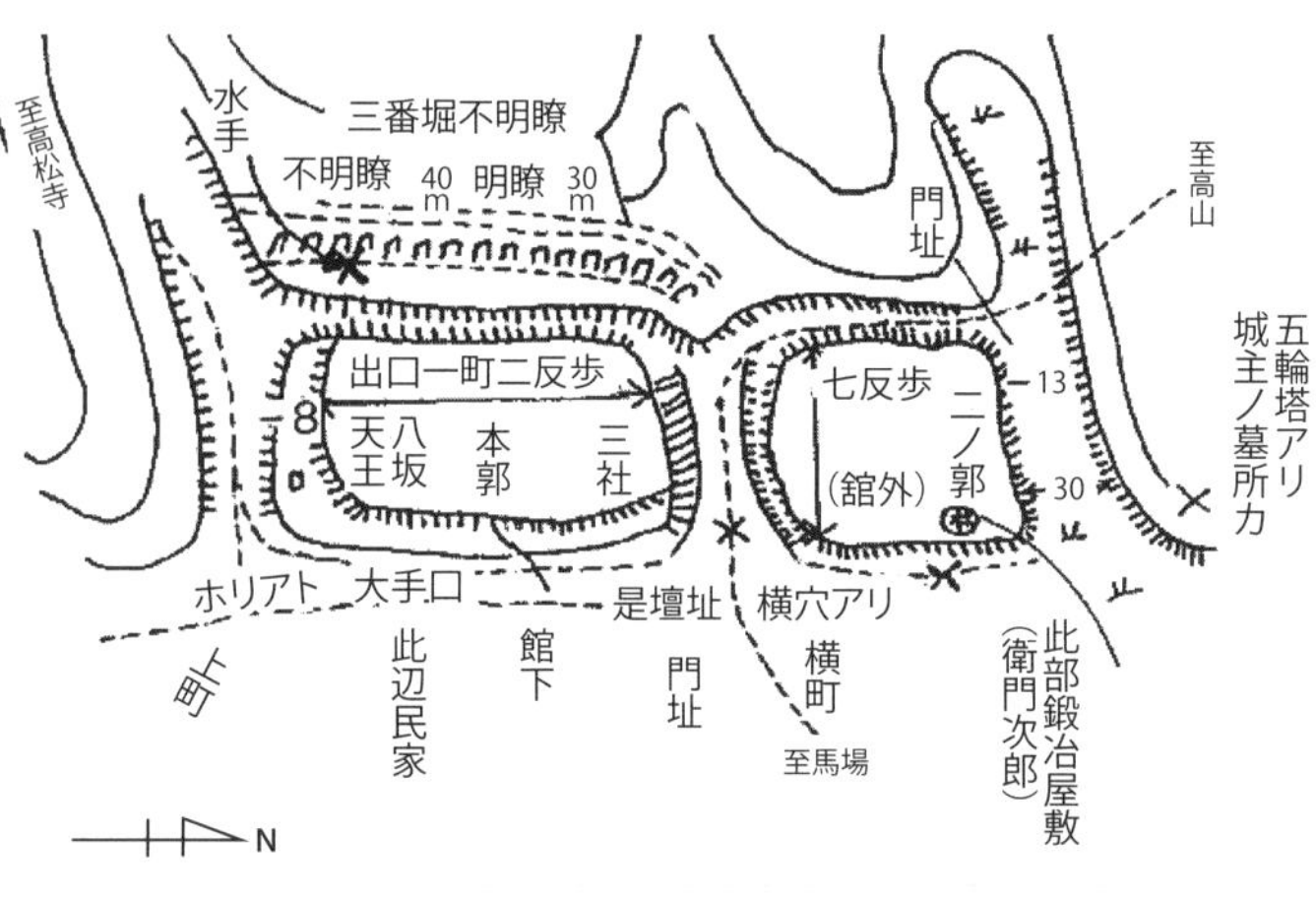

●—沼館愛三作図（沼館愛三 1983『南部諸城の研究』より転載）

【島守館を歩く】　八戸自動車道南郷インターから、島守地区へ向かう県道沿いに、島守館がある。現在、本郭部分は、島守田園空間博物館「館のやかた」として整備されている。発

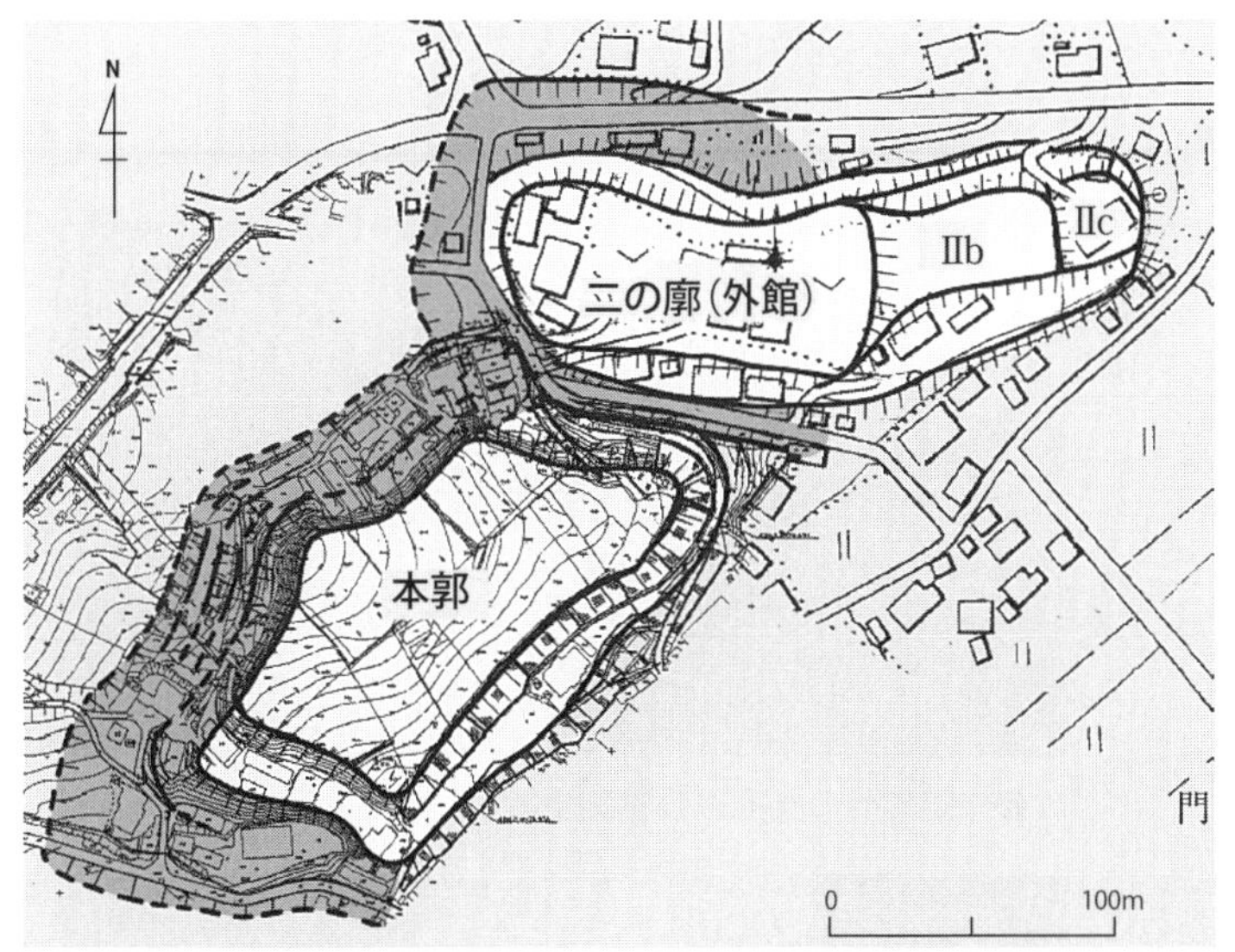

●—島守館曲輪配置図（八戸市 2006『新編八戸市史 考古資料編』より転載）

掘調査で三重堀が検出された北側の一角が、駐車場となっている。堀の痕跡は明瞭ではないが、平場から現地表面までの比高差は約七メートルにおよび、大雨の後は少し滞水がみられる。

平場に移築された茅葺屋根の古民家の前が、館の中心建物

●—本郭から二ノ郭（外館）を望む

館南西の集落から館を望む

二ノ郭（外館）北側の堀跡．自然の沢を利用した堀か

五輪塔（伝島守安芸墓）

が検出された調査区である。本郭の平場部分はほぼ全体を散策することができ、新井田川や島守盆地、堀を挟んだ二ノ郭（外館）の地形も良好にみることができる。本郭平場以外は私有地となっているが、曲輪の外周をめぐると、丘陵先端を利用した館の立地や地形を現在もみることができる。

【参考文献】青森県教育委員会『島守館跡外』青森県埋蔵文化財調査報告書第三九九集（二〇〇五）、八戸市『新編八戸市史考古資料編』（二〇〇六）

（船場昌子）

●馬淵川沿いの三重堀が巡る館

法師岡館（ほうしおかたて）

〔所在地〕南部町法師岡字田向
〔比　高〕約五～一〇メートル
〔分　類〕平山城
〔年　代〕一五～一六世紀代
〔城　主〕櫛引清政・小笠原兵部
〔交通アクセス〕青い森鉄道「北高岩駅」下車。徒歩三〇分。

【館の立地】　法師岡館は青森県の南東部に位置する南部町の東端、福地地区にある法師岡集落より東に約二〇〇メートルに所在する。太平洋に注ぐ馬淵川（まべちがわ）右岸の河岸段丘に立地し、標高は約二〇～二四メートルである。

【館　主】　法師岡館には櫛引城（くしびき）（八戸市）の城主櫛引河内清長（きよなが）の弟左馬助清政（きよまさ）あるいは、櫛引氏一族である小笠原兵部が居住していたと伝わる。天正十九年（一五九一）の九戸一揆の際は櫛引清長とともに九戸城に入城したとされ、櫛引氏との間に密接な関係があることがうかがえる。館主が不在となった法師岡館は、根城の八戸政栄と中野館の中野氏（共に八戸市）の攻撃を受けて開城したと伝えられる。館の約三キロ南西側に、同年に櫛引氏と浅水城（五戸町）の南氏との間で合戦が行われ、南氏が総崩れした古戦場がある。現在、「法師岡の古戦場」の標柱が立っている。

【城館の縄張】　法師岡館は『南部諸城の研究』や『福地村史上巻』において縄張調査が行われてきた。北側から東側にかけて馬淵川に面した急崖で守り、西側から南側を三重の堀跡で区画する防御性が高い構造である。郭は単郭と想定されており、規模は東西約一五〇メートル、南北約三五〇メートルである。郭内の平場には、いくつかの段差が見られ、屋敷割がなされた可能性が指摘されている。

堀跡は、現在でも明瞭に確認することができ、堀跡と堀跡の間には土塁（どるい）が見られる。堀跡の長さは約三八〇メートル、幅は一条で最大約一〇メートルある。三条合わせると幅は約四〇メートルにな

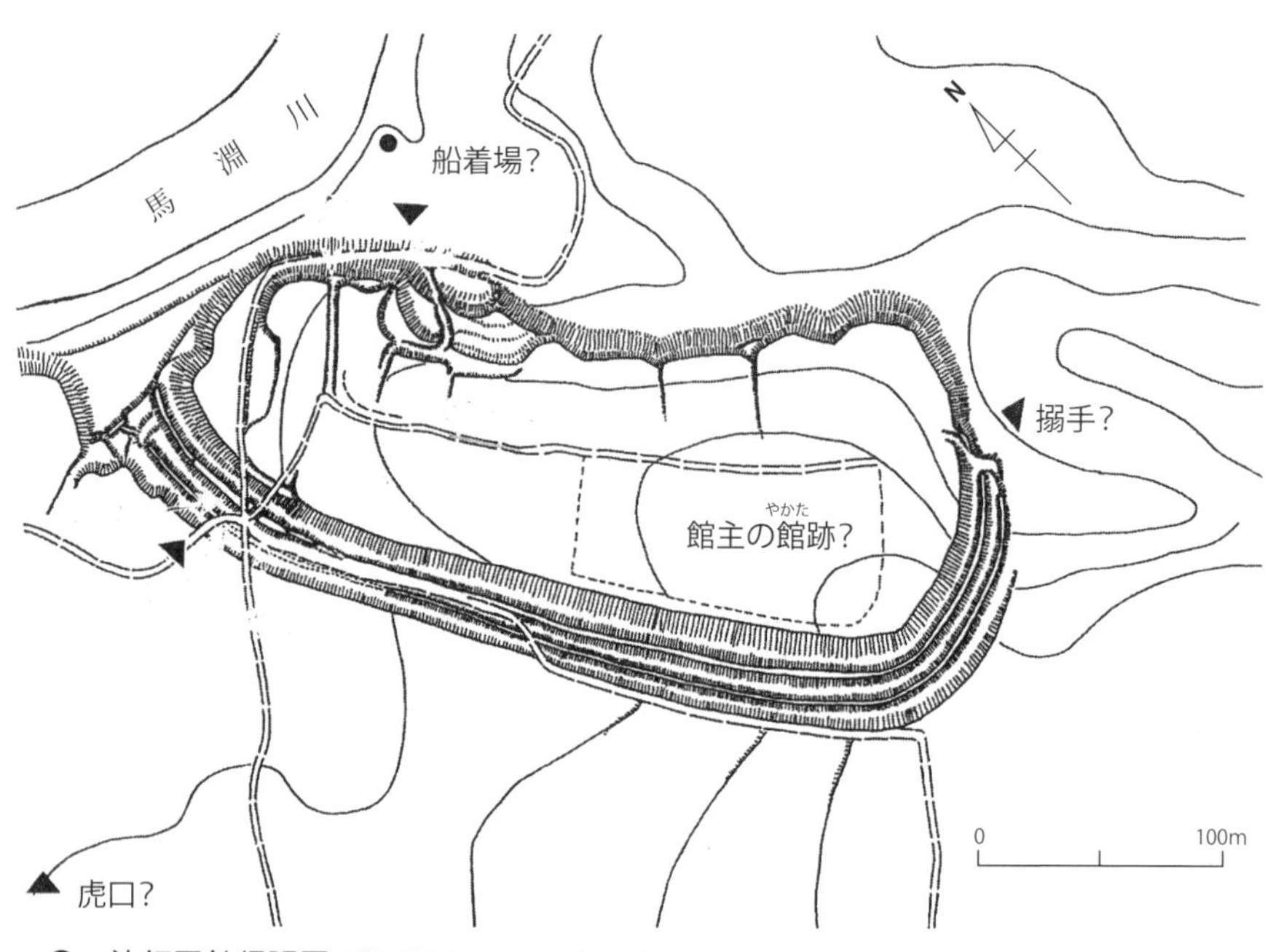

●—法師岡館縄張図（『福地村史　上巻』〈2003〉所収図を一部改変）

る。虎口（こぐち）は北東、北西、南側の三ヵ所に存在する。大手は『福地村史　上巻』では北西側、『南部諸城の研究』では北東側が想定されている。また、南側は搦手（からめて）と想定されている。

【発掘調査】　法師岡館の一部が農道整備事業にともない平成十五・十六年（二〇〇三・二〇〇四）の二ヵ年に渡り青森県教育委員会によって発掘調査が実施されている。検出遺構は堀跡、土塁、道路跡、竪穴（たてあな）建物跡、柱穴などが検出された。

堀跡はいずれも幅約一〇メートル、深さは約三～四・四メートルであった。断面形はV字状を呈して薬研堀（やげんぼり）であることが確認された。土塁は盛土をして構築しているのではなく、削り出しにより作られたことが判明した。郭は単郭とされていたが、郭を区画する堀跡が検出されたことから、少なくとも二つの郭で構成された可能性がある。

道路跡は北東側の虎口に相当する。幅は約一～一・五メートルを呈し、硬化面が検出された。直進した後、蛇行して郭内に入っていく。道路跡の東側には、土塁状の高まりが検出され、防衛上の意味合いがあったと思われる。竪穴建物跡は二棟検出したが、調査区際での確認であったために全容は不明である。遺物は陶磁器、金属製品が出土しているが、館に関するものは、青磁碗・香炉、染付皿の破片が三点と少ない。年代は一五～一六世紀である。

●—馬淵川と法師岡館

【館の性格】 法師岡館は馬淵川が大きく蛇行する地点にあり、流れが緩やかになる場所に接している。館の東側には船着場の存在が想定されている。このことから、馬淵川の河川交通と密接な関係を持つ館跡と推定される。

館跡は郭部分が畑や果樹園であり、立ち入りは難しい。しかし、北西側の虎口と想定される周辺の農道沿いには館跡の説明板が設置されており、見学の際には役に立つ。そこから、三重の堀跡や土塁といった往時の姿を留めている遺構を見ることができ、館の姿を充分にうかがうことができる。

【参考文献】 沼館愛三『南部諸城の研究（草稿）』（青森県文化財保護協会、一九七七）、青森県教育委員会『青森県の中世城館』（一九八四）、福地村『福地村史　上巻』（二〇〇三）、青森県教育委員会『法師岡館遺跡』青森県埋蔵文化財調査報告書第三八七集（二〇〇三）

（齋藤　正）

●—堀跡

●三戸南部氏一族野沢氏の城

野沢城（ぬさじょう）

〔五戸町指定史跡〕

〔所在地〕五戸町扇田字野沢
〔比　高〕約二〇メートル
〔分　類〕平山城
〔年　代〕一五～一六世紀代
〔城　主〕三戸南部氏一族野沢氏
〔交通アクセス〕南部バス「野沢入口」下車、徒歩二〇分。

【城の立地】　野沢城は浅水川右岸の南方から舌状（ぜつじょう）に張り出した河岸段丘の北端上にある。

北を流れる浅水川、東の沢によって守られている。現在この段丘上は宅地や畑地、山林となっている。郭や堀跡は大きな改変を受けておらず、往時の面影を留めている。南西に約五キロ進むと、三戸南部氏の本拠である聖寿寺館（しょうじゅじだて）が立地する。

【城館の年代】　野沢城は発掘調査が実施されていないため、年代は不明であるが、文明年間（一四六九～八六）に南部重義（しげよし）が築城したと伝わる。『御系譜』によると重義は三戸南部氏二〇代南部信時の三男で、野沢郷を領知し野沢を名乗り、野沢家の祖となったという。その後、重義の子孫は浅水（あさみず）城（五戸町）の南氏と行動を共にしたという。

【城の縄張】　北の郭・主郭・南の郭の三郭が南北に縦列に並んでいるのが観察できる。主郭は標高約五三メートル、他の郭より高く、眼下には他の郭や浅水川、周辺の水田や畑地を望む位置にある。規模は東西約八〇メートル、南北約六〇メートルである。形状は東側が凹む不整形をしている。郭内は、ほぼ平坦であり、東側は畑地として利用されており、西側には稲荷神社が建立されている。北の郭は、主郭の北側に幅約一〇メートルの堀跡を挟んで構築されている。標高約四九メートルである。宅地化の進展にともない東側は不明瞭であるが、西側は郭の形が残っている。

南の郭は、主郭の南側に幅約三〇メートルの堀跡を挟んで構築されている。標高約五三メートルである。郭は南北にやや短く、東西に長い形状である。規模は東西約一四〇メートル、南北約三八メートルである。三郭の西側には、堀があったが道路建設により埋められ、また、道路を挟んで西の郭が構築されていたという。現況では、一部、堀状の窪みが見られるが、郭の存在は不明瞭である。

野沢城が築城された時期は、三戸南部氏の支配領域が拡大する時期である。三戸南部氏の本拠である聖寿寺館の北東に築城された野沢城は、支配領域の拡大を担った城といえる。

見学の際は、主郭下の道路沿いに城跡の説明板が設置してあるので、一読してからの見学がお勧めである。説明板の脇にある階段を登り、主郭内へ進むことが可能である。なお、その他の郭や堀跡については、大部分が私有地であるので、立ち入りは難しい。しかし、道路沿いに郭や堀跡の様子を見歩くことは充分に可能である。

●—野沢城周辺図（作図：齋藤正）

●—堀跡

【参考文献】青森県教育委員会『青森県の中世城館』（一九八三）、岩手県『岩手県史　第3巻　中世編下』（一九六一）

（齋藤　正）

●三重の堀跡が巡る館
小沢館（こざわたて）

〔所在地〕階上町大字晴山沢字小沢
〔比　高〕約四〇メートル
〔分　類〕山城
〔年　代〕一五～一六世紀代
〔城　主〕田代氏
〔交通アクセス〕南部バス「田代局前」下車、徒歩四〇分。

【城館の立地】　小沢館は階上岳の西側約四キロ、新井田（にいだ）川の支流の松館（まつだて）川右岸に位置する。標高は約一八〇～一九〇メートル、段丘の西端部に立地する。川からの比高差は約四〇メートルの急崖となって松館川を臨む。

【館　主】　館主は伝承によると田代治兵衛（じへえ）と言われており、天正十九年（一五九一）の九戸一揆には南部信直（のぶなお）に従い九戸城の攻撃に参加したという。寛永十一年（一六三四）の盛岡藩家臣支配帳である『南部氏寛永支配帳』に「一、百弐拾石　田代治兵衛」とあり、実在した人物であることがうかがえる。

【城館の縄張】　小沢館は単郭の館跡であり、長軸約一〇〇メートル、短軸約五〇メートルの規模である。郭内は東側から西側に傾斜しており、比高差は一〇メートルである。段丘の縁から東側に三重の堀跡と土塁（どるい）を巡らしている。

【検出遺構と出土遺物】　小沢館は県道工事にともない平成八年（一九九六）に青森県教育委員会により発掘調査が実施されている。調査面積は約五〇〇〇平方メートルである。検出遺構は堀跡、土塁、門跡、道路跡、竪穴（たてあな）建物跡、小穴（柱穴）等である。

堀跡は三重の堀であり、全長は約一二〇～二四〇メートル、土塁頂部からの堀幅は約五～一〇メートル、深さは約二・五～八メートルである。堀跡の断面形は緩いU字形を呈している部分があるものの、いわゆる薬研（やげん）形状である。土塁は堀跡に付随して作られており、盛り土で作られるものと基盤を高く掘り残して作るものがある。幅は約一〜四メートル、深さは約六〇センチ〜一・五メートルである。堀跡と土塁は共に、作り替えの痕跡が確認された。また、堀跡と土塁が三重になるのは、館の東側の一部のみであった。

門跡は二カ所検出された。一カ所は柱穴を持ち、門柱間に敷居の痕跡があることから板塀をともなった門、もしくは櫓門や二階門が想定されている。もう一つの門跡は周辺の小穴のあり方から冠木門と思われている。道跡は館の西側斜面を登る部分と第一号堀跡の堀底に検出された。

竪穴遺構は一〇棟検出され、倉庫である可能性が高い。五棟の竪穴建物跡は、ほぼ同じ場所に重複して検出されており、建てられる場所が限定されていたものと推定される。小穴（柱穴）は一七五〇個が検出されている。小穴（柱穴）群の整理により掘立柱建物跡七四棟、柵・塀跡九五棟が確認

●—遺構の配置図（『八戸市博物館研究紀要第14号』〈1999〉から転載）

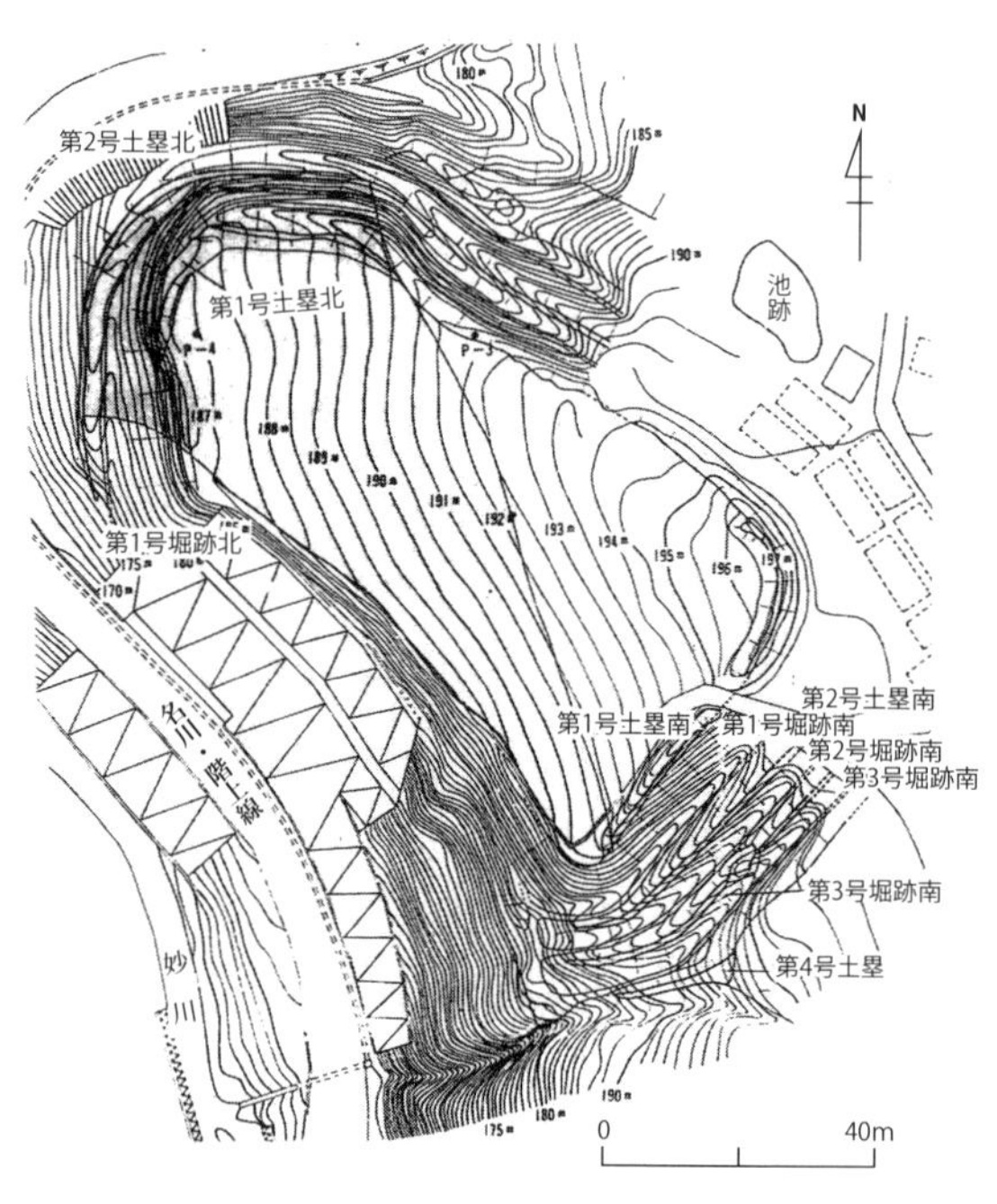

●―小沢館の周辺図（『八戸市博物館研究紀要第 14 号』〈1999〉から転載）

された。掘立柱建物跡は、大型の建物跡がなく、すべて梁行が一間、桁行は二〜三間で間仕切りのない小型の建物跡である。

出土遺物は、陶磁器は青磁皿、瀬戸・美濃焼灰釉皿・鉄釉皿、瓦質土器が六点出土している。年代は一五世紀後半から一六世紀前半である。銭貨は北宋銭と明銭の模鋳銭が出土している。金属製品は苧引金、鎌、和鋏、石製品は石臼が出土している。

【年代と性格】出土した陶磁器の年代は一五世紀後半から一六世紀前半である。このことから、この時期に機能、廃絶しているものと考えられる。しかし、建物の配置の変遷が約一〇〇年の間で行われたと推定され、遺物の年代と相違がみられる。

性格については、梁間が小さい掘立柱建物と竪穴建物跡が配置されており、館主の居住する建物が一棟も見られない。また、郭の大きさと調査区の割合をみれば、調査区外の部分にも大型の建物が存在する可能性は極めて低い。出土陶磁器の点数から生活の営みを感じる遺物が少ないことからも考えて、居館というより倉庫が建てられた物資の保管場所という性格の城館であった可能性が高いと考えられる。

【参考文献】沼館愛三『南部諸城の研究（草稿）』青森県文化財保護協会（一九七七）、青森県教育委員会『青森県の中世城館』（一九八三）、青森県教育委員会『小沢館跡』青森県埋蔵文化財調査報告書第二二〇集（一九九七）、佐々木浩一・齋藤雅之・宮地賢二『青森県中世遺跡の遺構変遷試案』八戸市博物館研究紀要第一四号（一九九九）、青森県『青森県史　資料編　考古四　中世・近世』（二〇〇五）、八戸市『新編　八戸市史　近世資料編Ⅰ』（二〇〇七）

（齋藤　正）

●下北随一の厳しい構え

目名高館（めなたかだて）

〔所在地〕東通村大字目名字向坂
〔比　高〕五〇メートル
〔分　類〕山城
〔年　代〕一六世紀中頃
〔城　主〕―
〔交通アクセス〕下北交通バス尻屋崎線「目名」下車、徒歩五分。

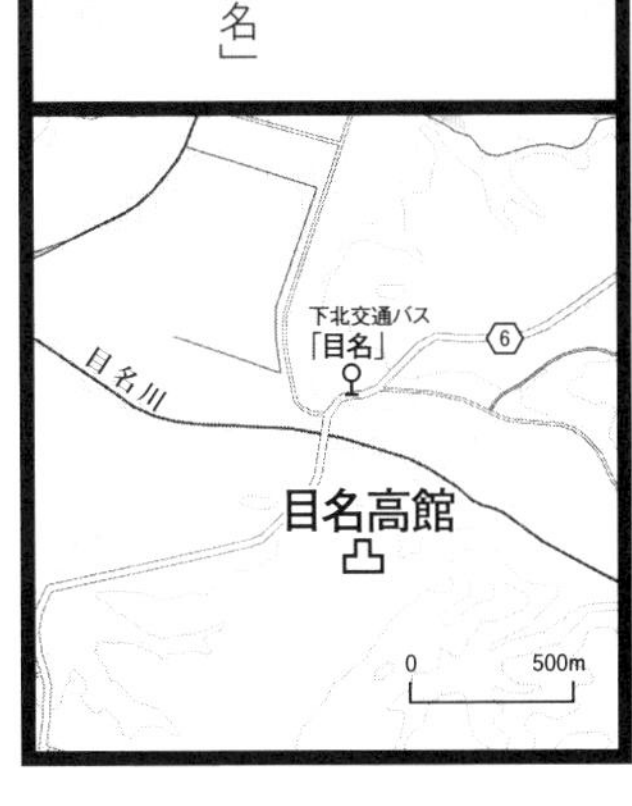

【館跡の位置】　目名高館は、田名部川の支流である目名川の西側に位置する丘陵北端に立地し、旧目名小学校から南東方向に六〇〇メートル進んだ場所にある。この丘陵頂は標高約六〇メートルで、平野部との比高差は約五〇メートルもある。田名部平野周辺の丘陵の中でもっとも急勾配な場所であり、このような厳しい地形が館築造の重要な要件になっていたと考えられる。

【館跡の記録】　目名高館の記録としては、昭和九年（一九三四）にむつ市の地質学・考古学研究者である中島全二が「田名部付近において二段の階段状になっているチャシは目名高館遺跡のみである」と記述している。また昭和五十二年（一九七七）に東北各地の城館を調査した沼館愛三もエゾ館と紹介し、「此地方で三重堀は珍しいもので、余程の豪族がいたものと思われる」と記述している。両者とも目名高館が非常に厳しい構えをみせていることに注目している。

【館跡の調査】　東通村教育委員会は、この遺跡の年代や性格を把握するために発掘調査を計画した。平成六～七年（一九九四～九五）に『東通村史』編纂事業の一環として、編纂委員であった八戸市教育委員会の工藤竹久を調査指導員とする発掘調査を実施した。この館跡は厳しい地形の丘陵頂上にあり、人為的な撹乱もさほどなく、遺跡の保存状態が極めて良好であった。

地表観察の結果、丘陵の頂には約二〇〇〇平方メートルの不整長方形の平坦面（Ⅰ郭）が広がり、その外側を囲むように幅約一〇メートルの帯状の平坦面（Ⅱ郭）が「コ」字に廻り、さらに北

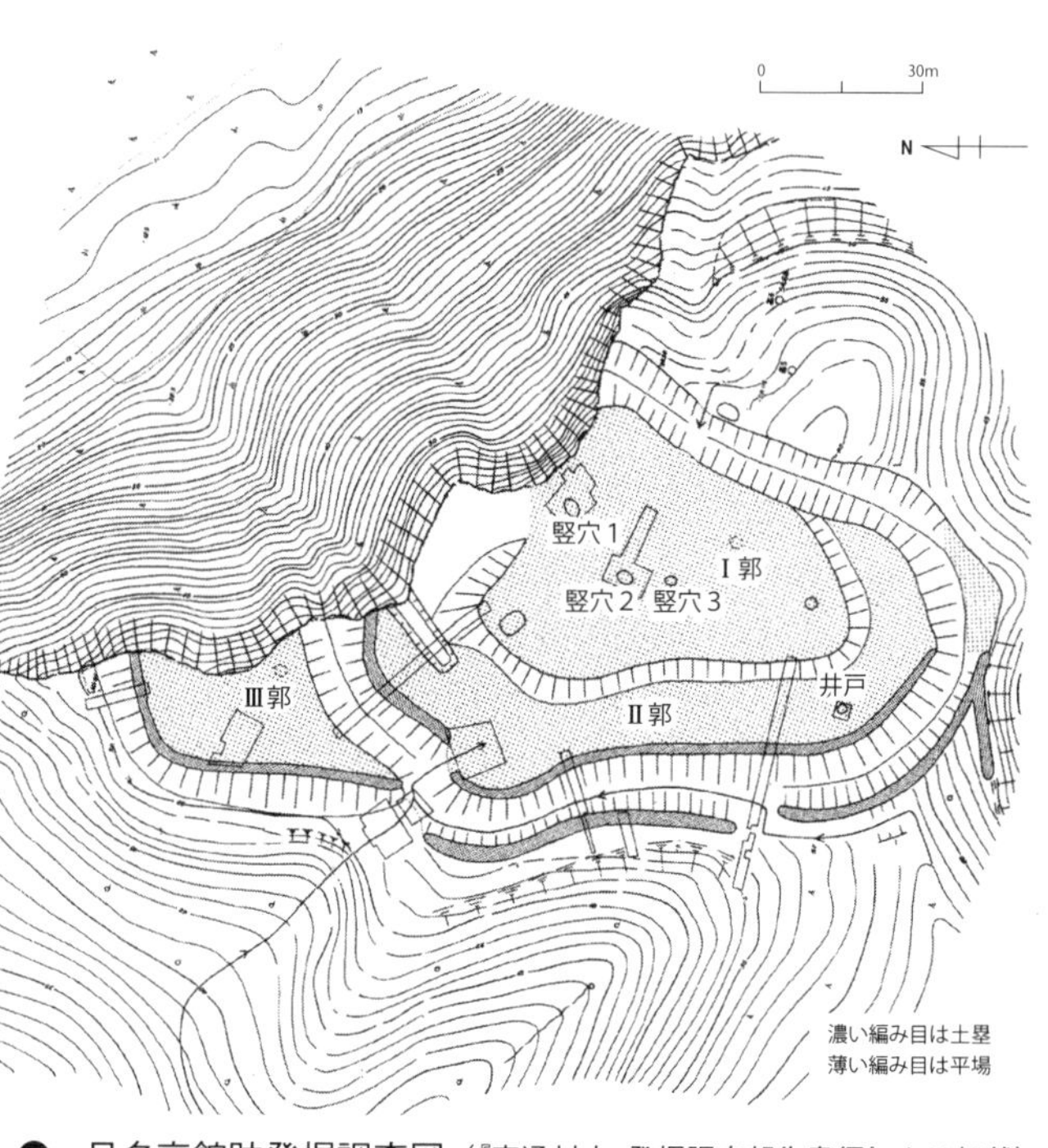

●―目名高館跡発掘調査図（『東通村史 発掘調査報告書編』より転載）

側にも約八〇〇平方メートルの不整台形状の平坦面（Ⅲ郭）が突き出たような形で築造されていた。各平坦面は人工的に削り出された法面や堀などに囲まれ、Ⅰ～Ⅲ郭の東側には土塁が南北に延びている。丘陵頂の平坦面を中心に直径一～三メートル前後の竪穴状の凹地が六ヵ所認められる。また堀が浅い場所や土塁が途切れている場所など、虎口ではないかと推定される場所も確認された。

【検出遺構】 竪穴遺構は三基で、底面の規模が二～二・五メートル×一・二～一・六メートルと小規模であった。硬く平らな底面から炉や柱穴は検出されなかった。確認面からの深さは一メートル前後で、このうち二基で方形の張り出しを検出している。いずれも壁を壊して埋め戻されており、この土に混じって中世陶器片や中国の古銭などが出土した。竪穴遺構はⅠ郭（主郭）中心部の平坦面に集中しているが、これまでのところ青森県内の中世城館では類似する遺構は確認されていない。

井戸跡をⅡ郭の南西隅で一基検出し、直径は約二メートルで、地表下は二・五メートル以上の深さであった。遺物は出土していないが、壁面の一部に直径約一〇メートルの削り込みが四段確認している。

館の北西部分において、二又にわかれる通路跡や門跡を検出している。通路跡は館の外側から堀底に通じており、堀部分ではT字に分岐し、一方は門のある方向へと延びている。幅はおおむね一～二メートルであるが、極端に狭くなっている部分も認められる。底面は硬く締まっている部分が多く、ローム層を削り出し鍋底状になっているところと平坦な部分が認められる。門跡はT字に分岐した通路跡の南側で門跡が発見された。柱二本からなる門と考えられ、これらは三期にわたって建て替えられた可能性がある。柱穴の中に一五〜二〇センチの方形の柱痕が確認されたものや、直径二〇センチのアスナロを素材とする柱がそのまま残っていたものもある。門の中央を南北に縦断する通路跡も検出されているが、この通路跡は館の外側に向かって広く深く削り込まれており、堀底に通じるものと考えられる。

また、Ⅱ郭に設定したトレンチから箱堀が検出されたが、この堀は確認面からの深さが一・二メートルで、堀底面の幅は約二メートルに達する。東西方向に伸びているが全容を把握することはできなかった。

帯状平坦面の外側を回る堀は薬研堀(やげんぼり)である。堀底が非常に鋭角なところと比較的なだらかで堀底道としても利用されているところがある。

●—中世の目名高館跡の景観

なお、帯状の平坦面や館の北にある平坦面は、自然地形に盛土を行い築造した人工的な平場であることが明らかとなった。盛土の下に旧地表と考えられる面は認められず、削平されてしまった可能性が高い。盛土の上から掘られた遺構と盛土の下から検出された柱穴があることから、少なくとも二期にわたる遺構の存在が予想される。

【出土遺物】 遺物の多くは竪穴(たてあな)遺構や堀の埋土中から出土したものであるが、遺構に伴わずに出土したものも若干認められる。陶磁器は合計二八点出土しており、内訳は中国産青磁六点、白磁二点、染付(そめつけ)四点、瀬戸・美濃焼の灰釉(かいゆう)陶器一四点、越前焼一点、不明一点である。いずれも一四〜一六世紀代に収まるものであるが、国産の小皿類や中国産の染付皿をみると一五〜一六世紀半ばの約一五〇年間に限定され、館の造営年代は一六世紀中頃が中心と推定される。なお陶磁器以外では、小刀(しょうとう)、楔(くさび)、砥石(といし)、古銭などが出土している。

【館の性格】 中世における下北地域は、一五世紀まで津軽半島に勢力を誇った安藤氏の影響下にあったとされている。また地理的に北海道島との関係も深く、尻屋崎(しりやざき)に位置する史跡浜尻屋貝塚の発掘調査では、一四世紀から一五世紀までの陶磁器と一緒に、アイヌ文化の骨角製漁撈具が多数出土している。その後、下北地域における安藤氏の勢力が弱まり、一五

●—目名高館跡遠景

世紀中頃には南部氏が完全に下北地域を支配するようになったとされている。

このような背景の中、目名高館の造営年代を一六世紀半ばとすると、当時の下北地域は八戸に拠点をもつ根城南部氏の支配下であったと考えられる。しかし発掘調査で検出された竪穴遺構の内容は、南部氏関係の城館からは発見例がなく在地性が強いといえる。そのため館の造営者は南部氏の庇護を受けた在地の有力豪族と推測されている。

●—目名不動院熊野堂

なお目名高館の北側、目名川を挟んだ対岸には、目名集落が位置している。そこには、かつて下北地域の有力な修験者であった「目名不動院（三光院）」の居宅と熊野堂が建っていた場所があり、中世のものと考えられる和鏡・懸仏なども残されていた。また熊野堂には慶長十年（一六〇五）再建の棟札が残され、大檀那として「新田弥六郎」の名が記されている。この新田家は根城南部家に近い血縁の家柄であるため、熊野堂の再建には根城南部氏の強い

●—目名三光院塚

影響が予想される。さらに館跡の西側には、目名不動院（三光院）の歴代院主の墓と伝えられる塚が一〇基確認されている。古文書に記されている由緒書などから、初期の院主は中世まで遡るのではと推測されている。

このように目名高館は防御機能に重点をおいた下北随一の構えを誇る中世の山城であり、周辺には棟札や塚なども存在していることから、下北地域における中世の村の景観を考えるうえでも重要な館といえる。

【参考文献】中島全二「田名部町付近の先住民族遺跡遺物の分布」『国史研究』（青森県師範学校附属小学校初等教育研究会、一九三四）、沼館愛三『南部諸城の研究（草稿）』（青森県文化財保護協会、一九七七）、東通村史編纂委員会『東通村史—遺跡発掘調査報告書編—』（一九九九）、青森県『青森県史　資料編　考古四　中世・近世』（二〇〇三）

（小山卓臣）

●鹿角街道を見下ろす館

石亀館（いしがめたて）

〔田子町指定史跡〕

〔所在地〕田子町石亀字道地・館
〔比　高〕約三〇メートル
〔分　類〕平山城
〔年　代〕一五～一六世紀代
〔城　主〕三戸南部氏一族石亀氏
〔交通アクセス〕田子町コミュニティバス「上石亀」下車、徒歩一〇分。

【城館の立地】　国道一〇四号線を田子町中心部から西に進むと石亀地区に至る。国道から分かれる農道脇に「石亀館跡」と記された城跡碑が建立されている。農道を登っていくと館跡に至る。城館は熊原川左岸に位置する。標高は約一七〇メートル、西から東側に張り出した丘陵先端にあり、石亀地区と鹿角や津軽につながる八戸・鹿角街道を、眼下に見下ろせる立地となっている。

【城館の年代】　石亀館は発掘調査が行われていないため、年代は不明である。『系胤譜考』によると三戸南部氏二三代南部安信の弟である信房が石亀に築城、石亀氏を称した。天正十一年（一五八三）に信房が死去すると、嫡子政頼が石亀家を相続し、その子七左衛門直徳は四〇〇石を知行して南部利直に仕えた。慶長三年（一五九八）の『三戸御在城之節御家中身帯并皆目人数』（写）に「石亀館　四百石　石亀七左衛門」と記されている。

その後、三戸南部氏の本拠が盛岡城へ移転したことにともない、石亀氏も盛岡に移り、石亀館は廃城になったと思われる。余談であるが、幕末の盛岡藩の悲劇の家老と言われる楢山佐渡は石亀家の分家の出身である。

【城館の縄張】　石亀館は石亀地区の裏にある丘陵に立地しており、集落との比高差は四〇メートルを測る。丘陵の北側は沢、東側と南側は急崖で守られ、西側は丘陵を堀により区画している。現況は田畑、山林となっている。一部が土取りされているが、郭や堀跡は良好に観察することができる。

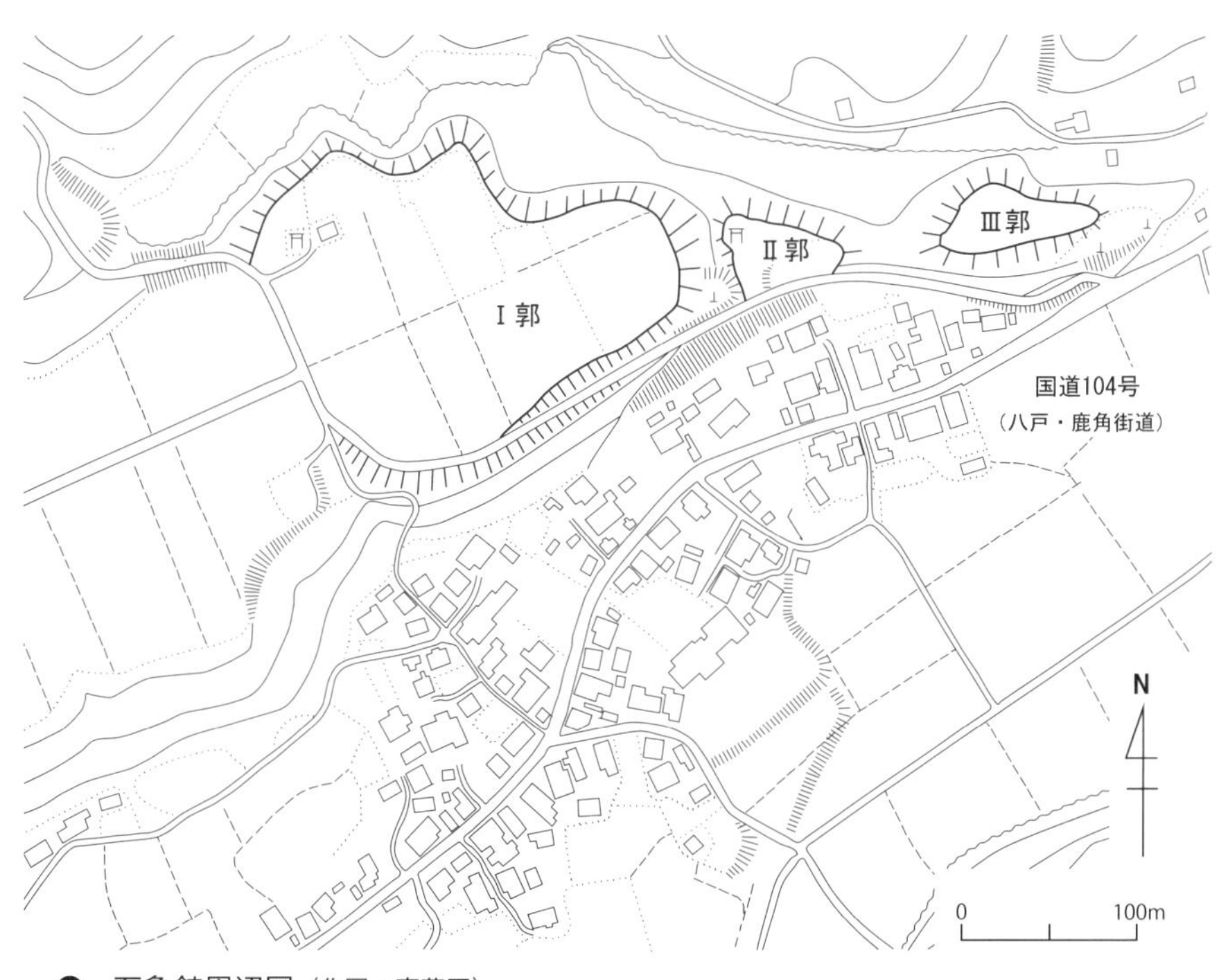

●―石亀館周辺図（作図：齋藤正）

館跡は三郭からなり、Ⅰ郭が主郭と想定されている。規模は東西約二三〇メートル、南北約二〇〇メートルを測り、東へ緩やかに傾斜している。大部分は畑地であるが、北西部に稲荷神社が建立されている。Ⅱ郭はⅠ郭の東側にあり、規模は東西約六五メートル、南北約三五メートルである。Ⅰ郭とⅡ郭の間に幅約一五メートルの堀跡がある。Ⅱ郭を尾根伝いに進むとⅢ郭がある。規模は東西約九〇メートル、南北約四〇メートルである。縄張は台地を複数の堀で区画する南部地方にみられる典型的な縄張である。石亀館は立地から三戸南部氏の本拠聖寿寺館から津軽・鹿角方面への交通路を確保する性格を持つ館といえる。

見学には、車でのアクセスが非常に便利である。農道脇にある城跡碑からⅠ郭まで進むと、鹿角街道を収めることができる眺めとなっている。

【参考文献】岩手県『岩手県史　第3巻　中世編下』（一九六一）、沼舘愛三『南部諸城の研究（草稿）』（青森県文化財保護協会、一九七七）、青森県教育委員会『青森県の中世城館』（一九八三）、田子町『田子町誌』（一九八三）、八戸市『新編　八戸市史　通史編Ⅰ　原始・古代・中世』（二〇一五）

（齋藤　正）

お城アラカルト

和人の館

塚田直哉

松前家の記録書『新羅之記録』（一六四六）によれば、長禄元年（一四五七）に北海道南西部で一二の館が所在していたことが記述される。これらは通称「道南一二館」と呼ばれ、同年に起こったコシャマインをリーダーとするアイヌとの争いで十館が落城し、茂別館（北斗市）と花沢館（上ノ国町）が残ったという。一二館の館主は、安藤氏によくみられる「季」の字を冠する者が多く、本州から渡った安藤氏関連の「和人」が想定されている。

北海道の中世城館の縄張構造は、一五世紀後葉の戦国期を境にして変化がみられる。文献史料で戦国期以降も機能したことがわかる道南一二館の大館跡（松前町）、茂別館跡や道南一二館に含まれないが発掘調査で戦国期に築城されたことが判明している勝山館跡（上ノ国町）、矢不来館跡（北斗市）は、その他の道南一二館と比べると縄張構造が大型化する傾向にある。

【道南一二館の概要】 道南一二館は、その所在を確認できているのが、志苔館跡（函館市）、茂別館跡、穏内館跡（福島町、昭和四十八年に工事で消滅）、大館跡、比石館跡（上ノ国町）、花沢館跡の六つである。そのうち、志苔館跡や花沢館跡は、発掘調査で一五世紀中頃の限定された時期の陶磁器等が出土し、土塁や空堀などの遺構

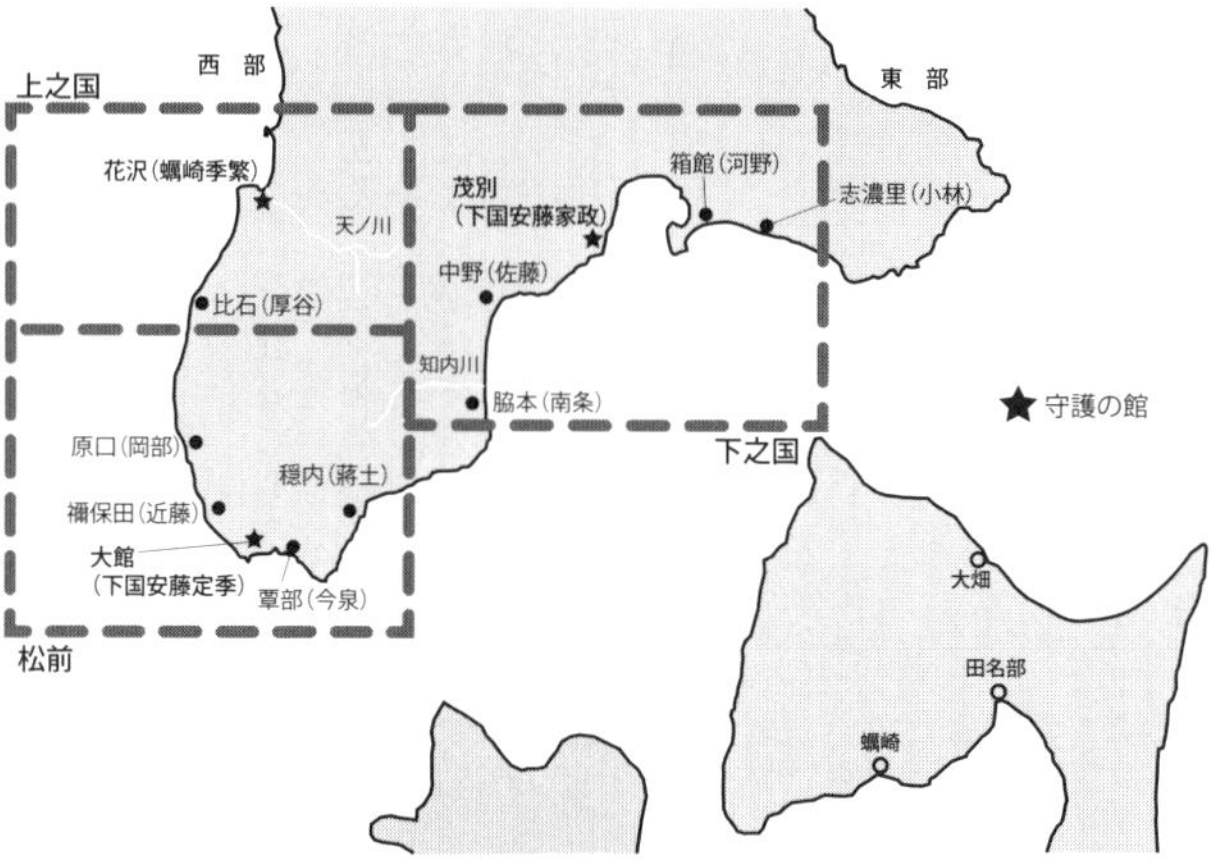

●道南12館と三守護体制概念図（海保1987より転載して加筆）

が確認されている。

志苔館跡は、函館市東部の函館空港付近に所在し、南側を津軽海峡に面する標高約一七～二五メートルの海岸段丘上に立地する。館の形態は、主郭の周囲に東西六五～一〇〇メートル、南北五〇～七五メートルの矩形の土塁が巡る北海道で唯一の方形居館である。土塁郭外には、西側と北側に空堀を巡らしている。館の下限年代は、出土遺物から長禄元年（一四五七）のコシャマインの戦い頃の廃絶が考えられる。

花沢館跡は、上ノ国町を流れる天の川河口左岸に所在し、標高約二〇～六〇メートルの丘陵上に立地する。館周辺の海浜部には、集落跡（上ノ国市街地遺跡）が分布している。館の形態は、主郭である頂上部の平坦面（六四×二〇メートル）の西～南側に空堀・土塁が巡り、頂上部北側の平坦面に柵が確認されている。花沢館跡は、これまでの発掘調査で頂上部を中心に遺物が出土するものの建物跡が見つからないことから、見張りや戦闘時などの有事に立て籠もる臨時的な山城としての利用が考えられている。館の下限年代は、出土遺物の青磁・染付から寛正三年（一四六二）に館主の蠣崎季繁が亡くなる頃とされる。

道南一二館の成立年代は、発掘調査を実施していない館が多く現時点における見解に過ぎないが、『満済准后日記』『新羅之記録』によると十三湊の安藤氏が永享四年（一四三二）、嘉吉二年（一四四二）に南部氏と争いをして北海道へ退去をしているため、考古学と文献史学の成果を合わせると一四三二年以降から長禄元年（一四五七）のコシャマインの戦いの間が考えられる。

【「三守護体制」と「一守護体制」】 道南一二館が所在する地域は、康正二年（一四五六）に安藤師季（後の政季）が秋田に拠点を持つ湊安東氏の要請により小鹿島（男鹿半島）へ再渡海する際、「松前」（大館館主安藤定季）、「上之国」（花沢館館主蠣崎季繁）、「下之国」（茂別館館主安藤家政）に守護を置いたという（『新羅之記録』所収）。いわゆる「三守護体制」と呼ばれるものである。

近年、青森県史の調査でその史料的価値を見直された阿吽寺（松前町）住職の記録『松前年代記』によってこれまで不明であった定季の出自について、下国安藤氏惣領家の家督継承ができる康季の二男（義季の弟）であることが明らかになり、「松前」を頂点とする「一守護体制」で北海道南西部を統括していたという説が有力となっている。

【蠣崎氏の台頭と勝山館の築城】 長禄元年（一四五七）のコシャマインの戦いで功績を挙げ、花沢館館主蠣崎季繁の娘婿となった武田信広は、天の川河口右岸に洲崎館（上ノ国町）を築いている（『新羅之記録』所収）。洲崎館跡の発掘調査では、土塁や空堀といった館跡に特徴的な遺構が検出されておらず、縄張についてはまだ十分な把握ができていない。出土陶磁器は、一三世紀後半～一六世紀初頭の年代を示し、文献史料の築城年代より古い遺物が散見されている。

そして、信広は一四七〇年頃に天の川左岸で新たな館を築城する。それが、十三湊に代わる北方日本海交易の拠点となる勝山館である。

蠣崎氏は、信広の跡を継いだ二世光広が永正十一年（一五一四）に松前の大館へ進出し、秋田の安東氏の下で北海道における交易活動を担っていた。五世の慶広は、文禄二年（一五九三）に豊臣秀吉、慶長九年（一六〇四）に徳川家康の公認を得て独占的な交易権を得ることで、安東氏から独立を果たし、姓を松前に改めて松前藩主となる。このように、勝山館跡は蠣崎氏が上ノ国から松前へ進出し、松前藩成立の過程において拠点とした館である。

【勝山館跡の遺構】 昭和五十四年（一九七九）～平成二十二年（二〇一〇）まで実施された史跡整備に伴う勝山館跡の発掘調査では、空堀・柵・橋・通路・貝塚（廃棄場所）などの他、多種多様な遺構がみつかっている。

標高約一〇〇メートルの主郭では、幅二間の側溝を伴う中央通路が作られ、その両脇に二〇〇棟を超える掘立柱建物跡、約七〇基の竪穴建物跡、礎石建物跡、鍛冶鋳造跡、井戸跡、土壙が配置される。

また、主郭では北西側の標高の一番低い箇所に館主の居館である客殿、南西側の標高の一番高い箇所に館神八幡宮が作られる。一六世紀初めの客殿は、柱間六尺五寸で桁行九間、梁間三間の建物の北東部に三×二間、六間の角屋が突き出す大型の建物である。

館後方に位置する夷王山中腹には、勝山館が機能した時期に伴う約六〇〇基を超える墳墓が点在し、和人の土葬墓・火葬墓・火葬施設、アイヌの土葬墓が検出されている。和人の墓域と思われていた墳墓群からアイヌ墓が発見されたことで、館内にアイヌと和人の異なる民族の存在が動かし難いものとなった。

【中世日本海交易の北のターミナル】 出土遺物は、中国・朝鮮・本州産の陶磁器、鉄製品、中国・朝鮮・ベトナム・琉球・長崎等で生産された銅銭、木製品、石製品、アイヌが使用した骨角器、魚骨・獣骨・種子などの自然遺物を併せると一〇万点を超えている。その他、中国大陸～サハリン経由での北方ルートからの搬入が推測される大銭もみられ、勝山館跡が中国はもちろんのことサハリンから東南アジアを含めた大きな交易圏の中に存在していたことがわかる。

勝山館跡は、多くの建物跡・廃棄遺構・墓域やそれに伴うさまざまな遺物から老若男女が日常生活でも居住する空間であることがわかり、花沢館跡と異なって恒常的な山城として利用されている。おそらく日常生活を標高の高い山城でも営むようになったことが、多くの建物跡を作ることに繋がり、戦国期に縄張構造が大型化した理由だろう。

●—勝山館跡 CG 画（上ノ国町教育委員会提供）

館の下限年代は、胎土目段階の唐津・大窯段階の志野・明末の漳州窯系染付が出土するのに対して、砂目段階の唐津・初期伊万里が含まれないことから一六世紀末頃が考えられる。

【整備された城館】 北海道の中世城館では、志苔館跡と勝山館跡が史跡整備事業によって遺構の復元が行われ、現地での見学が容易にできる。志苔館跡は、土塁・空堀が復元され、矩形の山城を体感することができる。勝山館跡は、主郭部分で柵・橋・側溝及び用水施設の井戸・樋を立体表示、建物跡・井戸・櫓・通路などを平面表示している。勝山館跡ガイダンス施設では、勝山館跡の二〇〇分の一の模型、墳墓のレプリカ、アイヌ関連の出土品、資料映像などを常設し、史跡の全体像が理解できる展示内容となっている。また、両館跡は戦国期以前と以後に築城されており、縄張構造を比較するのも見どころの一つである。

【参考文献】 海保嶺夫『中世の蝦夷地』（吉川弘文館、一九八七）、斉藤利男「湊安東氏の誕生と「二つの安東」体制の成立」『安東氏シンポジウム よみがえる湊安東氏の世界と「二つの安東」』資料集（二〇一四）

城館の復元
―往時の実態を検証する実験

工藤清泰

光陰矢の如し。早いもので八戸市の根城本丸を復元整備してから四半世紀が経過した。

一九七〇～八〇年代、史跡に指定されていた城館の発掘調査が始まった。九〇年代からは環境整備に移行する時期で、福井市の一乗谷朝倉氏遺跡を一つのモデルとしていた。当時の城館研究を振り返ると、青森県の根城跡（八戸市）・浪岡城跡（青森市）は、求心的曲輪配置ではなく、いわゆる「並べる曲輪」配置の特色から「辺境型」の城館といわれていた。全国的な中世城館・城下町の類型からは別世界の位置づけがなされて、「館屋敷型」・「同心円集合構造」と認識されるようになる。

また、和人の城館として指定された勝山館跡（北海道・上ノ国町）では、和人とアイヌ民族の交錯する遺物や遺構が発見され始め、青森県でも浪岡城跡・聖寿寺館跡（南部町）・大光寺城跡（平川市）からアイヌ民族の使用した骨角器・ガラス玉などの遺物を確認、民族混住の城館が存在していたことは疑いのない事実となった。これらの発掘成果は、城館研究に「北」の視点を投じることになり、日本列島に多様な城館類型が存在したことを理解するに至った。城館の史跡公園化は、このような歴史的背景のもとに行われたのである。

特に根城跡は、本丸の主殿・常御殿（修景復元）・竪穴建物跡（工房や倉庫）・厩・門・柵列・橋脚などを景観的に復元する環境整備であって、構造物とともに出土遺物から類推できる建物内部の器物や儀礼行為まで復元展示したことは、中世城館の生々し

●―復原から25年、根城本丸の主殿建物

い姿を現出した。全国初の試みとして称賛に値する復元であった。

あれから二五年をへて、根城のみならず他の城館でも堀跡に架橋した木橋は老朽化を隠せず、再構築（整備）が必要な時期となっている。もっとも復原にあたっては長寿命化のため掘立柱建物を基礎構造の建物に変更したり、橋梁（きょうりょう）材に樹脂を注入するなど、耐久性は割り引いて考える必要もあるが、鉄筋・鉄骨やコンクリート以外であれば、寒冷風雪の厳しい土地柄にとって、往時における構造物の継続期間を推し量る意味では十分な参考素材となり得る。

●―老朽化する橋梁と草刈りに悩む浪岡城跡の状況

逆に考えると、中世段階でも城館を城館らしく維持するために、日常の保守管理はいかにあるべきか、改修の時期は何時か、どれくらいの予算が必要か、現代に通じる疑問は、城館の歴史的実態を考えるうえで、極めて重要な実験であった。

根城跡や浪岡城跡はその先陣を切った環境整備であったが、中里城跡（中泊町）の史跡公園化も忘れることはできない。国史跡ではなかったにもかかわらず、旧中里町は「わが町のお城」に深い思い入れを持っていて、昭和六十三年（一九八八）から町単独事業として発掘調査を開始、その結果、当初の目論見であった中世城館以上に、見事な古代環壕集落・中里城が発見された。その成果を取り入れて、県内初の古代遺跡（城館）の史跡公園となった。平成九年（一九九七）にオープンしたが、すでに二〇年を経過して、復元した竪穴建物跡は老朽化によって一部取り払われ、便益施設としての展望台も使用禁止状態になっている。聞くところによると再整備を計画しているとのことである。

文献史料が残っていない県内中世城館の建物を復元するにあたっては、発掘調査の成果と伝世した建造物や絵画資料を比較することによって復元されたものであり、経年劣化に対応して修復時を考えるメルクマールとなる。さらに、堀跡傾斜面の崩壊と修復、樹木伐採、下草刈りでは城館の維持管理

●—最近復元した堀越城の土塁

経費を積算でき、往時における動員人数も推測可能となる。特に、城館の大きな特徴である堀の構築は、相当な土木工事であり、どれくらいの人数によって掘られたものか、自然のままにしておけば漸次埋没するのは目に見えるから必ず堀直しをしていると思われるが、そのことを検証した発掘調査例は寡聞にして聞かない。

令和元年（二〇一九）九月に環境整備が終了した高屋敷館（青森市）では、深さ三メートルの堀跡を埋め戻したうえで遺構標示がなされ、館跡盛時の姿を見ることはできない。遺構保存のためにはしかたがない。これも史跡公園の宿命である。

令和二年には、織豊系城郭の一端がみえる堀越城跡（弘前市・史跡津軽氏城跡）の環境整備も終了して、本丸の礎石建物跡や門跡・橋梁、そして威圧的で直線的な土塁跡の復元は、今後、温暖化現象化の風雨にさらされることになる。三〇年後に、土塁はどのような姿になっているのであろう。また堀越城の後に津軽氏が本拠とした弘前城では、本丸の石垣修理も実施中で、石垣のない堀越城との違いを視覚的に確認できることになる。中世から近世へという城郭変遷の動きを、市民に分かりやすく提供できる段階に至っている。

このように城館の復元作業は、年月をへることによって往時の城館実態を理解するうえで欠くことができない歴史資料を提供するのみならず、メンテナンスを欠いた城館の維持はありえないことを教えてくれる。

根城跡は、第二次の環境整備に向けて一歩を踏み出し、シンポジウムの開催やこれまでの発掘調査の再検討を行っている。城館研究にとってもっとも大切な作業は、発掘・文献調査等の成果を市民に理解していただく「史跡公園化」に対応して、その方法論を鍛えながら不断の検証を行うとともに、「真実の復元」を追求する強い目的意識を持ち続けることである。

岩手県

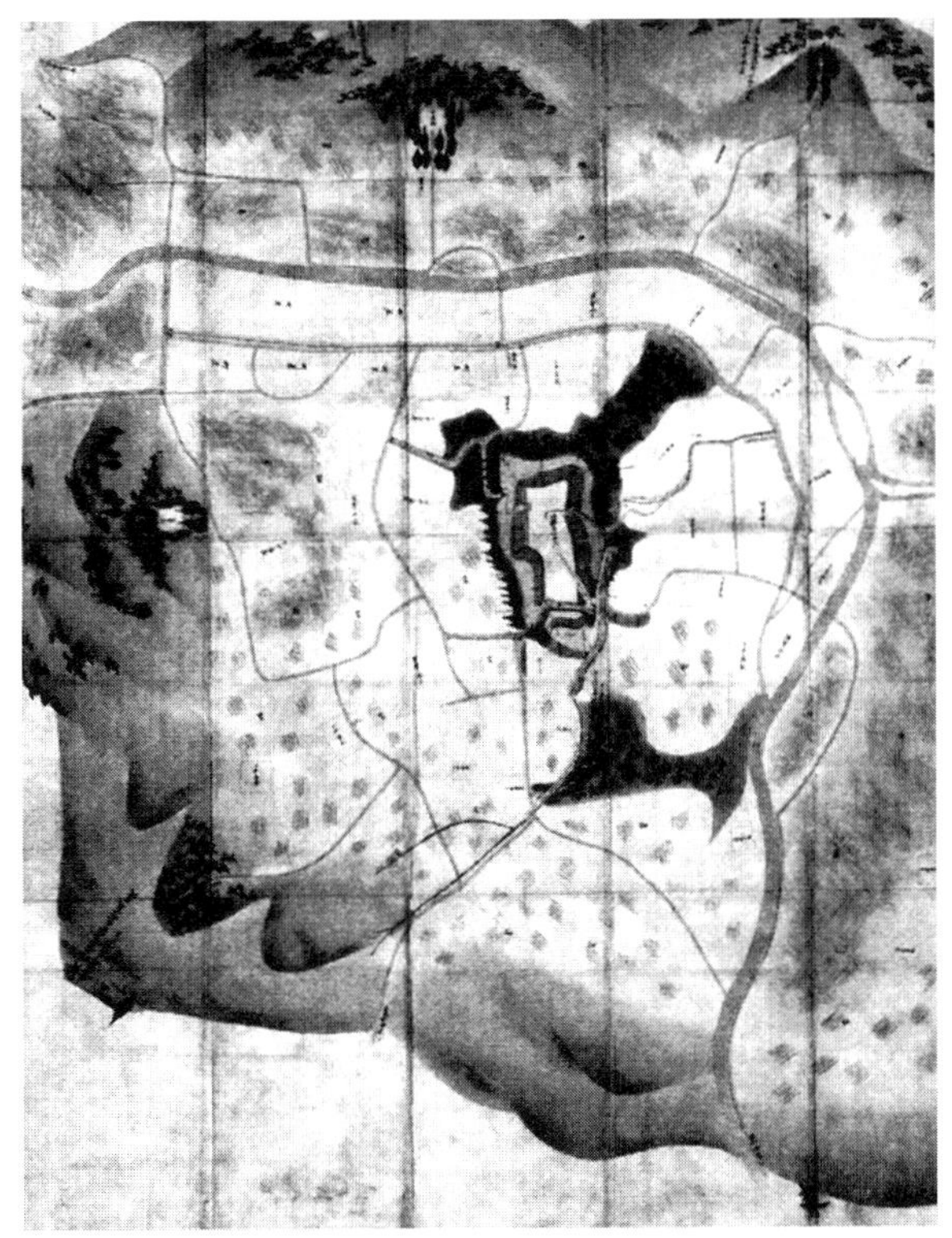

江刺郡人首（ひとかべ）村要害屋敷絵図

（貞享４年〈1687〉，宮城県図書館所蔵）

中世城館を活用し，仙台藩要害として幕末まで存続した．山間の要害と城下の様子がよく描かれている．

●多重壕と外桝形を備えた館

江刺家館（えさしかだて）

〔所在地〕九戸村江刺家
〔比　高〕六〇メートル
〔分　類〕丘城
〔年　代〕室町時代～戦国時代末期
〔城　主〕江刺家氏・江刺家一熈斎
〔交通アクセス〕岩手県北バス「江刺家」下車、徒歩二〇分。

【位置と歴史】　岩手県二戸（にのへ）市の東方、折爪（おりづめ）岳東麓の九戸（くのへ）郡九戸村は、瀬月内（せつきない）川に沿って開けた盆地である。九戸郡の呼称は、江戸時代以後であり、中世までは糠部（ぬかのぶ）の中の九戸であった。ここは冷涼な山間部であるけれども、豊かな森林資源に恵まれたほか、古くからの馬産地で、九戸牧があった。この地の領主九戸氏の出自は諸説あるが、隣の久慈（くじ）郡の久慈氏とは、古くから親密な関係にあったほか、八戸（はちのへ）（根城南部）氏、三戸（さんのへ）氏などの南部氏一族とも、姻戚であった。九戸氏は現在の九戸村が本拠地であるが、一五世紀末ごろから二戸へ進出した。以後、九戸城（二戸市福岡）を本城として、鹿角（かづの）郡にまで勢力を広げていた。九戸村には、九戸氏の大名館・熊野館・伊保内館など、多くの城館跡がある。その中で、規模・構造で特筆されるのが、江刺家館である。天正十九年（一五九一）九戸城に籠城した人物に江刺家一熈斎がみえ、江刺（えさし）家館主と考えられる。おそらく九戸氏一族であろう。

東北自動車道八戸道の、九戸インターチェンジを出て、すぐに北に向かうと、六〇〇㍍ほどで、館の東麓の江刺家集落に至る。西側台地上には、江刺家館と並んで、村立江刺家小学校がある。この小学校の校庭は、外曲輪の一部を削平し、堀を埋めている。

江刺家館の南東、瀬月内（せつきない）川沿いの河岸段丘には、古館がある。南と東の二面は段丘崖で、北と西に堀を構え、将棋の駒のようなプランである。昭和二十三年（一九四八）米軍撮影の空中写真では、周囲に土塁（どるい）が存在したようにも見える。現在は耕地整理で平坦になっているが、堀跡を道路が通じ、館跡は一段高い土地区画になっている。おそらく、江刺家館よりも古い城館だろう。

【城の構造】 この城館は折爪岳東の山麓台地の、先端部の高まりを活用し、築かれている。主郭の三方を二重ないし三重の空堀で囲み、西側と南側に外曲輪を構えている。江刺家集落側の東側が大手口とみられ、この方面にも雛壇状の平場や二重の空堀を配している。大手道はこの間を曲折して上り、主郭東側の中央に上っている。中腹には人家があり、本来のルートが改変されている可能性もあるが、登り切った①のあたりが虎口であろう。

●—江刺家館と古館（1948年米軍撮影：国土地理院所蔵）

主郭の北側の空堀は二重から三重に構えられ、北西隅の東側では、堀の間に土塁と竪穴のある堡塁を構築している。また、堀の間の土塁にも虎口を造り、竪堀を構えるなど、厳重な構えをなしている。外曲輪のある西側や南側は、二重堀になっている。主郭の北西側と南東側にも虎口がある。南東側虎口は、外曲輪の南東側から二重の堀を渡り、外桝形②に入り、方向を変えて、虎口③を通過して主郭に至る。北西側の虎口④は搦手口と考えられ、二重の空堀の間を、桝形状に曲折しながら進入し、主郭北西部の折邪み⑤に登っている。主郭内は南西部がもっとも高く、東側へゆるやかに低くなっている。大手口から主郭中央部へは、沢地形を活用しているらしく。これを埋めて広い主郭を形成している。東側を除く三方は、高さ一メートルから二メートルの土塁が築かれてい

●—西側の空堀（内堀）

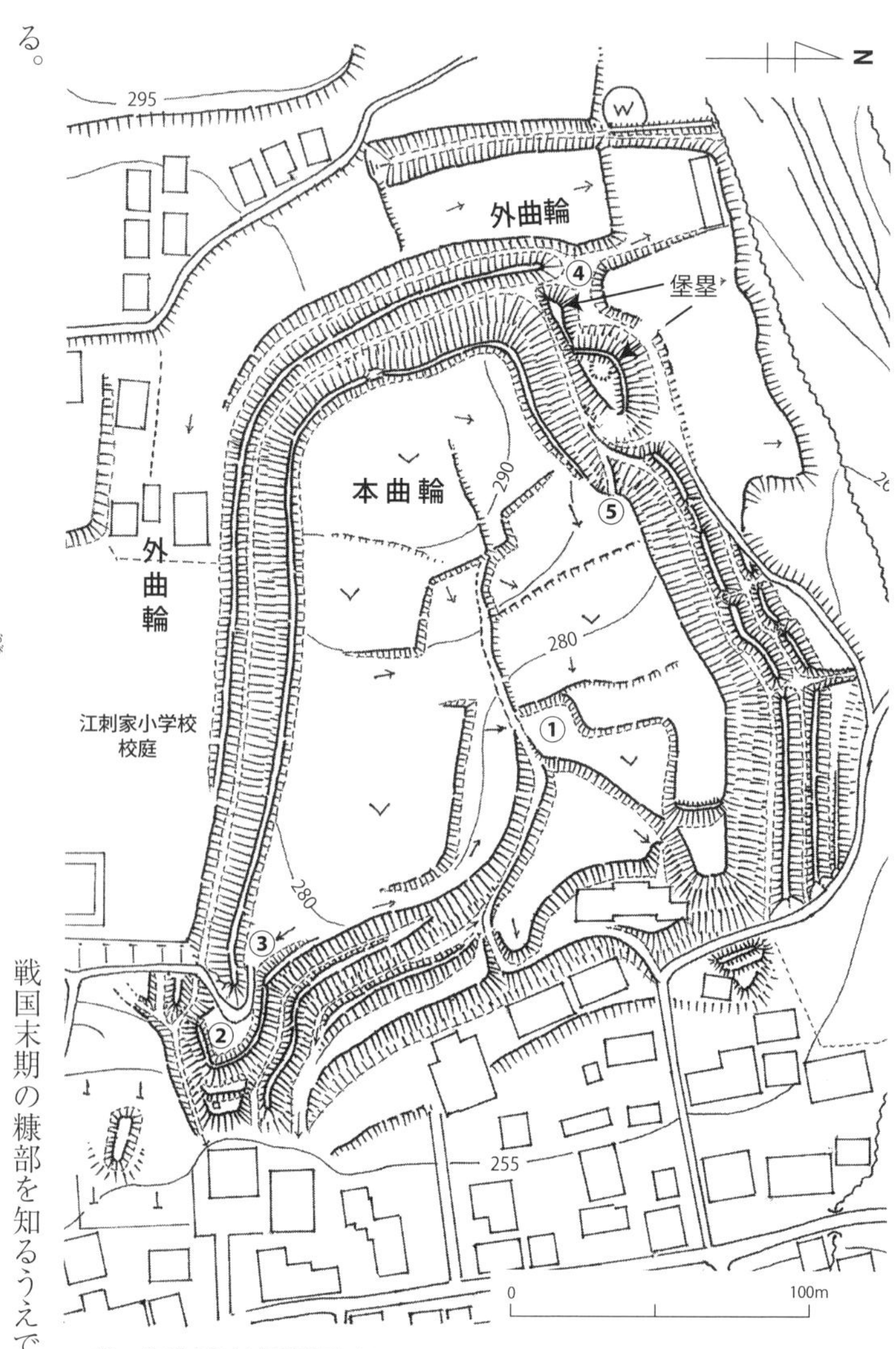

●—江刺家館縄張図（作図：室野秀文 2020）

る。

主郭の西側と南側、北西側には外曲輪（帯曲輪（おび））を構え、一重の空堀で囲んでいる。西側の堀の北半部が残存している。外曲輪の幅は二〇メートルである。

江刺家館は、糠部に多い、多重壕の城館であるいっぽう、外桝形の虎口や、搦手口の複雑な構えなど、卓越した構造を持つ。瀬月内川流域では有数の規模であり、江刺家氏は、九戸氏配下の有力領主であったことは間違いない。現在残る遺構は、戦国時代末期の天正九年（一五八一）以後、南部信直（のぶなお）と九戸政実（まさざね）の対立が深まり、天正十九年（一五九一）の九戸一揆までの間に、九戸氏の勢力により、整備された姿と考えられる。一部改変箇所はあるけれども、九戸氏の築城技術や、戦国末期の糠部を知るうえでも、大変貴重な城館である。

【参考文献】本堂寿一「江刺家館」『日本城郭体系二』（新人物往来社、一九八〇）、岩手県教育委員会「岩手県中世城館跡分布調査報告書」（一九八六）

（室野秀文）

●一戸南部氏庶流野田氏の居城

宇部館（うべだて）

〔所在地〕久慈市宇部町
〔比　高〕六〇メートル
〔分　類〕山城
〔年　代〕室町時代～戦国時代末期
〔城　主〕野田氏・宇部氏？
〔交通アクセス〕三陸鉄道リアス線「陸中宇部」駅下車、徒歩二〇分。

【位置と歴史】 久慈市と野田村の境界近く。北ノ越川と宇部川の合流点に突出する、尾根上に立地している。城館の北東約六〇〇メートルには、三陸鉄道北リアス線陸中宇部駅がある。この城館は一戸南部氏の庶流野田氏が、戦国期に構えた城館とされ、慶長五年以後、野田氏は新館に移転したという。城館の西側には二重の空堀（からぼり）が設けられており、一部が三陸自動車道建設により削られたが、発掘調査で二重の空堀と土塁（どるい）が調査された。

【城の構造】 この城館は尾根の基部を二重の空堀で区切った、単郭構造の山城で、城の大手は東側。搦手（からめて）は西側にあり、城の北西側から登っている。東麓の川の合流点に、江戸時代の盛岡藩野田通代官所跡の台地がある。現在は住宅地となっているが、周囲の地形から代官所の輪郭が判明する。ここから急斜面を斜めに上る、新しい道があるが、本来の大手道は、中腹の土塁のある平場を経由しつつ、曲折して上り、山上の虎口（こぐち）に到達していた。代官所の西側には、かつて石垣が存在したといわれているが、現状では確認できない。代官所の北西側と南西側には土塁痕跡があることから、城館当時には、ここに居館が存在したのではなかろうか。

山上の主郭は、五段の平場に分かれ、西から東へと低くなっている。段差は一メートル内外で、西端の①と②の平場は、比較的よく削平されているが、それよりも東の③④⑤の平場は、やや傾斜している。西側の平場1は南西部が長く突出し、土塁が囲み、中に八幡社がある。この土塁は平場①の西側から

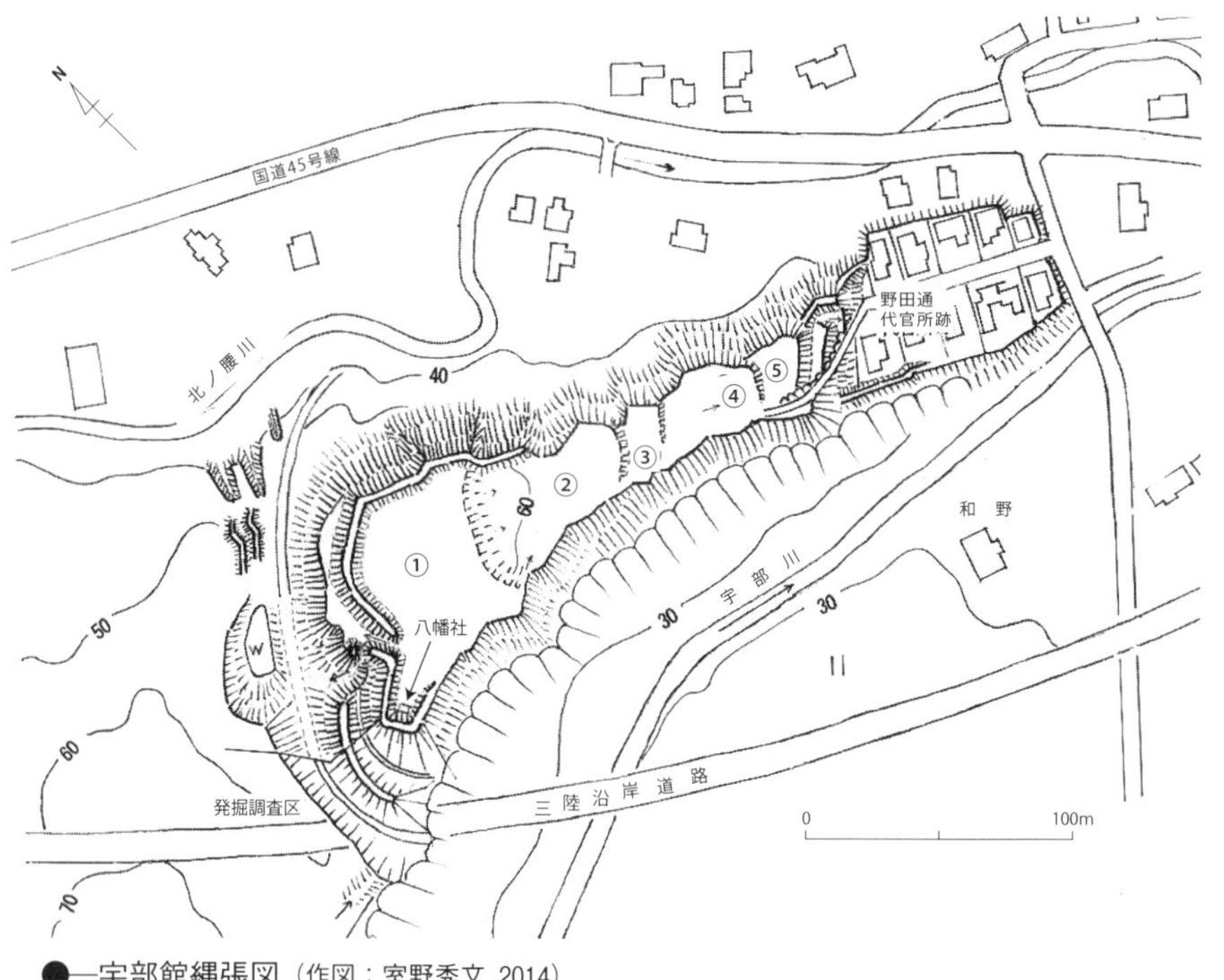

●—宇部館縄張図（作図：室野秀文 2014）

北側、平場②の北側まで囲み土塁と曲輪の塁壁には、顕著な屈折、横矢掛り（よこやがかり）がみられる。

平場①の西側は、落差の大きな空堀が二重に構えられて、尾根の基部を切断している。八幡社の下のところは二重の空堀が、八幡社の突出部を囲むように掘られており、内側の堀は、搦手の喰違（くいちがい）虎口に上る道を虎口、腰（こし）曲輪に移行している。外側の堀は規模が大きく、城館北西側の麓まで伸びている。搦手の道はこの堀の中を進み、腰曲輪と、内側空堀との間を曲折しながら登攀している。

堀の対岸は北ノ越遺跡で、中世末の掘立柱（ほったてばしら）建物跡や竪穴（たてあな）建物跡、カマド状遺構、墓壙（ぼこう）が調査されている。宇部館の空堀や、北ノ越遺跡の遺構からは、一六世紀の中国染付皿や、一五世紀から一六世紀の中国青磁盤、宋銭や明銭が出土している。調査結果から、城館の主要な時期はおおむね一六世紀代である。ただし、大手、搦手の技巧的虎口や、塁壁の顕著な横矢掛りについてはこの地方の戦国期城館にはあまりみられない構造である。このことから一六世紀終末か一七世紀初頭に改修された可能性がある。

【参考文献】岩手県文化振興事業団埋蔵文化財センター『宇部館跡・北ノ越遺跡発掘調査報告書』（埋蔵文化財調査報告書第六五四集）（二〇一六）

（室野秀文）

●南部家跡目相続をめぐる拠点

一戸城（いちのへじょう）

〔所在地〕一戸町一戸字北舘・大沢
〔比　高〕四〇メートル
〔分　類〕平山城
〔年　代〕築城期不明、天正二十年（一五九二）廃城
〔城　主〕一戸南部氏
〔交通アクセス〕ＩＧＲいわて銀河鉄道「一戸駅」下車、徒歩一五分。

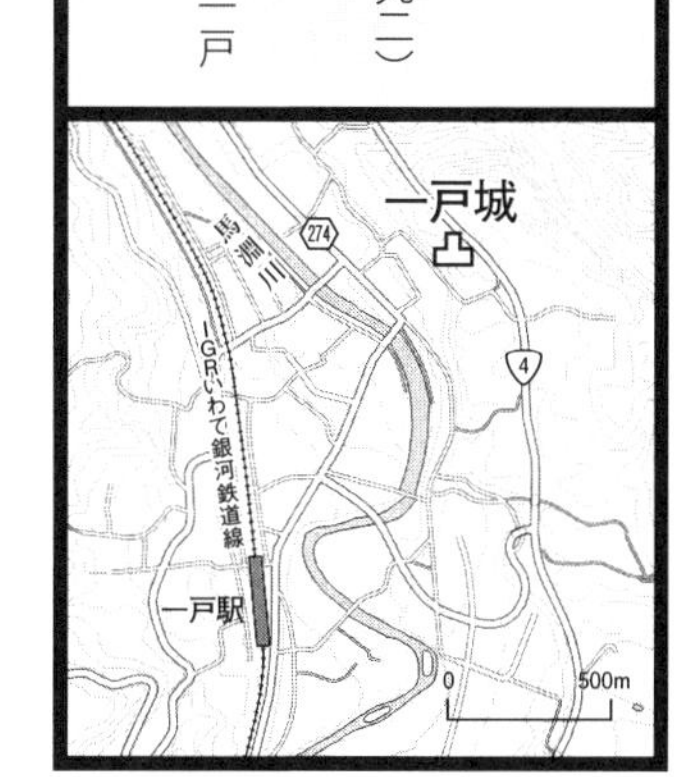

【一戸地域における拠点城館】　一戸城のある一戸地区は標高三〇〇〜四〇〇メートルの山地に囲まれた盆地であり、盆地中央を北流する馬淵川沿いに広がる谷底平野を中心に市街地が形成されている。城はこの市街地の東側、標高約一六五〜一九〇メートルの段丘面上に築かれており、現在は一部一戸公園となっている。城からは一戸の市街地を一望することができる。

現在の市街地の起源、商業機能の形成は、中世一戸城の城下町に求められそうである。江戸時代には奥州街道の宿駅、伝馬所、物資の集散地として発展し、造酒屋や福岡町（現二戸市）をしのぐ豪商も生まれ、商業の発達とともに、手工業も起こっていた。

一戸城は一戸南部氏の居城と伝われ、北から俗称北館、八幡館、小館、神明館、常念館、さらに無名の小規模な館からなる。各館は東西に伸びる小河川に分断され独立しており、自然地形を巧みに利用した平山城である。その規模は南北約七〇〇メートル、東西約三〇〇メートルと広大であり、国史跡九戸城（二戸市）、浄法寺城（二戸市）に匹敵する、二戸地域の拠点的城館といえる。主曲輪は八幡館であり、その周囲に複数の家臣が介在し、さらには様々な技術を持った者も城内に居住させていたものと思われる。

【一戸城の歴史】　近世以降の資料によれば、二代一戸摂津守義実（一二七八年没）はすでに一戸城に居住していたと云われており、九戸争乱後天正二十年（一五九二）に廃城となるまでの一三〜一六世紀末まで存続したとされる。しかし、室

町後期にいたるまで一戸南部氏の文献資料は全くなく、その動向もあきらかではない。ただし、八戸南部家文書「正平(しょうへい)二一年（一三六六）、四戸八幡宮神役帳文案」には一戸と記されていることから、一四世紀に一戸南部氏が存在していたことは確実である。正平年間（一三四六〜七〇）には、三戸南部氏が台頭するとともに、一戸南部氏も一戸城を中心として周辺を支配していた可能性が高い。

南部領主信直(のぶなお)は、その父である田子城主田子高信(たかのぶ)の代から一戸南部氏との係わりが深く、信直と晴政(はるまさ)との抗争時には一戸氏がその仲介をとっている。そのため一時南部領内でも一戸氏はかなりの勢力を持っていたものと思われ、一戸城の規模がそのことを裏付けている。

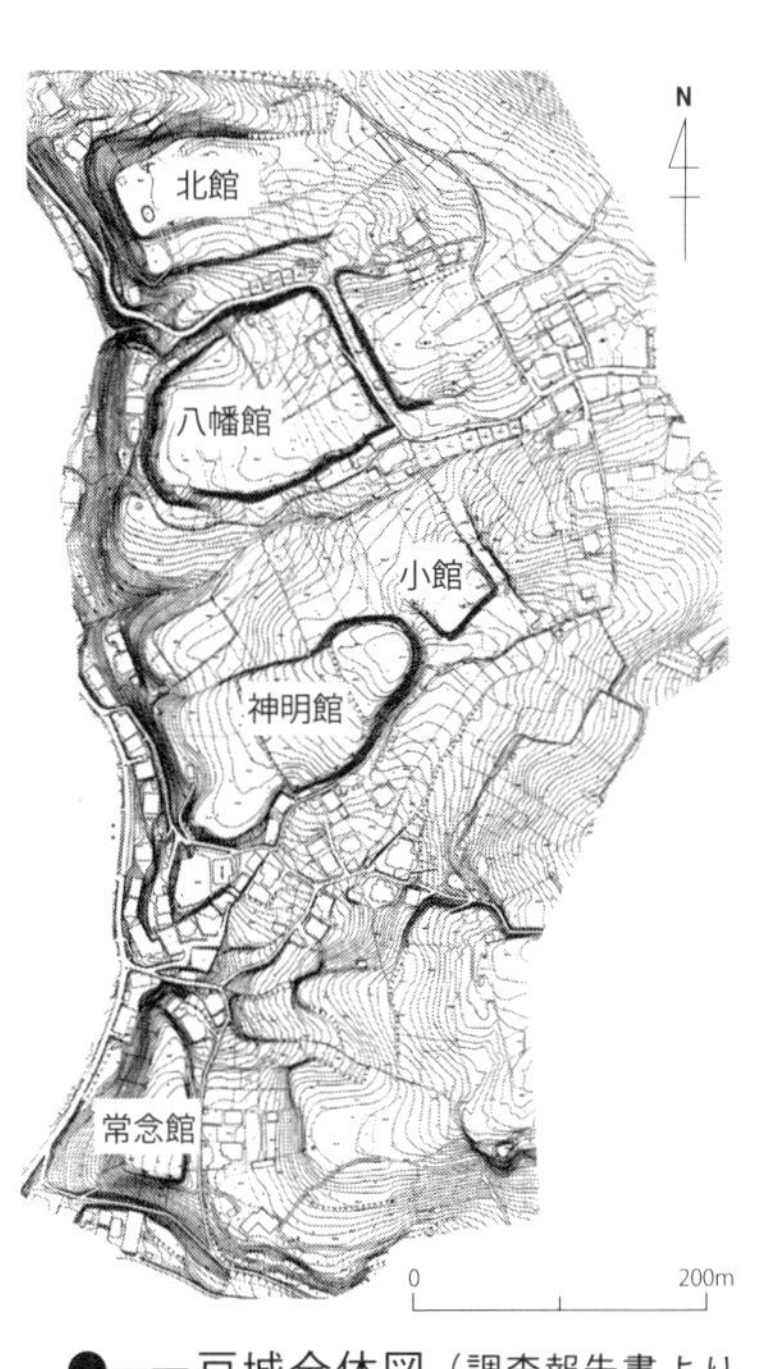

●—一戸城全体図（調査報告書より転写，一部加筆修正）

天正九年（一五八一）七月十八日夜、平館城主の平館信濃守政包(まさかた)が、自分の兄である一戸城主南部大輔政連を襲撃し、政連はもとよりその子出羽をも殺害した。事件の背景には九戸政実(まさざね)と南部信直の抗争があったと思われ、以降一戸城は政実と信直の南部家の跡目相続をめぐる抗争の重要拠点として、幾度も戦が行われている。

天正十八年（一五九〇）には九戸方とし一戸城内に居住していた一戸図書を、信直は鹿角(かづの)の毛馬内隠岐(けまないおき)に命じ攻撃させ、一戸城を奪取し、その後は三戸南部氏の北秀愛(きた)に城を守

●—上空から見た一戸城（一戸町教育委員会提供）

らせていたが、同年、九戸方が一斉に蜂起、七戸南部三郎家国による一戸城攻撃で、北秀愛は討ち死した。翌天正十九年（一五九一）、九戸方の居城となっていた一戸城は豊臣秀吉の奥州再仕置で襲来した上方軍によって攻め落とされ、天正二十年（一五九二）、諸城破却令により廃城となっている。

【発掘調査から】　発掘調査は昭和五十四年（一九七九）、国道四号一戸バイパス工事に伴って八幡館、小館に接した東側の一部で行われ、その後たびたび小規模な発掘調査が行われてきたが、広大な城の一部しか実施しておらず、いつ城が築かれ、どのように変遷していったかわかっていない点も多い。

八幡館や小館の平場の調査では、居住用の建物である掘立柱建物があり、その周囲に倉庫・作業場などと考えられる竪穴状遺構が分布していることが明らかになった。掘立柱建物の中には大きな曲り家風の建物（約八九坪）も確認されている。一方、八幡館の堀を隔てた東側はほぼ自然地形のままで、梁行三間の（約五・四メートル）の小型の掘立柱建物や竪穴状遺構がセットとなった複数単位の居住域が判明しており、家臣団居住地と考えられている。掘立柱建物跡や竪穴状遺構は何重にも重複して見つかる例があり、かなり長期にわたって城として使用していたものと考えられる。

遺物は陶磁器、金属製品、木製品、石製品、動物遺存体、植物遺存体などが出土している。

陶磁器は舶載品と国産品に区別され、城存続期に相当する時期のものの他、一七世紀以降の廃城以降のものがある。器種は飲食容器である碗と皿が圧倒的に多く、その他茶器、香炉、火鉢なども出土している。

金属製品は鉄製品、銅製品が出土している。鉄製品は鎧金具、鉄鏃、刀などの武具が多く、そのほか、馬印、釘、火打金、紡錘、オヒキ金などが出土している。銅製品の大半は古銭で、北宋銭、明銭が多い。廃城以降のもの（寛永通寶）も含まれている。木製品は、下駄、漆器、曲物、鍬、建築材、双六盤などがある。通常の遺跡ではあまり出土例の多くない木製品が城内の堀の一部に豊富に内包されている。双六盤は日常生活に娯楽があったことを物語っている。石製品は臼、砥石、硯などが出土している。

動物依存体は貝（カワシンジュガイ）、魚骨（マダラ、カレイの一種）、ウマ、ウシの骨の出土が目立つ。ウマは多くの中世城館から出土している。ウシは青森県平川市大光寺新城跡などから出土しているが出土例は少なく、岩手県内では奥州市宮地遺跡、紫波町柳田館遺跡、平泉町柳之御所跡などが知られているだけである。また、海産種の魚骨は神明館北側の平場から検出されたゴミ穴から出土しているが、現海岸線から直線距離にして五〇キロ内陸に位置する一戸城跡での出土は特筆すべきである。なお、一戸城の約五キロ南に位置する一五～一六世紀の中世城館である姉帯城から検出されたゴミ穴からも海産の貝七種、魚骨五種が出土している。植物遺存体は炭化したオニグルミ、ヒメグルミ、ノモモ、アンズの種子などが出土しており、火災に遭った倉庫跡からは、米、麦、大豆、小豆、稗、蕎などが出土している。

木製品、石製品、動物遺存体、植物遺存体は時期が確定できないものが多い。陶磁器や古銭の時期からみて、これらの資料の中にも近世のものも含まれていると思われる。調査した面積は広大な城の一部だけであるが、陶磁器などの出土遺物を見ると、比較的文献資料が豊富な九戸一揆の時期に相当する一六世紀後半の遺物が少なく、この時期に城中で生活していた人は減少していたのかもしれない。城の規模も縮小していた可能性も考えられる。

【馬産地一戸】 馬淵川流域を中心にした岩手県北部から青森県東部の地域は、古代末から中世にかけて糠部郡と呼ばれ、馬産地として知られていた。郡内にある一戸から九戸という戸のつく地名も牧馬制度に由来するという。糠部の馬産を示す中世の資料として知られているのが、永正五年（一五〇八）近江守房繁の作といわれる馬焼印図で、それによると一戸七ヵ村の馬に烙印されていた印は左右とも雀の焼印（馬印）を押したという。

この馬焼印図と符合する馬印二点が、昭和六十一年（一九八六）の発掘調査で神明館の東方の平場、竪穴状遺構の中から出土している。城内から馬印が出土したことは地域領主が大いに馬産に関わっていたことを示している。当時生産された馬は一戸城に集められ烙印した後、幕府などに献上されていたものと考えられる。馬印はこの地域の馬産を証明する貴重な資料ということで、岩手県有形文化財に指定されている。

●―雀文印の馬印（一戸町教育委員会提供）

【参考文献】「一戸南部氏と一戸城」・「名馬の産地であった糠部郡」『久慈・二戸・九戸の歴史』（郷土出版社、二〇〇四）、「一戸城跡」『中世糠部の世界と南部氏』（高志書院、二〇〇三）

（中村明央）

●九戸一揆で落城した姉帯氏の居城

姉帯城（あねたいじょう）〔一戸町指定史跡〕

〔所在地〕一戸町姉帯字川久保・館
〔比　高〕五〇メートル
〔分　類〕山城
〔年　代〕一五世紀〜天正二十年（一五九二）廃城
〔城　主〕姉帯氏
〔交通アクセス〕IGRいわて銀河鉄道「小鳥谷駅」下車、車で五分。

【交通の要衝に築かれた要害】　姉帯城は、姉帯集落の北西にあり、現在は一部史跡公園となっている。城の南には馬淵川を挟んで葛巻街道があり、近世の奥州街道からは六〇〇メートル東に位置している。奥州街道と葛巻街道の交叉する交通の要衝に築かれた要害といえよう。

【城の構造】　城は標高二〇〇〜二五〇メートルの丘陵先端に位置し、南側は馬淵川の浸食を受け比高差五〇メートルの断崖となっている。北側は深い沢が形成されており、自然地形を巧みに利用した典型的な山城で、城からは姉帯集落を一望することができる。

　城は東西二つの館から構成されており、便宜的に東の館、西の館と呼んでいる。東の館は東西約一二〇メートル、南北約一〇〇メートル、西の館は東西約一三〇メートル、南北約六〇メートル、二戸地域の拠点城館である九戸城、浄法寺城、一戸城と比べれば小規模な城館である。姉帯城の北約三キロには、姉帯城と同様、戦国時代末期の南部信直と九戸政実の南部の領主を巡る争い（九戸一揆）で、九戸政実方が籠城した城館として知られる根反城がある。拠点城館の周辺には、姉帯城や根反城のような地域住民と密着した性格をもつ比較的小規模な城館が、複数配置されるのが通例である。

【城の歴史】　姉帯城は中世南部氏の一族である姉帯氏の居城といわれる。姉帯一族および姉帯城に関する記録は近世以降に書かれた資料だけであり、具体的な内容は必ずしも明らかではないが、九戸一揆では、九戸方の有力豪族として奮戦し

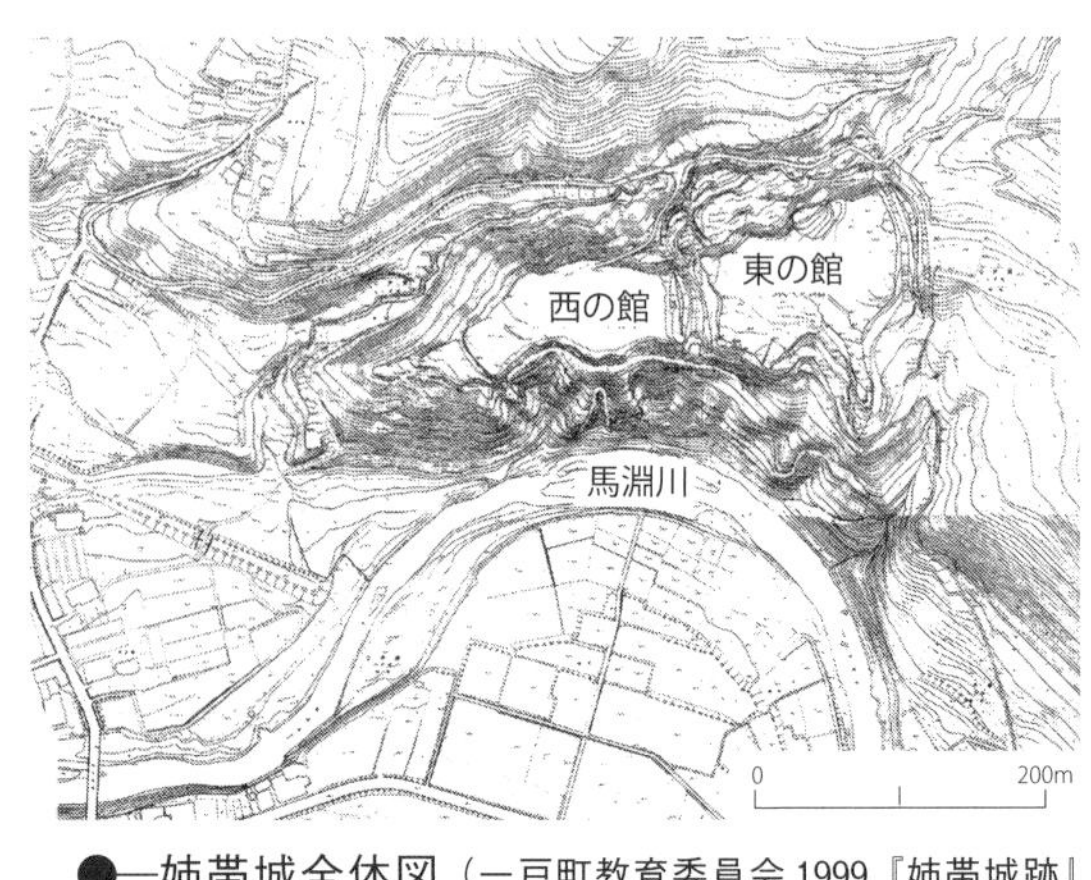

●—姉帯城全体図（一戸町教育委員会1999『姉帯城跡』発掘調査報告書より転写、一部加筆修正）

●—上空から見た姉帯城（一戸町教育委員会提供）

ている。豊臣秀吉は南部信直の「九戸政実反逆」の訴えに対し、九戸氏征伐の軍を差し向け、九戸城攻略の前哨戦として姉帯城を攻撃した。これに対し姉帯大学兼興・五郎兼信兄弟や、大学の妻で長刀の使い手の小滝ノ前、棒術の名手小屋野など一族郎党と周辺豪族も加わり城に立てこもり応戦したものの、多勢に無勢、大半が討ち死にし落城したと伝えられている。

【発掘調査から】 一戸町教育委員会では平成八～十年（一九九六～九八）史跡公園整備に伴う内容確認調査を実施、調査の結果、建物跡や墓跡など予想を上回る豊富な遺構が見つかっている。建物跡が重複して検出されたこと、出土した茶湯の道具（天目茶碗）など多量の遺物からみて、城が少なくとも一〇〇年以上続き、城内で日常生活が営まれていたことが明らかになった。墓は十数基調査したが、掘られた穴はいずれも浅く、配置もばらばらであり、九戸の乱にともなう戦死者の墓であって、落城後見かねた付近の住民が遺体のあった場所に慌ただしく埋葬したものと考えられる。墓の周辺からは鎧・槍・刀・鏃などの武器も大量に出土し、墓から出土した人骨の中には一歳後半から二歳前半の幼児も含まれており、残忍な合戦の一端をなまなましく伝えている。

【引用文献】 一戸町教育委員会『姉帯城跡』発掘調査報告書（一九九九）、「九戸の乱の前哨戦の舞台となった城」『久慈・二戸・九戸の歴史』（郷土出版社、二〇〇四）

（中村明央）

●閉伊氏の山城

根城（ねじょう）

〔宮古市指定史跡〕

〔所在地〕宮古市根城
〔比　高〕八〇メートル
〔分　類〕山城
〔年　代〕戦国時代
〔城　主〕閉伊氏
〔交通アクセス〕ＪＲ山田線「花原市（けばらいち）駅」下車、徒歩二〇分。

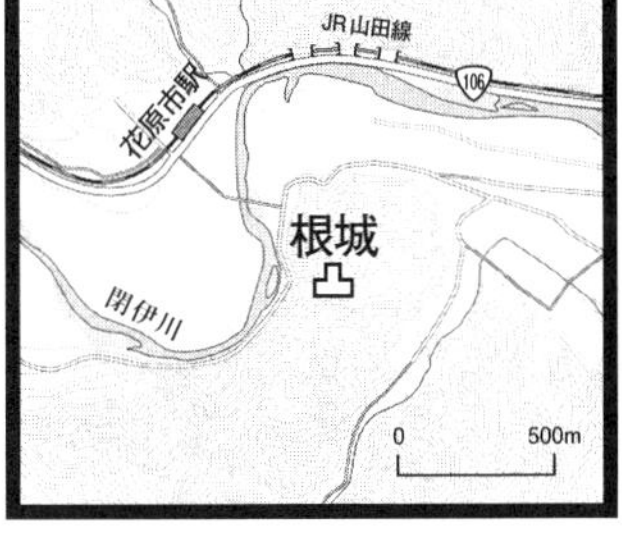

【位置と地形】　宮古湾にそそぐ、閉伊（へい）川右岸にある山城で、根城と呼ばれている。閉伊地方中世史研究の先駆者、田村忠博（故人）は、閉伊氏が南北朝時代に、最初に築いた城と考察した。

閉伊川は、北上山地のうち、盛岡市との境界をなす、区界峠（くざかいとうげ）から、太平洋へ流れ出る大河である。宮古市区界、門馬、川井から新里の山地を流れ下り、花原市（けばらいち）と根城との間で大きくＳ字形に蛇行している。この蛇行部分の東側は、南の山から突き出した尾根になっており、その先端部の高まりが根城で、麓の集落も根城と呼ばれている。このあたりが北上山地の東縁部であり、閉伊川の川幅も大きくひろがりながら、約九キロで宮古港に到達している。ちょうど、山地から平野部に出るところの南側の山城である。根城へ行くには、ＪＲ山田線の花原市（けばらいち）駅で下車し、閉伊川の細い橋を渡り、川沿いに、根城の西側麓から、北東側へ移動すると、根城の大手口に至る。駅から普通に歩いても二〇分ほどで着く。ここから根城八幡宮の参道を上ると山城本体に到達する。

【歴　史】　田村忠博は、閉伊氏が南北朝時代に、最初に築いた城と考察した。この東方には、老木館、田鎖城が閉伊川の南岸に並び、室町から戦国期には、田鎖城が、河南地域の閉伊氏の本拠地になっていた。このあたりには、名馬を産した田鎖牧があった。最近、三陸自動車道建設にともない、田鎖城東の平坦地からに、田鎖車堂前遺跡の発掘調査が行われ一二世紀から一三世紀の堀を廻らせた大型の居館跡が明らか

●—根城跡遠景

岩手県

にされた。平泉藤原氏の時代から鎌倉時代にかけて、この付近が、閉伊郡の政治的中心地であったことがうかがわれる調査成果である。

【城の構造】この山城は、南側後背部の尾根を掘り切り、他の三方は、麓までが城域である。北東麓の根城集落から入る、根城八幡宮の参道が、城の大手道である。消防団屯所のある平場から沢沿いに上り、坂道がカーブするところに、両側から大岩が迫っている。ここが城門跡といわれる地点で、現状は拡幅されているが、昔は騎馬一騎やっと通れるくらいの、狭隘な虎口だったという。ここから坂道を曲折して進むと、城の鞍部に出る。東側には、井戸と考えられる窪みがある。ちょうど沢の水源にあたる部分で、東曲輪の下にある。

山頂部は、根城八幡宮本殿があり、最高地点①は一二×一八メートルの規模で、本丸とも呼ばれるけれども、広くはない。南には小さな堀切を隔て、径八メートルの小平場が付属する。これが最高所の構造で、周囲には比高四メートルから六メートルで、本殿、社務所などのある平場が二段に造られている。このことから、山頂部分が城の防衛の要であったことは間違いない。山頂部は詰城的な箇所であろう。

この中腹から北西に延びる尾根には、五段の平場があり、八幡宮近くの平場②は、四〇×三〇メートルほどの広さがあるが、尾根の先端にいくほど小さな平場になっている。尾根の北西側には、犬走りのような平場が取り巻く。

八幡宮から東側の鞍部にかけて、やや広い曲輪も存在し、中ほどの地点には、小さな堀切がある。北東側には一段高くの東曲輪③があり、四〇×六〇メートルの楕円形の曲輪である。東側に腰曲輪が造成されているほか、北尾根には起伏のある小

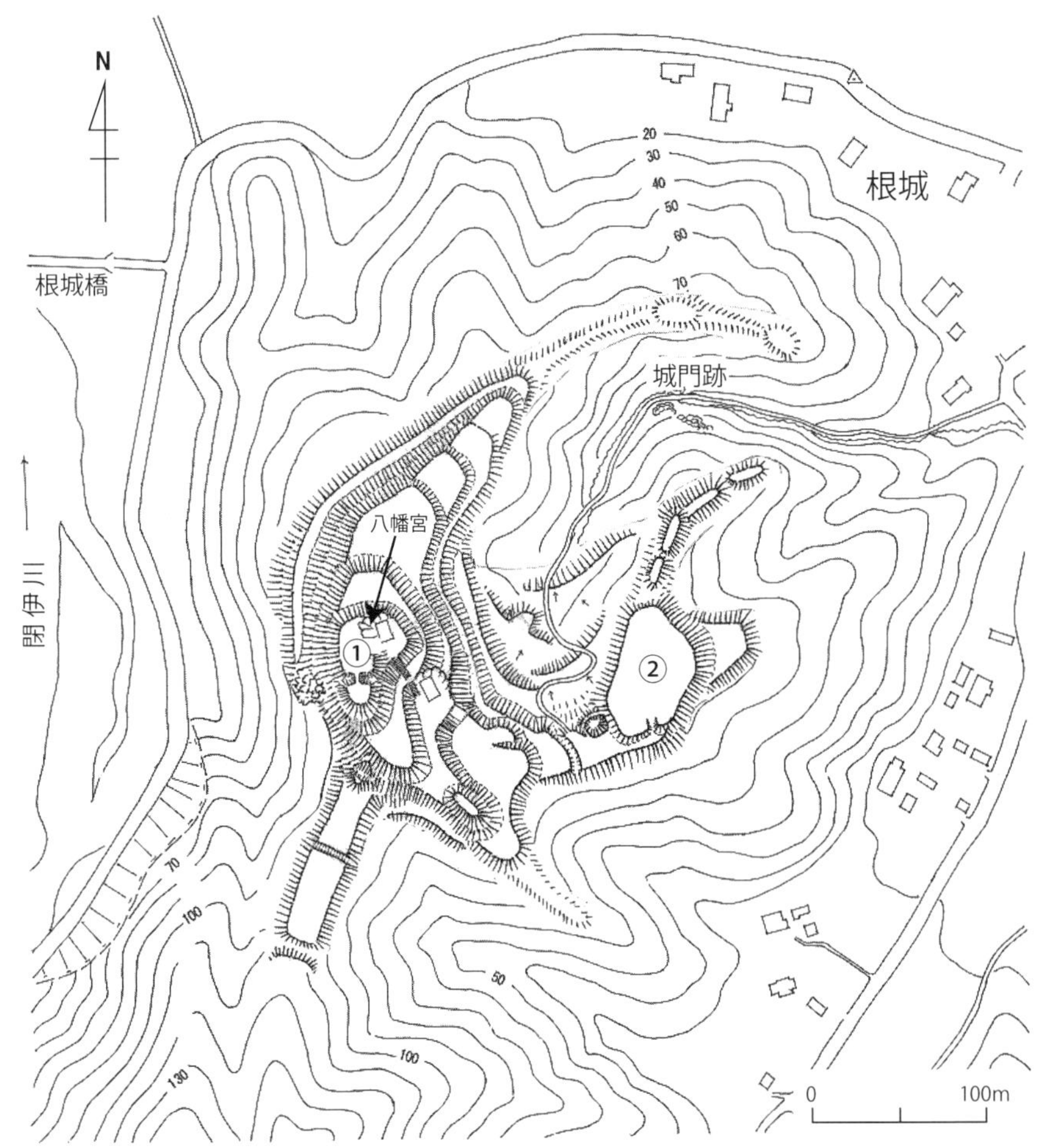

●—根城縄張図（作図：室野秀文）（田村忠博作図及び岩手県教育委員会 1986 を一部改変）

さな平場がある。低い部分は小さな堀切の可能性もある。この東曲輪は、井戸に接して広く造成されていることから、山上の居館である可能性もある。

南尾根の山頂直下には幅三㍍ほどの堀切の痕跡が残るほか、尾根の中途に細い堀切があり、尾根の基部には、幅八㍍、深さ二㍍の堀切が存在する。この城の古い時期は、小さな堀切で区画された山城であったのかもしれない。城の基本形は、室町時代以後も、さほど変わらなかったと推察される。

【参考文献】田村忠博「古城物語—宮古地方の中世史—」（一九八二）、岩手県教育委員会「岩手県中世城館分布調査報告書」（一九八六）、宮古市教育委員会「遺跡から見た宮古の中世」（二〇一五）

（室野秀文）

●一戸南部氏庶流平舘氏の居城

平舘城（たいらだてじょう）

〔所在地〕八幡平市平舘
〔比　高〕六〇メートル
〔分　類〕山城
〔年　代〕室町時代～戦国時代末期
〔城　主〕根城南部氏→平舘氏
〔交通アクセス〕ＪＲ花輪線「平舘駅」下車、徒歩二〇分。

【位置と地形】　西根盆地中央部の平舘の街の南側、標高三四九・四メートルの館山山頂と、北に延びる二股の丘陵に城館跡がある。普通平舘城というのは、大泉院西側の城館のことであるが、寺の南側、二股に分かれた東尾根にも、まとまった城館の遺構がある。

【歴　史】　この西根は、遠野南部家文書の興国元年（一三四〇）十二月廿日付、南部政長宛北畠顕信書状に、「今度又、岩手西根を対治し、要害を構えられ候の条、目出たく候」とあり、南北朝時代の南朝方南部氏の拠点があったことがわかる。この西根は、岩手郡雫石町の西根とする説もあり、確定していない。ここ八幡平市西根の平舘は、室町時代中期の応永二十六年（一四一九）八月六日の譲り状にも表れており、根城南部氏（八戸氏）の所領の一つであった。その後、一戸南部氏が岩手郡北西部に進出し、平舘氏、堀切氏、荒木田氏が分かれている。天正十年（一五八二）、一戸城主の一戸行蓮は、弟の平舘城主平舘信包に襲撃され、斬殺されており、一戸南部氏の嫡流は断絶した。これには、南部信直と九戸政実の対立が関係しているらしく。これによって糠部郡中と呼ばれた、国人領主連合のバランスが崩れ、南部信直派と九戸政実派の対立は先鋭化し、天正十九年の九戸一揆へと進んだ。平舘城は、天正二十年（文禄元年〈一五九二〉）、城割で破却されている。

【城の構造】　大泉院西側の城館は、南尾根を二重堀切で区切っている。頂部は南北の細長い平場で、南端は標高二九九メートルあり、二メートルほど高い物見台になっている。ここから北へ七〇メートル、幅は狭いところで五メートル、広いところで一八メートルあり、南北両端が撥状に膨らんでいる。これが中心となる平場である。周囲には、比高四～六メートル、幅四メートルから一〇メートルの平場が周回し、北西部は雛壇状に六段認められる。この下から二段目、三段目には土塁がともない、空堀になっている。丘の北西側から登る道がある。東側は三段になっている。南側の内側の堀切は、西側へ回り込んで平場に移行し、北西側の上段の堀となる。南の内側の堀切には土橋があり、内側に土塁の虎口がある。頂部から北東部には小さな平場が一〇段続き、大泉院の北に突出している。

尾根の分岐点には、二〇×一メートルの平場があり、中央部が二メートルほど高い鏡餅のような形状である。南西に四〇メートルの地点、尾根の鞍部には一条の堀切がある。この分岐点の曲輪から、東へ六〇メートルの地点。幅一〇メートル、深さ四メートルの大きな堀切があり、南斜面に竪堀となって落ちている。内側（東側）に小さな土塁をともなう。これより東へ一三〇メートルにわたって、堀切で区画された三つの曲輪が連なる。もっとも東端の曲輪は六〇×二〇メートルの楕円形で、堀切の内側に土塁があり、

●—平舘城の分布（国土地理院地形図に加筆）

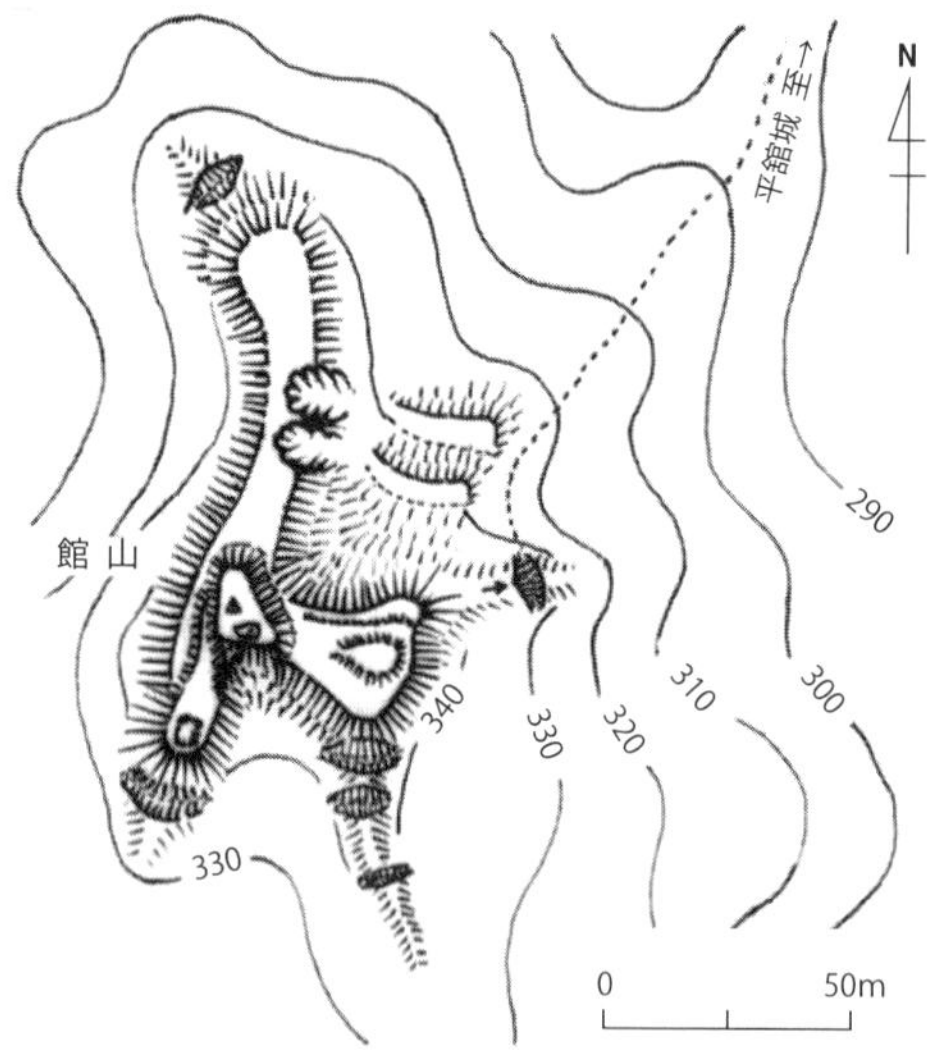

●—平舘城縄張図
（作図：室野秀文 1988・1992）

内部は三段ほどの段築がある。南斜面には、やや不明瞭な三段の段築がある。幅七メートルの堀切を隔てた中央の曲輪は、二二×一八メートルの規模で、中央に祠（ほこら）があり、西、北、東を土塁が囲む。囲郭の中は、東西の曲輪よりも低く、鞍部に造成された曲輪である。南側に一段、不明瞭な平場を伴う。西側には、幅四メートルの堀切があり、三八×一二メートルの平場がある。北側に一段、南側に三段の平場をともなう。

以上の部分は、尾根の内側の大泉院側は防御が希薄なのに対し、西側や南側など、外側斜面部には手厚い防御が施されていることからみても、大泉院境内は、城館当時の居館跡である可能性が高い。

南側の館山山頂には、標高三四九・四メートルの三角点がある。すぐ南の大石には穴があり、地元では旗を立てた穴と伝承されている。この頂部の平場は一五×一二メートルの平場で、東側には三メートルほど下がって、東西二一メートル、南北一二～二五メートルの平場が造られる。平場は中央部がやや高く、不明瞭な段差がある。北側中腹に下がったところには二段の平場がある。南側の尾根には、三重の堀切が構えられ、外側の堀切は規模が小さい。東側の小さな尾根にも堀切がある。頂部からきての尾根は、多数の岩石が露出する粗野な造成で、幅九～一一メートル、長さ六五メートルの平場になっている。北側に一条の堀切がある。頂部の南西側にも一九×八メートルの平場があり、先端部には五×三メートルの竪穴建物らしい窪みがある。南西側には一条の堀切がある。

平舘城の山頂の城館は、ひじょうに粗野な山城であり、西根盆地をくまなく見渡すことができる。平舘城の中ではもっとも早い時期に構築された山城だろう。北側の城館のうち、分岐点の東尾根の城館は、山頂部の城館よりも、安定した平場をもち、やや新しい印象がある。また、分岐点の北西側の城館は、二重の堀切と雛壇状の平場、堀で堅固に守られており、平場はよく造成され、土塁や虎口の様子を見ても、戦国期城館の特徴をもつ。天正二十年（文禄元〈一五九二〉）まで存続していたのは、山頂部の城ではなく、大泉院北西側の城館だろう。

【参考文献】岩手県教育委員会『岩手県中世城館跡分布調査報告書』（一九八六）

（室野秀文）

岩手県

●北上川に臨む大形城館

栗谷川城(くりやがわじょう)

〔所在地〕盛岡市安倍館町他
〔比高〕二二メートル
〔分類〕平城
〔年代〕室町時代～戦国時代末期
〔城主〕栗谷川氏（工藤氏）
〔交通アクセス〕東北新幹線「盛岡駅」下車、駅東口からバス（みたけ東線、みたけ西線）「安倍館」下車。またはＩＧＲいわて銀河鉄道「青山駅」下車、徒歩二〇分。

【城の位置】　盛岡市中心市街地の北西部、北上川西岸の段丘上に安倍館町に、古くから安倍館(あべだて)と呼ばれた城館がある。東北新幹線盛岡駅前のバスターミナルからバスに乗り、一五分ほどで「安倍館」という停留所に付く。バス停は本丸西側の堀際で、空堀(からぼり)を渡れば、本丸に入る。奥に進むと、厨川八幡宮が鎮座している。社殿の裏手は比高二二メートルの急崖で、眼下に北上川が流れている。

【歴史】　この地が安倍館と呼ばれるのは、平安時代後期の一一世紀、奥六郡を基盤とした、安倍氏の厨川柵(くりやがわのさく)・嫗戸柵(うばとのさく)が、付近に存在したことに由来する。康平五年（一〇六二）、源頼義(よりよし)、清原武則(たけのり)が、安倍貞任(さだとう)、宗任(むねとう)、重任(しげとう)と、藤原経清(つねきよ)の拠る二柵を攻撃し、安倍氏一族が滅亡した。江戸時代前期の正保四年（一六四七）作成の「盛岡藩物領絵図」には、栗谷川古城の場所を、阿部貞任・宗任陣場と記している。また、現在もりおか歴史文化館に収蔵される、寛文八年（一六六八）奥州岩手郡栗谷川古城図には、南西の雫石川対岸に八幡殿陣場（国史跡志波城跡）が記されている。これらから、江戸時代前期には、前九年合戦に関わる遺跡と認識されていたことがわかる。ただし、安倍館遺跡に一一世紀の遺構遺物はまだ確認されていない。里館遺跡（天昌寺町・北天昌寺町）、大館町遺跡（大館町・大新町）の地域は厨川柵と嫗戸柵の存在した地域と伝承されており、大館町・大新町遺跡や西青山の赤袰(あかほろ)遺跡では、まとまった量の一一世紀中ごろの土器が出土している。赤袰遺跡が土器生産遺跡であり、大館町・大新町遺跡付近が供給先と考えられ、安倍氏の拠点厨川柵が推定されている。安倍館は地形から嫗戸柵とする見解もある。

文治五年（一一八九）八月二十二日、源頼朝は、平泉を制圧した。九月四日、斯波郡陣ケ岡に着陣したのち、十一日に岩手郡厨川まで北上。翌十二日には、甲斐の工藤行光を、岩手郡地頭職に任命した。父景光とともに行光は従軍し、厚樫山の合戦で戦功をあげ、郡地頭職を得た。

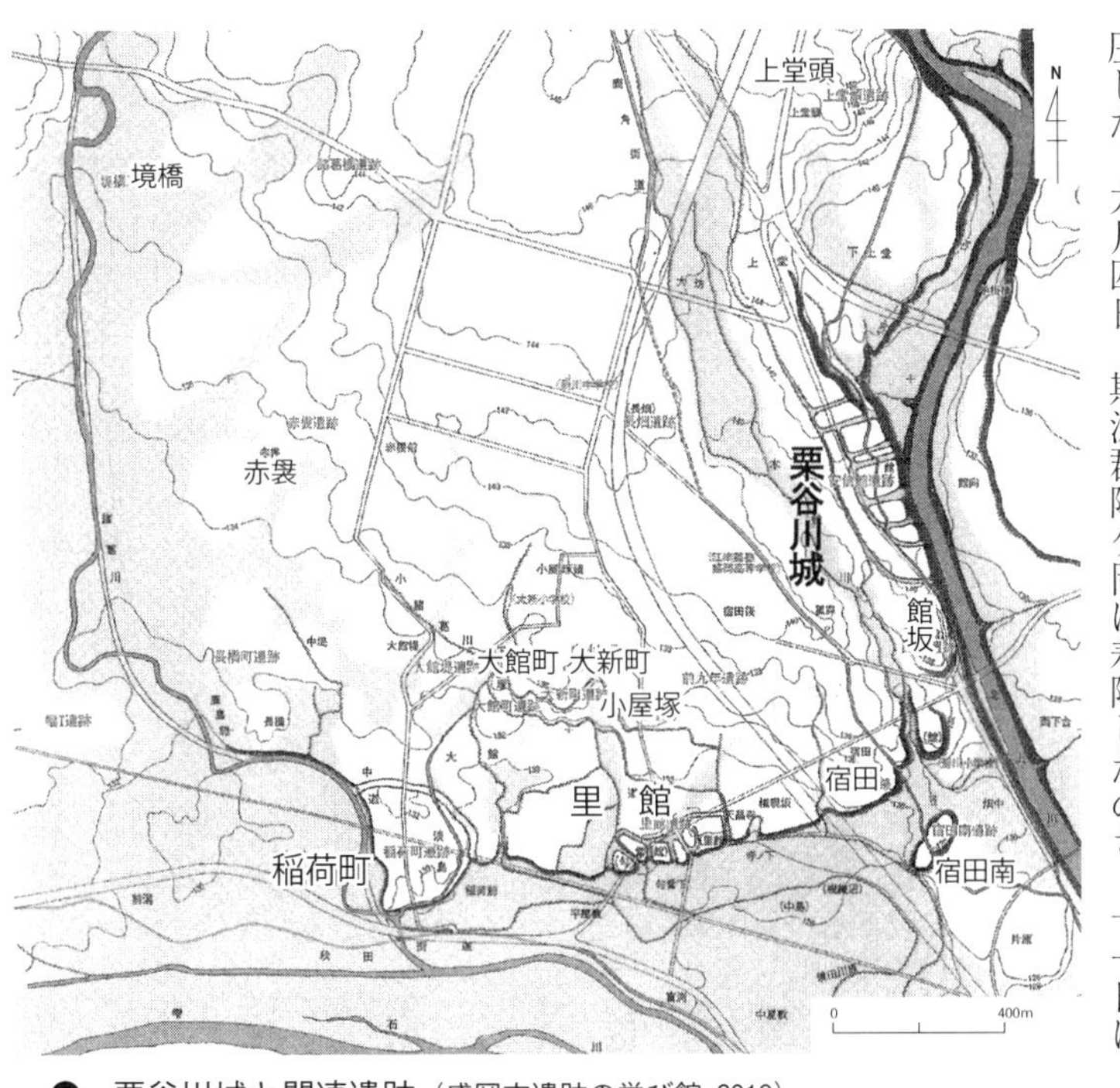

●—栗谷川城と関連遺跡（盛岡市遺跡の学び館 2019）

工藤氏は岩手郡の西根や糠部の葛巻、三戸にも一族が分かれたが、鎌倉時代半ばごろ、岩手郡地頭は北条氏へと移り、厨川工藤氏は、支配域を縮小し、北条氏配下の厨川代官となったと考えられている。

奥南落穂集によれば、元弘の乱では南朝の北畠顕家の従兵となったが、南北朝内乱から室町時代に至る混乱で、厨川の二・三郷のみの領地となった。南北朝から室町中期の工藤氏の居館は、栗谷川城から八〇〇メートル南西の里館遺跡（盛岡市天昌寺町他）と考えられるが、一六世紀には、里館と栗谷川城は併存していたことが、両城館跡の発掘調査結果から判明している。

一六世紀半ばの天文年間（一五三二～五五）には、斯波御所（斯波氏）が岩手郡に進出し、天文十四年以後、斯波御所の次男、三男を雫石（雫石町）と猪去（盛岡市猪去）に配置し、岩手郡の大半は斯波氏に属した。この時に厨川工藤氏も、斯波氏に属した。雫石御所の雫石城と栗谷川城は、構造や規模が近似しており、斯波御所の影響下において、厨川より北方からの侵入に対処するため、栗谷川城がここに築かれて本城となった。旧館の里館は、一族の城館として、存続したと考えられる。

その後天正十四年（一五八六）九月には、雫石御所が南部信直（のぶなお）によって攻略され、さらに天正十六年八月初めには斯波御所の高水寺城（紫波町）が信直に攻略された。奥羽仕置と九戸一揆鎮圧後の天正二十年（文禄元〈一五九二〉）、南部信直領内の城割によって、栗谷川城は破却された。ただし、完全な破却ではなく、信直の意向で城の一部は残されて、不来方城警衛の城として、しばらく工藤氏が居住した。慶長の初期、盛岡城がある程度成ったところ、南部利直（としなお）に退去を命じられたが、工藤小次郎はこれを拒み、利直は大釜氏に命じて工藤小次郎を討ち、以後廃城となった（祐清私記）。

●―栗谷川城地形図（盛岡市教育委員会 2021）

【城の縄張】　城は北上川に臨む台地縁辺部の崖上にあり、西側は支流木賊川（とくさがわ）の谷地になっており、城域は南北七〇〇メートル、東西二〇〇メートルにおよぶ。曲輪の名称は、寛文八年（一六六八）奥州岩手郡栗谷川古城図（もりおか歴文化館蔵）による。城域の最高地点には外館があり、南に向けて北館、本丸、中館、南館が連なっている。以上五郭が城の中枢であり、周囲よりも一段高い地形に構えられている。このうち中館から本丸、北館、外館まで、通路が通じていたことが地籍図から判明し、一部発掘調査でも確認されている。

堀は土橋で渡り、曲輪の登り口は縁辺を切込み、虎口を形成する。本丸北側の虎口は土塁が喰違いになっている。

本丸や中館の発掘調査では、掘立柱建物跡、竪穴建物跡が確認されており、本丸は遺構の重複が著しいが、中館から南館の順に閑散としている。本丸がもっとも早く構築され、中館、南館が加えられたらしい。出土陶磁器は瀬戸・美濃の灰釉や鉄釉陶器、中国の染付皿などで、一五世紀から一六世紀末におよび、一五世紀は僅少で、一六世紀の製品が多い。

外館の北側には勾当館、外館や本丸の西側から南館南側までを取り巻くように、帯曲輪（仮称）がめぐっている。勾当館と帯曲輪は、中枢の五郭より一段低く、城の外郭部分と考えられる。現在は各曲輪ともに住宅地になっており、現在は外館、北館、本丸、中館、南館の空堀や段差が、住宅地の間や神社周辺に残っている。東側が北上川と段丘崖のため、各

●—栗谷川城地籍図（盛岡市教育員会 1999）

●—本丸 北館の空堀

岩手県

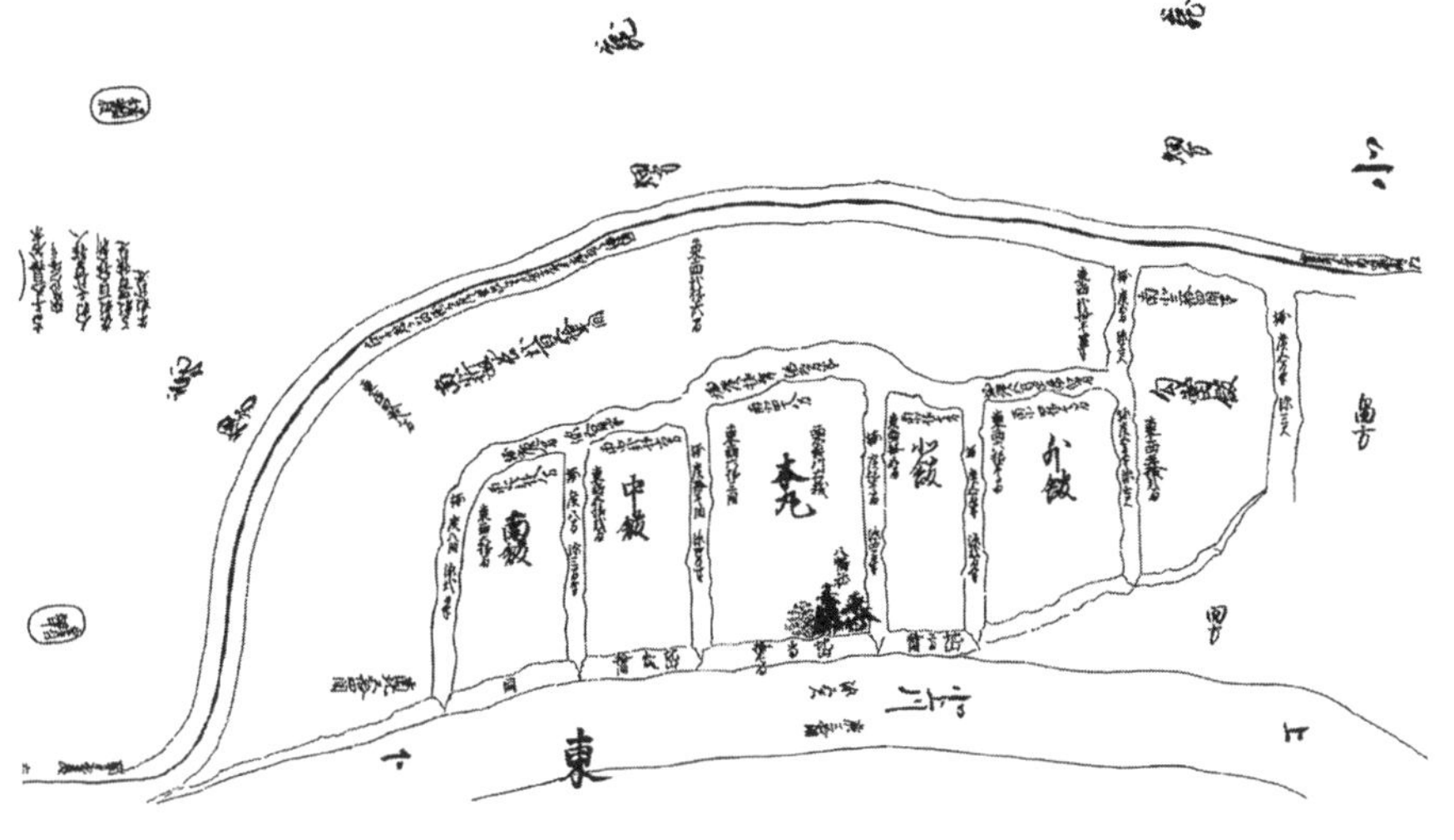

●—寛文８年 奥州岩手郡厨川古城図（部分：原本もりおか歴史文化館所蔵）

曲輪の堀は北側、西側、南側に構えられる。

本丸の空堀は幅一五〜二〇メートル深さは四メートルから一〇メートルあり、北上川にぬけるあたりは特に規模が大きい。本丸の北西部には一部水が湛えられているが、これは昭和初期の公園整備によるもので、本来は薬研堀（やげんぼり）である。現在残る堀や地形をたどっても、巨大な連郭式城館であることがわかる。

外郭の帯曲輪や勾当館は、市街化のため不明瞭である。発掘調査では帯曲輪の堀は小規模で、勾当館北側の堀は深さ一メートルに満たない。また帯曲輪や勾当館には建物跡は見られず、曲輪も自然地形のままで造成された様子がない。あるいはまだ構築途中であったのかもしれない。前述の「栗谷川古城図」には、帯曲輪の堀について、「古ハ惣カハ之堀之由、今ハ盛岡ヨリ寺田通ヲ経而鹿角へ之海道」と記される。小さな堀は当時から惣構え（そうがまえ）の堀と認識されていた。

栗谷川城は斯波御所の岩手郡進出によって、その影響下の工藤氏の新城として築かれた。北上川西岸の道を城内に取り込み、鹿角街道との分岐点を抑えている。北上川の対岸地域や北からの侵入に備えた城館である。

（室野秀文）

【参考文献】盛岡市教育委員会『安倍館遺跡—厨川城跡の調査—』（一九九九）、盛岡市遺跡の学び館『安倍氏最後の拠点厨川』（二〇一九）

●温泉を挟む山城

舘市館・湯ノ舘

〈所在地〉盛岡市繋字舘市・字湯の舘
〈比　高〉四〇メートル（舘市館）・一二〇メートル（湯ノ舘）
〈分　類〉山城
〈年　代〉室町時代～戦国時代
〈城　主〉舘市氏（高橋氏）・田口氏？
〈交通アクセス〉ＪＲ東北本線「盛岡駅」下車、駅東口からバス「繋温泉」下車、徒歩二〇分。または、ＪＲ田沢湖線「小岩井農場駅」下車、タクシー一〇分。

【城の位置と歴史】　繋温泉は、盛岡市の西方、雫石川の御所ダムの南岸にあり、岩手郡雫石町に隣接している。この温泉は、前九年合戦のとき、湯の舘山に陣を置いた源義家が、弓で地面を突いたところ湯が湧き出し、傷ついた将兵を癒したと伝承されている。温泉の東西には、二つの山城跡が残されている。

この地は雫石盆地の南東部で、盛岡市に合併する前は、岩手郡御所村であった。これは明治以降の村名であるが、滴石（雫石）には南朝の陸奥国司北畠顕信が南朝：正平元年（一三四六）から正平六年（一三五一）まで滞在し、奥羽南朝勢力の要であったことに由来する。遠野南部家文書に見える滴石氏は、陸奥国滴石と出羽国北浦（仙北市）に所領を持つ戸沢氏と考えられている。当時この地は、南朝方の滴石氏（戸沢氏）の領地であり、盆地中央の滴石古館や、盆地西部の大館は滴石氏に関連する城館と推定されている。

また、戦国時代の天文十四年（一五四五）、滴石は斯波氏の侵攻を受けて敗れ、戸沢氏は出羽に退去した。その後、間もなく斯波経詮は、弟詮真を滴石に、次弟詮義を猪去（盛岡市猪去）に封じ、高水寺の斯波御所に続いて、雫石御所・猪去御所と呼ばれた。雫石御所は、雫石町下町の雫石城跡が該当しよう。

その後天正十四年（一五八六）九月、南部信直が雫石城を攻略。さらに同十六年には、斯波御所高水寺城を攻略して、斯波御所一族は滅んだ。雫石町の大館、滴石古館、雫石城、

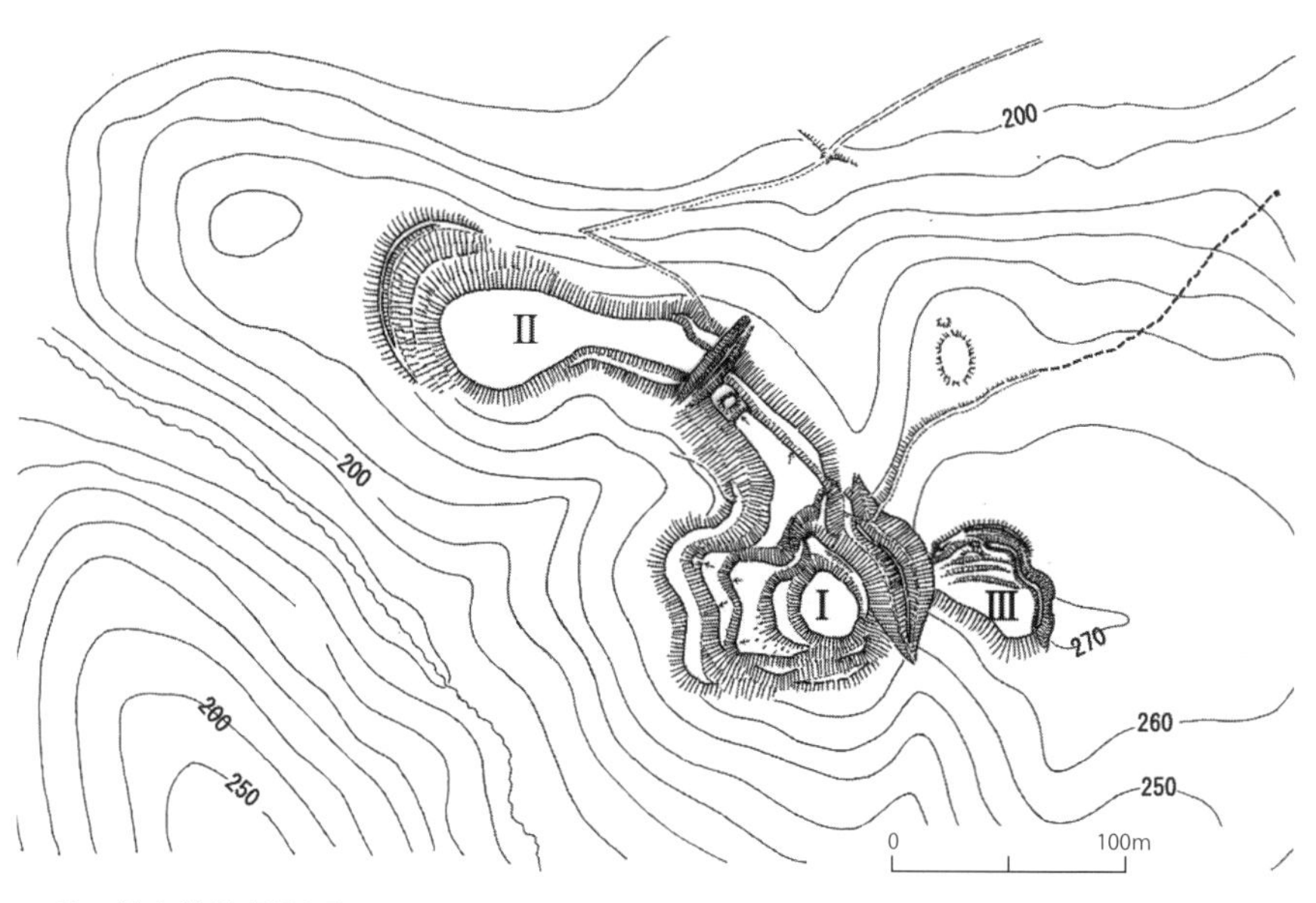

●―舘市館跡縄張図（作図：室野秀文 2008）

紫波町の高水寺城については、本シリーズの『東北の名城を歩く・北東北編』（吉川弘文館）を参照されたい。

滴石を領した戸沢氏の戸沢家譜には、滴石ゆかりとみられる武士の名が記される。長山氏、隠明寺（御明神）氏、綱木（繋）氏などで、綱木氏は舘市氏か、田口氏であろうか。舘市館の館主舘市氏（高橋氏）は、戸沢氏の一族と伝えられている（内史略）。舘市出雲は、南部信直の雫石攻略後、南部氏の三戸城に、下心人（人質）として留め置かれていた（舘市家留書）。

また、同留書によれば、慶長十九年（一六一四）、繋の田口善五郎が、河原掃部、志田内外記、用ノ沢甚四郎を従え、南部利直の軍に編成され、大坂冬の陣に出陣している。河原、志田内（莇内）は、雫石川南岸の集落で、繋に属していた。滴石戸沢氏の退去の後、戸沢氏支族や配下の土豪たちが、斯波氏、南部氏と主を変えながら、地元に存続していた様子がうかがえる。

【舘市館】 舘市館は、『日本城郭大系』第二巻（一九八〇、新人物往来社）では繋古館としている。つなぎ温泉西側の、藤倉神社裏手から、斜面を登った尾根上にある。舘市家は江戸時代に繋村の肝入を勤め、現在の繋小中学校の場所に、広大な屋敷を構えていた。藤倉神社は、応永十二年に舘市氏が建立した古社で、現在の社殿内部に、江戸時代中期ごろの古い社殿が保存されている。境内には清麗な湧水（藤倉の泉）があり、この沢が、舘市館の麓を流れて、雫石川（御所湖）へ注いでいる。舘市の地名から、中世には、藤倉神社周辺で市が開かれていたのかもしれない。この付近は縄文時代中期の繋V遺跡であるが、中世の柱穴群もあり、鉄製小刀や宋銭が出土している。

舘市館は、空堀で区画されたI〜Ⅲの曲輪で構成されている。神社裏から斜面の道を進むと、大きな二重堀の末端部に至る。堀を見ながら、右手に坂を上ると、Iの曲輪の下に至る。この大きな二重の空堀は、尾根の鞍部を活用したもので、主郭側の空堀は大きく深く刻まれている。土塁を隔てた、やや小さな空堀は、浅く掘られて、大きな堀を囲むように構えられている。これによって、東側のⅢの曲輪と西側のI・Ⅱの曲輪は、完全に分断されている。Iの曲輪は丸い頂部平場の周囲に階段状に平場を造成している。Ⅱの曲輪はIの曲輪よりも低く、二重の堀切を隔て、西に延びた長い曲輪で、先端は撥状に広くなっている。尾根先端部の中腹には、三日月状の空堀が掘られ、外側に土塁が盛られている。Ⅲの曲輪は、Iの曲輪よりもいくぶん高く、広いなだらかな丘の西端部を堀で囲んでいる。この曲輪は堀の内側に土塁を構築しており、I・Ⅱの曲輪よりも新しい様相である。おそらく城館の末期に増設された曲輪であろう。内部は北に傾斜しており、雛壇状になっており、最下段中央に虎口が構えられている。曲輪を囲む空堀は、北東部が入角状に屈曲している。東側の空堀は一部狭く、橋が架けられていた可能性がある。

なお、この城館の大手口は、藤倉神社西方から登る、つづら折りの道で、Iの曲輪とⅡの曲輪の間の堀切に到達する。現在はほとんど使用されていない細い道が、痕跡的に残る。

【湯ノ館】 湯ノ舘山（標高三五六・九メートル）に築かれた山城で、北麓との比高は一二〇メートルほどである。この山城は山頂のIの曲輪、尾根上のⅡ・Ⅲの曲輪、中腹のⅣの曲輪、大手口のVの曲輪からなる。I〜Ⅲは、山頂の尾根を利用した詰城部分で、Ⅳの曲輪は中腹で館が置かれた主郭部分。Vは大手の馬出である。大手馬出に至るには、ホテル紫苑の北東側から山手に入ると、山上に続く山道がある。曲折しながら登っていくと、馬出下の横堀に到達するこの堀は馬出の中腹に構えられた堀で、外側に土塁が設けられて、上り道を見下ろす形で、武者溜りのような機能があったと思われる。この東側を通りながら、矩折れに上ると、馬出の平場に出る。ここから堀切を渡ると、左手が高く、右手が低い地形のところをしばらく進み、やがて広いⅣの曲輪に到達する。通路の右側低み

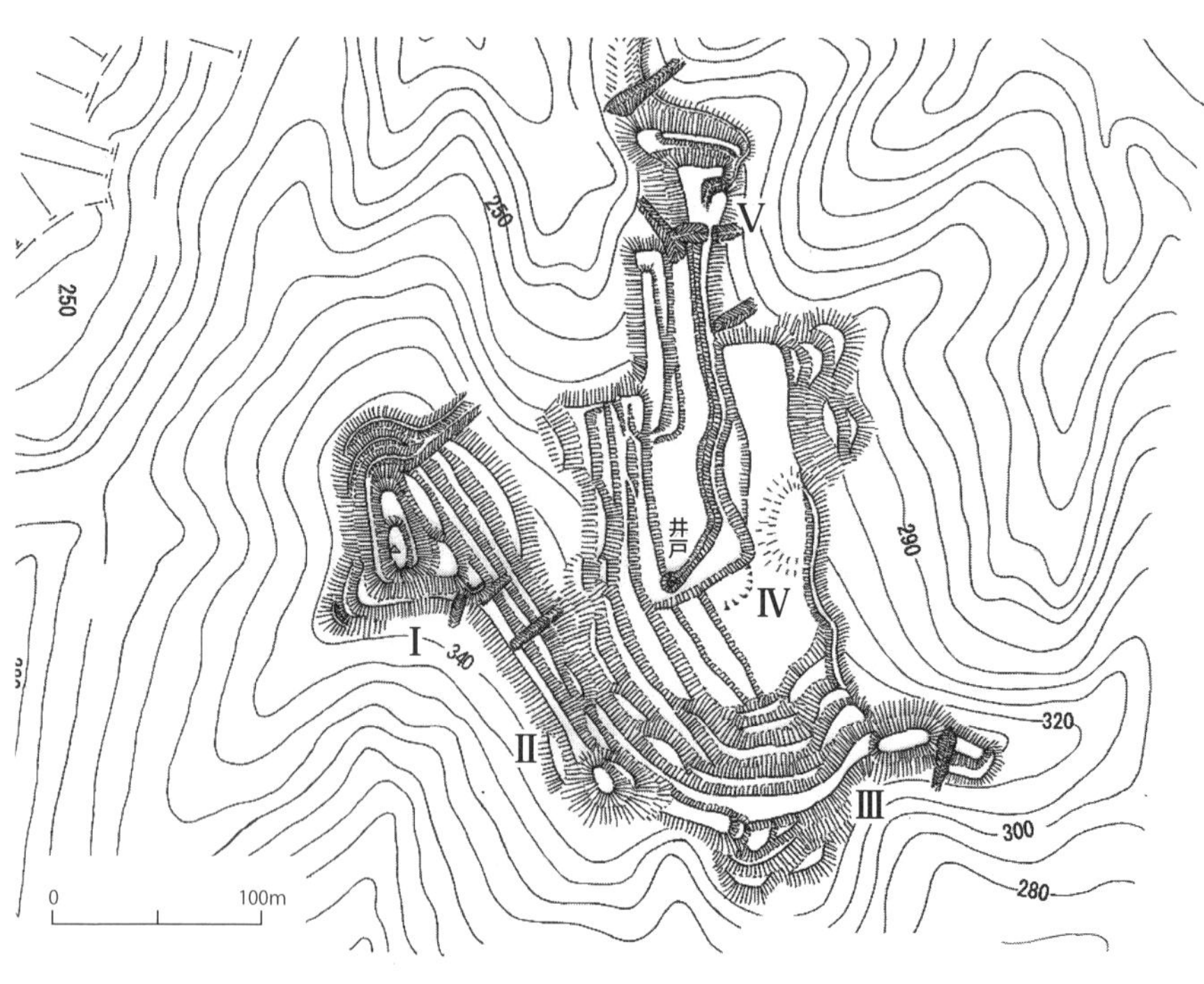

●—湯ノ舘跡縄張図（作図：室野秀文 1982）

には、細い溝が併行しているが、これをたどると、奥に水の湛えられた井戸が現存する。この南東側はⅣの曲輪で最も高く安定した平場であり、北東粟には低い土塁が廻っている。

山頂の尾根上には、Ⅰ・Ⅱ・Ⅲの曲輪が存在するが、そこに至る斜面部には、幅の狭い平坦地が雛壇状に造成されている。山頂のⅠの曲輪頂部は狭い平場で、周囲に平場を段状に造る。北側から西側斜面には二段の空堀をめぐらし、末端は竪堀（たてぼり）となっている。Ⅱの曲輪は細い空堀を隔てて造られた小郭で、西側と南側に低い土塁をめぐらす。堀切は、西側に土橋を残す形式である。Ⅲの曲輪は痩せ尾根に造られた平場で南東側のピークには砦状の高い平場が設けられ、南東側尾根筋には、堀切が二条構えられている。

なお、湯の舘北西の麓、現在繋大橋の南袂は繋Ⅲ遺跡で、雫石川に向けて突出する台地上に、一五世紀から一六世紀に至る屋敷跡が発掘調査されている。

湯ノ舘は、山頂からは、大欠山の山稜の先に盛岡方面が望まれ、雫石盆地中央の雫石城や盆地西側の大館、繋と猪去境の湯坂峠など指呼の間にあり、いつの時代にも、雫石盆地から盛岡方面を望見できる山として、戦略上重要な山城であったと考えられる。中腹の馬出などは、戦国期の遺構と考えられるが、山頂付近などの創築は、南北朝期まで遡る可能性もあるだろう。

なお、湯ノ舘北麓の共同墓地内には、鎌倉時代から南北朝時代とされる、繋(つなぎ)の板碑(いたび)（盛岡市指定文化財）が存在し、胎

●―繫温泉と舘市舘・湯ノ舘（1962年，国土地理院webサイト）

蔵界大日如来（種字）を刻んでいる。また、湯ノ舘の西尾根先端部（テレビ中継アンテナがある）は一本松経塚跡である。戦後まもなく、一二世紀の渥美灰釉壺（岩手県指定文化財：盛岡市遺跡の学び館保管）が出土した。平泉藤原氏の時代、繫は交通の要衝であるとともに、経塚を造営できる有力者の存在を示している。土地所有者の佐藤家（安楽院・繫温泉神社別当）は、温泉開創のころからの旧家であり、慶長八年（一六〇三）南部利直から、湯守手作料を安堵されている。

繫温泉は、盛岡の奥座敷と呼ばれ、古来、多くの湯治客で賑わう、有数の温泉地である。現在も、落ち着いた温泉宿や宿泊施設が多く、気軽に利用できる手湯・足湯もある。旅の途中、是非、利用してみてはいかがだろうか。

【参考文献】御所ダム水没繫地区文化財調査報告書（盛岡市教委一九七八）、御所ダム水没地区埋蔵文化財調査報告書（岩手県埋蔵文化財センター、一九八〇）、日本城郭体系2青森・秋田・岩手（新人物往来社、一九八〇）、雫石の中世城館（雫石町教区委員会、一九八六）

（室野秀文）

●斯波氏臣従の館

伝法寺館

〔矢巾町指定史跡〕

〔所在地〕矢巾町大字北伝法寺字館前
〔比　高〕四五メートル
〔分　類〕山城
〔年　代〕一五～一六世紀
〔城　主〕不明
〔交通アクセス〕JR東北本線「矢幅駅」下車、徒歩一〇〇分。

伝法寺館
東北自動車道
13
0
500m

【位置と立地】　伝法寺館跡は、JR東北本線矢幅駅の南西方に直線で四・二キロの位置にある。館跡の西側には、標高五〇〇～九〇〇メートル級の山々が南北に連なり、奥羽脊稜山脈の東縁部を構成している。この山々の裾野が東方へ降り、北上盆地の西縁に接する直前で、北谷地山（三三八メートル）が起伏し、忽然と聳える。そして、この北谷地山が東方へ降る時、若干の尾根を形成するが、その尾根がやや盛上った先端部から降る東斜面に館跡は立地する。

　周辺の遺跡には、館跡の南東直下に館前遺跡、南西方一・五キロに岩清水館跡、北方二キロに煙山館跡、同八・五キロに飯岡館跡（盛岡市）がある。また、館跡のすぐ南側には釈迦堂跡（町史跡）の礎石群が並び、一・八キロ北方には一二世紀前半代の渥美袈裟襷文壺を出土した城内山（三二八メートル）頂遺跡がある。この城内山から降る東斜面の先端に煙山館跡は立地する。さらに、北東方一・二キロの平地に、東北自動車道建設にともなう発掘調査で一一棟の建物跡とともに、一六世紀前半期の陶磁器や永楽通宝、洪武通宝など出土した久保屋敷遺跡がある。土豪の居館とされる遺跡で、現地には現在でも土塁と堀の痕跡を留める屋敷（現大坊家）がある。館跡頂上からの視界は東方へ開け、真東には遠く北上山系の早池峰山（一九一四メートル）が望め、南東方へ眼を転じれば、北上川右岸に「斯波館」が置かれた高水寺の丘陵も眺望できる。

【別称・座主館名の由来】　館跡の南東三〇〇メートルで、釈迦堂跡の東二〇〇メートルの場所に、法輪山誓岸寺と号す浄土宗の寺院がある。光台寺（盛岡市北山）所蔵とされる『当寺并支配末寺庵由緒書上写』によれば、「誓岸寺由緒」として「（前略）往古蝉丸廻国之刻釈迦堂 并 山王大権現、熊野

●—伝法寺館全景（東上空から平成２年撮影）（矢巾町教育委員会提供）

三社、弁財天、大聖歓喜天建立為別当天台座主被置之為寄進寺領千石被附置 加之四十八坊被据之所謂今滝之坊、大坊等為所之府然ルニ志和一乱の砌右座主ハ五戸江蟄居奥伝法寺之是也。（後略）」との記述がある。

また、宝永七年（一七一〇）七月十日付け『徳田伝法寺通御案内仕古人心得可申事』（藤原家・高畑文書）には、「伝法寺古館は往昔座主坊居館の由則ち座主館と申し候 故に屋彦山伝法寺と申し候 同館の下杉立は釈迦堂七間四面の石据有り并に宝林山誓岸寺と申す浄土寺有り（後略）」とある。

さらに、『御巡検使案内古人手扣帳』（水本家文書）には、「（前略）街道ヨリ西ニ北伝法寺村之内古舘有リ往昔天台宗座主坊ノ由故ニ屋彦山伝法寺ト申 候 同舘ノ下ニ七間四面ノ釈迦堂立チ 候 由石ノ据エ跡有リ並ニ宝林山誓岸寺ト申ス浄土宗寺あり（後略）天保九戊戌年七月吉日　徳田通太田村治兵衛（花押）」とある。

これらが「座主館」名の由来であろう。なお、初掲にいう「志和一乱の砌」とは、天正十六（一五八八）年七月の南部信直による斯波詮直の追討を指すものと推察されるが、小笠原迷宮（本名謙吉・岩手県史蹟名勝天然記念物調査会職員・委員）は『紫波郡誌』の中で「座主ハ五戸江蟄居奥伝法寺之是

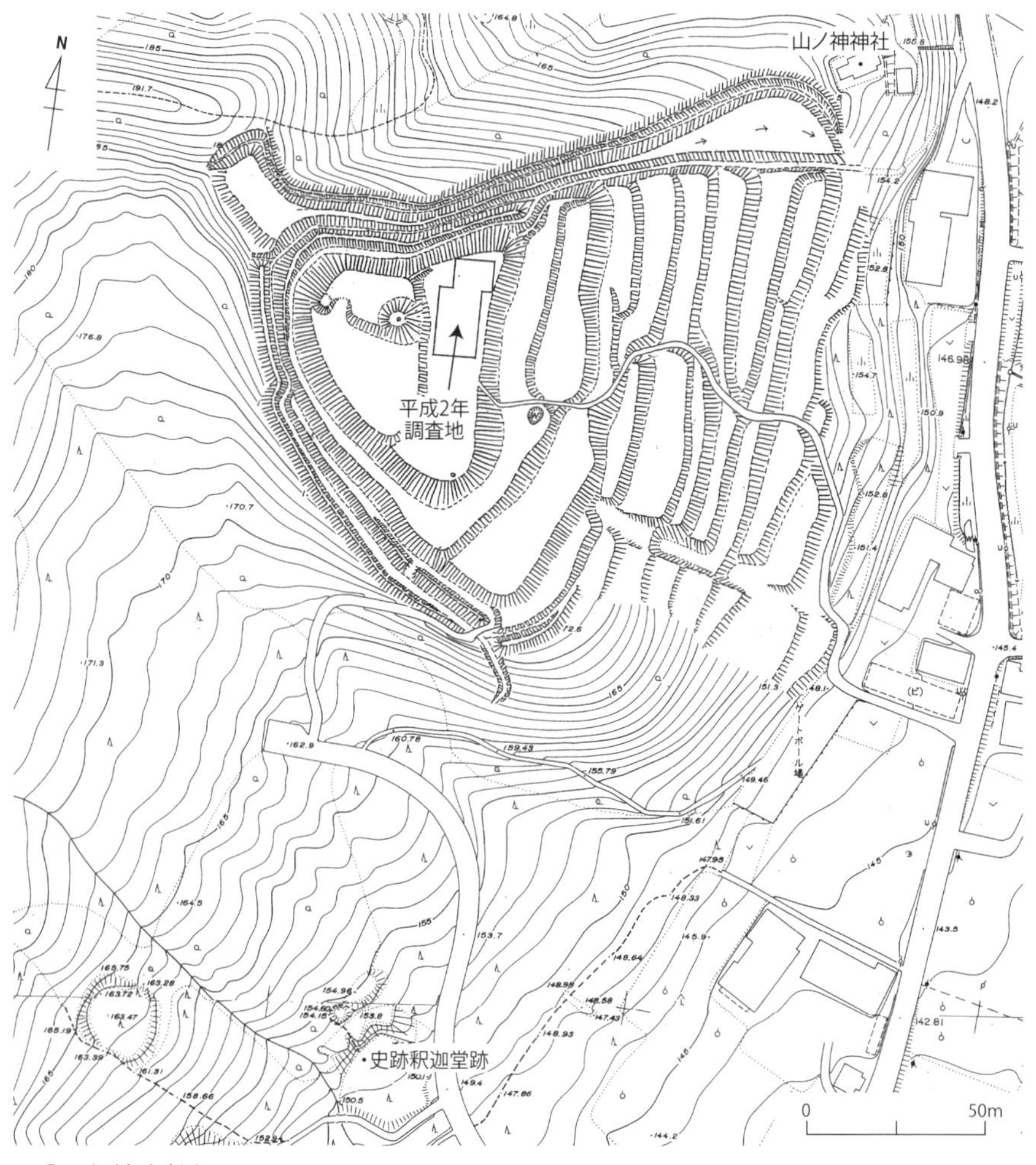

●―伝法寺館縄張図（矢巾町教育委員会作成地形図，縄張図作図：室野秀文）

也」の記述に関し、「素（もと）より附会（ふかい）の説に過ぎない」と述べており、その真偽のほどは分からない。

【単郭構造の館】　北谷地山から降ってきた尾根を二ヵ所で堀切して、背後の山と切り離す。その位置を扇の要として東へ、段々畑のような地形（腰郭（こしぐるわ））が降って展開する。この扇の縁は急激な崖で、これに沿う形で三条の土塁（どるい）を伴う二重の堀が囲環している。

頂上は、一辺六〇～六五メートルのほぼ正三角形で、上・中・下三段の平場からなる。東に面した下段はもっとも広く東西一五メートル、南北六五メートルある。その西側の南に中段が、北側に上段が整地される。中段は下段より二メートル高く、東西に最大三〇メートル、南北二五メートルあり、地表面に何らかの露出石がみられる。上段はさらに二メートル高い。東西二五メートル、南北一〇メートルともっとも狭いが、東端部には高さ一メートルの塚がある。また、西側には切岸（きりぎし）された通路がある。この頂上の三段が中枢部とみられる。直下の腰郭の東中央部には、井戸跡とみられる池状の窪みがある。この郭は東から南、西へと囲環する形で北側へ廻り込むと、内堀の底に通じる形となる。

この中枢部をなす頂上へ向かって、現在、麓から小径が登っていく。これが当時からの痕跡なのかは判然としない。頂上から展開する腰郭は見た目では一〇段ほどにみえるが、小径を挟み南と北とで面を違えている状況からいえば、二六面ほどの腰郭が確認できる。

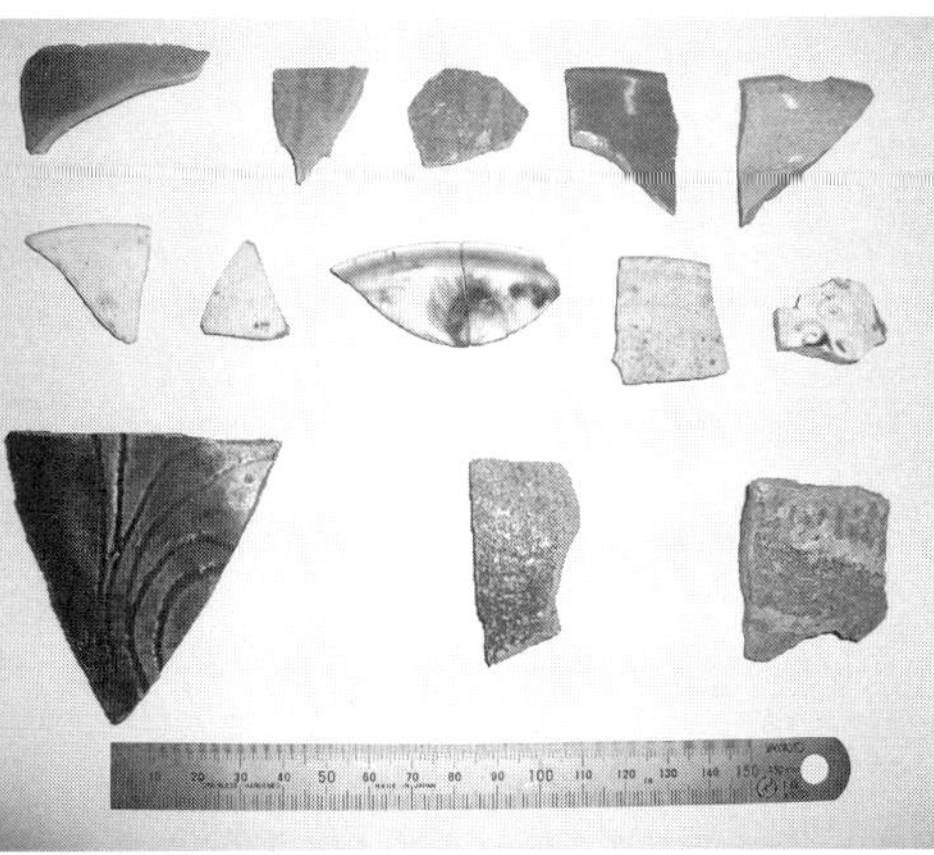

●—伝法寺館跡発掘調査出土陶磁器類（矢巾町教育委員会提供）

全体として扇形にみえる形状だが、北面が裾野まで腰郭が整地され、堀が囲環している状況とは異なり、南面では中腹辺りから腰郭も堀も、自然の地形の中に消えてしまう状態となる。南東部には縦堀も掘られるものの、北面に比して堅固さに劣っている印象がある。南側から入り込む小径も当時からの痕跡かは判然としないが、北面に緊張感をもった縄張である印象を考慮すれば、小径は搦手（からめて）とも推測され、同時に北方の南部氏への警戒感も伝わる。

【発掘調査の概要】　発掘調査（三〇〇平方メートル）によれば、五〇〇個もの柱穴群、溝、土坑が確認された。詳細な建物復元は行い得なかったが、遺物では陶磁器、鉄鍋片、鉄釘、小刀（しょうとう）、石硯片、碁石、銭貨が出土した。陶磁器類は、大半が一六世紀後半～末段階のもので、中には一四世紀、一五世紀末～一六世紀初期のものも含まれている。しかしながら、一七世紀に降るものはなく、この館の隆盛期が一五世紀～一六世紀代だったことが分かる。

また、館跡直下にある館前遺跡の発掘調査では、三〇棟以上の建物跡や道路跡などを確認した。遺物では陶磁器や嘉祐（かゆう）通宝などの北宋銭と洪武通宝（初鋳一三六八年）の明銭が出土した。この遺跡は、位置的にみて伝法寺館の根小屋（ねごや）集落と考えられる。

なお、遺跡の周囲には、滝ノ坊、清水ノ坊、東ノ坊、杉ノ

●—伝法寺館跡　頂上下段（東面最上部）主郭部での発掘調査風景（南から平成2年撮影）（矢巾町教育委員会提供）

坊、豊坊、藤ノ坊、あるいは四方田、彼岸田、御霊田、座主田、油田などの地名や屋号を残している。館の麓に近い正面の平場には、大日如来坐像を刻んだ板碑（時代不詳）が佇んでいる。この館が、中世城館として成立する以前には、あるいは釈迦堂跡を含む堂宇が立ち並んでいた様子も推測される。

【館主は誰か】　天正十六年、信直によって斯波氏は山王海（紫波町）に追われ、これによって足利氏の名族奥州斯波氏一門の高水寺斯波氏は滅亡する。『奥南落穂集』によれば、斯波氏家臣団の中で、臣従した四九人と離反した三九人の家臣名が記されている。その四九人の中に伝法寺右衛門佐なる人物が記されているが、少なくない研究者たちはこの人物を館主として挙げてはいない。伝法寺館が一七世紀まで永らえていない発掘調査成果と、天正十六年に斯波氏が滅亡した事実とを勘案すれば、伝法寺館が斯波氏家臣団として、その栄枯盛衰をともに辿った城館であったとみるのは正鵠を射たものであろう。遠く南東方に斯波館が儚くも霞んでみえる。

【参考文献】『紫波町史　第一巻』（紫波町、一九七二）、『紫波郡誌』岩手県教育会紫波郡部会（一九二六　復刻版一九八七）、『伝法寺館跡発掘調査現地説明会資料』（矢巾町教育委員会、一九九〇）

（西野　修）

●文治五年奥州合戦の陣跡

陣ケ岡（じんがおか）

〔紫波町指定史跡〕

〔所在地〕紫波町陣ケ岡
〔比　高〕一六メートル
〔分　類〕平山城
〔年　代〕文治五年（一一八九）？
〔城　主〕源頼朝
〔交通アクセス〕東北本線「古館駅」下車、徒歩三〇分。

JR東北本線
古館駅
陣ケ岡
蜂神社
0
500m

【位　置】　ＪＲ東北本線古館駅から、西の段丘を登る。右前方に見える平たい丘が陣ケ岡である。丘の中央に蜂神社があり、稜線上に南参道と北参道がある。

【歴　史】　文治五年（一一八九）七月十九日、源頼朝は、平泉藤原氏討伐のため、鎌倉を発し、奥州に進軍した。八月二十二日、平泉を制圧。九月四日に斯波郡陣ケ岡に着陣した。この前日、藤原泰衡は、出羽国比内郡贄柵（にえのさく）で、数代の郎従河田次郎に討たれた。九月六日、河田次郎は泰衡の首級を陣ケ岡へ持参したが、頼朝は河田を不忠者として斬った。十日、平泉中尊寺経蔵別当大法師心蓮等一行が陣に来着し、平泉の諸寺社の所領安堵を願い出た。頼朝はこれを安堵し、荒廃した社寺を含め、地頭等が干渉しない旨の下文を発給した。十一日、頼朝は陣ケ岡を発って岩手郡厨川に進み、同日酉の刻に厨川館に到着。十二日、甲斐の工藤行光を岩手郡地頭職に任命。十五日、斯波郡比爪館を自焼し逐電していた、樋爪俊衡一族が投降し、俊衡は比爪館居住を許された。頼朝は十八日まで厨川逗留の後、十九日に平泉へ発った。

【陣の構造】　蜂神社のある丘陵頂部から、裾部分に至る陣跡である。この丘陵は卵形のなだらかな地形で、斜面を幅六メートル内外、深さは内側で一～二メートルの空堀（からぼり）が取り巻いている。空堀は山側を掘り切岸（きりぎし）とし、掘削土を低地側へ盛り上げて土塁（どるい）とし、堀を形成している。囲郭の規模は南北四五〇メートル、東西は二〇〇メートルから二五〇メートルである。そのプランは、自然地形にそった単郭で、戦国期城館のような、技巧性はない。蜂神社の

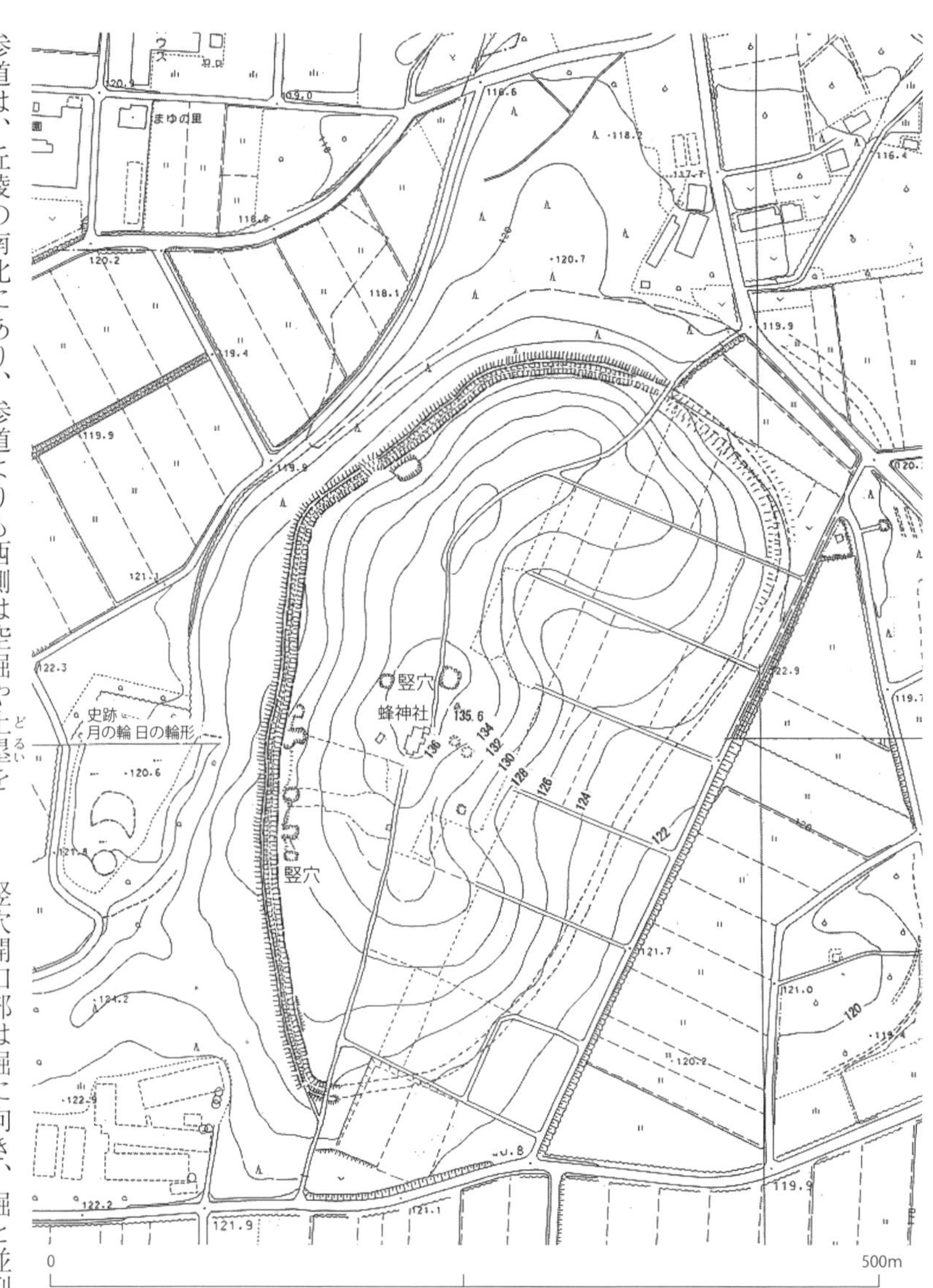

●—陣ケ岡縄張図（作図：室野秀文 2019,『紫波町都市計画図』に加筆）

参道は、丘陵の南北にあり、参道よりも西側は空堀や土塁を視認できるが、参道東側は耕作地となり明瞭ではない。昭和二〇年代前半頃までは大部分視認できたらしく、前述の平面形と規模は、昭和二十二年（一九四七）アメリカ軍撮影の空中写真（国土地理院所管）の判読により、復元した結果である。堀の内部は自然地形を残し、目立った造作は認められないが、南西の一部に内側土塁の痕跡が存在するほか、西側縁辺に幅三〜四メートルの犬走り状の地形があり六ヵ所の竪穴建物らしい窪みがある。竪穴開口部は堀に向き、堀と並列する。竪穴建物らしい窪みは、蜂神社北側にもあり、最も大きな窪みは、社殿北東側の参道に接し、一辺九メートル四方の方形である。そのほかの窪みは径四メートル内外で、神社近くの大型のものは、古代の集落遺跡の可能性もある。

陣ケ岡の北東側に、泰衡首洗井戸という、湿潤した穴があるが、これは戦後に造られたものである。実際の首洗池は、陣ケ岡の南南西に離れて存在したが、耕地整理のため埋没し、現在は見られない。また、陣ケ岡の西側には、藤原秀衡が造営とされる日の輪・月の輪の苑池跡が残る。この池との境、丘の裾を用水堰が廻る。さらに、米軍写真（一九四八）の判読では、北東側と南東側に、溝か堀の痕跡らしい地形も読み取れる。これらが陣の関連遺構であるならば、陣ケ岡には、外側の堀が存在する可能性があることを、付記しておきたい。

●—陣ケ岡 堀・首洗池

陣ケ岡は発掘調査されておらず、遺構の年代は明確ではない。戦国時代末期の天正十六年（一五八八）七月、南部信直が斯波御所の高水寺城を攻略する際に、この陣ケ岡に布陣しているが。信直の滞在期間は長くない、現地の遺構は、戦国時代の城館ではなく、より古い時代の遺構らしく見える。この遺構が、文治五年（一一八九）奥州合戦時の陣跡であれば、その歴史的価値は高い。

【参考文献】『吾妻鏡』（文治五年九月四日〜十日の条）　（室野秀文）

●切岸が見事な毒沢氏の山城

毒沢城（どくさわじょう）

〔花巻市指定史跡〕

〔所在地〕花巻市東和町毒沢五区、中内九区
〔比　高〕約七〇メートル
〔分　類〕山城
〔年　代〕一三世紀～一六世紀
〔城　主〕毒沢氏
〔交通アクセス〕ＪＲ釜石線「晴山駅」下車、徒歩六〇分。釜石自動車道「東和ＩＣ」下車、車で一〇分。

【城の位置と立地】　毒沢城は、ＪＲ釜石線土沢駅の南方四・一キロ、花巻市東和町毒沢地区と中内地区の間の南西から北東に延びる丘陵頂部にあり、標高は約二五四メートルの山城である。

毒沢城のある東和町は、北上山地西側の支脈丘陵に周囲を囲まれた盆地地形となっており、中世の和賀（わが）氏領としては北東側に突出した地域であったことから、北は稗貫（ひえぬき）氏、南は葛西氏、東は阿曽沼（あそぬま）氏といった勢力に囲まれていた。

毒沢城の丘陵裾野には東に毒沢川、西には小通（こがよう）川が流れ、谷底平野や氾濫原、沢によって造られた小規模の扇状地を形成している。毒沢川や小通川に沿って葛西氏領であった口内（くちない）地区や和賀氏領の安俵（あひょう）地区、黒岩地区などへ抜ける街道が通っている。

東和町内には二〇ヵ所の中世城館が伝えられているが、そのうち二ヵ所が稗貫氏に関連する館跡で、それ以外はすべて和賀氏の館跡である。毒沢城は、保存状態が非常に良いことから、倉沢地区にある倉沢館（倉沢城）とともに花巻市指定史跡となっている。

【毒沢氏と伊達騒動】　毒沢氏は、貞治五年（一三六六）正月に、和賀政義の三男盛義が獨沢（毒沢）郷に分知され、毒沢氏を名乗ったとされる。しかし、その後の動静は全く伝えられておらず、天正九年（一五八一）の『和賀御分限録』や、天正十八年（一五九〇）に豊臣秀吉の奥州仕置に反抗した一揆勢の中に毒沢伊賀なる者が登場するまで毒沢氏の名は見当たらない。毒沢伊賀は、南部氏に対して起こした慶長五・六

年（一六〇〇・〇一）の和賀・稗貫一揆でも、毒沢修理介義森、毒沢作十郎とともに岩崎城に籠城している。

仙台の国分尼寺には、岩崎城籠城戦から伊達領に逃れ、主従共に自害した和賀忠親（ただちか）と七人の重臣の墓があり、その重臣の一人に毒沢修理義森がいる。この毒沢修理について「松山和賀系図」では「毒沢修理子孫伊賀子供作十郎御家中召出

●—毒沢城遠景（花巻市教育委員会提供）

候」とあり、毒沢修理の子が伊賀で、伊賀の子が作十郎という関係になっている。

毒沢伊賀は奥州攻めにより和賀氏が没落した後、妻子とともに伊達領となった江刺、伊沢（胆沢）周辺に居住していたとされる。伊賀の嫡男作十郎は、伊達家の家臣として取り立てられ、姓を本姓の「多田」から「只野」と改めている。また、娘の勝子は伊達政宗の側室となり、のちに有名な伊達騒動の原因ともなった千勝丸（宗勝）をもうけている。

【城の構造】　毒沢城は、郭と切岸（きりぎし）を防御の要とする城館で、毒沢・中内地区間にある物見山丘陵の頂部を整地して築城している。主郭（Ⅰ）はa～dの四区画に分けられる。そのうち中心となる部分はa・bの二段に分かれており、南北約四二メートル、東西約二七メートルの卵形で、b区には一メートル低い段差がつけられている。南側にはさらに一段低い平場c・d区があってa・b区へ続く道があり、ここに大手門等があったと思われる。Ⅱ郭は幅広い郭となっていて、南側の最も広い部分で約二〇メートル、西側・北側でも約一五メートルを測る。このⅡ郭からⅠ郭への切岸は、約四メートルほどの高低差がある。

主体部のある山頂からは、北東、北西、南西、東側の四方向に尾根が延びており、それぞれの尾根の基部には、数段の帯郭（おびぐるわ）や空堀（からぼり）・土塁（どるい）などによって複郭（Ⅲ～Ⅵ）を構築して防

御を固めている。とくに、北東尾根は毒沢方面からの大手口があったと考えられ、城の主体部から離れて独立したⅢ郭は、同心円状に数段の帯郭が築かれ、比較的規模の大きな出丸状の郭となっている。Ⅳ郭とⅤ郭は城の主体部から続く郭となっていて、高低差五〜七メートルの切岸が見事である。東側のⅥ郭は、近年城への登山道を整備したためか、基部の構造がやや不明瞭であるが、細い帯郭が数段造られている。城内に井戸跡等は確認されていないが、城の東側斜面に小さな沢水の流れがあり、これを利用していた可能性がある。

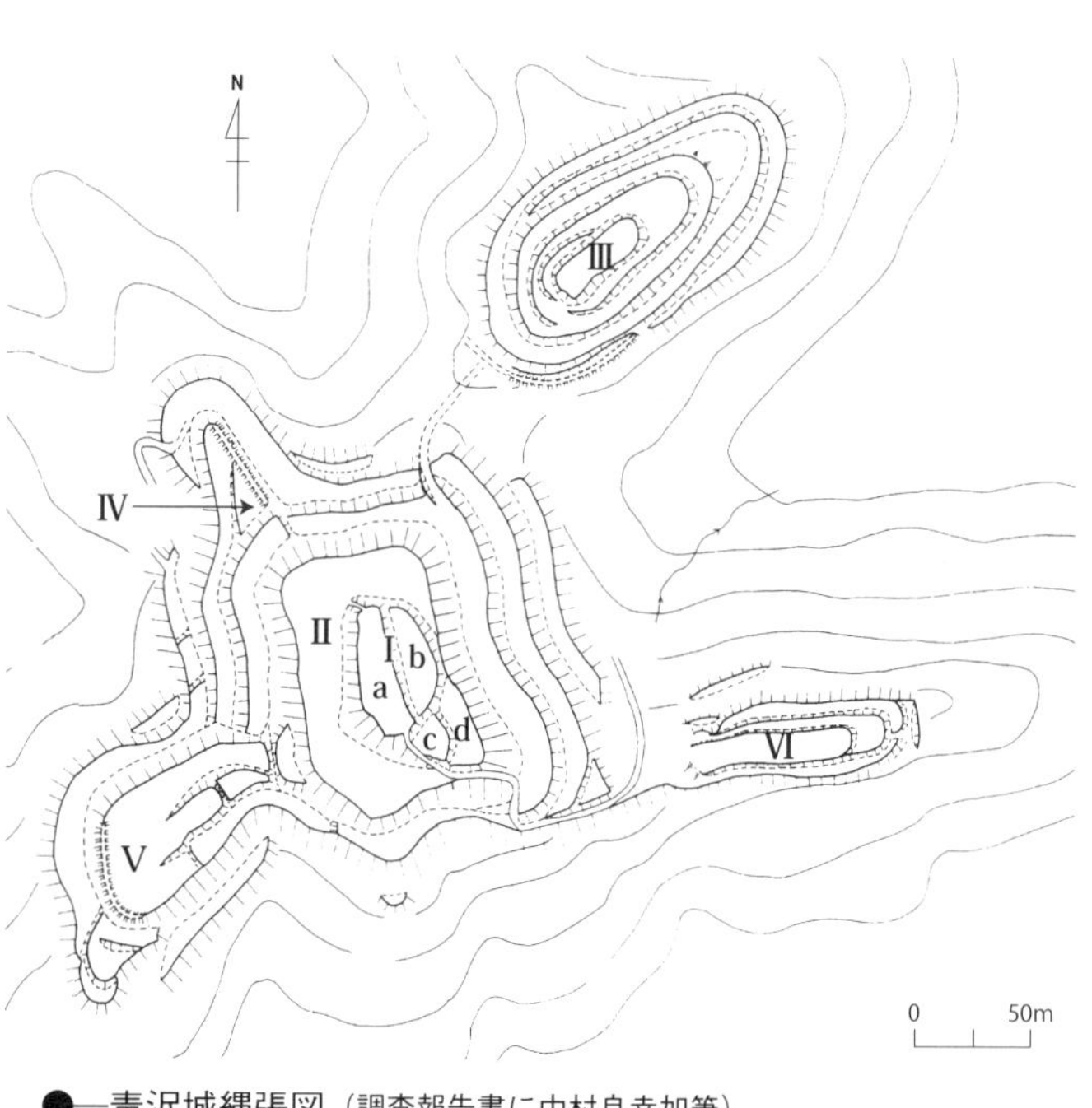

●—毒沢城縄張図（調査報告書に中村良幸加筆）

●—毒沢城　Ⅱ郭とⅠ郭の間の切岸

【発掘調査の概要】毒沢城は、平成十二年（二〇〇〇）から平成十七年（二〇〇五）までの六年間にわたって、史跡整備の一環として内容確認調査が行われた。調査区は、主郭のⅠa区のほぼ全面と、Ⅱ郭の幅広い平場部分であり、調査面積は約一六〇〇平方メートルにおよんだ。

●—毒沢城主郭部（花巻市教育委員会提供）

主郭Ⅰa区では、竪穴建物跡は見つからず、掘立柱建物跡のものと思われる二七三基の柱穴跡が検出された。主要な掘立柱建物は五棟と考えられ、おおよそ三期にわたって建て替えられたと推定されているが、建物内の出土遺物は極めて少なく詳細な時期区分は難しい。三期とも主郭南側に規模の大きな主殿建物があり、北側に規模の小さい奥殿と思われる建物が造られていたようである。最も古い建物跡は一四世紀中頃以前と考えられ、毒沢氏がこの地に入る以前の建物跡と思われる。

Ⅱ郭では五ヵ所が調査され、竪穴建物跡七棟、掘立柱建物跡二棟、柱穴跡四五〇基、堀跡などが検出された。主郭と同様に出土遺物が少なく、わずかに一三世紀から一六世紀代の陶磁器片・鉄鏃等のほか、一八〜一九世紀の肥前・大堀相馬の陶磁器などが出土しているだけである。

発掘調査では城の主体時期と考えられた一五世紀前半以降から一六世紀の遺物が極めて少ないため、この点での謎は残っている。

【参考文献】東和町史編纂委員会『東和町史』上巻（一九七四）、本堂寿一ほか『日本城郭大系二』（新人物往来社、一九八〇）、花巻市教育委員会『毒沢城跡発掘調査報告書』（二〇〇六）（中村良幸）

●和賀氏最後の戦場

岩崎城

〔所在地〕北上市和賀町岩崎宿
〔比　高〕三〇メートル
〔分　類〕平山城
〔年　代〕築城年代不明、天正二十年（一五九二）破却
〔城　主〕岩崎氏、柏山氏
〔アクセス〕ＪＲ北上線「藤根駅」下車、徒歩四〇分。

【大規模な平山城】　岩崎城は北上盆地中央部に位置し、奥羽山脈から東流する和賀川と夏油川の合流点に向かって台地が舌状に突き出た先端部に立地する。比高差約三〇メートルの台地を深い堀で区切り、台地の北側下には宿と呼ばれる城下集落が広がる。さらにその北側は和賀川の後背湿地帯で、集落立地面からの比高差五メートルの低地となっている。南の夏油川と北の湿地帯とによって外堀状に囲まれ、急崖地形を利用した堅固な要害である。現在、台地上の本丸と三ノ丸の一部は公園緑地として保存されている。夏油川に面する台地南辺は浸食されている部分もあるが堀や土塁・桝形がよく残っており、和賀郡の中でも有数の規模の城である。

【和賀氏と岩崎城】　岩崎城の築城や城主について詳細は不明だが、一四世紀半ばに「岩崎楯」の名前がみえる。暦応四年（一三四一）、国司方（南朝方）と鬼柳氏（北朝方）が岩崎楯で戦したと記されている（『鬼柳兵庫助義綱陳案状』）。南北朝期の和賀氏は一族内で北朝方鬼柳氏と南朝方須々孫氏が対立関係にあった。岩崎城は両氏所領の中間に位置することから、「岩崎楯」は岩崎城を指すとみられる。天正の晩年は和賀氏家臣岩崎氏の居住と伝えられている（『和賀稗貫郷村志』）。天正十八（一五九〇）年豊臣秀吉の奥州攻めにより和賀氏は所領没収・城地追放となる。

翌年の和賀・稗貫一揆に対する侵略により蒲生氏郷勢に攻略され、本城である二子城は破却された。天正二十年（一五九二）の南部領内諸城破却書上にある和賀郡の破却五城

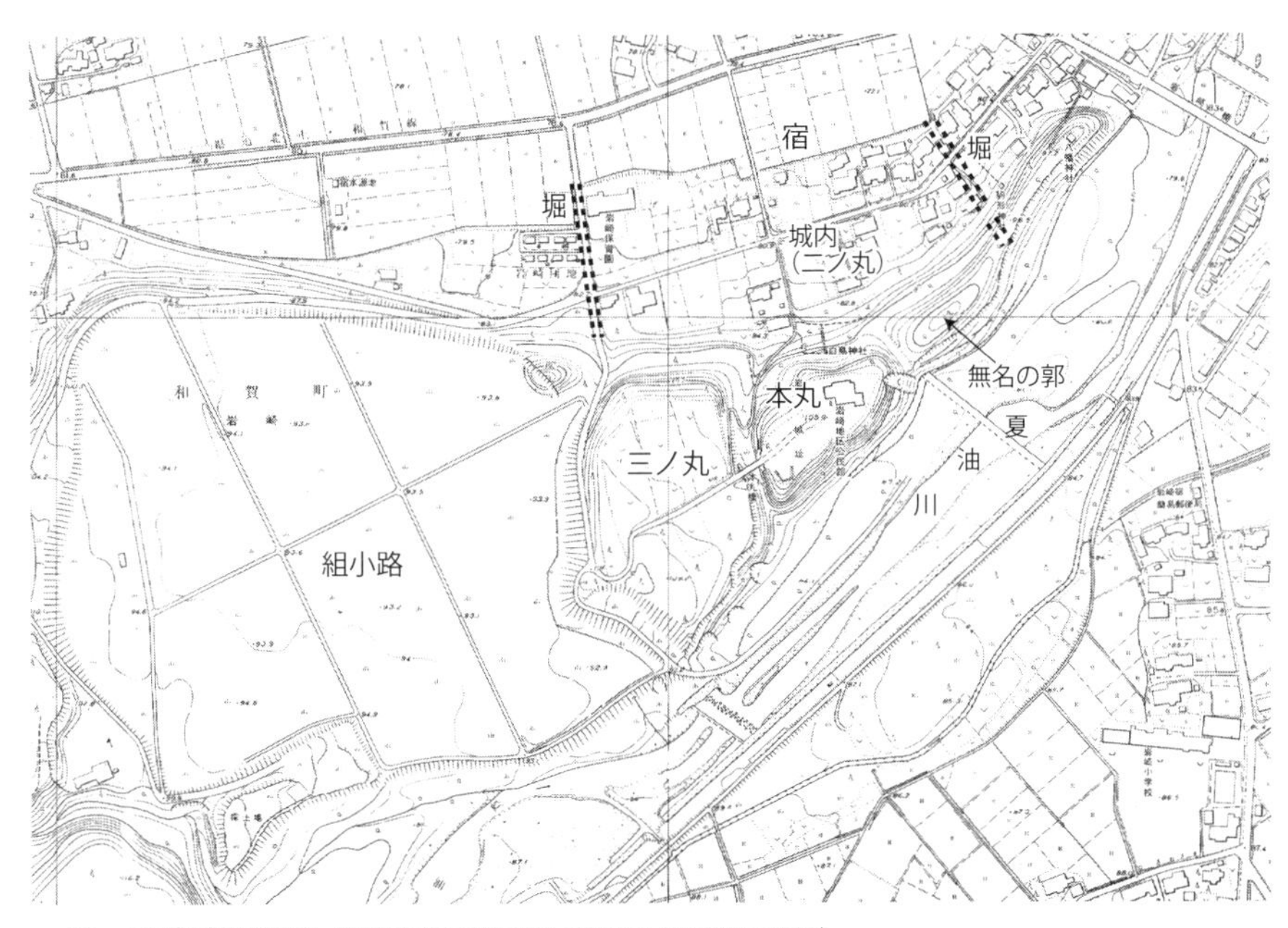

●—岩崎城周辺図（和賀町都市計画図 昭和57年測図に加筆）

のうち「岩崎　山城破」とあるのは、他の城との規模から類推して岩崎城とみられる。慶長五年（一六〇〇）和賀主馬介がふたたび蜂起、鳥谷ヶ崎城へと攻め入るも撤退し、翌年岩崎城に籠城、南部利直勢と対峙する。『聞老遺事』『奥南落穂集』などの軍記物に多く残されている岩崎一揆である。南部勢は岩崎城西の兵庫館と南の七折館に陣を構えた。白石氏家臣の和賀加勢もあったが、翌春一揆は鎮圧された。三ノ丸の発掘調査では鉄砲玉が出土しており、鉄砲による攻防戦であったことを物語っている。一揆の後、城は南部氏家臣により改修され、旧胆沢郡主柏山伊勢守が、南部氏の城代として南部領・伊達領境警護のため入城している。領境は夏油川の対岸の台地縁から約一・五キロ南となったが、一揆鎮圧からその確定までに約四〇年を費やしている。

【城の構造】　台地の上と下に分かれる。全体規模は東西約六〇〇メートル、南北幅約五〇〜約三五〇メートルである。舌状台地上を四カ所堀切りし、本丸・三ノ丸・無名の郭・八幡神社所在の郭の四つの郭からなる。各郭を区切る堀は、無名の郭と本丸の間が深さ一五メートルにおよび、他の三ヵ所も一〇メートル前後の深さである。本丸は台地中央部にあり面積約五〇〇〇平方メートル、北側縁辺に土塁が残り、南西隅には西にある三ノ丸からの架橋跡部分に桝形の土塁が残る。北側斜面には腰郭がめぐりその外縁に土塁が築かれ、斜面北西隅には数段の平場がある。腰郭の一角に和賀氏氏神の白鳥(しらとり)神社が祀られている。公民館建設のため行われた本丸の発掘調査では、掘立柱(ほったてばしら)建物跡や多数の柱穴群、穴倉跡や井戸跡も確認されている。一七世紀初頭の陶磁器、鉄砲玉も出土しており、一揆での籠城戦をうかがわせる。本丸の東の無名の郭は狭長で面積約一六〇〇平方メートル、北辺には低い土塁が残り本丸側に狭い平場がある。さらに東に続く八幡神社が所在する郭は、夏油川の浸食のためか東西約一二〇メートル、南北幅約五〜一〇メートルと狭く尾根状である。神社は台地の先端に鎮座している。

三ノ丸は本丸の西側で面積約二万平方メートルと広大である。北西縁には土塁が残り南東縁には本丸の架橋跡と対になる張出が認められる。西側の堀から三ノ丸への入口となる南西隅（大手）は枡形で、土塁は高さ約二メートルと大きくよく残っている。三ノ丸北半部の発掘調査では、数度の整地地業、多数の掘立柱建物跡群、複数の穴倉や竪穴(たてあな)遺構・カマド状遺構・小鍛冶(かじ)とみられる炉跡なども検出された。陶磁器は一六〜一七世紀初頭のものが主体で、ほかに武具や鉄砲玉も出土している。戦国期から柏山氏が入城した頃まで、継続して使

●—岩崎城航空写真（東から）（『岩崎城跡〈2011〉』より転載，写真に加筆，北上市教育委員会提供）

用されていたことがうかがえる。

三ノ丸の堀を隔てた西は組小路と呼ばれた広大な平場であった。家臣屋敷域とみられていたが、大規模な砂利採取によってすべて消滅している。発掘調査では、北西隅で中世末から近世初頭とみられる土葬墓と火葬墓が一四基見つかっている。一基には人骨・脇指・キセル・錫杖・漆椀・銭（六枚）が副葬されていた。特殊な副葬品は柏山氏に関わる墓であろうか。崖下には柏山伊勢守二男創建と伝えられる正雲寺跡と呼ばれている共同墓地がある。

台地北側下は宿と呼ばれる集落である。東西に貫く道の両側に短冊形の屋敷割がなされている。この集落内には、本丸と無名の郭の北側下に東西二ヵ所を南北の堀で区切った城内（二ノ丸）と呼ばれる一郭がある。この一郭から本丸への道は三ノ丸との間の堀底を通る。その登口（搦手）は土塁により三ノ丸側へ折れる桝形となっている。この一郭の東側の堀部分にも桝形が残っている。その堀のさらに東側で八幡神社が所在する郭の北麓には、伊達・南部の領境の起点となる駒ケ岳山頂鎮座駒形神社の南部領側里宮である駒形神社が所在する。

そのほか、安政五年（一八五八）絵図では岩崎城に関して、組小路・古館・城内・宿といった地名が見える。桝形や城内といった屋号が今も残っている。

宿と呼ばれる集落の西端で組小路北側下での発掘調査では、中・近世の掘立柱建物、竪穴状遺構が検出されている。一六世紀～一七世紀および一八世紀後半の陶磁器も見つかっている。なかでも一七世紀の建物跡は、岩崎城または近世にこの付近にあったという岩崎切留番所に関わると想定されている。和賀氏の時代から南部氏の時代においても、夏油川と和賀川の結節点にあり、交通の要衝を抑える城として拠点的な役割を担ったことがうかがえる。

今後、周辺や集落内の発掘調査により新たな知見が提供されるであろう。和賀氏最後の戦場の城から藩境の城となった、岩崎城の歴史がより明らかになることに期待したい。

【参考文献】『日本城郭大系二』（新人物往来社、一九八〇）、北上市立博物館『史料が語る和賀氏の時代』（二〇一二）、北上市教育委員会『岩崎城跡（二〇一一）』（二〇一四）

（小田嶋知世）

●和賀氏境目の城

相去城（鶴野館）

（所在地）北上市相去町山根
（比　高）三二メートル
（分　類）丘城の
（年　代）戦国時代
（城　主）相去安芸守
（交通アクセス）ＪＲ東北本線・東北新幹線「北上駅」下車、タクシーで一五分。

【位置と地形】西根段丘の東端部、現在の北上市南部工業団地の東側にある丘城である。国道四号線西側に曹洞宗洞泉寺があり、寺の南側丘陵上が相去城である。段丘の東端部が河川の浸食によって独立丘陵となり、その東側の高まりを活用して築かれている。この城から北へ一・二キロには高前壇館（北上市相去町）があり、南一キロには、街道を扼す往還館（岩の目館）が存在する。ともに相去城との関連が推測される。

【歴　史】相去は、元々は江刺郡に属していたが、戦国時代に和賀領となった。和賀氏の有力庶子の鬼柳氏は、黒沢尻氏を排除するため、相去壱岐守らと一揆契約を結んでいる。相去の南は、胆沢郡金ケ崎町であり、戦国期には金ケ崎城の小野寺氏、西根城に新渡戸氏、三ケ尻館の三ケ尻氏が知られている。相去城は、胆沢郡や江刺郡の境目に近く、和賀領南端を守る城であった。

【城の構造】丘陵頂部北東側にあるⅠの曲輪が本丸である。東側斜面部には雛壇状の腰曲輪。南側から西側にかけて、複数の曲輪を配置した、多郭構造の城館である。全体規模は、東西二四〇メートル。南北二六〇メートルにおよんでいる。遺構の保存状況は、稀にみるほど良好であり。是非、現地に足を運ばれたい。

大手道は洞泉寺南側からの、つづら折りの坂道である。この坂を上ったところは、本丸の北東隅を欠いたような形で、帯曲輪との間が桝形になっている。この上の本丸北東部には、寺の鐘楼がある。桝形は三方から俯射される造りであり、ここを突破することは非常に困難と思われる。桝形から空堀（からぼり）を経て、本丸東の帯曲輪に入り、再度堀を渡って、斜めに坂道を上ると、ようやく本丸北東部に入ることができる。

本丸（Ⅰ）は東西九〇メートル、南北一一〇メートルの方形に近いプランで、四周を空堀で囲まれている。全体に南西隅がもっとも高く、北東側へゆるやかに傾斜している。西側と南側に低い土塁（どるい）痕跡があり、南東部は堀がクランクになっており、北東部は桝形に面し、東辺中央が凸形になっている。堀は一〇メートルから一三メートルの幅があり、深さは本丸側で四メートルから七メートル。帯曲輪の側で二メートルから三メートルである。

本丸の南と東は帯曲輪で、幅は一〇メートルほどである。南側の帯曲輪の南に一段低く、Ⅱの曲輪がある。三方を空堀または腰曲輪が囲み、南東側の腰曲輪は二段構えられ、南東斜面に大きな竪堀（たてぼり）が掘られている。Ⅱの西に、低い地形を挟んでⅢの曲輪がある。北側は堀で切り離された、堡塁のような曲輪で、西側に土塁を構えている。西側の堀は、南側斜面に竪堀となって落ちている。

本丸の南西から西側は、折邪（おりひずみ）のある堀によって、土塁を備えた堡塁、または土塁の膨らみによる堡塁になっている。西辺中央部は凹形に

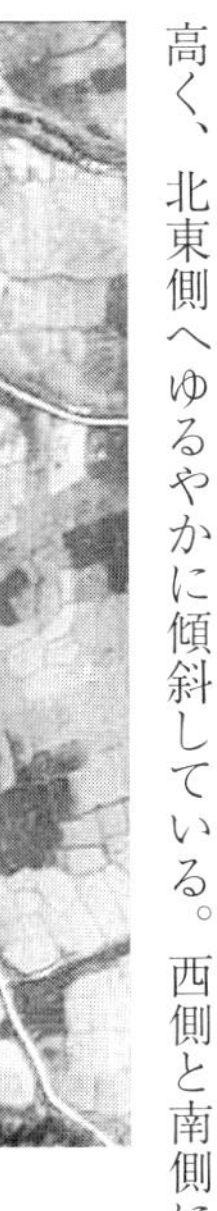

●—相去城空中写真（1948年米軍撮影，国土地理院所蔵）

●—相去城空堀と桝形

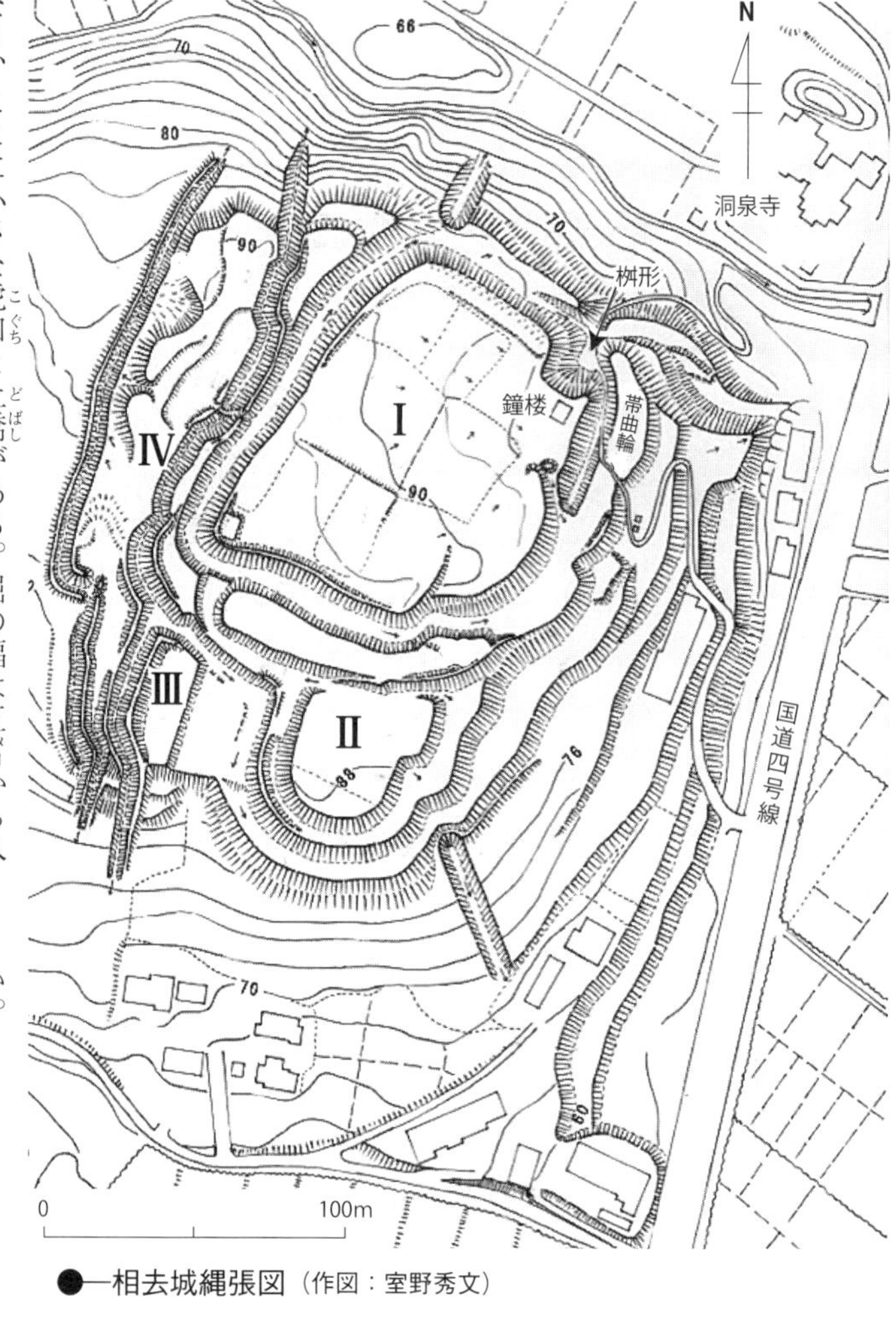

●—相去城縄張図（作図：室野秀文）

なり、ここに小さな虎口と土橋がある。堀の幅は五メートルから八メートル、Ｖ字形に切れ込んだ堀で、内側の深さは三メートルほどである。堀の北端は竪堀になっている。南側はⅢの曲輪の堀につながる。

西側堡塁から西に二〇メートルから三〇メートルの距離をおいて、幅三メートル内外の細い堀が構えられている。この間は起伏のあるⅣの曲輪であり、内部はいくつかの段差もある。南西部には内側へクランク状に入り込んで、土塁の虎口がある。ここが搦手口であろう。西側は地形的に弱点となるために、防御を凝らしたことが分かる。また、Ⅳの曲輪の地形と土塁、空堀との関係から、数回の改修が考えられる。

相去城は、この地方の城館としては、技巧的で巧妙な城郭構造で、遺構の保存状況は良好である。和賀氏の築城技術の高さもうかがわれ、その歴史的価値は高い。

【参考文献】本堂寿一「相去城」『日本城郭体系二』（一九八〇）、本堂寿一「相去城」『岩手県中世城館跡分布調査報告書』（一九八六）

（室野秀文）

●阿曽沼氏の旧本城

横田城（護摩堂城）

〔遠野遺産〕

〔所在地〕遠野市松崎町光興寺護摩堂
〔比　高〕五〇メートル
〔分　類〕山城
〔年　代〕鎌倉時代?～戦国時代
〔城　主〕阿曽沼氏
〔交通アクセス〕JR釜石線「遠野駅」下車。タクシーで二〇分。

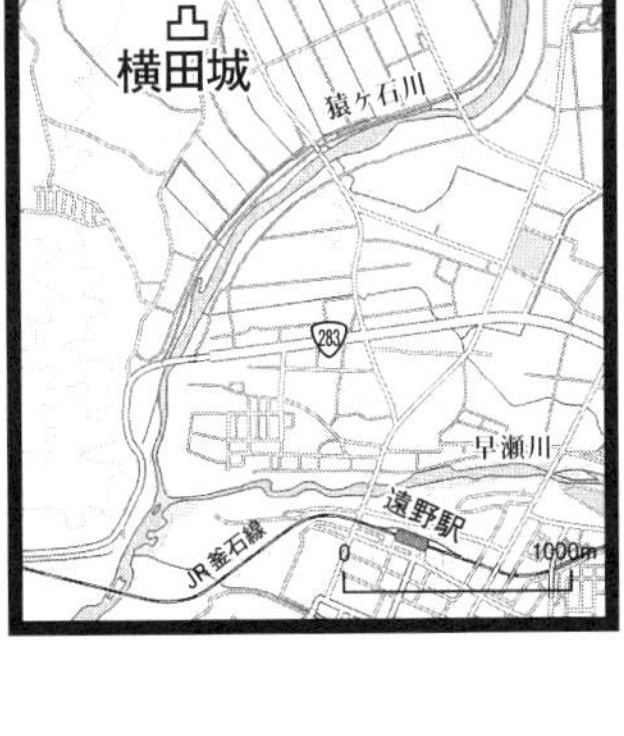

【位置と地形】　遠野市街地より北西の、高清水山（標高七九七メートル）東側、山麓台地を活用した城館である。標高は三二一メートル。麓の平坦地からは五〇メートルほどの比高がある。城館全体は北西から南東に向けて傾斜しており、東斜面は雛壇造成され、背後の尾根には大きな空堀で区切られている。南北両側は深い沢地形であり、城館の搦手には、北側の五万堂沢の上流から、館内部へ導水した痕跡が残っている。

【歴　史】　阿曽沼氏は、下野の藤原秀郷の後裔とされ、下野国阿曽沼郡に居住していた。文治五年（一一八九）阿曽沼四郎広綱は、源頼朝の奥州合戦に従軍。その戦功によって、頼朝から、閉伊郡のうち遠野十二郷を賜り、その後横田村護摩堂山に築城したという。築城の時期は文治五年以後、間もなく築城されたとも、建保年間（一二一三～一二一九）に広綱の次子親綱が築いたともいわれており、はっきりしない。当初、阿曽沼氏は下野にあり、遠野には代官宇夫方氏を派遣して、治めていたともいわれている。また、戦国時代末期の阿曽沼広郷の時代、天正年間（一五七三～一五九二）に、護摩堂山の横田城から、鍋倉山に城を移したという。後の遠野城（鍋倉城・横田城）である。

【城の構造】　城は大型の単郭構造で、搦手の基部を大型の空堀で区画している。この堀切には土橋があり、堀切から分岐した堀によって、進入路を曲げている。堀は曲輪の後背部を取り巻いて両側へ抜けているが、東側と南側斜面には、竪堀群も構えられている。曲輪の内部は東へゆるやかに傾斜して

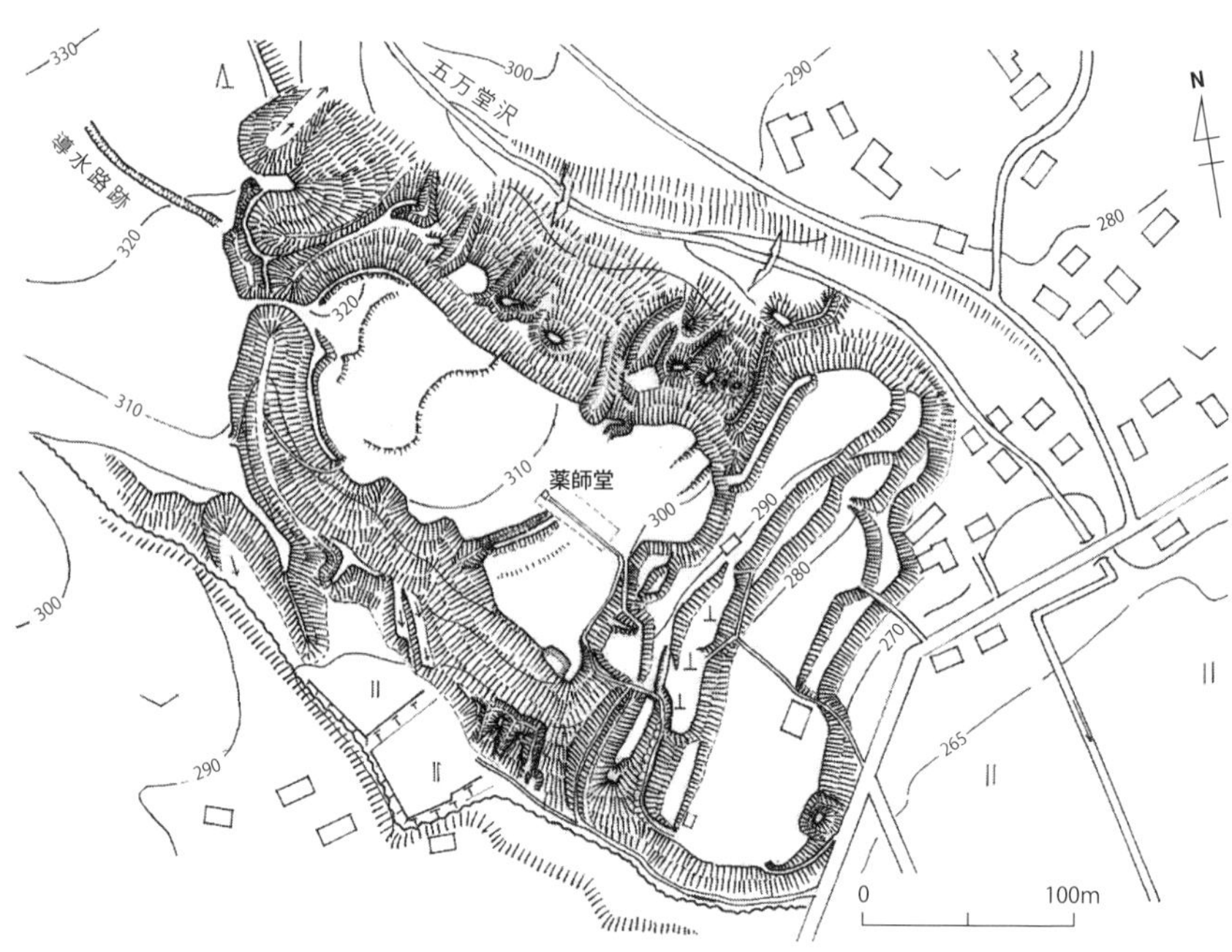

●—横田城縄張図（作図：室野秀文 1987, 2012 国土地理院地図を改変し加筆）

おり、小さな段差で複数の面に分かれている。中央部には護摩堂があり、傍らに妙見の石碑も置かれている。大手道は南東側から空堀状の道が入り込んで、曲輪に上るようになっている。これより東側の傾斜地には、雛壇状に腰曲輪が築かれている。もっとも下の道路沿いには塚が一基存在するが、これは竪堀の一部なのかも知れない。

横田城は、斜面の竪堀群を除けば、きわめてオーソドックスな構えであり、阿曽沼一族の鱒沢城とも、立地や構造の類似性がある。天正年間に遷った遠野城は、山上の本丸周囲に家臣の曲輪を多く配した、多郭構造の山城であり、その差は歴然としている。横田城から鍋倉山の遠野城への移転時期は、天正年間よりもやや遡る可能性もある。

（室野秀文）

【参考文献】『遠野市史』（一九八〇）、『岩手県中世城館跡分布調査報告書』（一九八六）

●交通の要衝にある館

人首城（ひとかべじょう）

〔所在地〕奥州市江刺米里字荒町・本小路
〔比　高〕四五メートル
〔分　類〕平山城
〔年　代〕中世～一九世紀
〔城　主〕人首氏？・阿蘇氏？・沼辺氏
〔交通アクセス〕ＪＲ東北新幹線「水沢江刺駅」下車、車で約三〇分。

【立地と環境】　人首城は、北上山地の山間、標高二一五メートルの丘陵上に立地し、その北側には東から西へ蛇行するように流れる人首川が位置する。この地域は、内陸部の旧江刺郡岩谷堂と沿岸部の気仙地方を結ぶ盛街道（さかりかいどう）の宿駅として発展し、北東には、五輪峠を通じて南部領遠野へと入る五輪街道など、街道の要衝である。人首城の変遷は、中世が人首地域を支配する在地領主の城として、近世が伊達藩北辺の要害としての性格など、長い年月の間、城館として存続している。近世の江刺郡は、北の南部藩との藩境であるため、人首要害の他、岩谷堂（いわやどう）要害（奥州市江刺字館山）、上口内（かみくちない）要害（北上市口内町字松阪）、野手崎所（のてさきどころ）（奥州市江刺梁川字舘下）などが置かれ、各要衝の防衛拠点的城館の性格を持っている。現在の人首要害は、近世沼辺氏時代に中世人首城を改築したものと考えられる。

【伝承として残る人首丸】　人首の由来は、今から一二〇〇年ほど前、坂上田村麻呂の蝦夷（えぞ）征伐による伝承に遡る。伝承によると、征夷大将軍である坂上田村麻呂は、達谷窟（たっこくのいわや）（現在の平泉町に所在）に住む悪路王（あくろおう）（伝承上は阿弖流為（アテルイ）とされる）を討伐したが、その甥である人首丸は、戦いから逃れ、現在の人首付近にある大森山中に落ち延びたとされている。その後の人首丸は、四年間にわたって抵抗したが、むなしく捕縛されて斬首にされたと伝わる。このような伝承は、坂上田村麻呂や阿弖流為をはじめ、岩手県南部に多く残り、地域の記憶として伝えられ、この地に人首の名称が登場するのであ

●―人首城遠景（北から）

る。

【中世人首城の謎】　中世人首城が属する江刺郡は、葛西氏の支配地域（岩手県南から宮城県北）であり、その重臣である岩谷堂城主の江刺氏との関係が深い。江刺氏は江刺郡の郡主的な存在と考えられるが、史料が少なく、その存在は不明である。

また、この地域は北に和賀氏・阿曽沼氏などの折衝地域でもあり、紛争地域でもあるのか、城主など不明な点が多く残る。『仙台領古城書上』には、城の規模が東西一一間、南北一二間で、城主は阿蘇修理と記載されているほか、永正十年（一五一三）に編纂された『正法寺年譜住山記』には、至徳元年（一三八四）に人首尾張守が正法寺へ三〇〇〇苅の寺領寄進が見られる。中世は武士が在地に土着し、その土地の名を名乗ることが多いことから、一四世紀頃には人首氏が人首城の城主であった可能性が高い。また、人首城から南東へ約一キロには人首古館があって、丘陵頂部には曲輪と考えられる平場が見られ、人首城よりも古い城館の可能性もあるが、二つの城館の関連性は不明である。

【沼辺氏の入部】　天正十八年（一五九〇）、豊臣秀吉による奥州仕置により葛西氏は改易となり、秀吉の家臣木村吉清の所領を経て、翌年には伊達政宗の所領となる。近世を通じて伊達領の支配地域は、この頃から確定し、南部領境の拠点として重要視されるようになる。慶長十一年（一六〇六）には、志田郡新沼より知行高一〇〇〇石で沼辺重仲が移封され、代々人首村の領主となる。沼辺氏は一族の家格であり、天文年間の頃から伊達氏に仕えた家臣である。

【人首要害の成立】　人首城は、東西約一五〇メートル、南北約一二

●―人首城縄張図（作図：遠藤栄一、2019 年）

○メートルで、本丸（要害屋敷）を中心として、一段下に帯曲輪が取り囲んだ輪郭式の構造をとっている。本丸は、東西長軸約一一○メートル×南北短軸約五○メートルで、西側がやや高く、東側が一段低くなっており、西側のやや高い場所に屋敷があったとされ、現在は招魂社が祀られている。一段低くなる東側は、別の曲輪の可能性もあるが、『江刺郡人首村要害屋敷惣絵図』からみると、東西両側を合わせた区域が本丸と考えられる。本丸の下段にある帯曲輪には、かつて土塁が構築されており、現在、南西側に土塁の一部が残っている。また、各曲輪は切岸によって防御性を高められている。

本丸から旧大手門と搦手道を挟んで東側には、小高い曲輪が見られ、中世の曲輪と考えられる。中世曲輪は本丸よりも高い位置にあって、その一段下に東側が平場となる腰曲輪が付属している。この中世曲輪と旧大手門については、南側周辺に、入部時に随行した譜代家臣の屋敷地が配置されていることから、沼辺氏が入部した頃は、中世曲輪を使用していた可能性がある。また、城外南斜面部には竪堀が残り、北側の搦手道と連続しているようにみられ、本丸と中世曲輪を分断していることから、中世の堀切と考えられる。さらに、城下町が整備され、人首要害が完成した頃には、南西側に新しい大手道が作られる。

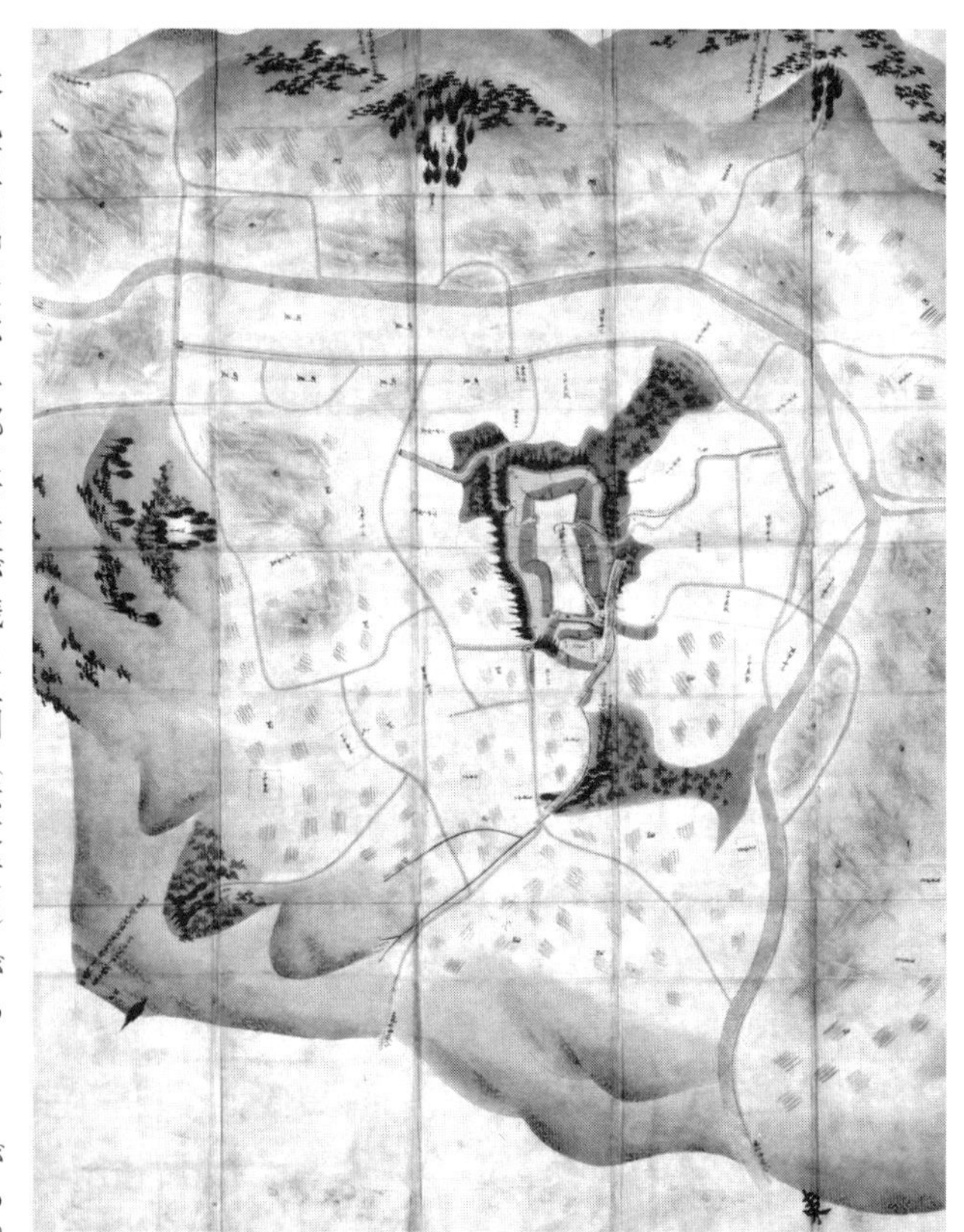

●—江刺郡人首村要害屋敷惣絵図（貞亨4〈1687〉年，宮城県図書館所蔵）

●—佐伯家門（南から）

本丸南西隅には、一部に石垣が残る正門（伝大手門）があって、そこから帯曲輪へと通じる。現在、大手口に隣接する佐伯家住宅には、この大手門が移設されて、往時を垣間見ることができる。さらに、帯曲輪南西隅には一部が石垣で造成された長大な桝形（ますがた）がみられ、南麓の家中屋敷へと続いている。本丸北東隅の搦手道には、一部に土塁の痕跡とクランクがあって、北麓に広がる家中屋敷地（荒町）へと通じる。

【人首要害と城下町】　小高い丘陵上に立地する人首要害の山麓には、取り囲むように家臣屋敷地・町場などの城下町が形成されている。この城下町は、『風土記御用書出』（安永風土記）によると、安永二年（一七七三）で人口二九一〇人、馬数七九六頭で、家数六五五軒、家中屋敷五三軒、伊達藩御預足軽屋敷二〇軒にのぼり、神社・寺院の他、藩境でもあることから、人首御番所も設けられていた。また、鉱山資源にも恵まれ、金山・銅山などの採掘が盛んであることから、城下町が発展し、重要な地域であったことは言うまでもない。その名残を残す町並みは、城下町特有の整然とした街並みと街路が屈曲するクランクや、字名に重臣屋敷地である本小路（本宿小路）、家中屋敷地である荒町が残り、その子孫の方々が居住しておられるなど歴史景観がそのまま残っている地域である。

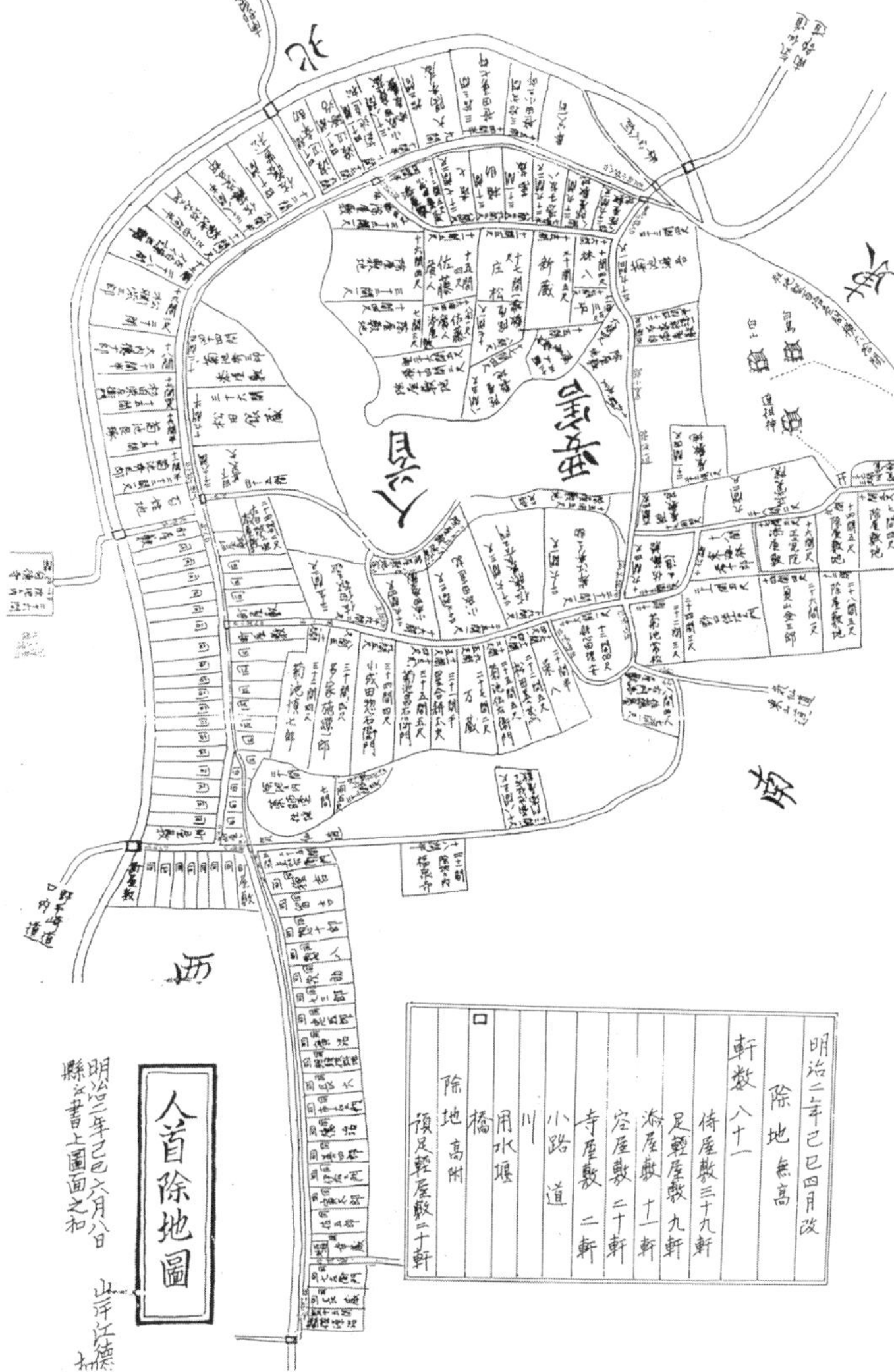

人首除地図（明治２年、奥州市新田家所蔵）

【参考文献】江刺市『江刺市史』第一巻通史編原始・古代・中世（一九八三）、小林清治『仙台城と仙台領の城・要害』（名著出版、一九八二）、えさし郷土文化館・えさし古文書の会『江刺の里めぐり』（二〇一二）

（遠藤栄一）

●古代城柵「胆沢城」後の中世館

上館（かみだて）

〔所在地〕奥州市水沢佐倉河字八ツ口
〔比　高〕四メートル
〔分　類〕平城
〔年　代〕中世
〔城　主〕不明
〔交通アクセス〕ＪＲ「水沢駅」下車、岩手県交通バス「八幡神社前」停留所下車、徒歩一五分。

【古代胆沢城と上館】　岩手県奥州市にある国指定史跡胆沢（いさわ）城跡の北側には、あまり知られていない中世城館が今も残っている。上館は、胆沢扇状地の水沢段丘高位面、標高四五㍍に立地し、すぐ北側には東西を流れる胆沢川、東側には南北に縦断する北上川がある。この地域は、古代の城柵「胆沢城」が置かれた場所である。胆沢城は延暦二十一年（八〇二）に坂上田村麻呂によって造営された鎮守府であり、発掘調査によってさまざまな遺構・遺物がみつかっている。上館は、胆沢城の外郭線より北西側にあって、近くには奥州街道があり、街道と河川を意識した交通の要衝に位置している。また、胆沢川を挟んで北西には、一一世紀半ばに活躍した安倍氏の鳥海（とのみ）柵跡、東側には坂上田村麻呂ゆかりの鎮守府（ちんじゅふ）八幡宮（はちまんぐう）が鎮座している。

【城館の構造とその歴史】　上館は、別名「古館」・「速瀬館（はやせだて）」とも呼ばれ、現況は、北側を胆沢川の浸食によって削られているが、果実畑の広がる平坦な場所には堀が残っており、郭や堀底などで林檎が栽培されている。その規模は、東西一六〇㍍、南北約一二〇㍍で主郭（Ⅰ）を中心に西郭（Ⅱ）、北郭（Ⅲ・Ⅳ）が堀によって区画されている。主郭は、中心部に位置しており、南西隅の一部にやや小高い場所がみられ、櫓台（やぐらだい）があった可能性がある。櫓台の西側には土橋（どばし）があって、虎口（こぐち）を構え、主郭を通過して北郭へ通じる道がある。

北郭（Ⅲ・Ⅳ）は本来、一つの郭であった可能性があり、後の改築などによって二つの郭に分断されたと考えられる。

この分断する通路は、クランク状で横矢が掛かる構造となっている。また、区画する堀にはさまざまな特徴がみられる。城館全体を区画する南側の外堀は、幅六メートルで、東側を削平されているが、昭和五十一年（一九七六）作成の地形図には堀の痕跡がみられ、途中で北側へ折れて胆沢川縁辺部につながる。主郭と北郭の間にある堀は、幅六メートルで深さ〇・八メートルを測るが、東に向かう途中で深さ二〜三メートルと急に深くなる。主郭と西郭の間にある堀は、堀幅一〇メートルで城館の中でも最大である。

●—上館縄張図（作図：室野秀文 2002 年，トレース：遠藤栄一）

　上館については、仙台藩の史料『風土記御用書出』（安永風土記）に、「上館屋敷」の屋敷名（屋号）が記載されているだけで、城主や年代については不明であるが、胆沢城周辺には鎌倉時代（一四世紀）の板碑が残っており、胆沢城廃絶後の中世には無名の在地領主が居住していたことが想像される。

●—Ⅰ郭とⅣ郭間の堀（南西から）

【参考文献】水沢市『水沢市史』三・近世（下）（一九八二）

（遠藤栄一）

●伊達領の北限の要衝

金ケ崎城

〔金ケ崎町指定史跡〕

〔所在地〕金ケ崎町西根字仮屋
〔比　高〕約一三メートル
〔分　類〕平城
〔年　代〕一三〜一六世紀
〔城　主〕大町氏ほか
〔交通アクセス〕ＪＲ東北本線「金ヶ崎駅」下車、徒歩約一五分。東北自動車道水沢ＩＣより車で約一〇分。駐車場有（白糸まちなみ交流館）

宿内川
ＪＲ東北本線
北上川
270
金ケ崎駅
金ケ崎城
108
金ケ崎町役場
0　500m

【往時の景観】　国道四号を北上し胆沢川を渡ると、東側の線路、県道二七〇号の向こうに緑の微高地を望むことができる。県道は江戸時代の奥州街道であり、緑の微高地はかつて旧伊達領（仙台藩）の金ケ崎城（館・要害）が置かれ、旧南部領（盛岡藩）との境を守る要の地であった。南流する北上川の西岸に立地し、河川から城が立地した段丘上までは比高一三メートルほどの岸壁となっており、まさに天然の要害というに相応しい地形である。

旧奥州街道（県道二七〇号）の銀行付近から東へ曲折し、六本松（県道一〇八号）を通って直ぐに表丁（町道・表小路）に向け南東方向へ曲がり、表丁の中間地点で北東方向の六軒丁へ曲って直進すると、大庭の南と西を巡る土塁や堀に沿った小路の片平丁と接続する。六軒丁を直進した先には四方を堀と土塁で囲まれた桝形がかつて存在し、二の丸の表門へと続いていた。貞享五年（一六八八）『伊沢郡金ケ崎村館絵図』によると、金ケ崎城は川沿いに本丸・二の丸・蔵館・東館・観音館・大庭の六郭が築かれていた。今でも二の丸や東館などの堀が残され、散策路では堀底まで降りることが可能で、城跡の構造を歩いて体感することができる。

また、城の南から西にかけて、絵図や安永五年（一七七六）西根村風土記にある道（小路・丁）を核として武家町が配置された。その町並みは今も面影を色濃く残し、平成十三年（二〇〇一）に国の重要伝統的建造物群に選定された。

【伊達領の主要な要】　金ケ崎城は天正十九年（一五九一）よ

●—奥州街道より金ケ崎城要害を望む（南より）

り伊達領の西根村となる。最初の主は慶長六年（一六〇一）岩谷堂城から移封された桑折氏であり、同二十年（一六一五）伊達政宗の庶長子秀宗の後見人として宇和島藩へ移るまで治めた。翌年、江戸幕府が武家諸法度を発して一国一城令が西国から全国向けの法令となり、一国（藩）に対して一城のみ許可され、他は廃城とされた。仙台藩では、藩内の統治を目的として城に代わって館を配置、特に主要な二一の館は城に準じた「要害」とし、幕府の取締り対象となった。

奥州街道と北上川の間に位置する金ケ崎城も、水陸双方の交通の要衝として、また領地境に位置する軍事的備えとして重要な地であり、金ケ崎要害となる。元和二年（一六一六）留守氏が最初の館主となるが、寛永六年（一六二九）水沢に移り、暫くの間は主不在であった。正保元年（一六四四）東山藤沢より移封となった大町氏は、明治二年（一八六九）まで館主として当地方を治めた。

【古代よりの城館・交通の要衝】 安永五年（一七七六）『西根村風土記』には、延暦二十年（八〇一）坂上田村麻呂が城を築き、後に安倍貞任の叔父河堰太夫為行（金為行か）が居城、貞任の没後は安倍頼時の娘白糸前が居住して源義家が宿陣とあり、別名「白糸館」「川崎館」という。同風土記には中世の記述はなく、近世の文献には和賀氏と江刺氏が西根金ケ崎で衝突したこと、西根十二郷を与えられた新渡戸氏の「西根城」で柏山氏に追放されたこと、小野寺氏の「和賀河崎城」で九戸政実が攻めてきたこと等が伝わり、金ケ崎城の記録と推定される。

『胆沢郡金ケ崎要害屋敷絵図』によると、留守氏（伊達武

●―金ケ崎城跡とその周辺（『金ケ崎町史 1』より転載．本堂寿一作図に一部加筆）

蔵）の屋敷は本丸にあったとされる。『西根村風土記』には、本丸が北上川で浸食され、留守氏以後の正保二年（一六四五）に大町備前定頼が二の丸を修復し、代々居住したとある。

それ以前の姿は、本丸と二の丸、東館は、北上川に沿って三面を堀が巡り、各々の郭が並列する城館（群郭城郭）の様相が想定される。二の丸の北東で本丸の北西に位置し、往古より兵具を置いたとされる蔵館も然りである。金堀沢を挟み二の丸の北西に位置する丸子館は、金ケ崎要害に含まれないが、群郭の名残をとどめている。本丸など各々の郭の虎口はシンプルな平入であり、古代から存在していた可能性を示すものである。発掘調査では、二の丸跡の範囲から一二世紀の土師器小皿（燈明皿）が複数出土し、大庭跡の範囲から柵列や柱列、一二、一三世紀の渥美産陶器甕片が発見された。また、大庭跡の南側からは建物跡や土坑、多くの柱穴、一二〜一八世紀の陶磁器が確認されたことで、古代からの城館や交通施設の存在が窺える。

【金ケ崎要害の構造】 貞享五年の絵図や正保年間（一六四四〜四八）の『金ケ崎要害屋敷絵図』は、館主の大町氏が修繕し二の丸に居住してから描かれた絵図である。正保二年には、群郭を結ぶ大馬出として大庭と観音館を築造し、核となる二の丸表門から他の郭や武家町へ続く二本の通路を造り、近世城館へと変遷するための普請がされたと推定される。表門の土橋より桝形へ到る通路は、大庭の北面に整然と並ぶ樹木（木柵か）に沿って西へ曲って着く。奥州街道から桝形ま

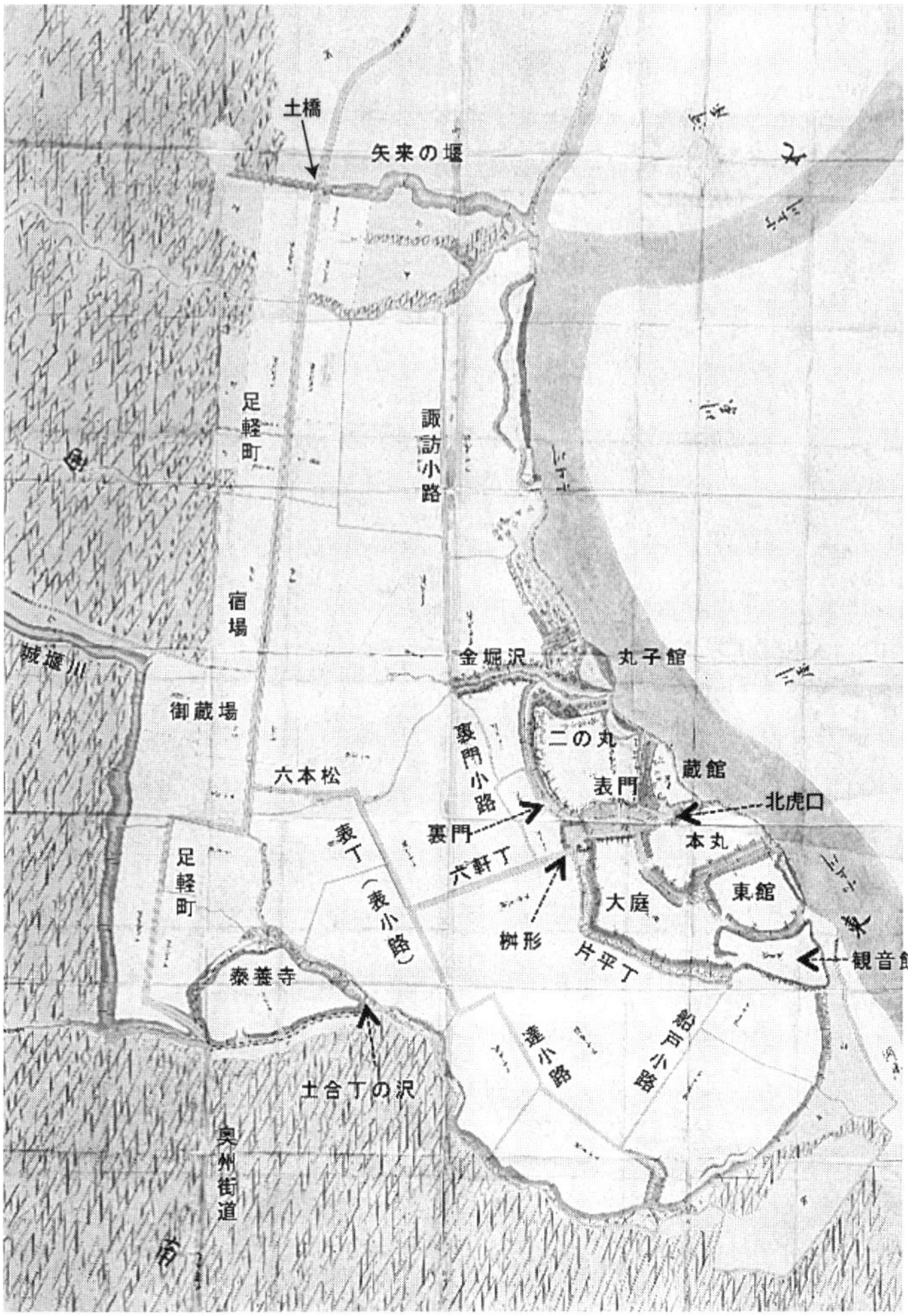

●—伊沢郡金ケ崎村館絵図 貞享5年（1688）（宮城県図書館所蔵）（小路や郭等の名称，筆者加筆）

では六本松や表丁等の小路と道沿いに並ぶ武家屋敷を通過していく必要がある。表門のもう一つの通路は東へ曲折し本丸の北虎口へと繋がる。北虎口の東側には土塁と樹木が鈎型に配され、半円状の外枡形の様相を呈する。北上川の船着場へと通ずる搦手口があったと想定される観音館は、大庭と区画するよう周囲に土塁が巡り、大庭から本丸への虎口は二の丸の南面より続く水堀に切られて木橋等を架ける必要があることから、それぞれの出入口は強固なものとなっている。

『胆沢郡金ケ崎要害屋敷絵図』によると、二の丸は「東西南北五四間」とあり面積約九四〇〇平方メートル、堀と土塀、土塁で囲まれていることが分かる。北面は自然の金堀沢を堀とし、西面は沢を南へ延ばして掘られた人工の堀であり、調査を実施したところ、断面が上幅二〇・五メートル、深さ六・五メートルの薬研堀である。また、土塁跡は規模が幅四・七メートル、高さ〇・九メートルで、上層には堀の堆積層と同じ赤褐色砂礫土が含まれることから、堀を掘削した土を盛ったことが分かった。

●—武家の町並み「裏門小路と家老屋敷」

表門付近の調査では、門跡とその西側より石列、土塁跡が検出された。石列は土塁の北と東を囲うよう直角に配され、塀があったと想定される。土塀の規模は最大幅二・六五メートル、最大高〇・四八メートルで西面の土塁より規模が小さい。表門の調査では東寄りに七基の礎石跡（根石状遺構）が確認された。南面には四基、その北側には三基あり、江戸時代の絵図と同じく桁行三間、梁間一間以上であることが明らかとなった。石列の北側より火縄銃の玉が検出された。

以上から、二の丸を含む本城は、古代から近世にかけての城館の変遷を知ることができる史跡である。

金ケ崎要害の南西に所在する大町氏菩提寺の泰養寺は、『西根村風土記』に舟形館とあり、東から北にかけて土合丁の沢による開析谷、南から西にかけて段丘崖で、独立した郭を彷彿とさせる。造成された城堰川と舟形館の南西端の間を、胆沢川を渡り北上する奥州街道が西へ曲がりながら、要害の城下へ入る。伊達政宗は巡視の際に泰養寺を経て、二の丸の南に所在した御仮屋に滞在と記録があることから、南関門の存在が窺える。

街道の西を東流する城堰川は、かつて金堀沢を通じて北上川へ流れ込んでいたと思われるが、街道西側の御蔵場（金ケ崎町役場付近）の北西で直角に南へ曲折し、宿場（町人町）や足軽町の西側を囲うように外堀として造成された。城下町の北（矢来）を流れる堰は深さが一間半ほど（約二・七メートル）あり、両岸には土手が築かれ、街道と交わる場所には土橋を渡していたという。金ケ崎城や奥州街道を核として大町氏が造成した城下町は、城堰川による外堀の地形や館跡等の遺構、近世の武家の町並み（城内諏訪小路重要伝統的建造物群保存地区）が残り、伊達領の地方統治の歴史を現代に伝えている。

【参考文献】金ケ崎町『金ケ崎町史一、二』（二〇〇六）、齋藤慎一、向井一雄『日本城郭史』（二〇一六）、飯村均、室野秀文編『東北の名城を歩く 南東北編』（吉川弘文館、二〇一七）

（浅利英克）

摺沢城（すりさわじょう）

●大崎・葛西領の大乱で大原飛騨守が布陣

〔所在地〕一関市大東町摺沢字但馬崎
〔比　高〕三〇メートル
〔分　類〕山城
〔年　代〕室町時代～戦国時代末期
〔城　主〕大原飛騨守・岩淵大炊
〔交通アクセス〕ＪＲ大船渡線「摺沢駅」下車、徒歩三〇分。

【位置と地形】　大東町摺沢の街の南東部に、東から突き出した、但馬崎に築かれている。城からは摺沢の街を一望できる。

【歴　史】　城は別名八丁館（八町館）とも呼ばれている。一一世紀安倍氏の伝承もあるけれども不詳。室町時代中期の一五世紀半ばには築城されており、岩淵氏の城館であった。文明元年（一四六九）、葛西・大崎の大乱の際、約六キロ北東の大原飛騨守（大原城主）が、数流澤城に布陣している（薄衣美濃入道申状）。大原飛騨守は千葉氏の系譜で、東磐井の旗頭を勤めた有力領主であった。岩淵氏も、大原氏の統率下にあった。

【城の構造】　城は尾根の基部を、巨大な二重堀で区切り、南斜面に竪堀を落としている。二重堀は北側を廻り、北西側の大手近くまで伸びている。堀の間に大きな土塁（どるい）を盛り上げ、北側の内堀は「馬かくし」と伝承される。

曲輪の配置は、①が本曲輪（主郭）であり、西へ②・③・④の平場が階段状に配置されている。②は本丸を囲む腰（こし）曲輪であり、本丸東側では空堀（からぼり）状になる。③が二ノ曲輪と考えられ、④は③を守る腰曲輪である。北西側の堀切（ほりきり）を隔て、⑤の出（で）曲輪がある。

本曲輪西よりには、径七メートル、高さ二メートルの塚がある。武具類を埋めた塚といわれている。南側の小さな池は、日照りでも枯れたことがないと伝承されている。また、城の東方から尾根伝いに引水し、本丸に水を引いたといわれる用水堰の跡が残っている。

摺沢城は、室町時代中期から、戦国時代に至る、中規模の城館であり、戦国期には摺沢領主岩淵氏の居城であった。遺構の保存状況は、すこぶる良好であるが、夏場は草木が繁茂し、立ち入りが容易ではない。見学にあたっては、晩秋から春先が良いだろう。

●—摺沢城（1948年米軍撮影：国土地理院所蔵）

【参考文献】本堂寿一「摺沢城」『日本城郭体系二』（新人物往来社、一九八〇）、『大東町史』（大東町、一九八二）

（室野秀文）

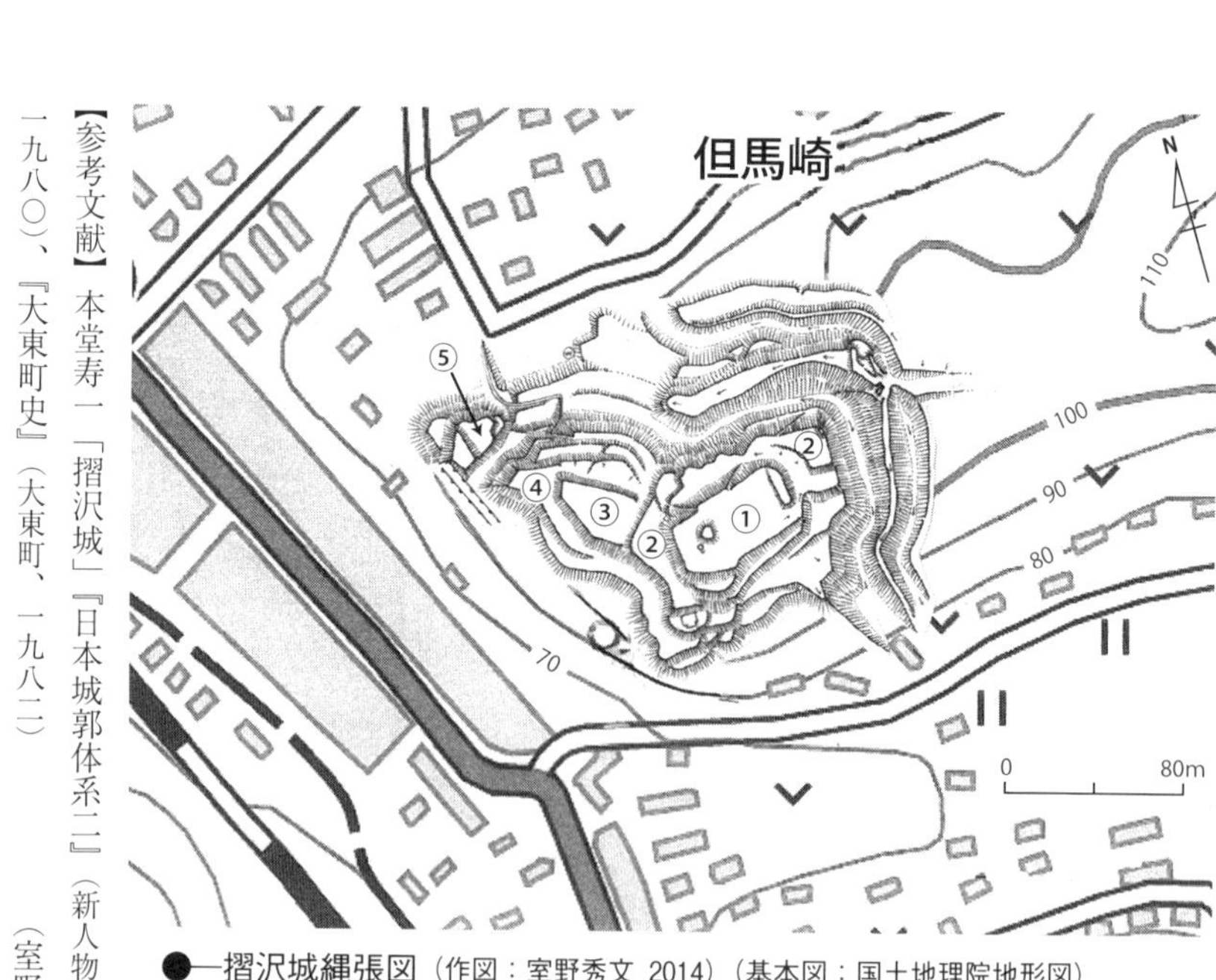

●—摺沢城縄張図（作図：室野秀文 2014）（基本図：国土地理院地形図）

●漁港を擁する海城

末崎城（まつさきじょう）

〔所在地〕大船渡市末崎町字西舘
〔比　高〕三八メートル
〔分　類〕山城
〔年　代〕戦国時代
〔城　主〕武田丹後・武田式部・及川伊賀守
〔交通アクセス〕ＪＲ大船渡線ＢＲＴ「小友駅」下車、車で約一〇分。

門之浜湾
末崎城
泊里漁港
女島
館ヶ崎角岩岩脈
0　500m

【位置と地形】　大船渡市末崎町、門の浜湾に突出する館ヶ崎に立地している。東側に泊里漁港を擁していることからも、海運や水産業を基盤とした、海の城館であったと推定される。南には、やはり半島を活用した蛇ヶ崎城（陸前高田市）が望まれる。半島の上面は、緩やかな起伏があり、最高所に本丸がある。そこから南西に、半島の鞍部を隔てて、出城のような曲輪が築かれている。海沿いの断崖は険しく、比高二〇メートルにおよぶところがある。この岸壁は館ヶ崎角岩岩脈として、地質学上有名な半島である。現在、城跡の本丸中心部は刈払いされているが、周囲は笹や灌木の藪が濃密なため、現地見学が困難であることが惜しまれる。特に出曲輪へ向かうのは、安全上避けた方がよいだろう。昭和二十三年（一九四八）米軍撮影の空中写真（国土地理院）には、当時耕作地となっていた、本丸や二ノ丸付近の様子が鮮明である。ここでは、既刊の参考文献と写真に依拠しつつ、管見の範囲で城館の概要を述べることにする。

●―末崎城（1948 年米軍撮影, 国土地理院）

【歴　史】　ここの城主は、武田丹後、その子式部（気仙郡古記）とされるほか、及川伊賀守（葛西真記録）とも伝えられる。城館の構造からみれば、戦国時代末期まで使用されたことは明らかであるが、創築がいつなのか判然としな

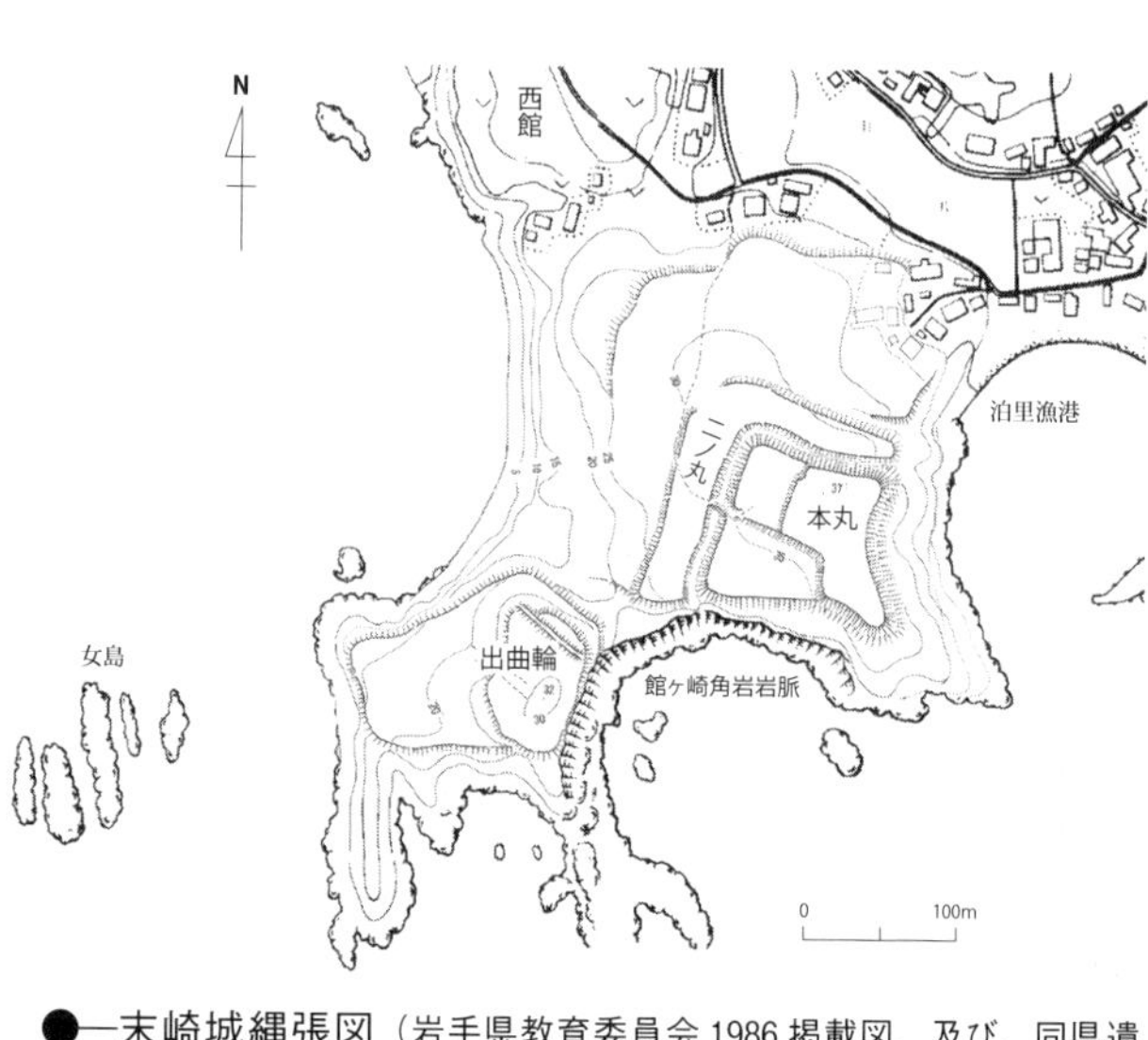

●—末崎城縄張図（岩手県教育委員会1986掲載図，及び，同県遺跡地図を改変）

い。

【城の構造】　本丸は東西一一〇メートル、南北八〇メートルの方形で、北と西側に幅一五メートル、深さ六メートルの堀が廻る。その北側から西側にかけては、幅三〇メートル内外の二の曲輪がある。北西側の基部から来た道は、二ノ丸の西側を通過して、本丸西堀の南端近くから、本丸南西部へ上る。これが城館当時からの道だろう。本丸内は南西部がもっとも低く造られており、ここが虎口（こぐち）と考えられる。本丸西側には、末崎城跡の石碑が建てられている。本丸東側は、本丸西側よりも一段高くなっており、ここが中心施設が存在した場所だろう。歩いた範囲では、本丸内部には土塁（どるい）は存在しないようであった。

二ノ丸は牧草地や畑となっている。自然の地形を残しつつ造成されており、縁辺部は高さ一メートルから二メートルの切岸（きりぎし）になっている。周囲に堀が存在するか否かは不明である。

出曲輪には二段の平坦部が造成され、北側に高さ一メートル、幅二メートルの土塁が、長さ五〇メートル存在するという。

末崎城は起伏のある半島の上に、方形の居館を乗せたような本丸と、二ノ丸。さらに南西側の出曲輪がある。城跡の遺構保存状態は良好であり、海の権益を守る城館として、半島の地形、地質、周囲の景観も含めて、大変貴重な城館跡と考えられる。もしも叶うことならば、城跡の全体を、くまなく歩いてみたいものである。

なお、城跡への道は、個人の宅地内を通過するので、見学にあたっては、充分注意が必要である。

【参考文献】『日本城郭体系二』（新人物往来社、一九八〇）、『岩手県中世城館跡分布調査報告書』（一九八六）、岩手県教育委員会『岩手県埋蔵文化財地図（令和二年度版）』（二〇二一）

（室野秀文）

●世田米氏の山城

世田米城・上原館城

〔所在地〕世田米城：住田町世田米火石　上原館城：世田米本町
〔比　高〕世田米城：六〇メートル、上原館城：八〇メートル
〔分　類〕山城
〔年　代〕室町時代～戦国時代末期
〔城　主〕世田米氏
〔交通アクセス〕岩手県交通バス「世田米駅」下車、徒歩三〇分。

【位置と地形】　内陸の胆沢郡や和賀郡、稗貫郡、遠野から、沿岸の気仙郡に向かい途中の交通の要衝、世田米の街の北と南に城館がある。北にあるのは上原館城、南にあるのは世田米城（下館）である。いずれも山城で、上原館城は、西に向かって構えられ、世田米城は、大船渡に向井街道と、陸全高田に向かう街道の分岐点を抑えている。山の中の盆地であり、森林資源と陸運業が基盤であったと考えられる。

【歴　史】　この世田米を領した世田米氏は、室町時代に世田米殿として知られた存在で、葛西氏領国の北端に位置している。戦国時代末期の遠野阿曽沼氏の当主、阿曽沼広郷は、世田米氏から正室を迎えており、世田米氏（浅沼氏）と阿曽沼氏は姻戚関係にあった。慶長五年（一六〇〇）南部氏に従って最上に出陣中の広郷は、家臣鱒沢氏、上野氏の謀反で遠野に帰還できず、奥方の実家である世田米修理の城に落ち延びた。これには南部利直の謀略があったとも伝えられている。広郷は、伊達氏の支援を受けて、遠野奪還をはかるも、果たせず、後に伊達氏に仕えたとされている。

【城の構造】　世田米城は、世田米の街の南、気仙川左岸の山上にある。この城の北西側で、陸前高田に向かう街道と、大船渡に向う街道が分岐している。東の山から伸びた丘陵が、先端部が盛り上がり、本丸を構築している。東側では空堀で二カ所区画し、二ノ丸と呼ばれる。本丸は南北一一〇メートル、東西三〇メートルで、北側に八幡宮がある。神社の裏手は小高いマウンドであり、本丸南端にもやや小さなマウンドが築かれてい

●—世田米城縄張図（作図：室野秀文）（岩手県埋蔵文化財センター地形図を転載）

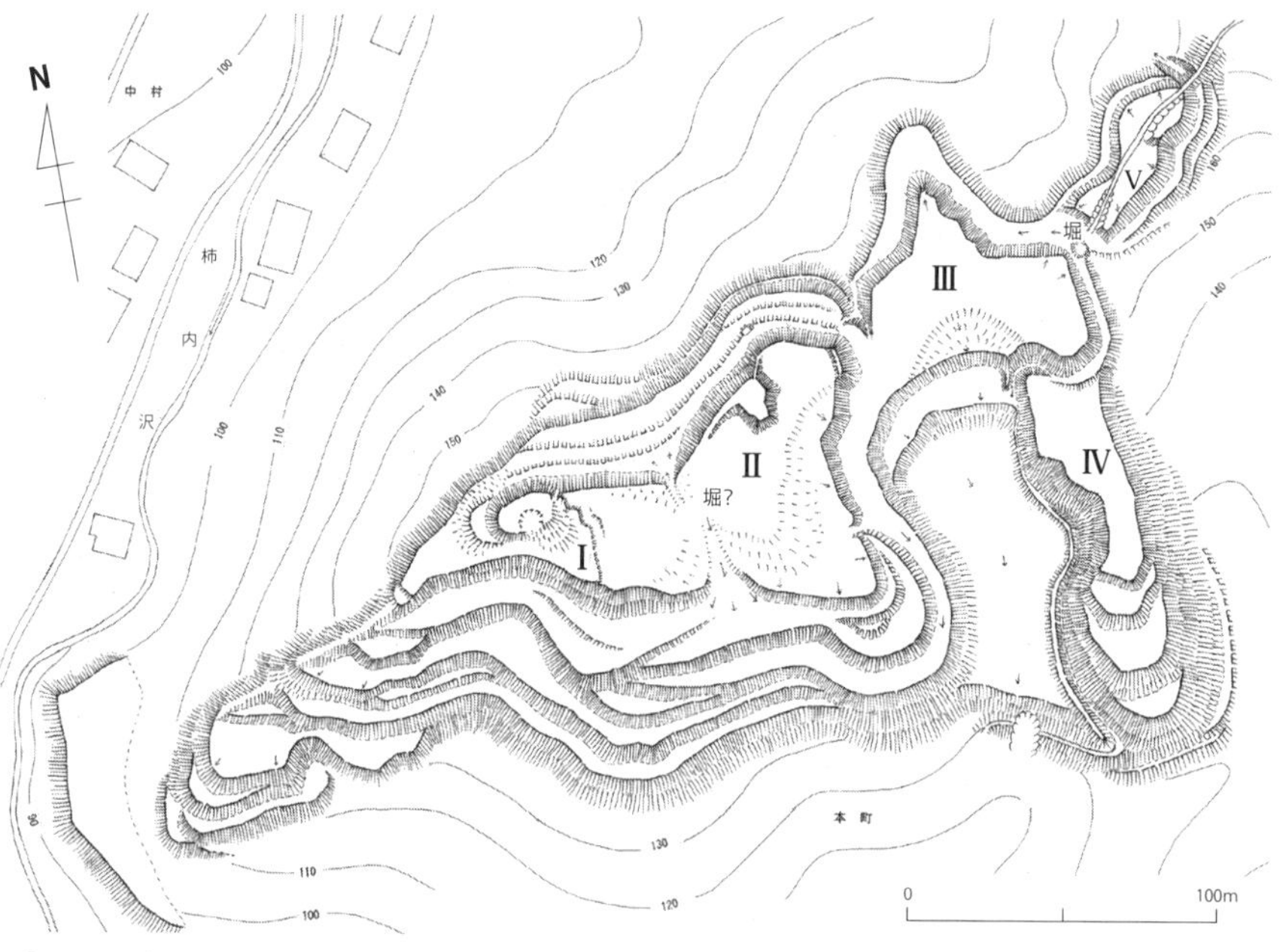

●—上原館城縄張図（作図：室野秀文）

る。

　二ノ丸は本丸から空堀を隔て、東側にある。起伏のある畑であり、北東部には外側に土塁を盛った小さな堀があるほか、南東部には鍵型の土塁があり、いくつかの曲輪に分かれる可能性もある。東側の山と接するあたりには、南北から切れ込んだ堀状の道があり、もっとも外側の堀であるのかもしれない。この城の大手道と考えられるのは、北西側の世小の森公園からつづら折りで本丸西側に上る道で、ところどころ石積がみられる。本丸よりも南に低く突き出したところは、出丸のようなところであるが、道路改良工事により発掘調査され、現在は削られている。斜面部に設けられた段築が多く確認され、一五世紀から一六世紀の瀬戸・美濃製品などの陶磁器破片が出土している。

　上原館城は、世田米本町の上の山頂にある。東から西へ突き出した尾根にあって、西方から望むと、稗貫郡、和賀郡、遠野保など、内陸部からの侵攻に備えた山城であることがわかる。この城へ行くには、満蔵寺東方の坂道を、上原館城の東方の峠まで登り、尾根上の道を西へ進むと、比較的楽に登れる。南西麓から入る方法もあるが、人家の中を通行することになるので、注意が必要である。また、山の上は手入れされた杉林であり、個人所有地であるので、山の木や植物は傷めないように、注意したい。

　この山城は尾根の先端から約四〇〇メートルにわたり、Ⅰ〜Ⅴの曲輪が築かれている。ⅠとⅡが山城の中枢部分であり、周囲をテラス状地形や腰曲輪が雛壇状に構えられている。不明瞭ながら、ⅠとⅡは空堀で分けられていると思われる。ⅠとⅡには、櫓台らしい高まりがある。ⅢとⅣは、外曲輪的な部分であり、満蔵寺からの細い道が、Ⅳの西側の堀に到達している。これが大手道なのかもしれない。Ⅴは前後を堀切で区画した小さな曲輪で、馬出的な曲輪と考えられる。この城には東方の山中から、尾根道沿いに水が引かれていたと伝承され、東の峠付近には、その痕跡が残っている。

　本町の上にあるこの城は、世田米城に先行して構えられた山城ではないだろうか。戦国期には、上原館城と世田米城が併存していたものと推定される。


【参考文献】室野秀文「気仙川流域の中世城館調査報告—歴史・考古・民俗学から、気仙地域の魅力を語るⅢ予稿集」（二〇一七）、岩手県沿岸広域振興局土木部大船渡土木センター他『世田米城跡発掘調査報告書』（岩手県文化振興事業団埋蔵文化財センター、二〇一八）

（室野秀文）

お城アラカルト

野田村伏津館の調査

北田　勲

緩やかな弧を描いた海岸線が美しい十府ヶ浦から、一・七キロほど内陸の丘陵上に伏津館は立地する。調査時は杉が林立して見通せなかったが当時は海岸線から眼下の街並みまでを一望でき、秋田川と明内川の二つの小河川に南北を挟まれた、川沿いに崖地形が見られる自然の要害に囲まれたこの場所は、城を構えるのにうってつけだったに違いない。

現在の野田村は九戸郡に含まれるが、九戸郡は寛永十一年（一六三四）の領内郷村目録が初出とみられ、それ以前の中世は閉伊郡、一六世紀末には糠部郡に属していたと考えられる。今回調査した丘陵から東へ延びる小丘陵は、長年、中世の野田地域を支配した野田氏の居城である野田城擬定地とされてきた。野田城は、天正二十年（一五九二）の『南部大膳夫分国之内諸城破却共書上之事』に「糠部郡之内野田山城破却一戸掃部助持分」と記載されており、一六世紀末まで存在した山城であったことが分かる。野田氏は一戸南部氏の庶流で、中世の野田地域が属していた閉伊郡の中でも千徳氏と並ぶ中心的な勢力であった。一六世紀前半までの史料では、八戸南部氏とその庶流の七戸南部氏、三戸南部氏、一戸南部氏が南部氏一族に認められており、このうち一戸南部氏が閉伊郡に勢力を拡大する。岩手県宮古市黒森神社の天文八年（一五三九）三月六日棟札に「大檀那南部源朝臣千徳二郎殿」があることから、少なくとも一六世紀前半までには一戸南部氏が閉伊郡に入っていたことが推測される。

●—遺跡全景（(公財)岩手県文化振興事業団埋蔵文化財センター提供）

東日本大震災に関連する復興調査は、三陸沿岸道路建設にともない、平成二十五・二十六・二十九年の足掛け三ヵ年（九ヵ月間）行われた。山城の曲輪１・２など主要な箇所のほか、腰曲輪や堀などを調査した結果、一五世紀後半に廃絶した城館であることが分かった。また、調査から小さな曲輪を並べた簡素な戦時のための軍事的な城館から大形の建物跡を有する居館への変遷も捉えられた。頂上の曲輪１は一辺三〇メートルの方形に整地され、これを防御する目的で西・南辺には高さ二メートル以上の土塁がL字状に築かれていた。曲輪内には、土塁に沿うように梁間二間の二面に庇を持つ建物と、梁間一間の付属屋が並んで配置されていた。また、曲輪１の北側一段下にはやや狭い台形状に整地された曲輪２があり、梁間二間の四面に庇を有する大形の建物と梁間一間の付属屋が、曲輪

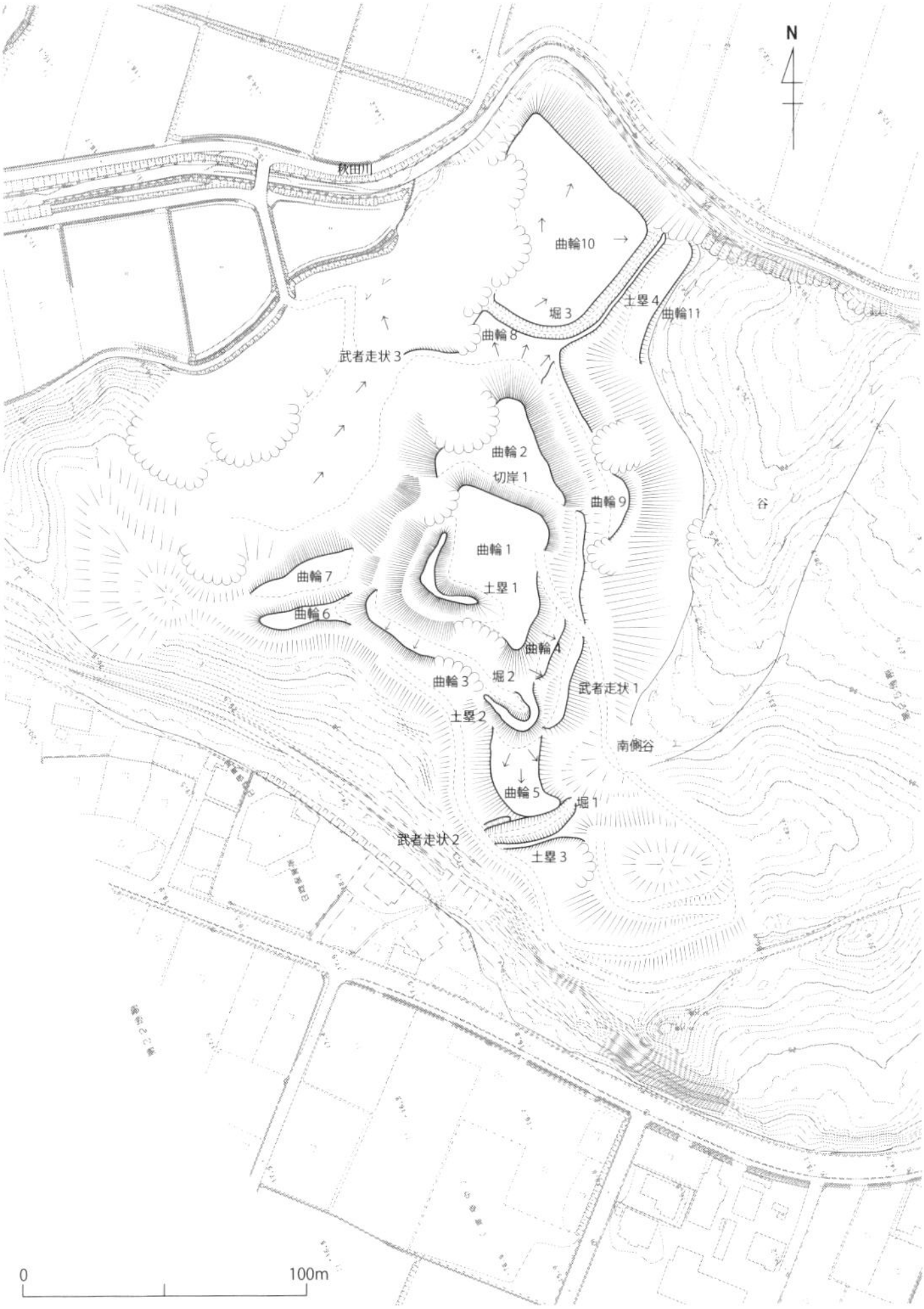

●—伏津館縄張図（盛岡市教育委員会，室野秀文作図をもとに加筆トレース）

●—伏津館跡出土遺物集合（主要遺物）
（（公財）岩手県文化振興事業団埋蔵文化財センター提供）

1および2の間にある前時期の切岸に沿って配置されており、前者は領主の邸宅としての居住空間、後者は公的性格の強い政治的な空間と考えられる。

遺物は、一五世紀代の国産陶器・輸入陶磁器のほか、硯や茶臼、青銅製花瓶、青銅製目貫、銭貨などがまとまって出土した。城館の規模に反してその種類は豊富で、茶道具の中国製青磁碗や天目茶碗、古瀬戸茶壺、越前壺、茶臼、風炉のほか、文房具の古瀬戸水鳥形水滴や琵琶が陽刻された硯などの優品が見つかっており、館主の教養と財力を示す資料と考えられる。

一五世紀後半に、一戸南部氏が閉伊郡に入った時期と城館が廃絶した時期がほぼ重なっていることからみて、伏津館を居城として野田地域を統治していた旧在地領主を一戸南部氏の力を借りた野田氏が滅ぼしたと推測され、野田氏が新たな領主となって勢力を拡大する三戸南部氏、九戸氏と対峙していく。

【参考文献】（公財）岩手県文化振興事業団埋蔵文化財センター『伏津館跡発掘調査報告書』（二〇一九）、菅野文夫「戦国時代の久慈と糠部—野田氏一族の動向—」『野田村考古学フォーラムⅡ　資料集』（二〇一五）

お城アラカルト

胆沢地方の方形館と散居集落

遠藤栄一

胆沢地方では、近年の発掘調査により様々な城館跡が検出されている。多くの城館跡は、段丘の縁などに築城されることが多いが、一部には、平地に築城された単郭で半町四方規模の方形館がみられる。方形館は、全国的にみられる城館であるが、胆沢地方では農村と深い関わりをもつ遺跡がみられる。

奥州市水沢佐倉河字仙人に所在する仙人西遺跡は、北上川西岸に位置する方形館跡である。その特徴は、二時期に分かれ、第一期は堀を持たず、中心建物跡のみで構成され、第二期になって堀が完成する。堀跡は北辺長六二・一メートル、東辺長四三メートル以上、西辺長八・五メートル以上で半町規模が推定できる。堀内部は、幅約三・五〜五・一メートル、深さ一・六〜一・九メートルの薬研堀で、東西辺やや北側の二ヵ所からは、急に深さが浅くなる（一メートル以下）段差をつけた仕切り遺構がみられる。この仕切り遺構は、堀そのものの視覚的効果を意図して造作されたものと考えられる。また、北側には取水溝が設けられ、水堀であった可能性も高い。堀区画の内部には、南北に縁を持つ一間×五間の中心建物があって、その西側に方二間で持仏堂などの建物が想定される。遺物は中国産陶磁器（青磁・白磁）、国産陶器（古瀬戸瓶子）、北宋・明銭が出土しており、遺物の年代から一五世紀の城館跡と考えられる。

このような仙人西遺跡と同じ城館跡は、胆沢地方で他に二ヵ所がみつかっており、いずれも堀内部に仕切り遺構が設けられ、塀や土塁などがなく堀のみであまり防御性を持たない特徴をもっている。

●—仙人西遺跡堀跡（北東から，（一財）奥州市埋蔵文化財調査センター提供）

しかし、一六世紀になると方形館は見られなくなり、山城や、平山城などの堀や土塁に囲まれた城館へと変わっていく。

時代は進んで江戸時代になると、城館が作られなくなり、水田地帯に多くの屋敷地が見られるようになる。現在、奥州市胆沢では、散居集落と呼ばれる屋敷地が水田地帯に点在し

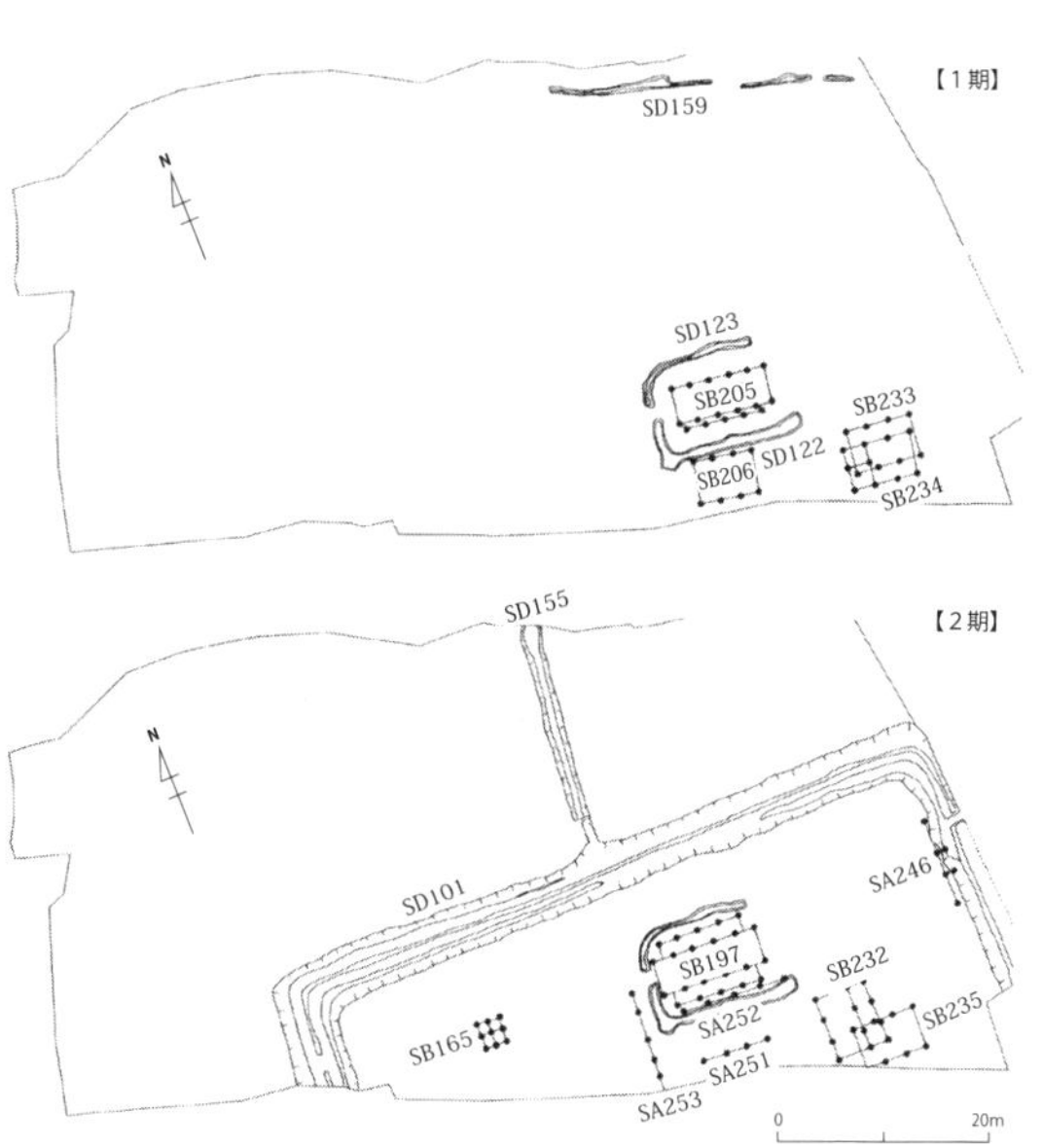

●—仙人西遺跡遺構変遷図（(財) 水沢市埋蔵文化財調査センター 1997『仙人西遺跡』より転載）

●—境田遺跡遺構配置図（(一財) 奥州市埋蔵文化財調査センター 2010『要害Ⅱ遺跡　境田遺跡』より転載）

ており、母屋、厩、蔵、長屋門などの建物をエグネ（屋敷林）や、キヅマ（薪を積み上げた塀）によって囲まれた屋敷地を構成している。もともと、胆沢地方は、日本有数の田園地帯であり、古くから代々農業経営に従事する人々が居住している。その起源は、江戸時代に多くの水田を持ち、武士を祖先とする富農の屋敷地で、「豪族屋敷」とも呼ばれる。

●—胆沢扇状地にみられる散居集落（北西上空から（一財）奥州市埋蔵文化財調査センター提供）

豪族とは、一般的に土豪（地方の有力者）のようなものをさし、平時は農業を行い、戦時には戦に参加する戦国時代の土着武士と考えられている。その発生は、豊臣秀吉の奥州仕置によって、この地域を統治していた葛西氏が改易となり、葛西氏旧臣たちが、その後の兵農分離によって武士をやめ、帰農して多くの土地を保有する豪農として成長したことに始まる。仙台藩の史料『風土記御用書出』（安永風土記）には、領内に数多くの屋敷名（屋号）が記載されており、「古館・中館・下館」など城館に由来する屋敷名や、中には肝入として登場する人名も見られる。

奥州市前沢古城字境田に所在する境田遺跡からは、江戸時代の屋敷跡が検出されている。屋敷跡は、溝跡によって区画された内部に、母屋跡である直屋と付属棟跡、井戸跡によって構成され、溝跡の外部には墓地が広がり、墓標には元禄～明治までの年号が刻まれている。墓跡からは、埋葬された人骨や、副葬品である銭貨（寛永通宝・仙台通宝他）一六六九枚以上、真鍮製キセル・かんざし、銅製柄鏡、ガラス玉などが出土し、およそ三〇〇年に渡って居住していた富農の生活が垣間見られる。このように堀・溝などで区画された屋敷地は、農村と密接に関わる富農が生活する空間として作られてきた一方、戦国時代以前に、作られた中世城館である方形館と類似することは、長い歴史変遷の中では自然なことである。

【参考文献】（財）水沢市埋蔵文化財調査センター『仙人西遺跡』（一九九七）、（財）奥州市埋蔵文化財調査センター『要害Ⅱ遺跡・境田遺跡』（二〇一〇）

秋田県

法領館の院内石

城館内にある院内石の石切場．現在，採石は禁止されている．

●侍屋敷が附属する不落の城

大里館（おおざとたて）

〔所在地〕鹿角市八幡平字大里、字堀合
〔比　高〕三〇メートル
〔分　類〕平山城
〔年　代〕鎌倉時代～天正十九（一五九一）
〔城　主〕大里氏、成田氏
〔交通アクセス〕ＪＲ花輪線「陸中大里駅」下車、徒歩五分。

【位置と立地】　大里館は鹿角盆地南部の鹿角市八幡平字大里・字堀合に所在する。館は米代川右岸に発達した比高三〇メートルの台地縁辺部に位置し、葛岡の浦志内（うらしない）川と五ノ宮岳から流れでる歌内川とにはさまれている平山城である。現在館の南側には大里の集落があり、かつては侍屋敷の並ぶ城下町であったと伝承がある。またその北側には下館、南側には小豆沢（あずきさわ）館（だて）が所在する。

【館の構造】　大里館は六つの郭とそれに附属した侍屋敷で構成されている。郭はそれぞれ単独の館名が伝えられている。

第Ⅰ郭は大館または「へいぞう館」と呼ばれている。郭上面は長軸一一五メートル×短軸五〇メートルと大里館のなかで最大の規模を誇り、本丸という伝承をもつことから主郭と考えられる。南側の狭い切通し状の堀によって、館の南側にあったと伝えられる侍屋敷の集落跡と区切られている。また東には北側にかけて、堀合と呼ばれる幅三〇～四〇メートルの低湿地によって第Ⅲ郭と第Ⅳ郭と区切られている。

第Ⅱ郭は長軸七五メートル×短軸一五メートルと南北に細長い郭となっており、蟠幅館と呼ばれている。第Ⅰ郭とは堀合から流れ出る小川によって区切られ、東側の第Ⅲ、Ⅳ、Ⅴ郭とは狭く急な谷間によって区切られている。

第Ⅲ郭は郭の東端に疱瘡神（ほうそうしん）の石祠があることから疱瘡館と呼ばれている。長軸五〇メートル×短軸二〇メートルの広さをもち、もともとは第Ⅳ郭と一連の舌状台地だったと思われるが、郭の構築にともない二条の空堀（からぼり）を設けて、台地を分離したと考えら

●—大里館遠景（西より．鹿角市教育委員会『鹿角の館（2）』より転載）

れる。

第Ⅳ郭は東縁部に八幡神社が鎮座していることから八幡館と呼ばれており、長軸三七メートル×短軸三五メートルの規模で、円形に近い形状をしている。第Ⅴ郭は長軸二〇〇メートル×短軸八〇メートルと広く、北側の台地接続部を除く三方は急傾斜で谷に落ち込む形状をしている。通称「あぶみ館」と呼ばれている。

第Ⅵ郭は第Ⅱ郭と小谷を隔て、さらに北にのびる瓢箪形の丘状地形をしている。頂上部は三〇×二五メートル、比高が一〇メートルあり、物見の機能をもった郭であったと考えられる。正一位笹森稲荷神社が祀られていることから笹森館と呼ばれている。

第Ⅰ郭の南側に南北三〇〇メートル×二五〇メートルの広い区域が広がっており、かつては侍屋敷が広がっていたという伝承が残っている。現在は大里の集落が広がっている。

【築城について】 大里館は武蔵国に成長した丹党の安保実光を祖とする、大里上総によって鎌倉時代に築城された。大里の姓は安保氏の在名で、鹿角安保氏の惣領は大里村を大里上総が所領し、二男は花輪村を領して花輪次郎、三男は柴内村を領して柴内弥次郎と名乗った。世に「安保三人衆」と伝承される。また、安保氏は後に成田姓を名乗っていることから両氏は同族関係であることがうかがえる。

●—大里館縄張図（鹿角市教育委員会『鹿角の館（2)』より）

【建武の新政期の大里館】 建武の新政期、鹿角地域では南朝方の郡奉行成田頼時（よりとき）と成田泰次（やすつぐ）、南部師行（もろゆき）らと、北朝方の奉行浅利清連（きよつら）らが、それぞれ鹿角地域の正当な統率者を主張していた。この両者の合戦については、浅利清連の指揮のもと行動していた曽我貞光（さだみつ）の軍忠状から、確認することができる。この軍忠状によれば建武三年（一三三六）八月一日と建武四年（一三三七）七月十四日の二度にわたり曽我貞光軍が、大里館を攻めたことが記されている。

建武三年には、鹿角郡国代成田小二郎左衛門と対峙するため、曽我貞光は親類に当たる曽我弥三郎光俊を代官とし、大里館を攻めたとされている。翌建武四年正月、曽我貞光が挙兵した際、成田泰次は南部師行らとともに青森県弘前市北方の藤崎と、青森市東方の平内においてこれを防ぎ、貞光に傷を負わせ後退させた。同年七月十一日、曽我貞光は、浅利清連と連合し、二度目となる鹿角（かづの）攻めを行った。この戦いで曽我貞光の連合軍は、二藤次館、大豆田館、当館を攻め陥落させたが、最後まで大里館を落とせぬまま軍を後退させるに至った。このことから浅利軍の成田氏攻撃は大里館を目指していたと思われ、大里館こそ当時における成田頼時の拠点であったろうと推測できる。

曽我貞光ら連合軍が攻め落とした三つの館の場所につい

て、二藤次館は峠口に多い「どうじ」という地名から現在の八幡平字桃枝のあたりであったのではないかと思われる。また大豆田館の大豆田を「おうず（じ）」田と読むとすれば、

●—大里館第Ⅰ郭現況

桃枝の近くを流れる夜明島川に沿って字大地田という地名があり、比内大葛をへて巻山峠を越えてきた敵を向かえ打つのに適した地形になっていることから大豆田館はこの地域周辺にあったのではないかと考えられる。当館は、かつて石鳥谷館に郭が一〇あったことから十館とも呼ばれており、石鳥谷館のことではないかと推測される。

その後、暦応二年（一三三九）三月に成田頼時、泰次と南部政長の連合軍は津軽に出撃し、大光寺外館を陥落させ、三ヵ月間滞陣したと「曽我貞光申状」に記されていることから当時の大里成田氏が卓越した勢力をもって鹿角を統制していたことがうかがえる。

天正十九年（一五九一）九戸の乱では、城主大里親基は九戸政実方についたため、政実とともに捕らえられ現在の宮城県栗原郡三迫にて切腹させられた。大里館は同年の浅野家家来内山助右衛門による南部領内の館崩しによって廃城となる。

【参考文献】鹿角市『鹿角市史　第一巻』（一九八二）、『鹿角市史第二巻上』（一九八六）、鹿角市教育委員会『鹿角の館—館跡航空写真測量調査報告書（二）—』（一九八三）、冨樫泰時、安村二郎ほか『日本城郭体系二』（一九八〇）

（木ノ内瞭）

●永禄・天正合戦激戦の城

長牛館（なこしたて）

秋田県

〔所在地〕鹿角市八幡平字長牛、字林ノ外、字タタラ
〔比　高〕二〇メートル
〔分　類〕平山城
〔年　代〕中世
〔城　主〕成田氏、秋元氏、一戸南部氏
〔交通アクセス〕JR花輪線「鹿角花輪駅」下車、秋北バス「長牛」下車、徒歩五分。

【鹿角地方南部の要衝】 長牛館は、鹿角盆地の南西部にあたる八幡平の長牛地区に位置し、夜明島川の右岸の東西に広がる台地上に所在している。

長牛地区は、大館から比内大葛をへて巻山峠を越え、鹿角（かづの）八幡平桃枝に出て夜明島川渓谷を下る旧道の鹿角口に当たることから、長牛館は古くから重要な軍事的拠点であったと考えられている。

【館の構造】 長牛館は、自然の地形を活かした多郭式の平山城となっており、空堀（からぼり）、小支流、沢等により区切られた九個の郭からなる。館の規模は東西に八五三×南北四二〇メートルにもなる。

第Ⅰ郭は通称タタラ館と呼ばれている。タタラは鍛冶ふいごや和鉄製錬を意味することから、鍛冶、製錬的機能をもった郭であったと考えられているが、すでに館の大半は削られ、これらを証明するものは確認できていない。

第Ⅱ郭は、第Ⅰ郭とは沢で、第Ⅲ、Ⅳ郭とは空堀と小沢で区切られている。郭上面は平坦で長軸一一二×短軸八〇メートルで不正形を呈する。また郭の北端に八幡神社が鎮座していることから通称八幡館と称されている。

第Ⅲ郭は第Ⅱ郭の西側に位置し、長牛館の本丸であったと考えられている。長軸四四×短軸三八メートルになる郭は、Ⅱ、Ⅳ郭とは空堀、Ⅴ、Ⅵ郭とは沢により区切られている。

第Ⅳ郭は長軸五九×短軸五六メートルの不定形を呈する郭となっており、通称ひや水館と呼ばれている。この郭の南東側から

正安元年（一二九九）および大日如来の梵字の銘文が刻まれている板碑が出土しており、昭和五十四年に鹿角市の有形文化財に指定されている。現在は長牛館から少し離れた長井田下平二四番地に安置されている。

第Ⅴ郭は第Ⅵ郭とは空堀によって区切られ、長軸四四×短

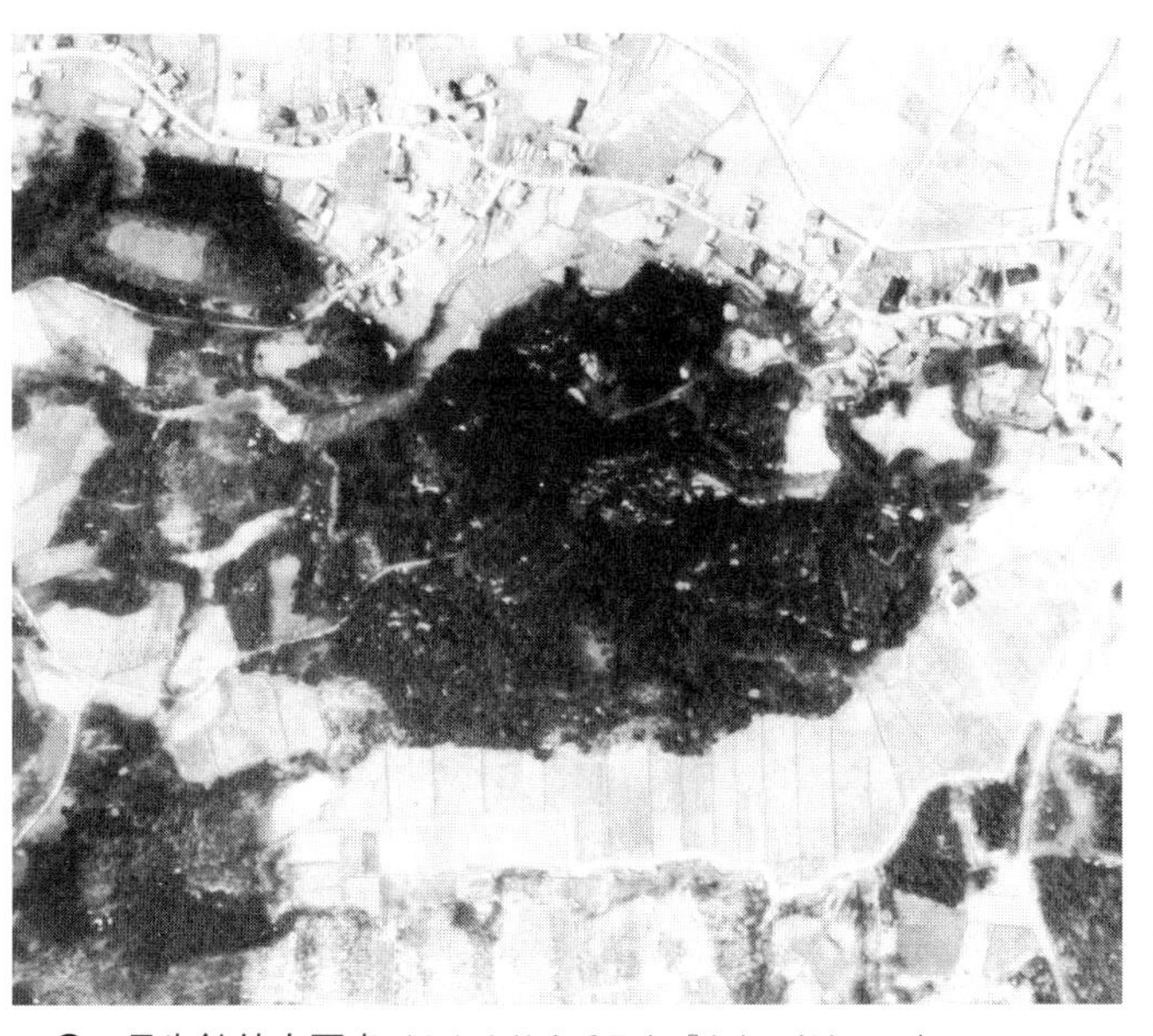

●—長牛館航空写真（鹿角市教育委員会『鹿角の館』より）

軸三二メートルの不定形を呈する郭となっている。第Ⅵ郭は長牛館のほぼ中央に位置し、長軸三〇九×短軸二五六メートルの規模があり、郭内で最大の面積をほこる。郭の周りは小沢等が入り込み複雑な地形を呈している。現在は郭の北端に大日(だいにち)神社、南端に駒形(こまがた)神社が祀られている。

第Ⅶ郭は郭上面が平坦になっており、長軸五三×短軸三三メートルの規模があり、第Ⅵ郭とは空堀により区切られている。第Ⅷ郭は長牛館の西側に位置し、長軸四九×短軸二八メートルと東西に長い郭となっている。また本郭は矢投(やなげ)館という名称で呼ばれている。

第Ⅸ郭は長牛館の西端に位置し、長軸一〇九×短軸四一メートルの規模があり、郭の周りは空堀で区切られている。また、長牛館の中で二四二メートルともっとも標高が高く、通称げんじょう館と呼ばれている。

【築城について】 長牛館の築城年代は明らかではない。天文五年（一五三六）の『津軽郡中名字』によると鹿角四頭に当たる成田氏となっている。初めの城主が成田氏とすれば、おそらく鎌倉時代後期には長牛館が築城されていたと思われる。

しかし、慶安四年（一六五一）に成立したと思われる『鹿角由来集』には「一、長牛村　本ハ秋本弾正左衛門領」とあ

●—長牛館第Ⅱ郭現況

り、もとは秋本弾正左衛門が城主であったと記されている。成田氏から秋元氏へ交替があったのか、あるいは両者の混合もしくは誤伝であるのかはっきりしていない。また、続きには「秋田牢人館有後ハ一戸攝津守一戸次男名字武田長牛弥四郎先祖鹿角国人旗頭ニ三戸より御一門南部九郎正友被遣候石鳥谷居城此時一所ニ被指越候」とあることから秋元氏の後、一戸一帯を本拠とした一戸南部氏に城主が代わったことがわかる。

【秋田愛季による鹿角攻め】　一戸南部氏の系統をくむ縫殿介友義の譜によれば「晴政公ノ永禄八年七月、秋田近季鹿角郡ヲ謀ラントシテ竊ニ郡中ノ土ヲ招ク、之ニ依テ大半近季ニ内応ス。唯友義并ニ石鳥谷正友・谷内某・小枝指某・毛馬内某等義ヲ守テ応セス、近季兵士ヲ率イテ鹿角ヲ攻ム、友義等防戦スト雖モ小勢ニテ利アラズ（下略）」と秋田安東氏の鹿角侵攻を伝えている。

秋田愛季の鹿角侵攻は永禄九年（一五六六）九月に行われた。秋田勢に由理七騎衆、松前守護蛎崎、阿仁神成、比内勢、鹿角安保衆等を加えた大軍で、まず長牛館の北に位置する石鳥谷館を攻撃した。石鳥谷正友、長牛縫殿助、谷内弾正らは籠城し防戦したが力およばず長牛に退いた。長牛館には縫殿助一門の他にその家中の石鳥谷村、長牛村、三ケ田村、

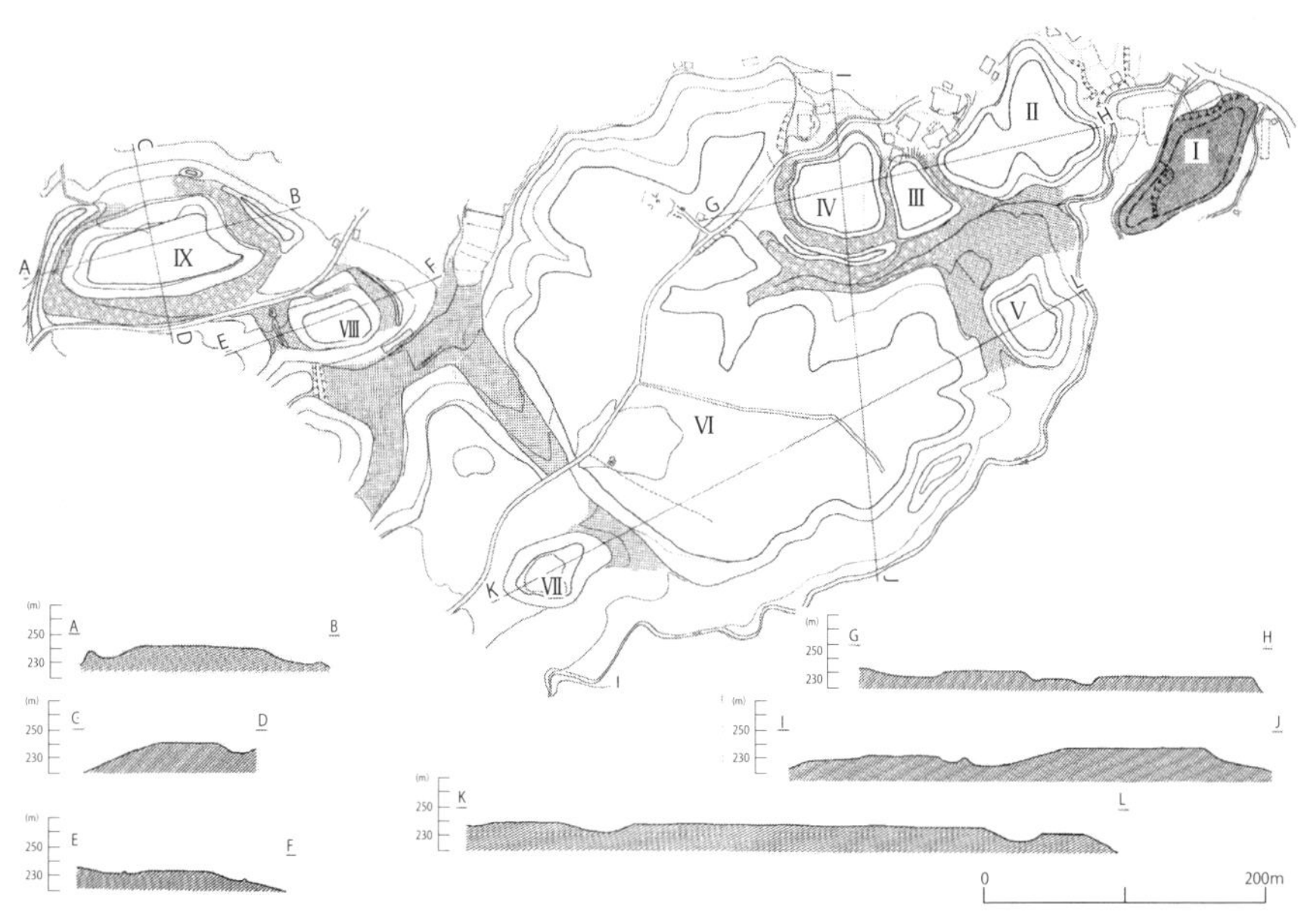

●—長牛館縄張図（鹿角市教育委員会『鹿角の館』より）

夏井村、熊沢村の村人が集まり籠城し秋田勢を迎え撃った。その後南部信直（のぶなお）の命により、岩手勢も縫殿助の軍勢に加わったが、秋田勢の勢いが強く敗れ帰ったとある。翌永禄十年（一五六七）には秋田勢の大将大高主馬も合戦に加わり、三戸（さんのへ）からの将兵も打たれ縫殿助は三戸へ逃れることとなる。

永禄十二年（一五六九）に南部信直は軍兵を率いて三戸を発向、来満街道を抜け大湯村に陣をとり、秋田勢を攻め郡外に退却させたことにより、鹿角全郡は回復し、縫殿助は信直より長牛村の知行を許されるようになる。

天正十九年（一五九一）の九戸の乱後の浅野家家来内山助右衛門による南部領内の館崩しが行われた際には、花輪、大湯、柏崎とともに秋田境の要地として廃城を免れている。

【参考文献】鹿角市『鹿角市史　第一巻』（一九八二）、『鹿角市史第二巻上』（一九八六）、鹿角市教育委員会『長牛城跡発掘調査報告書』（一九八一）、『鹿角の館―館跡航空写真測量調査報告書―』（一九八二）、冨樫泰時、安村二郎ほか『日本城郭体系二』（一九八〇）

（木ノ内瞭）

●中世比内領主浅利氏の支城

花岡城（はなおかじょう）

【大館盆地北部の要衝】　花岡城は、花岡町字アセ石の所在とする説と、ここから北約一キロにある七ツ館の所在とする説の二説がある。七ツ館跡は土砂採取のため、現在大半が消滅し、信正寺境内にわずかに残るのみで、詳細は不明である。花岡城については、アセ石説が有力とみられるため、本書ではアセ石所在を花岡城として説明する。

城は、大館盆地の北部、大森川と姥沢川によって形成された標高七八～八三メートルの神山台地に立地する。神山台地はアセ石・神山・猫鼻集落のある広大な台地で、現在は大館市花岡総合スポーツ公園（旧秋田県立大館工業高校）や住宅地となっている。城跡内の東部には南北に走る道があり、正保四年（一六四七）、「出羽一国御絵図」に描かれている羽州街道の

〔所在地〕大館市花岡町字アセ石・神山・猫鼻
〔比　高〕一三メートル
〔分　類〕平山城
〔年　代〕永正一七年（一五二〇）～慶長三年（一五九八）？
〔城　主〕浅利氏
〔交通アクセス〕秋北バス北陽中学校線「アセ石」下車。徒歩〇分。

脇街道が付近を通っていたと推測される。

台地の東側は大森川の浸食を受け、比高一三メートルの急崖となった要害の地形である。大森川は下内川と合流し、下内川は長木川と、長木川は米代川に合流し、日本海に至る河川交通ルートとなっている。花岡城は、大館盆地北部の河川交通を掌握し、流域を支配する拠点となったと考えられる。神山台地の南端に標高一三四・六メートルの大森山があり、頂上からは大館盆地北部一帯を一望できる。

【浅利氏の支城】　花岡城は『長崎氏旧記』に、永正十七年（一五二〇）七月、浅利兵部大輔範（則）頼の弟浅利九兵衛定頼が花岡城代となって、知行七七〇石を給与されたとある。また、『郷村史略』によれば、定頼は天正二年（一五七

四）、山田村の合戦で秋田氏と闘い討死している。このことから花岡地区から西側の山田地区へ抜ける峠道（通称「花岡越え」）が当時から存在し、花岡城は浅利氏の北西の押さえとして重要な拠点であったことがうかがわれる。定頼の死後は、浅利氏系図によれば、左近佐定友が継ぎ、岩本山森晶寺（信正寺）を建立している。慶長三年（一五九八）には当主浅利頼平が秋田氏と裁判になり、頼平は大坂へ赴くも係争中に急死（毒殺といわれる）した。当主を失った浅利氏は瓦解した。なお、この時に頼平が大坂に提出した「浅利頼平領内村数覚」から、花岡には家が二〇軒あまり存在したことが知られる。『長崎氏旧記』に、慶長三年に大館・扇田・十狐、そのほかの頼平の持城も落城とあり、花岡城も同年に廃城となったと考えられる。

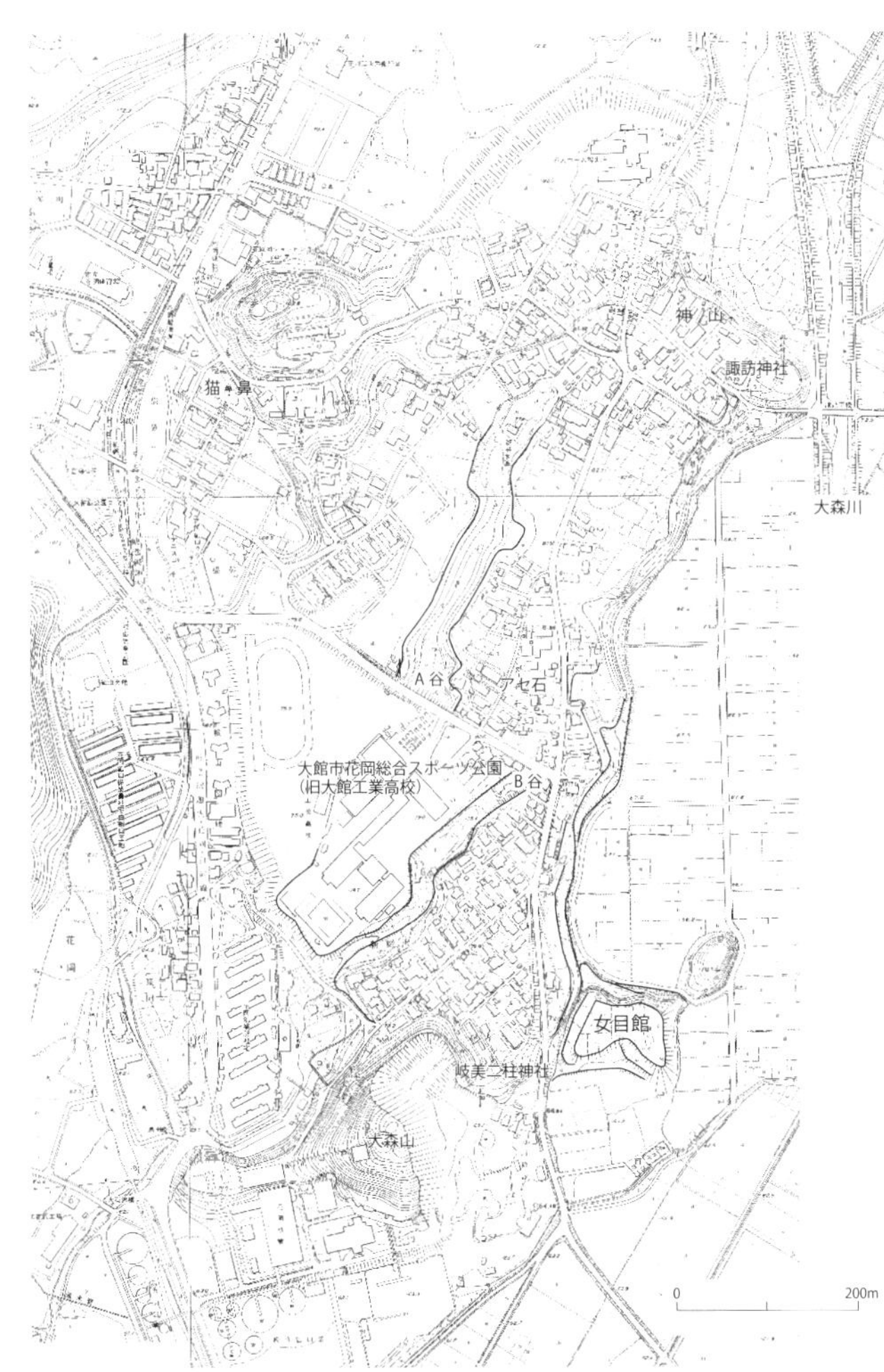

●—花岡城周辺図（大館市都市計画図に加筆）

【花岡城の遺構】 城の主郭部があったアセ石地区南部は、当時秋田県立大館工業高校建設の際に大規模に削平された。したがって、その形態・規模等については不明である。わずかに、主郭があった曲輪南側の空堀がよく旧状をとどめている。

神山台地の西側には、かつて花岡川が南流していた。というのも、花岡川は現在、花岡町の東側を流れ大森川に合流しているが、これは第二次大戦中の河川改修によるもので、それ以前は花岡町の中央部を流れ、神山台地の西側を南下して下内川に合流していた。それに向って北東から南西方向へ二本の侵食谷が刻まれ、これらの谷によって形成された幅八〇〜一二〇メートルの台地が城館の主体部である。北側の侵食谷をA谷、南側のそれをB谷とする。

●―花岡城航空写真（大館市所蔵）

A谷は開口部および谷中央部までは、スポーツ公園の敷地になっていて、まったく旧態をとどめていない。わずかに残されている谷奥部まで、A谷は奥行約五〇〇メートルほどあり、谷奥へ行くほど北側へ偏っているが、谷奥部は自然地形と考えられる。

B谷については現在、完全に近い保存状態を保っている。奥行は約二〇〇メートル、幅は約二〇メートルあり、この谷奥まで手が加えられ前述の空堀が造られている。深さは、現在、開口部で約六メートル、中央部で約五メートルある。堀跡は畑地などに利用されており、実際の当時の空堀底面はもっと深かったものと思われる。断面形は不整な逆台形となる。

【女目館】　花岡城の南東約二五〇メートル、大森山の東麓、神山台地の南東隅に、花岡城に付随する館跡に女目館（おなめだて）がある。この館には、浅利定頼が愛妾を住まわせたという口伝があるが定かではない。神山台地から突出した小台地の基部に、空堀を設けて曲輪を独立させている。この館の北東に六〇メートル×三五メートル、標高七八・二メートル、水田面からの比高約一二メートルの、岩盤の独立した残丘がある。この残丘も含めて一つの城館となっていたものと考えられる。

曲輪は北辺が約七五メートル、南辺が約一〇〇メートル、東辺約五〇メートル、西辺約六五メートルの台形プランで、南辺中央部が北にくぼんだ「B」字形を呈しており、西・南辺斜面には幅約一五メートルほどの帯曲輪がみられる。標高約七八メートル、水田面からの比高差一二～一五メートル。なお、『花岡郷土誌』によれば、茶臼館・女目館などの呼び方があり、旧記には残丘の方を女目館と呼んでいるようにもみられると記している。

【発掘調査】 花岡城跡における本調査事例はなく、神山地区とアセ石地区で大館市教育委員会が試掘調査を三件実施したのみである。調査では中世の遺構・遺物は発見されていない。このほか城跡からは土師器・須恵器・中世陶器・鉄関連遺物が採集されている。アセ石地区で採集した須恵器は津軽五所川原産須恵器とみられ、一〇世紀代に位置づけられる。集落では鉄生産を行っていた。城跡が要害の地形をなしていることから、古代平安期には「防御性集落」が営まれたことも想定される。

【周辺の文化財】 大森山の北麓には、岐美二柱神社が鎮座する。大森山は現在大部分が削られたが、かつては横から見た形状から、地元ではひょうたん山と呼ばれていた。もとは大森山を御神体にみたてたものとも考えられる。一方、神山台地の北東部、花岡城の鬼門にあたる神山地区には、鎌倉時代の伝承をもつ諏訪神社が鎮座する。神社は台地北東部の突出した小台地に立地し、台地の基部には空堀で囲っている。花岡城築城前の館跡とも考えられる。城跡の主体部は失われたが、女目館や空堀は現存しているため、神社とあわせて歩いてみるのもよいだろう。

城の西約二キロにある大山の山腹に松峰神社（松峰伝寿院跡）があり、明応年間に三鈷鐃（東京国立博物館蔵）が出土している。三鈷鐃は銅製で、九世紀後半から一〇世紀前半につくられた密教法具である。城の北一・五キロの長森遺跡からは、ほぼ完形の珠洲焼壺（大館市有形文化財）が三個体出土している。これは一三世紀前半頃に位置づけられる。能代市二ツ井町のエヒバチ長根窯産ともいわれ、前述の七ツ館の館主が埋納したと考えられている。

【参考文献】 大館市史編さん委員会『郷村史略 秋田郡之内両比内』（一九七二）、笹島定治編『大館戊辰戦史 全』（名著出版、一九七三）、板橋範芳「古代・中世の文化」『大館市史 第一巻』（大館市、一九七九）、秋田県教育委員会『秋田県の中世城館』（一九八一）、荒谷浩・板橋範芳「信仰とまつり」『大館市史 第四巻』（大館市、一九八一）、藤盛直治『新編 花岡郷土誌』（一九八六）、大館市教育委員会『大館市の文化財』（二〇〇二）

（嶋影壮憲）

●日本海を臨む天然の要害

双六館(すごろくたて)

〔所在地〕男鹿市船川港双六字館山
〔比　高〕約三〇メートル
〔分　類〕平山城
〔年　代〕一六世紀後半に廃城か
〔城　主〕伝・安倍千寿丸
〔交通アクセス〕JR男鹿線「男鹿駅」下車、路線バス男鹿南線「双六上丁」下車、徒歩三分。

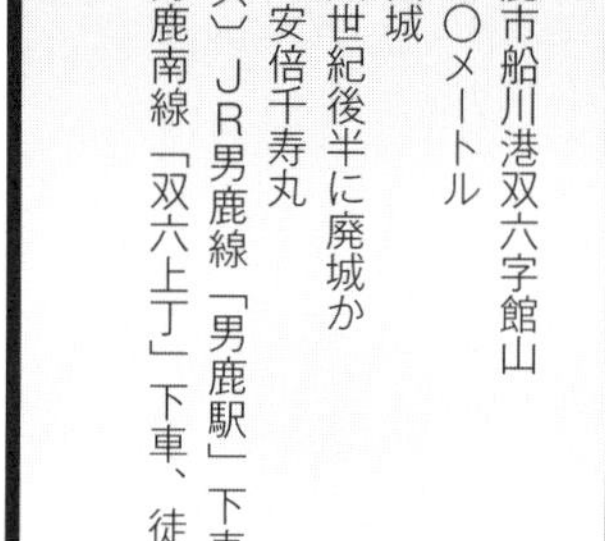

【日本海を臨む館跡】　秋田県中央部につきだす男鹿(おが)半島は、古くから海上交通の要所である。半島には三三ヵ所の城館跡があるが、そのうち海に面する立地の城館が点在し、城主は中世に男鹿半島を掌握していた安東氏とその家臣とされるものが多い。男鹿半島南部に所在する双六館もその一つである。細長く海に突出す岬状の地形で、館山崎と呼ばれ、館山トンネルが貫通する。西・東・南側の三方は断崖絶壁、まさに天然の要害となっている。

【城の構造】　館の遺構が確認される段丘は、南側の海に面した御前落(ごぜんお)とし、北に向かって上台、下台の三郭が確認できる。最南端の御前落としは長さ五〇メートル程で、西側に高さ二メートル程の土塁(どるい)状の遺構が残る。北に位置する上台とは、土橋(どばし)で結ばれる。

上台は長さ一〇〇メートルほどあり、階段状の曲輪が配置され、西側の縁には幅二メートルほどの削り残しと思われる土塁が築かれている。この上台と、北側の下台の間には幅三〇メートル程度の空(から)堀(ぼり)が残る。この館に登る道が空堀に続いており、虎口(こぐち)状の遺構が確認できる。下台は南側に帯(おび)郭を築き、平坦面には広い空間が広がる。ここは東西に区分され、西側に主郭があったと想定されている。

館の北東部分は、かつて帯曲輪が築かれていたが、治山工事により一部失われている。なお、下台北の崖下は、かつての県道があったところである。この北側の台地は「陣場」と呼ばれ、脇本五郎脩季(ながすえ)が陣を張ったという伝承がある。昭

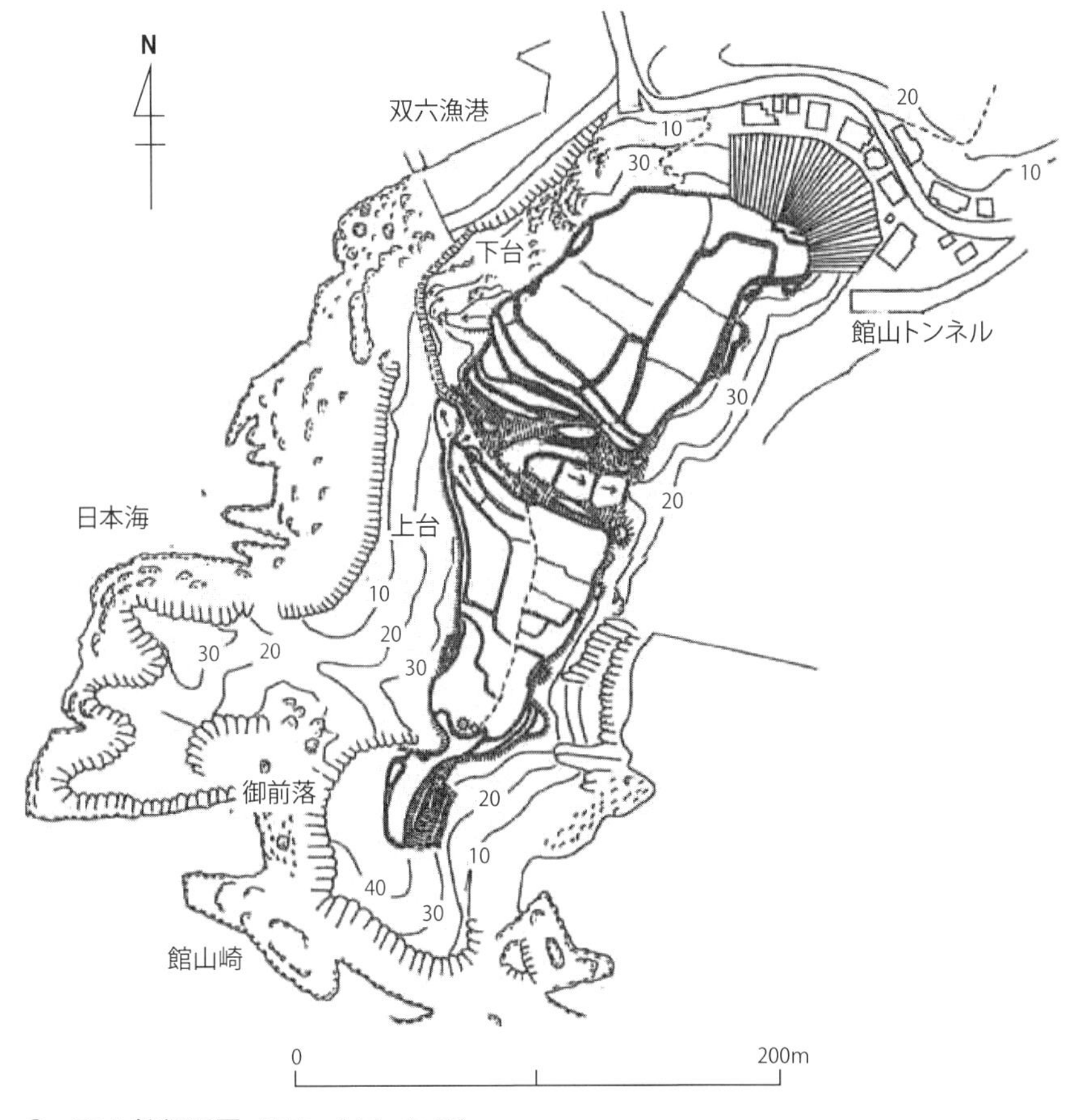

●—双六館縄張図（調査・作図：泉 明）

和初年に旧空堀を拡幅し掘り下げ、県道を造成した際、須恵器系の壺がほぼ完形で出土した。珠洲焼によく似た在地の製品であり、一三世紀から一四世紀第3四半期に製作された骨蔵器と考えられている。平成十八年（二〇〇六）に男鹿市指定有形文化財に指定された。平成三年（一九九一）から五年（一九九三）にかけ、園地整備計画にともない海に面した御前落としの一部で発掘調査を行った。盛土整地と土坑が確認され、青磁、白磁が出土した。また下台は、畑として利用されたため、多くの遺物が表採されていた。青磁、白磁、瀬戸美濃、珠洲系陶器、越前等の陶磁器の他、石製品としては、仏像、茶臼、さいころ等がある。

【安東氏と双六館】 安東氏は、檜山城（能代市）を本拠とする檜山安東氏と、湊城（秋田市）を本拠とする湊安東氏に分かれ、現在の秋田県中央部から北部を支配していた。元亀元年（一五七〇）、檜山安東氏の愛季が、湊安東氏を併合した。

●―双六館遠景（男鹿市提供）

双六館から車で二〇分ほどの男鹿市脇本地区にある史跡脇本城跡は、檜山城と湊城からそれぞれ七里程度の中間地にある。脇本城を居城として選んだ愛季が、天正五年（一五七七）に城を縄張し直したと考えられている。愛季は天正十五年（一五八七）に戸沢氏との合戦中に病死した。その二年後、子の実季（さねすえ）と甥の通季（みちすえ）が家督をめぐって争い、実季が勝利したが、その中で脇本城は「ヲガノ城、名城ナリトイヘドモ、フシン未熟（秋田家文書・三春町田家資料）」（能代市一九九八）のため、実季は脇本城から檜山城へ籠城することで勝利を収めた。この湊合戦のあおりで、双六館は落城したとされる。地元では「御前落としの館」と呼ばれる。この名は、城主の妻が落城の際に身を海に投じた故事にちなむという。

【さまざまな魅力】　双六館が築かれた段丘は、他の魅力も持っている。海に面した断崖は、火山活動でできた白色や緑色の凝灰岩が観察できる。男鹿市と隣接する大潟村とは、男鹿半島・大潟ジオパークに認定されており、双六館のある館山崎と、断崖に現れる凝灰岩はその主要な観察地点になっている。白色の凝灰岩はアイスクリームをスプーンで削ったような特徴的な風化の痕が観察できる。この様子を江戸時代後期の紀行家菅江真澄（すがえますみ）が、雲がわきあがる姿をした「椿の白岩」として描いている。白く舞茸のような形をしているとして

●—上台と下台の間の空堀

「まいたけ岩」とも呼ばれる。また、緑色の凝灰岩は「グリーンタフ」と呼ばれ、雨上がりはとても美しい様子がみられる。この凝灰岩の崖は遠くからも観察でき、当時からも特徴的な外観の館であったことが想像される。

なお、双六館は、県道からのアクセスはよいが、夏季は草が生い茂る状況であり、遺構をよく見ることのできる冬枯れの時期もしくは、新緑の頃に踏査をお勧めしたい。

【参考文献】秋田県教育委員会『秋田県の中世城館』(一九八一)、泉明「男鹿半島の城館―海を臨む城館―」東北中世考古学会『海と城の中世』(二〇〇五)、男鹿市教育委員会『脇本城跡―総括報告書―』(男鹿市文化財調査報告第四〇集、二〇一三)男鹿半島・大潟ジオパーク推進協議会『男鹿半島・大潟ジオパーク　ジオサイト観察手引書』(二〇一九)能代市『能代市史　資料編　古代・中世一』(一九九八)

(伊藤直子)

●秋田湊を治めた安東氏の居城

湊城

〔所在地〕秋田市土崎港中央三丁目
〔比　高〕二メートル
〔分　類〕平城
〔年　代〕一五～一六世紀
〔城　主〕安東氏・佐竹氏
〔交通アクセス〕ＪＲ奥羽本線「土崎駅」下車、徒歩三分。

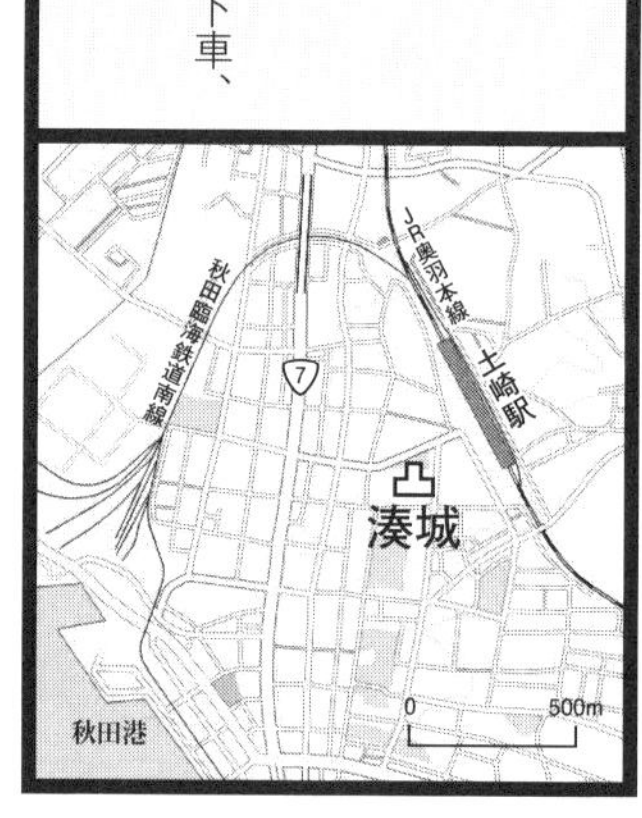

【秋田湊を治めた安東氏の居城】　一五世紀から一六世紀にかけて秋田湊を中心として秋田平野周辺一帯を治めていたのは安東氏の一族、湊安東氏であり、その居城が湊城である。

周知の遺跡としての湊城跡は、現在の秋田市土崎港の土崎神明社を中心とする場所に所在している。湊城は平城で、城跡は、旧雄物川（現秋田運河）河口右岸に位置し、近世の土崎湊、現代の秋田港東側に近接する低地に立地している。

湊城が築かれた中世秋田湊は、旧雄物川河口付近、現秋田市西部の土崎周辺を中心とする一帯と考えられている。日本海の海運で栄え、『廻船式目』に重要な湊として記された「三津七湊」の一つに数えられている。

【海上交通と交易を支配した安東氏の拠点】　安東氏は中世に海上支配権を握り日本海交易により繁栄した一族とされている。海上交通の要衝であり、重要な交易拠点であった秋田湊は、安東氏にとって地域支配の核であり、湊城は重要な城であった。

湊安東氏については、「秋田家系図」では、応永初年頃（一四世紀末）に津軽十三湊に拠点を置いた下国安東氏から分れた安東鹿季が秋田湊に本拠を定め、湊安東氏が成立したとされる。

一五世紀以降には、秋田平野と秋田湊にも安東氏の支配が及んでいたものと考えられるが、秋田地方を支配した安東氏の一族には、湊城を拠点とした湊安東氏のほかに、檜山城を拠点とした檜山安東氏があった。

湊城について一五世紀段階の記録はほとんどない。元亀元年（一五七〇）の安東愛季による檜山・湊安東両氏の統合をへて、天正十七年（一五八九）のいわゆる湊合戦では、安東実季と湊通季により、湊城の争奪が行われたことが、『奥羽永慶軍記』に記されている。

湊合戦後に両家を再統一した安東実季は、秋田氏を名乗り、湊城はその居城となった。秋田氏は、関ヶ原合戦後に常陸宍戸に国替えとなり、後に陸奥三春に移っている。

【築城年代について】 その築城は、『秋田沿革史大成』によれば永享八年（一四三六）で、安倍康季が築くとしているが、根拠はなく明確でない。周知の湊城については、文献史料や修造に関する古文書類などから、一六世紀後半には機能していたことがわかる。また、発掘調査により、遺跡は一五世紀後葉まで遡ると考えられている。

【城の縄張と歴史】 湊城については、現在は市街地化し、その姿をほとんどとどめていないが、近世の文献史料には城の構造などについて記載がある。『出羽国風土記』によると、大手は西南西、搦手は北にあったとされている。また、近世の絵図『元文年中湊古絵図』（元文年間一七三〇〜四〇）にも、二重の水堀に囲まれた平城で、土手を所々にともない、城の堀などの遺構が示されている。

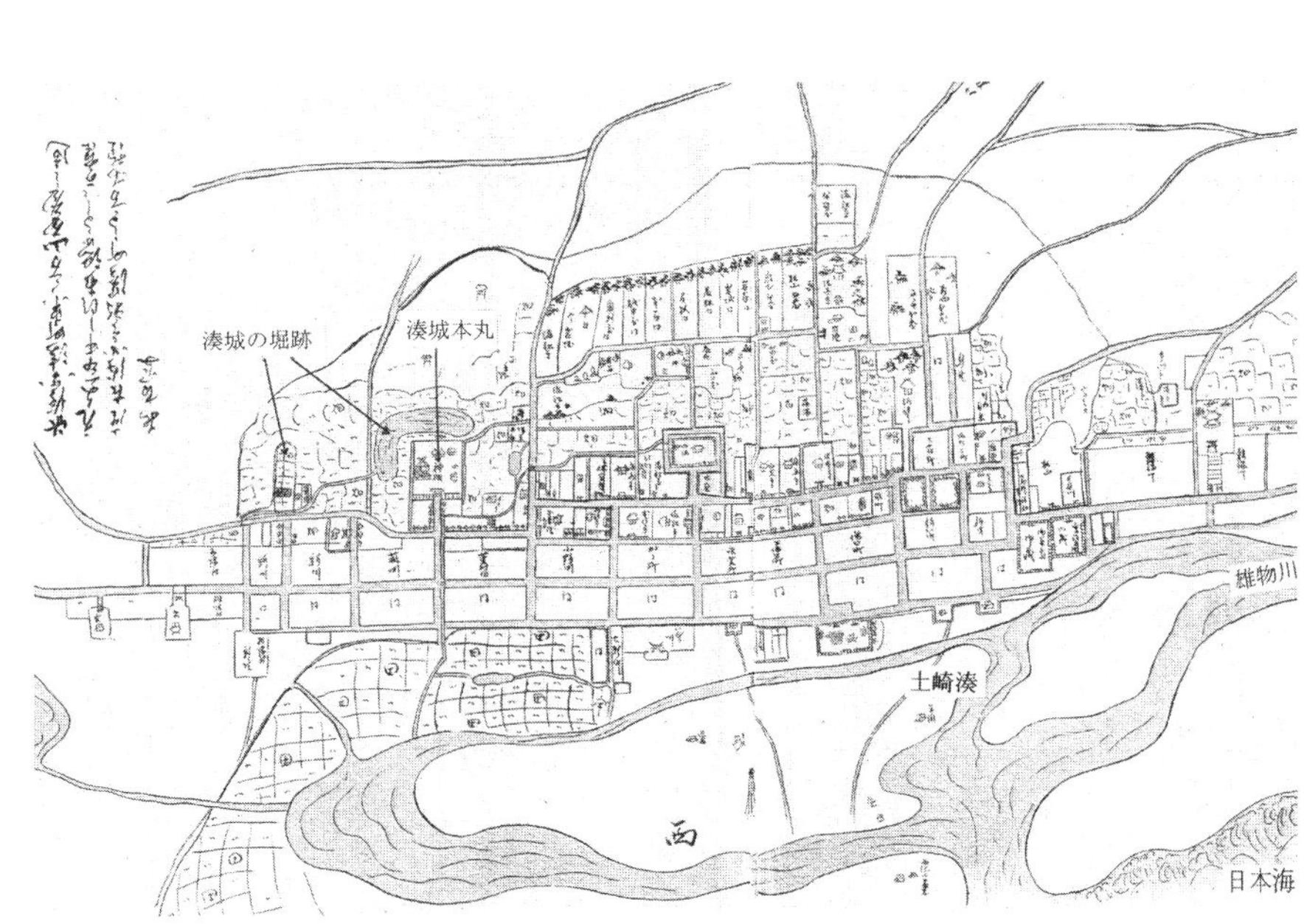

●—元文年中湊古絵図（川口家所蔵『土崎湊町史』掲載に加筆）

安東氏関係の古文書類によると慶長四年～六年（一五九九～一六〇一）頃に安東（秋田）実季により修築が行われ、御広間・御奏者間・角屋倉・御門屋倉・御鷹部屋・御料理之間・御長屋・御台所などがあったことがわかる。櫓や城内施設などが織豊期の城郭にふさわしく整備されたものと考えられる。実季の修築後程なくして、慶長七年（一六〇二）には、関ヶ原合戦後の国替えにより佐竹義宣が常陸より入城した。慶長九年（一六〇四）には、佐竹義宣は新たに築城された久保田城に移り、湊城は破却され廃城となっている。

城跡の現況としては、近世の町割りや近現代の市街地化をへて城郭の痕跡がほとんど失われており、堀跡も埋め立てられている。内堀の一部は、昭和初期まで埋め立てられず遺存していたが、現在は土崎神明社北東側に堀の痕跡と土塁の痕跡と考えられる高まりを部分的に残すのみとなっている。

『元文年中湊古絵図』などの関係資料および現地形の観察などから推定すると、城の基本形態は方形で四方を二重の水堀で囲む平城であり、西側は雄物川河口側、つまり海側に面すると考えられる。城の西側は近世には田になっているが、当初は湿地または入り江状になっていたと考えられ、城から河口・海までは近接していたと推定される。

郭の規模形態については、本丸を囲む内堀の範囲が東西約二二〇メートル×南北約二四〇メートルの方形、二の丸を囲む外堀の範囲が東西約六〇〇メートル×南北約五五〇メートルの北東側がややゆがんだ不整方形となると推定される。

湊城は、雄物川河口と日本海に極めて近接した立地から、海上交通と河川交通などの水運を重視し、秋田湊の把握を最重視した「湊の城」であるといえる。

【城跡の発掘調査】　市道拡張事業にともない平成十七（二〇〇五）から二十年（二〇〇八）にかけて、本丸と周辺で、発掘調査が行われた。湊城の遺構として、溝跡、土坑、ピット、堀跡などを確認している。城の構造に関わる遺構として、東側の内堀の一部と、東側の外堀の一部と考えられる溝跡、本丸西側の整地事業などを確認している。また、遺物としては、日本海交易によりもたらされた白磁や染付等の貿易陶磁器、肥前系陶磁器、瀬戸・美濃系陶器、京都系土師器（かわらけ）などが出土し、その年代は一五世紀後葉から一六世紀末とされている。

発掘調査ではその他に、上層では近世土崎湊に関わる遺構が確認され、豊富な陶磁器類も出土しており、廃城後も北前船寄港地として栄えた湊町の姿を伝えている。

【城跡の現在】　秋田市の北西、土崎駅の駅前西側は、すでに城跡内である。駅前通りを西に三分程進むと、左手に土崎街

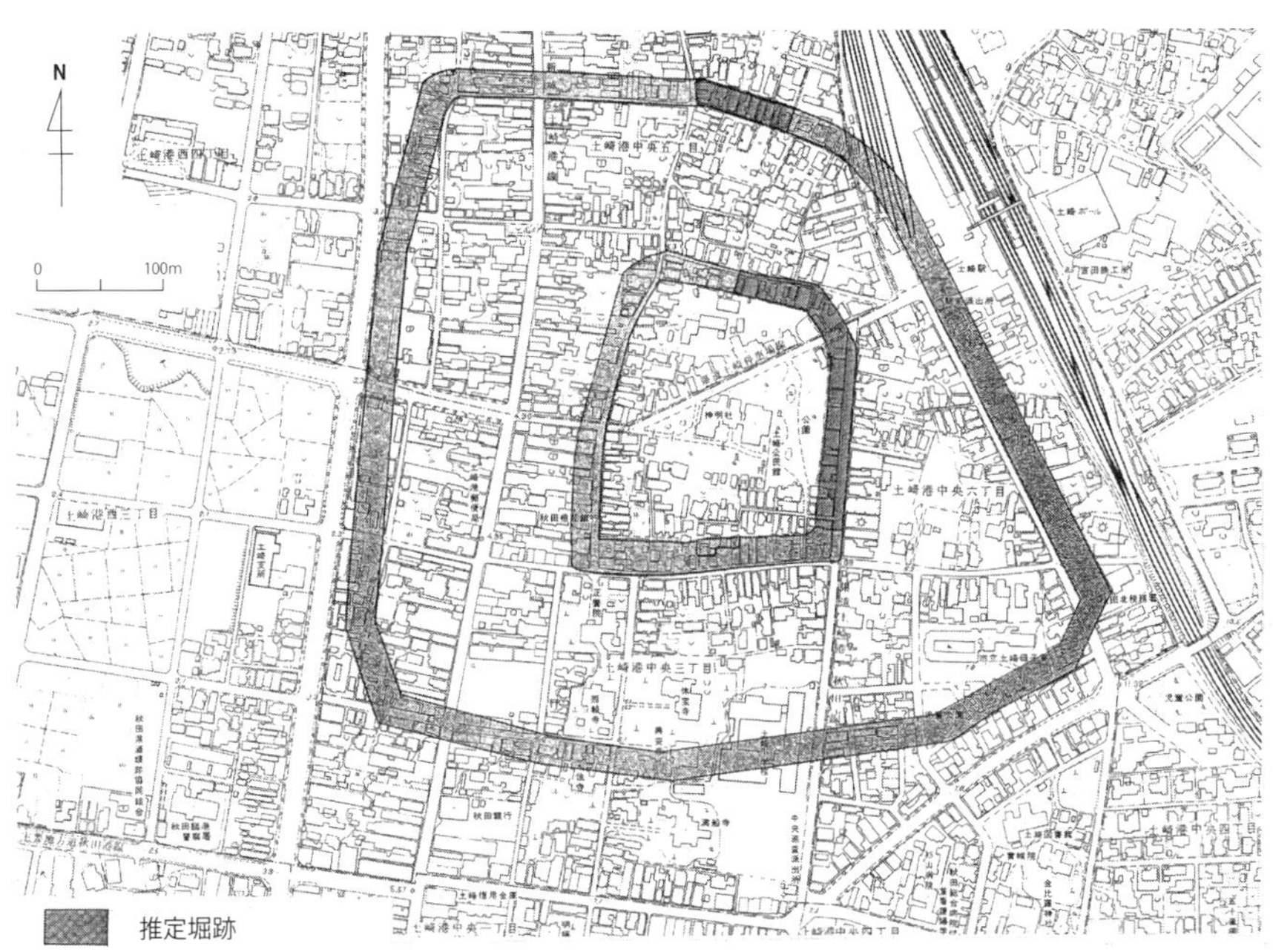

●—湊城跡範囲および堀跡推定図（作図：伊藤武士）（昭和40年代の秋田市都市計画図に加筆）

区公園の入り口がある。その公園と隣接する土崎神明社境内地が、湊城の本丸にあたる場所である。城の当時をしのぶものはほとんどないが、公園の一画には、湊安東氏の顕彰碑が建つ。同じ本丸跡に建てられた土崎神明社は、江戸時代から地域の信仰を集め、湊城に代わり土崎湊のシンボルとなった。祭礼の「土崎神明社祭の曳山行事」は国指定無形民俗文化財として知られている。

【参考文献】伊藤武士「秋田湊と湊安東氏の城館」『海と城の中世』東北中世考古学会編（高志書院、二〇〇五）、進藤重記『出羽国風土記略（復刻）』（歴史図書社、一九七四）、加藤助吉『土崎港町史』（秋田市役所土崎出張所、一九四一）、秋田市教育委員会『湊城跡—秋田都市計画道路事業（土崎駅前線）に伴う発掘調査報告書（平成十八年度調査区）—』（二〇〇八）、秋田市教育委員会『湊城跡—秋田都市計画道路事業（土崎駅前線）に伴う発掘調査報告書（平成二十年度調査区）—』（二〇〇九）

（伊藤武士）

●亀田城下の背後にそびえる山城

天鷺城（あまさぎじょう）

〔所在地〕由利本荘市岩城下蛇田字高城
〔比　高〕約一四〇メートル
〔分　類〕山城
〔年　代〕一五〜一六世紀
〔城　主〕赤尾津（小介川・赤宇曾）氏
〔交通アクセス〕ＪＲ羽越本線「羽後亀田駅」下車、徒歩六〇分。駐車場有

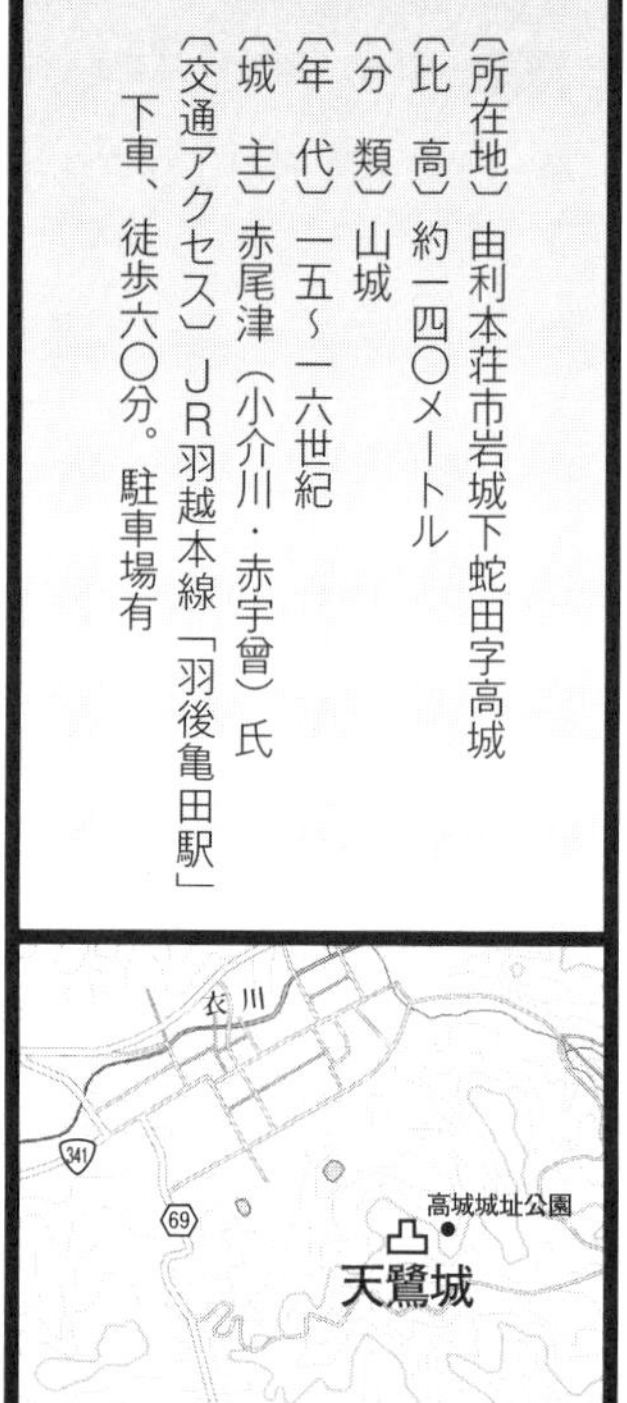

【亀田城下と天鷺城】 秋田県南西部の由利本荘市岩城亀田は、元和九年（一六二三）に入部し、市北部（岩城・大内・本荘の一部）と秋田市の一部を領した岩城氏の城下である。衣川が開析した谷の中で地形に沿った町割がよく残り、古い町屋建物や社寺が点在する趣のある城下町となっている。

岩城氏在所である亀田陣屋（遺跡名は亀田城）は、城下南方の山麓、旧亀田小学校跡地の一帯に立地していた。前面に直線的な土塁と堀を構えた居館構造で、現在では内堀跡沿いの土手に名残があるくらいだが、絵図を片手に現地に臨むとかつての縄張がよくイメージできる。なお、近くにある亀田城佐藤八十八美術館は、城館範囲の外に立地しており、建物等も陣屋と直接的な関りはない。

亀田陣屋跡の背後にそびえる高城山に立地する山城が中世城館天鷺城（赤尾津城）である。北の衣川、南の蛇川の谷で挟まれた急峻な丘陵地最高所の主郭（本丸）は標高約一七〇メートル、麓の亀田陣屋との比高は一四〇メートルにおよび、眼下に亀田の町並み、西側には衣川河口部で港があった松ヶ崎、さらに日本海までが一望できる。

天鷺城の起源について『岩城町史』では一説として応仁元年（一四六七）の頃、赤尾津孫九郎の築城との伝承を紹介している。諸説ある中、地元の共通理解としては、戦国期の国人領主赤尾津氏の根城であり、赤尾津改易後の慶長七年（一六〇二）頃に最上義光の部将湯沢（本城）満茂が入り、当面の由利郡支配の拠点となったというものである。

【由利衆一ノ頭・赤尾津氏】　戦国期に旧由利郡域では、由利衆と呼ばれる小領主らが割拠し、秋田、大宝寺、小野寺、最上氏といった周辺勢力の影響を受けつつ抗争を繰り返した。由利衆のうち由利本荘市大内の古関川流域に土着し、後に大内新沢の荒沢館を本拠としたのが信濃の小笠原一族を称していた小介川氏である。駒泣峠を越え、沿岸部の赤宇曽または赤尾津と呼ばれた岩城・松ヶ崎一帯に進出して赤宇曽（赤尾津）氏を称し、「由利衆一ノ頭」と記される最大勢力に成長した。醍醐寺文書に赤宇曽領主小介川立貞が登場する宝徳二年（一四五〇）までには赤尾津の実効支配が確立され、その本拠は天鷺城か松ヶ崎の大野館（築館）と考えられる。

●—天鷺城（奥）と亀田陣屋

　織豊期には、庄内から由利郡に進出してきた大宝寺氏との間で繰り広げられた天正十年（一五八二）から翌年にかけての合戦で、由利衆諸氏が攻略され傘下となる中、唯一赤尾津氏のみが秋田愛季と結んで対峙し、赤尾津を死守する実力をみせ、豊臣政権下で由利衆を再編した「五人衆」の中で小介川（赤尾津）治部少輔が筆頭格に位置付けられている。戦国を生き延びたかに見えたが、由利郡が最上氏領となると、由利衆諸氏が幕臣あるいは最上家臣となる中、赤尾津氏は改易となり表舞台から消える。変わって湯沢満茂が赤尾津に入るも、慶長十八年（一六一三）に本城（本荘）城を築いて移転し、天鷺城は廃城になった。

【城の概観】　高城山の東西には亀田側と六呂田・上蛇田集落から山越えする道路が通じている。山中では東西の尾根筋に通った古道が主郭・二の郭の北側を通り、三の郭があるやや緩やかな中腹面に至るルートだったが、三〇～四〇年ほど前に主郭までの道路が開削され、駐車スペースも整備されている。

　主郭および二の郭外周は急斜面に囲まれ、周囲から隔絶された天然の要害となっている。本来は主郭には北側から中央の谷を経由する、細く急勾配で折れ曲がった通路のみが通じ、これが防御の要といえる構造である。主郭は自然地形を活かし頂上面を最大に取った七〇×四〇メートルほどの平坦地で、土塁の痕跡は認められない。主郭から西に一〇メートル余り下り、

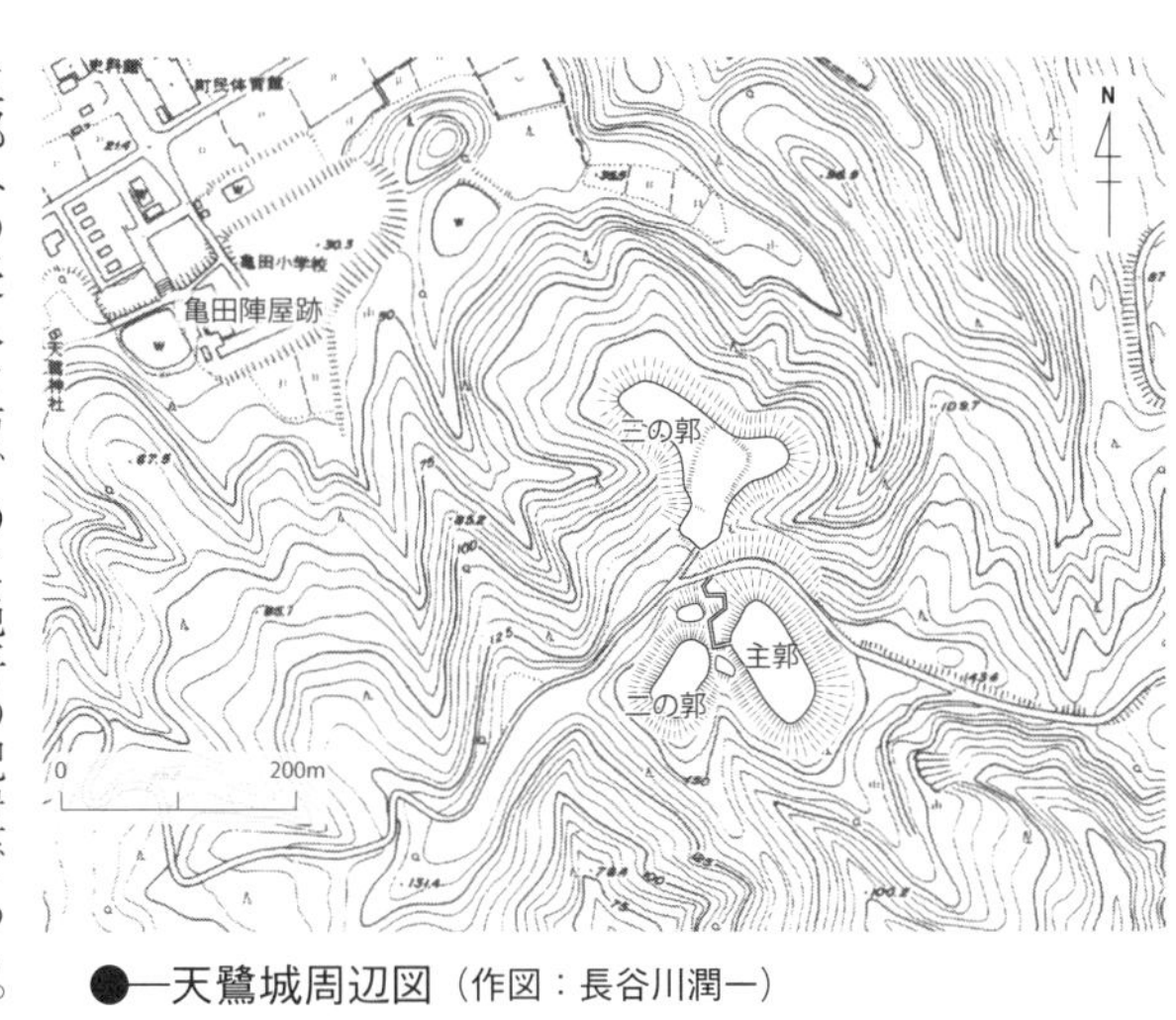

●―天鷺城周辺図（作図：長谷川潤一）

土橋を渡った先の平坦地には二の郭が立地し、主郭より一回り小さい略長方形を呈している。城の西側の尾根筋への警戒とともに、三の郭方面から急坂を上がってくると屈折点に位置し、主郭への侵入を防ぐのに絶好の配置である。二の郭の下にも同様の小郭が付いている。主郭および二の郭から少し離れた三の郭は山城内でもっとも広い平場で、北側の亀田から道が通じ、かつては展望施設等が設けられていた。主郭に対し独立的で、城内で居住的な空間を想定するとなればここしかないように思われる。

詳細な分布調査等がなく不明な点が多いとはいえ、城全体で堀や土塁等の施設は確認されず、地形そのものを活かした簡素な造りで、四〇〇〇石程度とはいえ地域の代表的な領主の常の居城というよりも、北東側の尾根に位置する「古館」も含め、むしろ山全体が戦闘を想定した砦という印象を受ける。

ところで、明治期の記録や伝承から、南麓の蛇川流域が松ヶ崎へ通じる主要集落であり、六呂田が表町武家屋敷として栄えた町場とされてきた経緯があり、相対的に亀田は江戸時代に始まる町割りとの印象が持たれてきた。しかし、主郭から南麓の集落がほぼ見えないのに対し、北麓の亀田は手に取るように望めることが対照的で、縄張をみても主郭から亀田側の麓に通じるように構造的な指向が感じられる。満茂入部以降およそ一〇年間の拠点を南麓の蛇川流域に求めるには難があり、これは赤尾津氏の時代にも同様ではないか。赤尾津氏の段階ですでに亀田が根小屋として整備されていたと仮定すると、山上の天鷺城と後の亀田陣屋の場所に山麓居館の組み合わせが想定され、両所をつなぐ「鼻こくり」なる古道も存在するという。湯沢満茂次いで岩城氏入部に際し亀田を拠点としたことは合理的な選択だったと思える。

【参考文献】本荘市『本荘市史』史料編Ⅰ上（一九八四）、岩城町教育委員会『岩城町史』（一九九六）

（長谷川潤一）

●子吉川中流域を見渡す平城

滝沢城（たきざわじょう）

〔所在地〕由利本荘市前郷字滝沢舘・古堀
〔比　高〕一メートル
〔分　類〕平城
〔年　代〕一三世紀〜一七世紀前半、慶長八年（一六〇三）〜元和八年（一六二二）
〔城　主〕滝沢氏
〔交通アクセス〕由利高原鉄道鳥海山ろく線「前郷駅」下車、徒歩五分。

由利高原鉄道
前郷駅
子吉川
滝沢城
171
293
108
0
500m

【子吉川中流域を見渡す平城】　子吉川（こよしがわ）は、山形県と秋田県の境にそびえる東北一の標高の独立峰、鳥海山（ちょうかいさん）に源を発し、その北西麓を貫流して日本海へと注ぐ。その中流域右岸の沖積地に、島状に突き出たように形成された段丘の南東端に位置するのが、滝沢城である。この段丘は、子吉川の流れが幾度となく変化したことにより生じたもので、周囲の水田との比高は五〜七メートルである。現在子吉川は段丘の西側を北に流れているが、近世の村絵図によれば築城当時は子吉川が蛇行してこの段丘南端を流れていたと推測される。つまり滝沢城は、子吉川中流域を見渡せる段丘と、その南側に天然の堀を有する築城に適した立地であったと考えられ、現在も城跡からは南側正面に鳥海山を望むことができる絶好の場所である。

【由利衆支配から最上氏領へ】　戦国時代の由利（ゆり）郡は、由利衆と呼ばれた国衆（くにしゅう）が孤立分散的に各地で台頭していたが、豊臣秀吉の奥州仕置と太閤検地を契機に、小介川（こすけがわ）（赤宇曽（あかうそ））氏、仁賀保（にかほ）氏、滝沢氏、岩屋氏、打越（うてつ）氏の「由利五人衆」が成立した。この支配も徳川家康による慶長七年（一六〇二）の佐竹氏の常陸から仙北六郡への移封、最上氏の庄内加増と湯沢・雄勝郡と由利郡の領地替えにより大きく変動し、由利衆一の頭と言われた小介川氏は改易、仁賀保氏・打越氏は徳川氏家臣として常陸へ移封、滝沢氏・岩屋氏は最上氏家臣に編入され、中世以来の由利衆は完全に解体した。出羽最大の大名となった最上義光（よしあき）の新領地である由利郡には、重臣楯岡

（本城）氏、由利衆出身の滝沢氏、岩屋氏が配され、滝沢氏には由利郡五万五〇〇〇石余のうち旧滝沢領一万石余が与えられた。

●—滝沢城と前郷地区（南西より，手前は子吉川）（由利本荘市教育委員会提供）

【一九年間の城】　滝沢城は、慶長八年（一六〇三）から十一年まで四年をかけて築城された。城主は滝沢兵庫頭政道である。しかし築城後一六年を経た元和八年（一六二二）八月、主家最上氏は相次いだ当主の死後、家中争論の激化により改易にいたった。それにともない由利郡の三氏は退去、郡内の本城城と滝沢城も破却された。破却は秋田藩主の佐竹氏が命じられ、同年九月十一日には城請取衆として二三〇三人にものぼる佐竹家臣団が由利領内に到着している。破却に際しては幕府から特に念を入れるよう申し入れがあり、十月九日から開始され十六日に完了、滝沢城は廃城となった。築城からわずか一九年間の城であった。

【城と城下町の建設】　「最上領由利内城之覚」によれば、滝沢城には本丸・二の丸・三の丸があり、各郭は堀と土塁で囲まれ、本丸の大手門は冠木門であった。同史料には城の規模も記されているが、小字名と現在残る地形からも推測できる。小字「滝沢舘」は本丸・二の丸・三の丸、「古堀」は外堀に比定されており、それによれば城郭規模は、現在の前郷地区市街地の南東側約四分の一に及んでいたと想定される。城郭の一部も残されている。「滝沢舘」地区の西側にあたる前郷小学校跡地のうち校舎跡地は二の丸とされ、旧正門前には外堀とそれに沿う土塁が残る。本丸は、旧前郷小学校グラウンドおよび東側の平屋型の市営住宅地内に、また「滝沢舘」を囲む「古堀」地区の一部は、周辺に比べ標高が低い帯状の低地であり、かつて外堀であったことが想像される。三の丸は、その東側に比定されている。

築城とともに城下町も整備された。滝沢氏が建設した城下町の前郷地区は、現在も由利本荘市由利地域（旧由利郡由利町）の中心部である。一万石の城下町としてこぢんまりした印象であるが、城の北側に整備された方眼状の町割には、要所に食い違いの変形十字路があるなど、当時の城下町の特徴が現在もよく残され、近世初頭に整備された城下町の町歩きが楽しめる。廃城後も、前郷は本荘藩と上流の矢島藩の物流の大動脈である子吉川舟運の集積地として繁栄した。滝沢氏時代も同様に川港の重要な拠点として城下町建設が行われたであろう。

●—二の丸側に残る外堀と土塁（由利本荘市教育委員会提供）

【本丸の発掘調査】　平成二十四～二十七年度（二〇一二―一五）に、市営住宅建替工事にともなう本丸の発掘調査が、市教育委員会により行われている。その結果、本丸を囲むと推定される内堀の北東隅と南東端までの南北方向の内堀およびそれに沿う土塁跡が確認され、本丸東端の位置が明らかとなった。土塁は調査時にはすでに失われていたが、調査対象範囲全体に遺構が分布するのに対し、内堀西壁に沿う本丸側の幅約一〇メートルの帯状の範囲では遺構密度が極端に薄く、確認した遺構はすべて古代の遺構であった。「最上領由利内城之覚」の本丸の記述に「土井敷七間」とあり、それを根拠とすれば本丸の土塁基底幅は約一二メートルであり、近世初頭の遺構の帯状の空白範囲にほぼ符号することから、土塁跡と判断された。また内堀の壁には土留め用の杭列が確認されたほか、本丸南東部では盛土による造成がみられ、盛土を掘り下げて内堀を構築していることが判明した。そして後述するように、出土遺物や遺構の新旧関係により平安時代から江戸時代前期まで大きく五期にわたる変遷が確認されている。

このうち活発な活動が見られたのは、三期目の戦国時代の一六世紀と、四期目の江戸時代初頭、一七世紀初頭の滝沢城期である。この二つの時期の遺構は、掘立柱建物や竪穴建物、井戸、溝などが見つかり、検出数も大差ない。遺物は継続して中国産染付や瀬戸美濃産等の国産陶器が出土し、滝沢城期になると肥前系陶磁器が加わる。出土遺物の全体量としては戦国期が滝沢城期を凌ぐ。

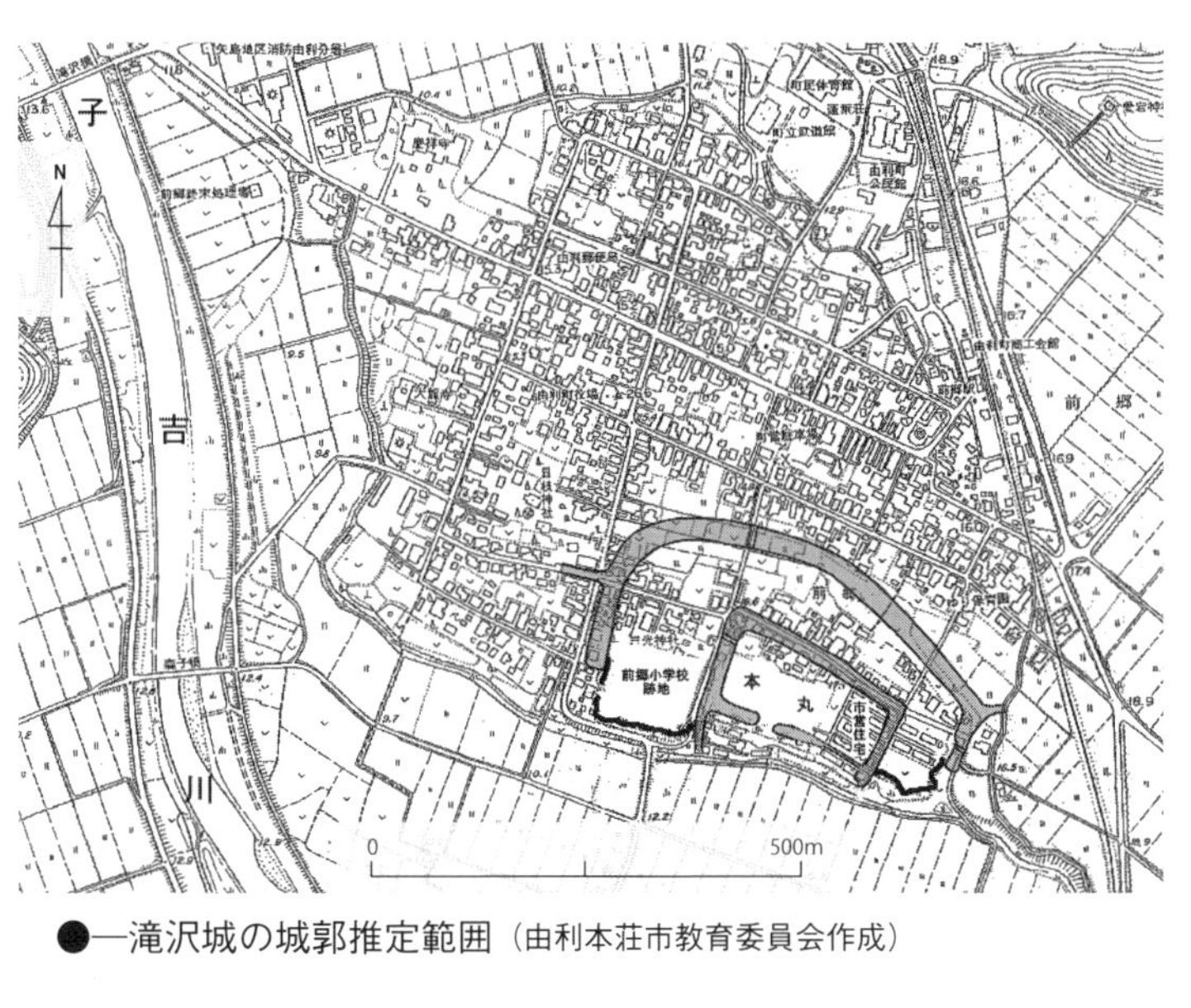

●─滝沢城の城郭推定範囲（由利本荘市教育委員会作成）

【滝沢氏と滝沢城】調査により、江戸時代初頭の滝沢城築城以前の中世城館の存在が確認された。二期目の鎌倉～室町時代は、遺構・遺物の確認数によれば遺跡の活動の停滞期であるが、戦国期から滝沢城期には活発となり、むしろ最盛期は戦国期である。

これまで知られている戦国時代の滝沢氏の拠点は、由利衆矢島氏との抗争が続いていた永禄四年（一五六一）築城、同十年（一五六七）廃城とされる上の台館、永禄四年築城、天正三年（一五七五）廃城とされる西の館がある。

織豊期に「由利五人衆」の一氏となった滝沢氏は、関ヶ原の戦いを経て最上氏領となった由利郡のうち、旧領の滝沢領を安堵され、子吉川中流域の要地に滝沢城を築城した。近世滝沢城以前の中世城館の存在は、それ以前から、前郷の地を滝沢氏が拠点としていた「第一次滝沢城」の可能性が十分に考えられる。

【参考文献】由利町教育委員会『滝沢城跡』（二〇〇四）、由利本荘市教育委員会『滝沢城跡』（二〇一八）

（三原裕姫子）

秋田県

●由利衆矢島氏の居館

矢島根城館（やしまねじょうだて）

〔由利本荘市指定史跡〕

〔所在地〕由利本荘市矢島町荒沢字根城館
〔比　高〕六〇メートル
〔分　類〕山城
〔年　代〕一三世紀頃～天正四年（一五七六）以前
〔城　主〕矢島（大井）氏
〔交通アクセス〕由利高原鉄道鳥海山ろく線「矢島駅」下車、徒歩三〇分。

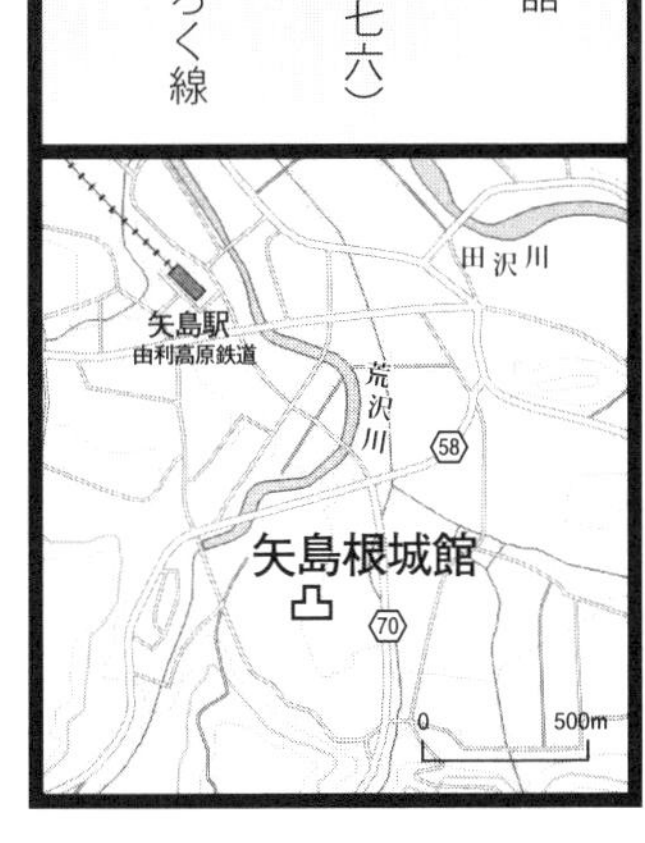

【由利衆の勇・矢島氏の山城】　鳥海山を源とし日本海へと注ぐ、秋田県第三位の長さの子吉川の上流部、支流の荒沢川と田沢川に挟まれた南北約三〇〇メートル、東西約五〇〇メートル、標高七〇メートル～一三〇メートルの台地先端部に立地する山城である。およそ四段の郭が展開され、台地南西側の最高部に主郭、東西の斜面には横堀・竪堀が構築される。北側は急傾斜地形であるのに対して南側は平坦地である。現在水田のこの平坦地は、家臣団の屋敷跡とされる。

屋敷跡南側の山麓には、現在は子吉川対岸にある矢島氏菩提寺の高建寺跡や家臣団の墓と伝わる五輪塔のほか、板碑が杉林の中に残る。台地東端の郭には、矢島氏が信濃国より勧進し、創建した八幡神社がある。現在の本殿は、寛永十七年（一六四〇）に讃岐国高松より矢島藩一万石の大名として入部した生駒高俊が万治二年（一六五九）に再建したもので、秋田県有形文化財に指定されている。

【館主・由利衆矢島（大井）氏】　館主矢島氏（大井）は、信濃国佐久地方を本拠とする小笠原氏を出自とする。建暦三年（一二一三）、和田合戦により、由利惟久に代わり新たに由利郡の地頭となったのは、信濃国守護加賀美遠光の娘で、鎌倉幕府の女官大弐局である。大弐局は信濃国大井荘を領していた甥の大井（小笠原）朝光を派遣し、これを期に小笠原氏一族が由利地方に進出する。小笠原氏一族は矢島氏のほか、小介川氏（由利本荘市岩城地域）、岩屋氏（同大内地域）、玉米氏、下村氏（同東由利地域）、仁賀保氏（にかほ市）などがお

●—矢島根城館遠景（北から）（由利本荘市教育委員会提供）

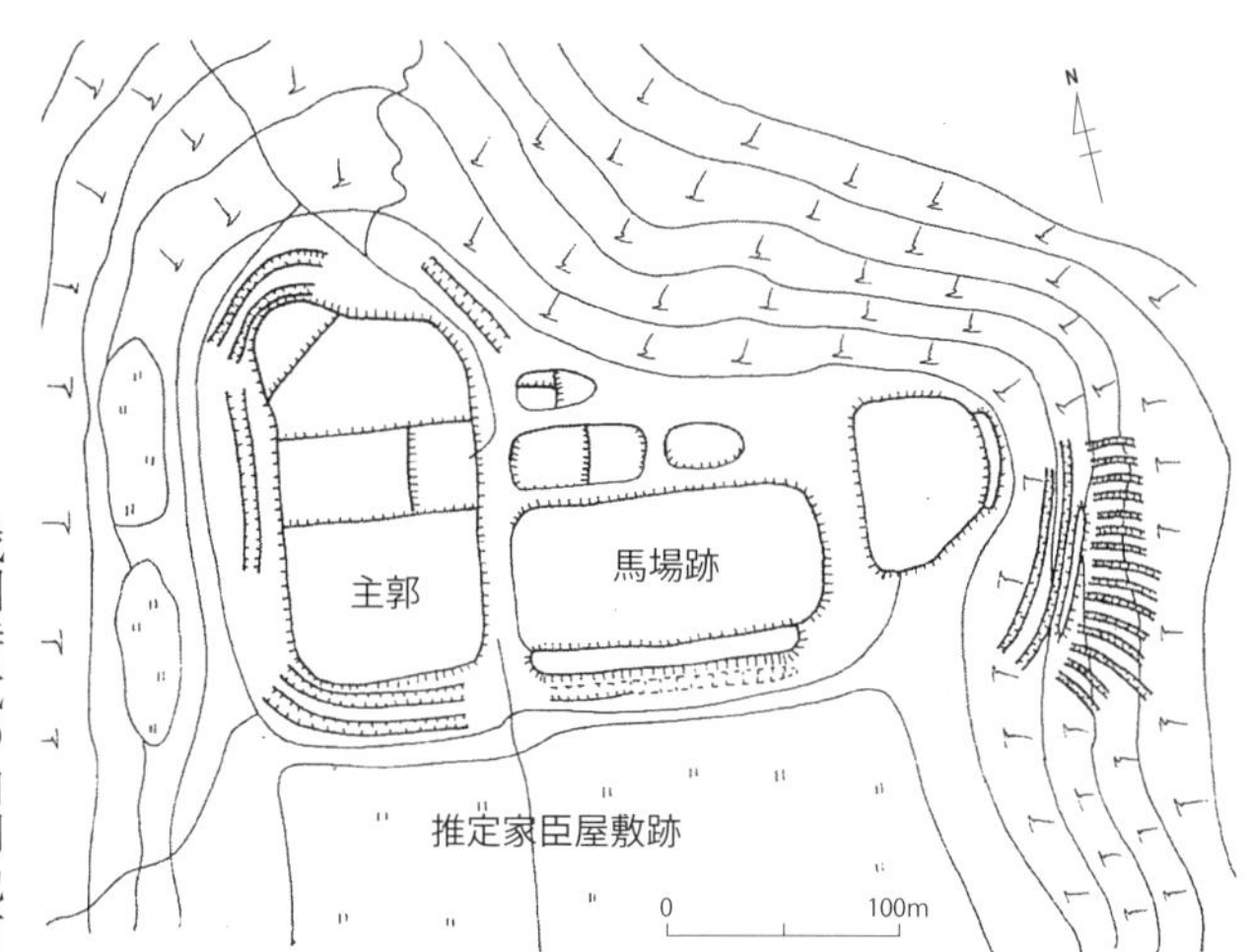

●—矢島根城館縄張図（秋田県教育委員会『秋田県の中世城館』1981に加筆）

り、それぞれの領地に土着して由利衆と呼ばれた。

元徳三年（一三三一）には、矢島地方の旧名とされる羽州由利郡津雲出郷の源（大井）正光と滋野（根井）行家が、天下泰平と一族の除災安寧を祈願して、十二神将を鋳造したことを示す銅板の棟札を、鳥海山に奉納している。このことから、鎌倉時代末期には矢島地方に小笠原氏一族が土着し、在地領主として地域の開発・経営にあたっていたことがわかる。

戦国時代の由利地方の国衆（由利衆）の様相は、軍記物語『由利十二頭記』『奥羽永慶応軍記』によりうかがえる。中心をなすのは、矢島満安と仁賀保氏との、由利衆全体をまきこんでの数度におよぶ争いである。矢島氏の居館は、はじめ根城館の南東にある田沢館であったが、水の便が悪く、根城館に居を移した。その後満安の代となり、仁賀保氏との抗争が激化するにつれ、子吉川を天然の堀とする新荘館に移る。その時期は不明だが、天正四年（一五七六）に根井館が戦場となった際の満安の本拠は新荘館であった。

さらに主郭の標高が約二七〇㍍、北・西・南側は切り立った崖の、正に天険の山城である荒倉館に移ったものの、天正十六年（一五八八）、仁賀保氏を中心とする由利衆連合軍に敗れ、妻の実家であった小野寺氏を頼り西馬音内に逃れ、満安は自刃し矢島氏は滅亡した。よって、矢島氏の本居は、根城館時代がもっとも長期間にわたっていたことになる。

●―馬場跡と土塁（由利本荘市教育委員会提供）

【郭と堀】 根城館では発掘調査が行われておらず、まとまった資料はないが、郭や横堀、竪堀、土塁などが状態よく残り、城郭遺構を観察できる。主郭は約三六〇〇平方㍍で、石垣が残る。かつては井戸跡もあったとされるが、現在は確認できない。礎石と考えられる石が所々に現存するが、開畑の際に多くは除かれてしまい、現在は旧状を考察し難い。

台地のほぼ中央に約一万平方㍍の長方形の馬場跡と称される郭があり、その南辺に高さ四・七㍍、基底幅七・五㍍、上幅二・八㍍、長さ四八㍍の土塁がある。かつてこの馬場跡は、矢島小学校の運動会の会場として使用されていたという。土塁上には桜が植えられ、現在は老木となったものの、桜の大木の並木が春には花を咲かせ、見事な景観である。

台地西側の広大な郭がある北・西・南斜面には、横堀がめぐる。八幡神社がある東側の郭斜面は、比高差約一〇㍍のほぼ垂直な切岸で、その斜面下には、二条の横堀と土塁、さらに東側には一五条の畝状竪堀が並ぶ。さらに東側の尾根には、二ヵ所の堀切が確認できる。季節により散策が難しい場合もあるが、由利衆の勇、矢島氏の居館として、当時を知るにふさわしい城館である。

【参考文献】 秋田県教育委員会『秋田県の中世城館』（秋田県文化財調査報告書第八六集、一九八一）、本荘市『本荘市史　史料編Ⅰ下』（一九八五）、本荘市『本荘の歴史　普及版』（二〇〇三）、仁賀保町教育委員会『仁賀保町史　普及版』（二〇〇五）（三原裕姫子）

●「根井六館」最初の居館

根井館（ねのいだて）

〔由利本荘市指定史跡〕

〔所在地〕由利本荘市矢島町元町字新町
〔比　高〕三〇メートル
〔分　類〕平山城
〔年　代〕一三世紀頃～天正四年（一五七六）以前
〔城　主〕根井氏
〔交通アクセス〕由利高原鉄道鳥海山ろく線「矢島駅」下車、徒歩一五分。

【独立丘陵の平山城】　根井館は、由利高原鉄道鳥海山ろく線矢島駅から南東に約一キロ、矢島市街地から湯沢市方面に向かう国道一〇八号沿いに位置する。鳥海山を源とし、日本海へと注ぐ子吉川の上流域に形成された矢島盆地のほぼ中央にある、標高五七～八七メートルの独立丘陵に構築された平山城である。東西約三五〇メートル、南北約一五〇メートルの楕円形で、周辺の盆地や丘陵からは、椀を伏せたような根井館を眺めることができる。

【根井氏と由利郡】　根井氏は、信濃国佐久地方を本拠とする一族である。源義仲に仕え、義仲敗死後は出羽国由利郡矢島荘に進出したとされる。由利郡は古代以来の在地領主であった由利氏が、和田合戦により領地を没収され、建暦三年（一二一三）、新たに鎌倉幕府女官の大弐局が地頭となり甥の大井（小笠原）朝光を派遣し、小笠原氏一族が由利地方に進出する。元徳三年（一三三一）には矢島地方の旧名とされる羽州由利郡津雲出郷の源正光と滋野行家が、天下泰平および一族の除災与楽を祈願して十二神将を鋳造したことを示す銅板の棟札を、鳥海山に奉納している。源正光は小笠原氏一族の大井（矢島）氏、滋野氏も小笠原氏と関係の深い根井氏の一族であり、このことから、鎌倉時代末期には矢島地方に小笠原氏一族が土着し、在地領主として地域の開発・経営にあたっていたことがうかがえる。

戦国時代の由利地方の国衆（由利衆）の様相を伝えるものに軍記物語『由利十二頭記』『奥羽永慶応軍記』がある。その中で中心をなすのは、矢島満安(みつやす)と仁賀保(にかほ)氏との由利衆全体をまきこんでの数度におよぶ争いである。矢島氏と同族の根

●―根井館遠景（南東から）（由利本荘市教育委員会提供）

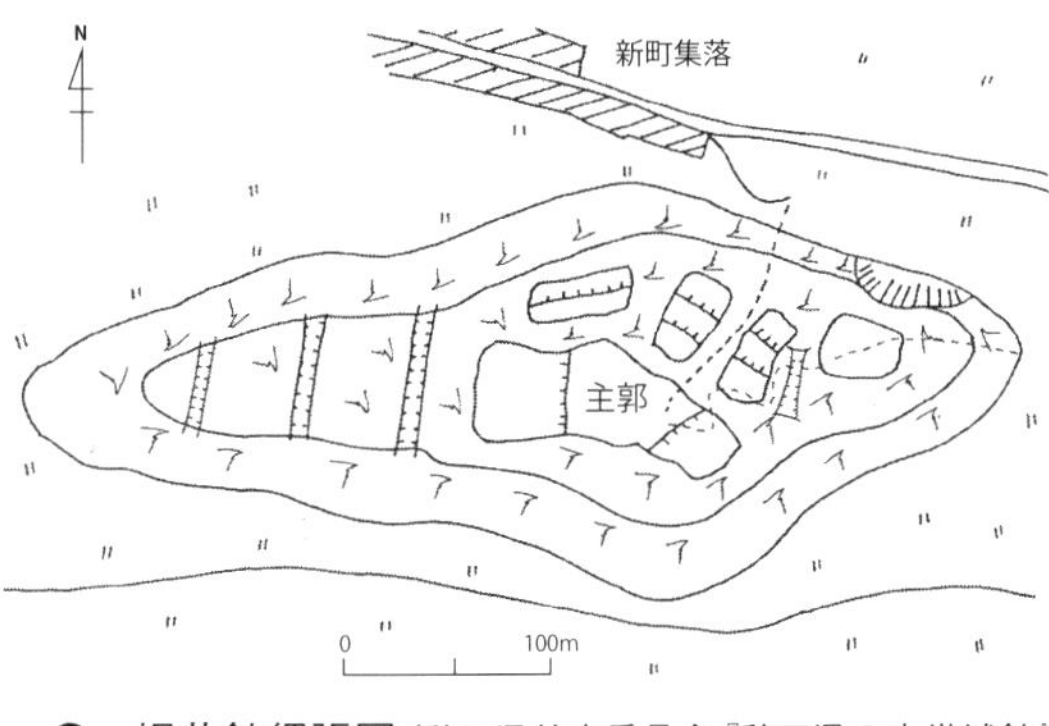

●―根井館縄張図（秋田県教育委員会『秋田県の中世城館』1981に加筆）

井氏は当初ともに仁賀保氏と争うが、後に離反した。そして天正十六年（一五八八）、矢島氏は滅亡、矢島氏領は仁賀保氏領となった。天正十八年（一五九〇）、豊臣秀吉の奥州攻めと太閤検地にともない、この段階で存在した由利衆は豊臣政権から領地安堵の朱印状を拝領した。根井氏には、現在の由利本荘市鳥海町地域とされる、禰々井(ねのい)村一六九石一斗の領地が安堵されている。

【根井六館】　矢島・鳥海地域には根井氏の築城とされる館跡が分布し「根井六館」と称される。伝承によれば、築城順は①根井館（由利本荘市矢島町元町）②根井館（同鳥海町猿倉）③根井上後山館（同鳥海町百宅）④根井中後山館（同上）⑤根井下館（同上）⑥根井館（同鳥海町中直根）である。②への移居時期は応仁～天正年間（一四六七～一五九二）や矢島満安の父、義満が没した永禄三年（一五六〇）以降など諸説あるが、③～⑤は天正年間のほぼ同時期に所領の

最奥に構えたとされる。⑥は根井正重が没した文禄三年（一五九四）廃城と伝わる。本書での根井館は①に当たり、もっとも古い段階である。鎌倉時代末期には矢島地方の開発・経営に大きな影響力をもち、戦国時代末期には鳥海地方を領地としていたことを踏まえると、伝承による居館の移動とも相違はないと言えるであろう。

【矢島氏と仁賀保氏の激戦地】 矢島氏と仁賀保氏との抗争は、基本的には隣接する領地争いであった。その背後には、各々由利郡周辺の横手・湯沢・庄内の有力氏である小野寺氏・大宝寺氏・土佐林氏・来次氏・砂越氏などとの結びつきがあり、複雑な勢力争いがあったためでもあった。両者の抗争のうち、天正四年（一五七六）の戦いは、根井館が戦場となった。『奥羽永慶軍記』には戦場は「根井カ古館」とあり、この戦いの段階で根井氏は鳥海へ居を移していたと考えられる。仁賀保氏は、かつて根井氏の居館であった根井館に陣を置き、そこへ矢島氏が攻め込み、仁賀保挙長は討たれた。

【館の構造と発掘調査による時期】 主郭とその北側に三段の郭があり、主郭下の郭は御殿畑の古称をもつ。東側は二段の郭や空堀、西側には少なくとも三条の空堀、南側は腰郭状の張出や堀切状の地形が確認できる。主郭部には、根井館西側の新町集落と東側の新所集落の祭神で、信濃国より勧進したとされる八幡神社があり、社殿修復の際に床下から経石が出土している。郭はかつて畑地であったが、現在は杉林となっており、館の散策では主郭の神社と各集落を結ぶ北側と東側の参道が整備されている。

参道部分は、平成十七年度に遊歩道整備事業にともなう試掘調査が行われている。主郭部では頂部を削平し縁辺部に盛土をして拡幅しており、土留のための石積も確認された。現在、北側参道は大手、東側参道は搦手とされるが、北側参道は築城面の削平が見られたことから、後世の造作と考えられる。東側参道では、主郭下の南北方向の堀切を渡る土橋状地形の箇所で、平石の敷石列が出土した。このことから、館が機能していた当時には土橋はなく、後世に堀切を埋めて土橋とし、不安定な地盤を固めるために敷石をしたと考えられる。ただし東側参道は、主郭・一段目・二段目の郭を結ぶつづら折りの道のあり方から、館当時の道を踏襲していると考えられ、現在の土橋状地形の箇所には当時は木橋が架けられていた可能性もある。遺物は中国産青磁、珠洲、古瀬戸、装飾品の留鋲や釘が出土した。調査により確認された時期は、一四世紀から一五世紀をはさみ、前後の少なくとも三期にわたる変遷があると考えられる。

先に示した文献等の資料によれば、元徳三年（一三三一）以前には築城されており、天正四年（一五七六）には根井氏の居館としては廃城となっていたといえる。しかし、仁賀保氏が陣を置いたことから想像すると、立地の面からも廃城後も支城的な役割を担っていたと考えられ、調査結果とも符合する。また、根井館の北西に隣接して「根井館Ⅱ遺跡」があり、一三世紀前～中葉の珠洲壺や柄杓・朱漆塗椀・焼米が出土している。初期段階の館との関連も考えられる。

●—主郭西側の空堀（由利本荘市教育委員会提供）

●—参道東側の堀切と後世の土橋状遺構（由利本荘市教育委員会提供）

【その後の根井氏】　根井氏は、天正十八年（一五九〇）に秀吉朱印状により所領安堵されたが、慶長七年（一六〇二）、由利郡は最上氏領となり、その前後からの根井氏の動向は不明である。延宝六年（一六七八）以降に成立したと考えられる「根井家由来書」によれば、大坂の陣以降に姓を遠藤と改め、寛永十七年（一六四〇）に讃岐国高松より入部した生駒氏の重臣となった。

その後、延宝五年（一六七七）～八年の延宝の百姓一揆にともなう家臣間の政争により浪人となり、矢島に残った一族は帰農し、初代は国指定重要文化財「土田家住宅」を建築したとされる。土田家住宅は一七世紀後半に遡る住宅であり、帰農時期に重なる。住宅の場所は、根井館の南約五〇〇メートルであり、かつての祖先の居館、根井館は目の前に位置する。

【参考文献】秋田県教育委員会『秋田県の中世城館』（一九八一）、鳥海町『鳥海町史』（一九八五）、本荘市『本荘市史　史料編Ⅰ下』（一九八五）、本荘市『本荘の歴史　普及版』（二〇〇三）、由利本荘市教育委員会『遺跡詳細分布調査報告書』（二〇〇六）

（三原裕姫子）

●日本海を望む江戸時代の陣屋跡

仁賀保陣屋

〔所在地〕にかほ市平沢
〔比　高〕―
〔分　類〕平城
〔年　代〕一六三一年～
〔城　主〕仁賀保氏
〔交通アクセス〕ＪＲ羽越本線「仁賀保駅」下車、徒歩五分。

平沢港
仁賀保陣屋
JR羽越本線
仁賀保駅
0　500m

【概　要】　仁賀保陣屋は、応仁元年（一四六七）に当地にやってきた仁賀保氏（大井氏）が江戸時代の寛永年間（一六二四～四四）に、にかほ市平沢に設けた陣屋である。現在は仁賀保公園と呼ばれ、人々に親しまれている。公園内には銅像と仁賀保陣屋であることを示す遺跡標柱が立っているのみである。ＪＲ羽越本線仁賀保駅から南西約三〇〇メートルの秋田県にかほ市平沢清水に位置する。陣屋の作られた平場は標高約五・八メートルである。陣屋の北側には頂上標高が一八メートルの独立丘陵の清水山が位置し、東には鳥海山を望む。西には日本海があり、直線距離で約三〇〇メートルである。周辺には、同じ仁賀保氏と関連する遺跡が複数確認されている。

【仁賀保氏とは何か】　仁賀保陣屋を築いた仁賀保氏は、鎌倉時代に起きた和田合戦後に由利郡を領土としていた信州の大井氏の血筋にあたる。

仁賀保氏の祖となる大井友挙は応仁元年（一四六七）に芹田港（にかほ市平沢）に到着し、その後百目木の待居館に入り、さらに院内の「古館（山根館）」を修理して翌年（一四六八）には入城したと伝えられている。大井友挙は信濃より諏訪神社を勧請し、仁賀保郷の古社七高神社をも崇拝し、山根館の北の尾根に鎮座させた。大井友挙の子、挙政は領地名の仁賀保を取って姓にし、仁賀保挙政と名乗った。三代目の挙久の頃には仁賀保氏は有力な領主として威を振るっていた。三代目挙政は仁賀保・矢島合戦で矢島満安との戦いで討ち取られ、その子挙長も翌年に討ち死にしたと伝えられている。その後を継いだ仁賀保重挙・挙晴も矢島満安と争った。

天正十三年（一五八五）には仁賀保家の家督を小介川氏から養子が継ぎ、仁賀保挙誠と名乗った。挙誠らは天正十八年（一五九〇）に豊臣秀吉から知行宛行状を拝領し正式に大名として認められた。仁賀保氏の領土は現在の仁賀保地区と矢島地区であった。その後、仁賀保挙誠は天正十九年（一五九一）には九戸合戦に参加し、文禄元年（一五九二）の秀吉の朝鮮出兵に参加する。

慶長三年（一五九八）豊臣秀吉がこの世を去り、慶長五年（一六〇〇）には徳川家康が諸大名に上杉景勝討伐を命じた。仁賀保氏は徳川家康と面識がなかったものの、徳川側につくことになった。仁賀保領は西軍の上杉領と南で接しており、西軍と激戦を繰り返した。この関ヶ原の戦いの功により、徳川家康より常陸の武田に五〇〇〇石を賜った。武田に移封される一六〇二年まで、仁賀保氏はにかほ市院内に所在する山根館を拠点としていた。

常陸の武田に転封されたのち、仁賀保氏は元和九年（一六二三）武田からふたたび仁賀保に戻ってきた。一万石頂戴した仁賀保氏中興の祖仁賀保挙誠は象潟の塩越館に本拠に定め、翌年の寛永元

●―仁賀保陣屋の北西に位置する清水山から日本海を望む

●―仁賀保陣屋（奥に斎藤神社・仁賀保神社がある．手前の平場に陣屋が作られていた）

年（一六二四）に病没した。仁賀保家の領地は長男良俊に七〇〇〇石、次男誠政に二〇〇〇石、三男誠次に一〇〇〇石と分け与えられたが、寛永八年（一六三一）に長男良俊が亡くなり嗣子がいなかったため、領地没収、お家断絶の宣告を受け、塩越城は明け渡しとなり、領地七〇〇〇石は酒井家のお預けとなった。分地された二〇〇〇石家と一〇〇〇石家は旗本となって存続し、平沢に陣屋敷を置き、明治維新まで続いた。この時に置かれた屋敷が仁賀保陣屋である。

【記録から見る仁賀保陣屋】　陣屋とは、江戸時代城郭のない小藩の大名の居所である。仁賀保陣屋に関わる記録は少なく、発掘調査なども行われていない。しかし、絵図に仁賀保陣屋が描かれているものが複数確認された。これらは仁賀保陣屋が作られて一〇〇年前後経過した時代のものであり、陣屋が作られた当初の姿ではない。

陣屋内の大まかな配置が分かる史料は、にかほ市教育委員会所蔵の正式名称・製作年代不明の絵図である。絵図には方角は描かれていないが、右上に山が描かれており、陣屋の北側に位置する清水山と思われる。陣屋の北側および西側は柵で囲われ、南側には板塀が作られその中央には長屋門と思われる門が描かれている。陣屋内の東側には仁賀保一〇〇〇石家・二〇〇〇石家共同で使用していた誂蔵（あつらえぐら）が一つ描かれている。一方、北側には土倉が並んで三棟描かれ、西端には千石前土蔵（せんごくまえどそう）と書かれている。中央と東端は二〇〇〇石家が使用していたと思われる。また、平澤絵図面（にかほ市教育委員会所蔵・製作年代不明）にも仁賀保陣屋の建物が描かれている。陣屋の南には石垣が築かれていたと書かれている。東には御役所稲荷堂と書かれている。

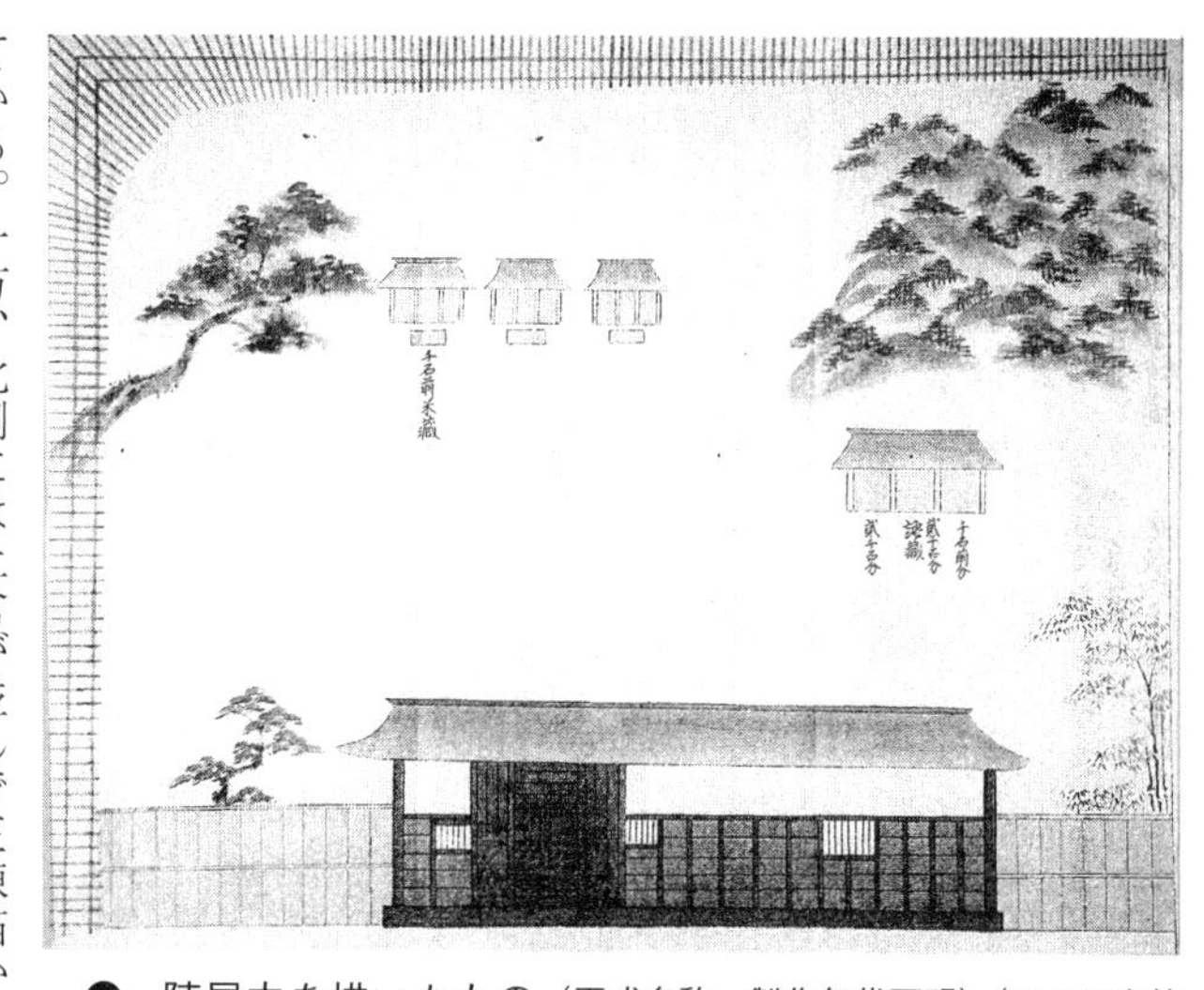

●―陣屋内を描いたもの（正式名称・製作年代不明）（にかほ市教育委員会所蔵）

この稲荷堂は現在確認できない。また、西側には陣屋の南端で突き当たりになる川が描かれ、この川は陣屋に沿うように流れており、北側で大きく東にクランクする。さらに西側には水田と民家が並ぶ。陣屋と川の間に牢屋と書かれた建物が確認できる。この牢屋については、町役所に勤務した院内小川幸吉（こうきち）二代目庄作の記録である小川家文書の天保五年（一八三四）六月に記載されている。この中で千石家の蔵より米が盗賊にあったことが記録されている。仁賀保陣屋の北側について、絵が描かれており、土倉の北側に牢屋が、柵はその牢屋分北側に張り出す形状となっている。

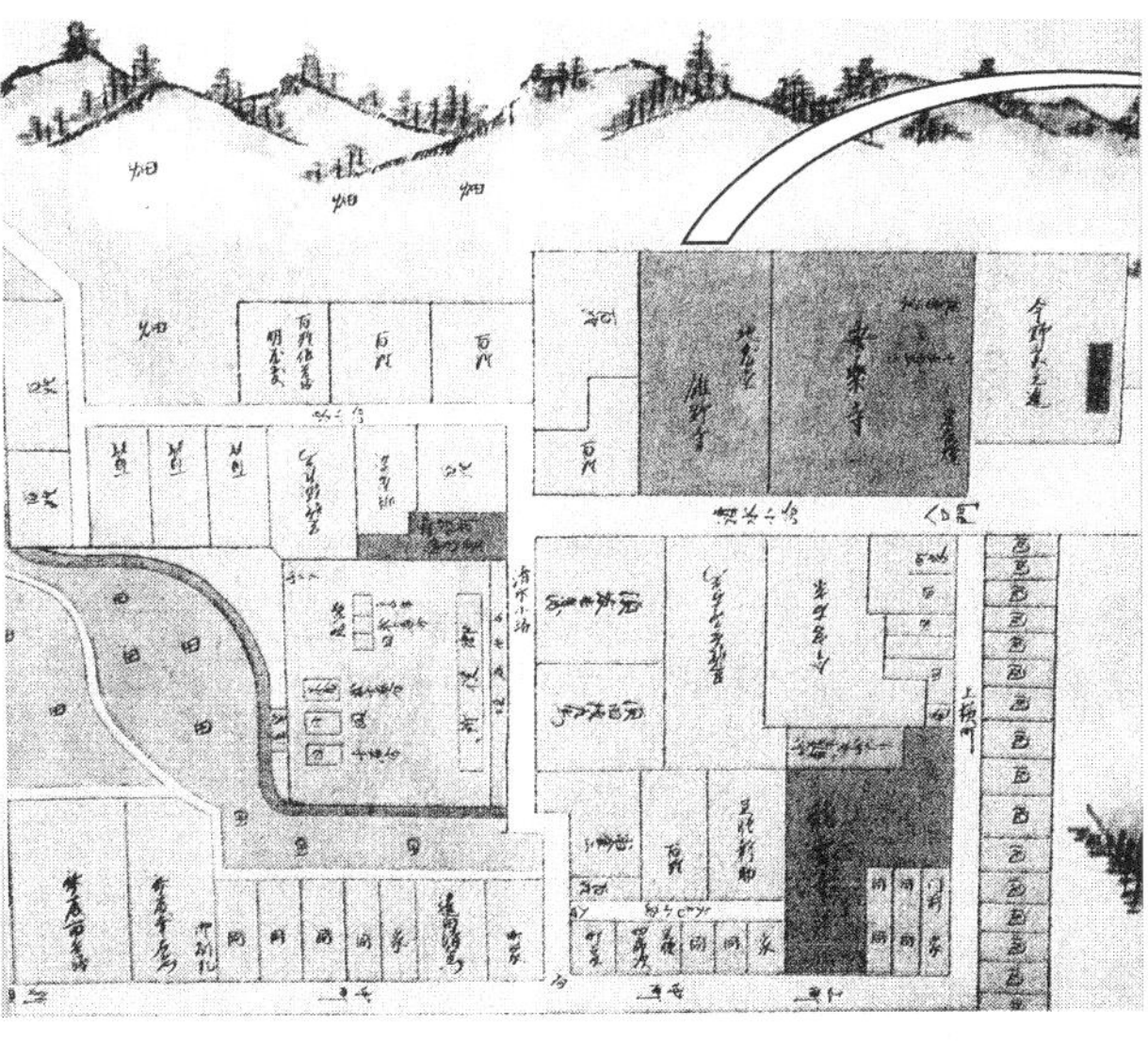

●—平澤絵図面（製作年代不明）（にかほ市教育委員会蔵）

これらの史料から仁賀保陣屋では、長屋門のつく南側は板塀で、その北と西は柵で囲まれていたこと、門のある南側には石垣が造られていたこと、東側には稲荷堂があったこと、西側には川があったこと、陣屋の南側には御役所があったこと、北東側には千石家・二千石家で共同の誂蔵があったこと、北西には土倉が三棟あったこと、北端に牢屋があったことが分かる。仁賀保陣屋で用いられた門は、平沢にある松野邸へ移築されている桟瓦葺、切妻造、棟門となっている。大正十二年頃の写真から表門と考えられる。また陣屋の北東に位置する清水山麓の利用についての記載は確認されなかった。

【参考文献】仁賀保町教育委員会「小川家文書その二」（一九九三）、近藤薫「城門　北海道・東北」（一九九五）、仁賀保町教育委員会『山根館跡―「にかほ史跡の里づくり事業」に係る予備発掘調査報告書』（一九九九）、仁賀保町教育委員会『仁賀保町史普及版』（二〇〇五）

（巴　亜子）

秋田県

●唐松野合戦の舞台

唐松城

〔大仙市指定史跡〕

〔所在地〕大仙市協和境唐松岳
〔比　高〕五〇メートル
〔分　類〕山城
〔年　代〕一〇〜一五世紀
〔城　主〕不明
〔交通アクセス〕JR奥羽本線「羽後境駅」下車、徒歩二〇分。秋田自動車道協和ICから車で約一〇分。

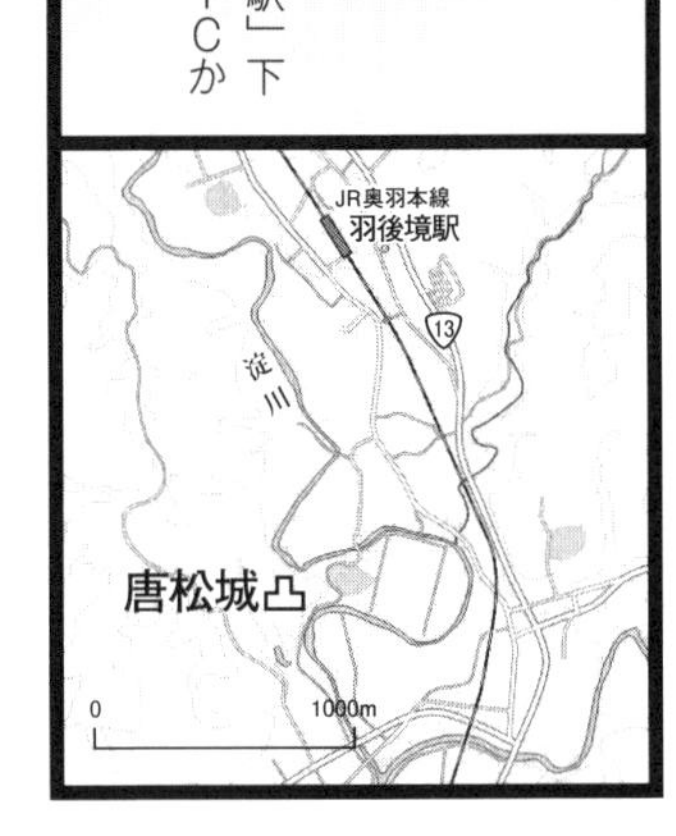

【河運の占有権争奪の要衝】　唐松城は秋田平野の南、雄物川の支流荒川と淀川の合流地点に南東に延びる河岸段丘上の小高い山である唐松岳にあり、麓は唐松野と呼ばれる平坦地である。主郭後方は深い谷に抉られ、舌状に伸びた三方は崖で、登城口左右は人の移動がまったく叶わない自然要害の地である。主郭跡からは羽州街道および、角館方面や本荘方面に通じる脇街道が見渡される。

室町期に能代から秋田方面を拠点に勢力を奮う安東氏の県南部の最前線基地と言われているが、県南の横手を中心に勢力を伸ばそうとする小野寺氏や、県境を越え、角館まで勢力範囲を拡げてきた戸沢氏による唐松野合戦の舞台である。その争奪戦の要因は、支流から本流雄物川までの水上交通の覇権を取ることによるものであることは容易に計り知ることができる。荒川上流部からは鉱石が、淀川上流部からは良質の杉材が産出され、土崎港へと運ばれたのであるが、唐松野および唐松城のある唐松岳を自領地とするか奪取されるかはまさに死活問題であったのである。

【初見は平安期】　唐松城は、安倍貞任の弟、境講師官照の城として伝えられている。その典拠として「秋田沿革史大成」に次のような記載がある。

○境村　講師官照境ノ荘、義家朝臣之ヲ攻ムト唐松山縁起ニアリ。宮照ハ貞任ノ弟ナリ。

地元には康平六年（一〇六三）源義家の攻撃を受けて落城したと伝えられており、それを実証するかのように、安部の残党を追う義家の乗馬が深田に足を取られて敵方に打たれそうになった時に突如愛宕（あたご）大神が現れ、敵を四方に追い散らしたという伝説が残されている。この愛宕大神が子授けと安

●—唐松城遠景

産の神として全国的に有名な唐松神社の神であり、代々宮司を勤める物部（もののべ）氏は、六世紀に蘇我氏との政治争いで失脚した豪族「大和物部」の流れをくむ「出羽物部氏」である。

【永慶軍記にみる唐松城周辺の攻防】　天文元年（一五三二）から元和九年（一六二三）までの東北地方全般の群雄争乱を描き、東北歴史の草分けとも称される「永慶軍記」は、県南雄勝横堀生まれの戸部一憨斎（とべいっかんさい）により著された、三九巻におよぶ軍記物語である。この中の六巻に唐松野を主戦場として戦いが展開された「秋田山北境合戦」の記述がある。（山北は仙北の古名であり「せんぼく」と同義）。雄物川河運の拠点争奪戦である。秋田湊付近を掌握し、県南部に進出を図ろうとする安東氏、それに対し雄物川中流の淀川・刈和野（かりわの）付近（大仙市淀川・刈和野）を確保しようとする戸沢氏・小野寺氏の三氏による戦いが天正十五年（一五八七）春、端を発したのである。軍記に安東実季（さねすえ）は「駿馬軍兵七百余騎、雑兵合せて三千余人」を「秋田山北の境を越えて、唐松に向陣をぞ取にける。」とあり、唐松野に布陣したことが伺える。

　一方の戸沢方については、「戸沢九郎盛安（もりやす）が領地の堺荒川と云処の要害に進藤筑後守乗以といふもの有りけるが、飛脚を以て是を告ぐ」とある。安東軍の侵攻を知った角館城内では一族のなかでも特に力を持つ楢岡（ならおか）（大仙市南外）の城主小

笠原右衛門尉を筆頭に一族郎党をともない、「都合千余人を引具して淀川をへだて陣を張る。」とある。また荒川城主進藤乗以も「合せて二百余人、荒川の城より出張し、秋田勢（安東軍）の東に当てひかえたり。」と続く。すなわち、唐松野に布陣した安東軍と淀川を隔てた唐松林に布陣した戸沢軍が対峙したのである。この時点での記述には、安東軍の本陣としての唐松城の記述はないが、「物見（ものみ）を以て是を伺ひ、味方に相図を定め」とあることから、両軍とも敵の動きを探るため、物見役を配置している。安東軍側からすれば周囲より一段高い唐松岳の高みから探りを入れることのできることは非常に有利であった。戦いは三日間続き、安東軍三〇〇余、戸沢軍百余人の戦死者が出たと記している。その壮絶な戦いも、合戦の最中に実季の父愛季（ちかすえ）の病死で休戦状態となるが実質、安東軍の敗北である。

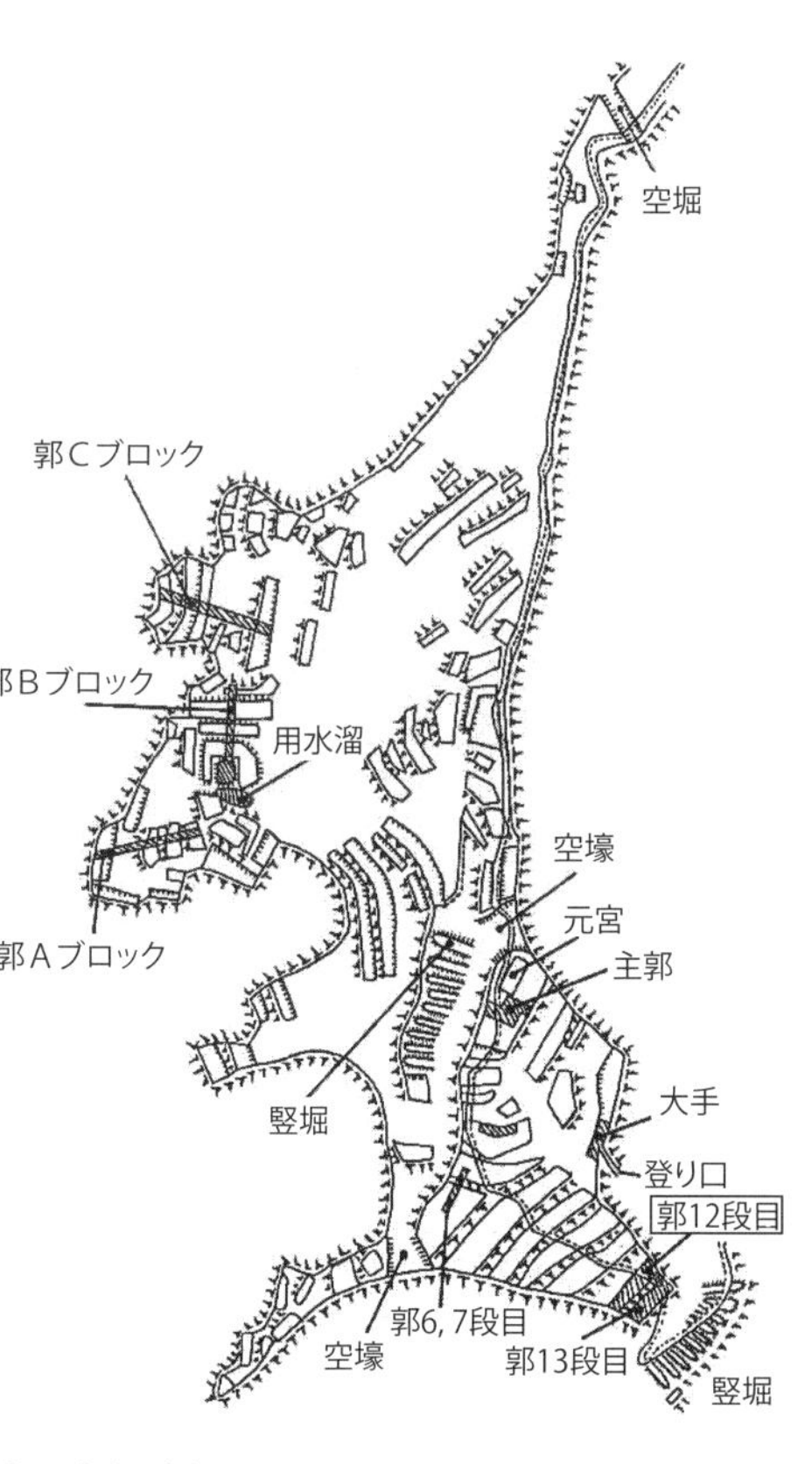

●—唐松城縄張図（協和町教育委員会『唐松城遺跡』1992より）

　翌天正十六年、ふたたび前年と同じ図式の合戦となり、双方合わせて五〇〇〇余人におよぶ大決戦が、唐松野を中心に南東二キロほどの羽州（うしゅう）街道山中「峰の山」にまで、拡大して展開される。この峰の山には戸沢軍の援軍として参戦の小野寺氏の陣が敷かれているが、ここも唐松岳頂上からは一望される場所である。合戦は六日目にして小野寺側から仲裁が入り、三氏が絡んだ戦いの終結をみるのであるが、三氏とも合戦十数年後の慶長五年（一六〇〇）から七年にかけて、関東および中国地方へ移封の身となっている。

　慶長七年には佐竹氏が入部、三氏が統治した領土はすべて秋田藩領となり、秋田藩直山となる荒川鉱山の産物や幕府側に献納する秋田杉材の運搬を監視する役目や河運の占有権奪取のための争いも不要となったことから、唐松城周辺による戦いは無くなり、唐松岳に築かれた城もその役目を終えたものと解される。

【規模と特色―竪堀で横移動を阻止―】 平成四年（一九九二）、唐松城の発掘調査が行われている。説明板を設置するため二ヵ所を部分発掘したものである。すでに主郭跡や空濠が知られていたが、この発掘により新たに主郭の前後二ヵ所に竪堀が確認されている。敵の横移動を阻止するために竪状に連続する土塁を造ったもので、協和町では唐松城だけにしかみられない遺構であることから、史跡として町の文化財（現在は大仙市指定文化財）に指定されたものである。

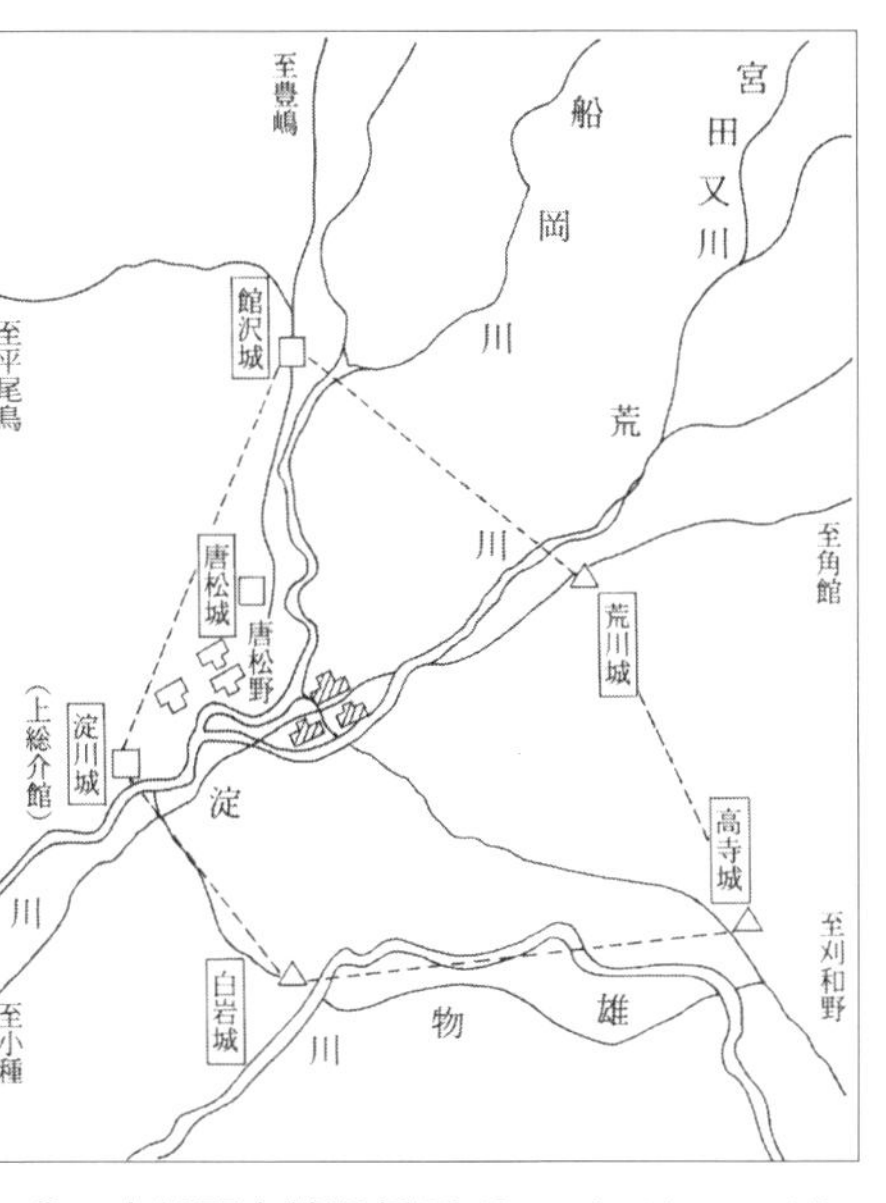

●—唐松野合戦関係図（「戸沢家譜」および『県立博物館研究報告書第22号』「中世秋田地方に関する空間的分析」（加藤民夫著）より作成）

出土遺物は八点であったが、「山城の場合、全面発掘しても遺物は一～二点と言われるなかで、部分発掘としては多いといえる。」と、唐松城遺跡発掘調査員であった長山幹丸がその報告書で述べている。この八点のうち、青磁片は中国から輸入されたものであり、陶器片は一六世紀の瀬戸であることが判明している。

【往事の井戸跡、今は貴重種の棲】 主郭には、麓の駐車場から急なつづら折りの坂道を一五分ほど登ると到着する。周囲には唐松城や唐松野合戦を伝える案内板が設置され、眼下に古戦場を望みながら往事を偲ぶことができる。また、主郭跡の西側の山林を少し下ったところに、四角形の井戸が周囲を川石により護岸されて残されている。この石組が当時からのものであるかは判然としないものの、この井戸が飲料水としてこの城を支えてきたことは明白であろう。現在は、トウホクサンショウウオ（両生類有尾目）の産卵場所となっており、「唐松岳自然環境保全の会」により大切に保護されている。

【参考文献】 協和村教育委員会『協和村郷土誌』（一九六八）、長山幹丸『協和町の城と館』（一九八〇）、協和町教育委員会『唐松城遺跡』（一九九二）

（滝沢清寿）

●仙北平野と雄物川を眼下に臨む山城

松山城

〔所在地〕大仙市花館字松山
〔比　高〕七〇メートル
〔分　類〕山城
〔年　代〕不明
〔城　主〕不明
〔交通アクセス〕ＪＲ奥羽本線「大曲駅」下車、徒歩約五〇分。

【自然の地形を活かした要衝】　松山城跡は、ＪＲ大曲駅の北西約三キロ、雄物川左岸の丘陵先端部に位置する。城の規模は東西約二〇〇メートル、南北約二五〇メートルで、城の西側から南側は式内社である副川神社があったと言われる神宮寺岳や、坂上田村麻呂が建立したと伝わる神社が鎮座する伊豆山、安倍貞任の娘と源義家の悲恋物語の伝説が残る太平山（通称・姫神山）などの山々に囲まれ、東側から北側を雄物川が流れる要害の地形となっている。また、城跡からは仙北平野が一望でき、眼下を流れる雄物川には玉川や丸子川が合流するなど、要衝の地であったことがうかがえる。

【安倍氏にまつわる伝説】　秋田県をはじめ、東北地方には前九年合戦（一〇五一〜六二）で源頼義と対峙したことで知られる安倍貞任、もしくは安倍氏に関する伝説が各地に残されているが、前述の姫神山と同様に、ここ松山城にも、安倍貞任、宗任が居城したという伝説が残っている。

江戸時代の紀行家である菅江真澄がこの地を訪れた際、その著書『月の出羽路』のなかで松山城に触れ、「治暦、延久の頃源義家朝臣、安倍貞任、宗任等を征伐のため奥州の国に下向あるに、この貞任等嶽山養森山（伊豆神社の社あり、高関下郷村分也）の東南の間小高き山あり。是に居城を造りて鶴の羽形の城と唱候由。」と記している。また、山崎徳政が記した『徳政夜話』にも「神宮寺の城は蛭川山にあり宗任居城」、「花立大曲を安部野といふ」と記され、さらに、宝暦十二年（一七六二）に作成された、打直し検地の際に藩の山役

●—二の郭からの眺望（仙北平野・雄物川を眼下に望む）

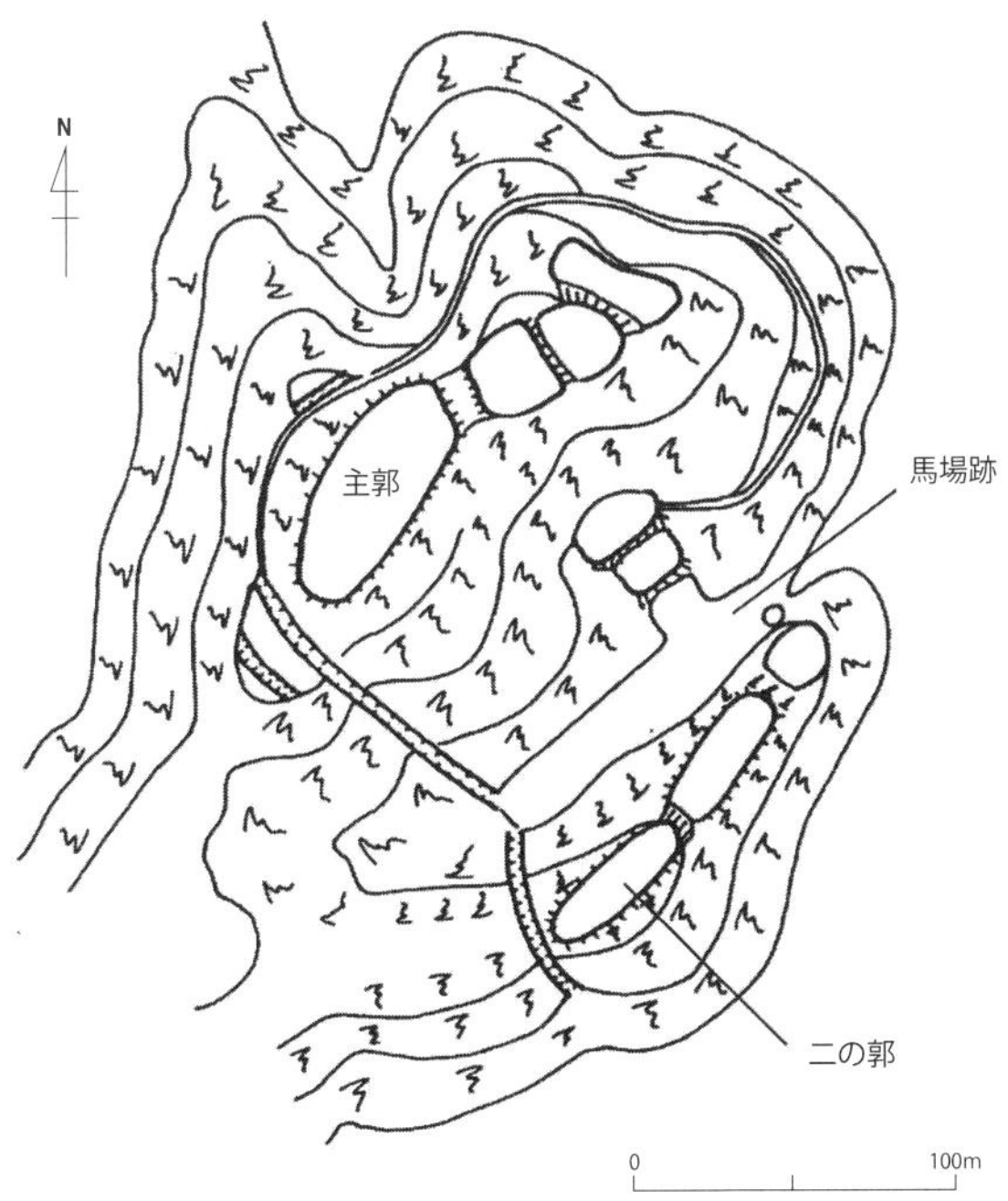

●—松山城縄張図（秋田県教育委員会「秋田の中世城館」1981 に一部追記）

人に提出された山絵図にも「あべの古館」と記されている。

岩手県盛岡市付近に置かれていたと言われる厨川柵の主である安倍貞任、同じく岩手県胆沢郡金ケ崎町に置かれた鳥海柵の主である安倍宗任が松山城の築城に携わったのか。城主や築城・廃城の経緯は定かではないが、松山城は中世から戦国期にかけての城であると想定されている。これらの記述や記録をみると、安倍貞任、宗任の流れをくむ、もしくは後に安倍氏の系譜に連なる一族が、何らかの形で松山城の築城に関わった可能性が高いのではないかと思われる。

●—主郭

【城の構造】城が築かれた丘陵には北東方向に並列する二つの峰があり、標高約九〇メートルの北側の峰には本丸跡とも呼ばれる主郭、標高約七〇メートルの南側の峰には二の郭が置かれていた。

主郭は東西約三〇メートル、南北約七〇メートルの削平地で、北東側に三つの腰郭（こしぐるわ）、南東側に二つの帯郭（おびぐるわ）があり、段差をもって配置している。その外側には底幅約一メートルの空堀（からぼり）がほぼ一周し、南西側の一部分は二重となっており、今も明瞭に残っている。二の郭は東西約二〇メートル、南北約一五メートルの削平地で、南側に仙北平野や雄物川が一望でき、北東側には二つの腰郭が段差をもって配置している。また、主郭と二の郭の間には長さ約一〇〇メートル、幅約二〇メートルにおよぶ沢状の鞍部（あんぶ）があり、馬場跡と呼ばれている。これらの郭の配置から、大手筋は二の郭の南面であったと想定されている。

現在の城跡一帯は旧大曲市によって「姫神公園」として整備され、市民の憩いの場となっている。特に二の郭とその腰郭付近は、駐車場や遊具の設置などによって大きな改変が加えられており、当時の松山城の様子を想像するのは難しい。しかし、構造そのものには大きな変化がないものと思われ、仙北平野と雄物川を視界すべてに一望できる二の郭からの優れた眺望には、往時の雰囲気を偲ぶことができる。

【参考文献】秋田県教育委員会『秋田県の中世城館』（一九八一）

（星宮聡仁）

●古代城柵に建つ中世平山城

堀田城

〔所在地〕大仙市払田字真山・字舘前
〔比　高〕六五メートル
〔分　類〕平山城
〔年　代〕一五～一六世紀頃か
〔城　主〕堀田氏か
〔交通アクセス〕羽後交通バス千屋線「中払田」下車、徒歩約一〇分。

【堀田城の構造】　堀田城は秋田県大仙市払田字真山・字館前に位置する中世平山城で、古代城柵遺跡の払田柵跡（国指定史跡）内に所在する。比高は六五メートル、丘陵部の中央北側には大正五年（一九一六）建立の高梨神社（市指定有形文化財）が鎮座し、西側が真山公園、東側には大仙市営仙北スキー場跡地、南麓に旧池田氏庭園払田分家庭園（国指定名勝）が所在する。現在の大字名である払田は「堀田」が転訛したものと言われ、東裾には「館前」の小字名も残る。高梨神社が置かれている丘陵部の中央北側が主郭、西側真山公園が西郭と考えられ、西郭から仙北平野を一望することができる。真山丘陵南西麓および西麓芝生広場には空堀・土塁遺構がある。

【堀田城と払田柵跡】　堀田城を語るうえで、払田柵跡の発見経緯を説明する必要があろう。明治三十五・三十六年（一九〇二・〇三）の千屋村坂本理一郎による溝渠開削の際や、明治三十九年（一九〇六）頃から開始された旧高梨村（現大仙市）耕地整理事業の際に、土中から埋もれ木が発見された。その後、地元の後藤宙外・藤井東一らがこれらに注目し、『日本書紀』・『続日本紀』等にみえる古代城柵と理解された。

昭和五年（一九三〇）三月、後藤宙外らを中心に発掘調査が行われ、さらに同年十月、文部省嘱託上田三平によって学術調査が行われ、遺跡の輪郭が明らかにされた。なお、この発掘調査は池田文一郎が村長を務める高梨村が費用を全額負担したと言われる。これらの結果にもとづき、昭和六年（一九三一）三月三十日付けで秋田県最初の国指定史跡となる。

●―堀田城西麓空堀・土塁遺構

上田三平は『指定史蹟払田柵阯』で発見当時の真山の特徴を以下のように記す。

①頂上（主郭）の外、更に低き一階段があり、小型ながら山城の一部をなし、中腹にも塹壕らしい階段がある。

②高梨神社社殿の東北山腹にも略三段の階段跡がある。

③真山北麓早坂地域より麓を西に廻れば高さ五、六尺、幅二間半乃至三間の土塁があり山麓と土塁との間に幅約五間の濠があったものと認められる。

④真山の東で　長森に対する部分にも幅約十間の濠址があり、山麓に土塁の形跡もある。

特に真山東麓は、その後、スキー場が建設されるなど大きく改変されたため、上田の記述は貴重である。

【堀田城と堀田氏】　堀田城は在地豪族の堀田氏の居館といわれているが不明な点が多い。元禄十一年（一六九八）に戸部正直（まさなお）により著された『奥羽永慶軍記』に堀田氏の名が散見し、「小野寺の郎党等に、角館・大曲・白岩・堀田・神宮寺・進藤・金沢・関口・山田・黒沢・増田・西馬音内・稲庭・河連・三梨・沼飯（館カ）・浅舞・大森等の城主」とある。当時出羽国では仙北（せんぼく）の戸沢氏、出羽北部の秋田安東（あんどう）氏や出羽南部の小野寺氏が抗争を繰り広げた時期で、堀田氏は近隣の前田・戸巻・六郷・本堂等の諸豪族と時には対立し、時には同盟を結びながら、最終的に戸沢氏の家臣となったと考えられている。

堀田城と堀田氏の関係を直接示す資料は出土していない。しかし、真山丘陵部を対象にした払田柵跡第一三二次調査で、一五世紀以降の盛土層から三〇〇〇粒を越す炭化米が出土した。中世城郭堀田城を考えるうえで非常に興味深い。

【堀田城の散策】　堀田城内には散策道が置かれ、曲輪や土塁・空堀跡などを巡りながら往時を偲ぶことができる。春には観桜会が行われるなど、仙北地域有数の桜の名所として地元の人々に親しまれている。紅葉が見頃を迎える十一月には、麓の旧池田氏庭園払田分家庭園で毎年ライトアップが行われる。

また、史跡払田柵跡は大仙市によって史跡整備が行われ、外柵（がいさく）南門や南大路、材木塀等が復元されている。払田柵総合案内所や秋田県埋蔵文化財センターでは、ガイダンスビデオ上映や出土資料が展示されている。

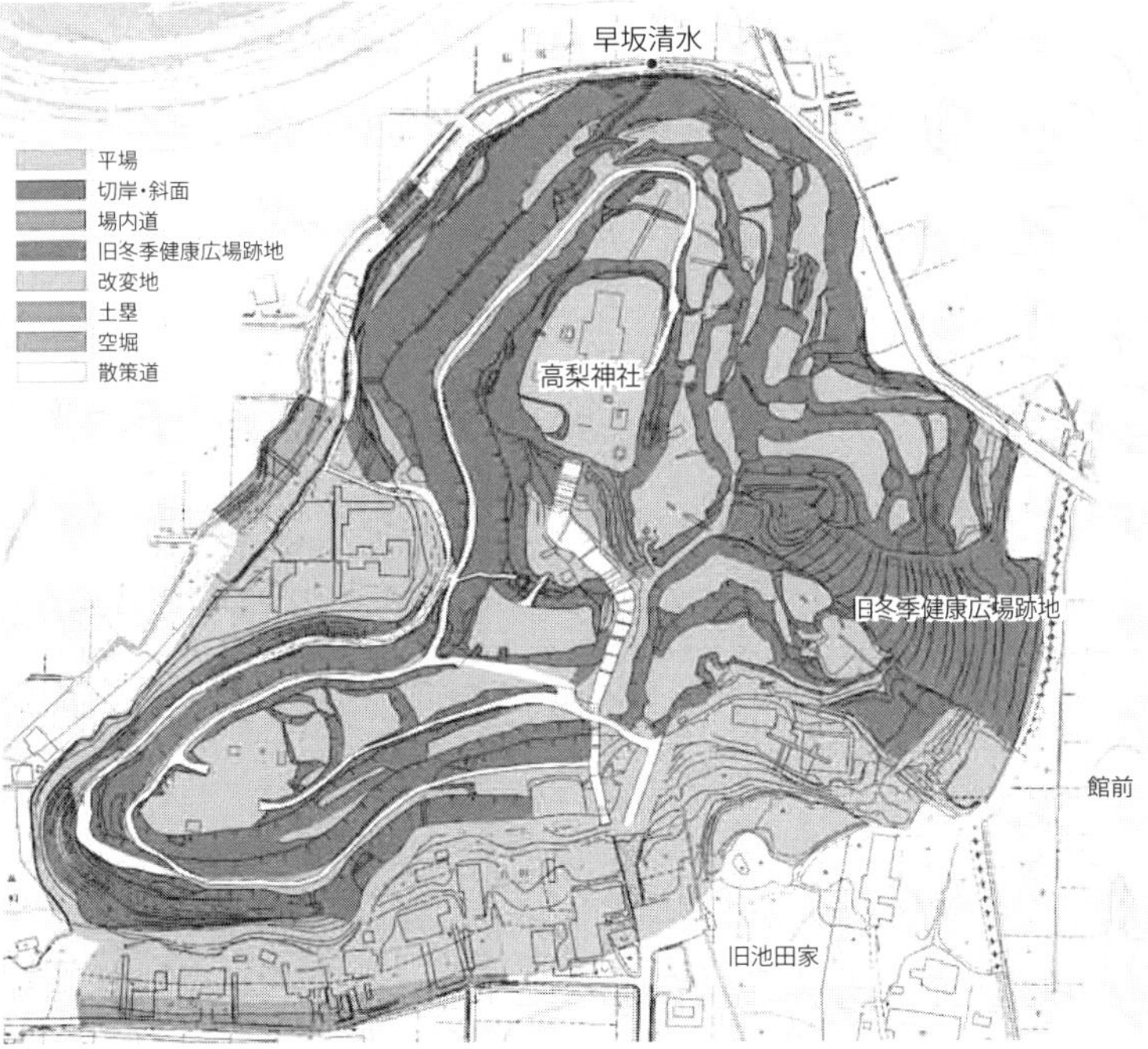

●―縄張図（大仙市）

●―主郭部（高梨神社）

【参考文献】秋田県教育委員会『秋田県文化財調査報告書第八六集　秋田県の中世城館』秋田県教育委員会（一九八一）、秋田県教育庁払田柵跡調査事務所『秋田県文化財調査報告書四二一―払田柵跡第一三二―一三四次調査概要』（秋田県教育委員、二〇〇七）、今村義孝校注『奥羽永慶軍記（上）・（下）』（人物往来社、一九六六）、上田三平『指定史蹟拂田柵阯』（一九三〇）

（熊谷明希）

●仙北東側を治めた本堂氏の居城

本堂城

〔秋田県指定史跡〕

〔所在地〕美郷町本堂城回字館間
〔比　高〕四二メートル
〔分　類〕平城
〔年　代〕一五世紀後半
〔城　主〕本堂氏
〔交通アクセス〕JR奥羽本線「大曲駅」下車、大曲バスターミナルから羽後交通バス千屋線「上払田」下車、徒歩三五分。

【仙北東側中央部を治めた平城】 本堂城は、横手盆地北側、仙北東側中央部に築かれた平城である。城は、奥羽山脈に展開する真昼山地を源とする真昼川と釜淵川が形成した、合成扇状地からさらに低地に位置する。城の北側は矢島川が流れ、城の約一・五キロ東側には、本堂城を作った際、整備したと伝えられる本堂城下町が残っている。城下町は、山城の元本堂城と平城の本堂城を結ぶ幹線道路の中間地点に作られており、城跡の東側へ直線に伸びる道路から短冊状に屋敷地が並び、中世城下町特有の町割りを約四〇〇年以上へた今もなお、面影を残している。

【本堂氏が本拠とした二つの城】 本堂氏の祖は鎌倉時代の中期、地頭として陸奥国和賀郡を支配していた和賀氏である。和賀氏が仙北地方に地盤を持つ契機は南北朝の争乱であるが、室町時代から織豊期に至るまでの本堂氏の動き、本堂姓の由来や所領支配の状況などについては確実な史料がなく、傍系資料も残っていない。本堂氏は、はじめ山城の元本堂城（浪花字館ノ沢）を本拠としていた。元本堂城は標高一七五メートル、本丸を中心に七つの曲輪が連なる連郭式の山城であり、南東側は土橋をともなう虎口が残っている。戦国時代の天文年間（一五三二〜五五）に二重堀をめぐらした平城である本堂城へ移ったとされているが、山城と平城は併用していた可能性が高い。

【史料上の本堂氏】 本堂氏として史料上に初めて登場するのが忠親である。忠親は天正十八年（一五九〇）に豊臣秀吉の

●—本堂城跡内館全景（美郷町教育委員会提供）

小田原城攻撃に、安藤（後の秋田）氏ら北羽の諸大名とともに参陣している。その功により同年十二月十九日、秀吉から大名として地位を認められ「本堂宛秀吉領知朱印状」を与えられた。それによると知行高は八九八三石三斗一升で、支配領域は寺田・横沢・くろ沢・中里・仙屋・長志田・高梨・板南井・元本堂・駒場・本堂の一一ヵ村におよび、奥羽山脈に源をもつ川口川、丸子川、窪関川などの造った扇央・扇端部等を地盤とする地域であった。ただし以上の村々は旧領のほぼ三分の二で、三分の一にあたるおよそ四〇〇〇石は秀吉に没収され、その地は豊臣氏の直轄地（太閤蔵入地）となった。忠親の子である茂親は、慶長五年（一六〇〇）に徳川家康から会津の上杉景勝征討のため、山形城主であった最上義光の指揮下に入るよう命じられた。この後本堂氏は、慶長六年（一六〇一）、常陸国新治郡志筑（現在の茨城県かすみがうら市）に国替となった。

【「本堂城廻村絵図」に見る城の周辺】「本堂城廻村絵図」は、慶長十八年（一六一三）から元和元年（一六一五）にかけて行われた藩の中竿検地期間中に作成されたもので、本堂氏時代の城下町の状況を残しており、江戸時代初期の本堂城廻村の様子を伝える。「慶長十九年本堂城廻村絵図」と「明和四年本堂城廻村絵図」は、平成二十一年（二〇〇九）、県

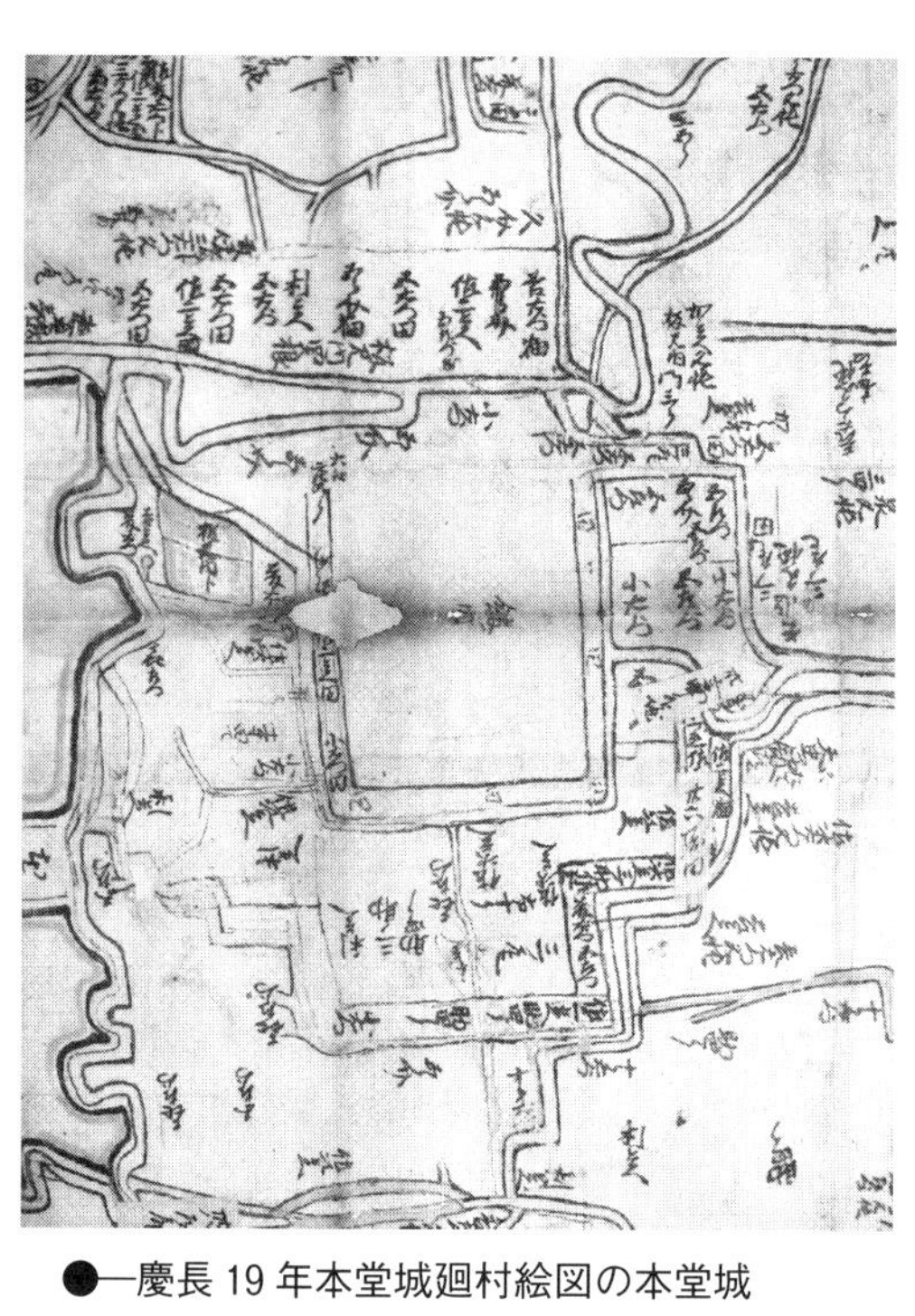

●—慶長19年本堂城廻村絵図の本堂城

指定有形文化財（歴史資料）に指定された。慶長十九年の絵図によると、城は南に面する平城で、城の周辺には外堀、南外堀のほか、西館、寺田て（館）などの記述が見える。また、城の東側や、城から城下町に通じる道筋に蚕館道やかいたて道の記述があることから、当時この城を蚕館と呼んでいたことが分かる。そして蚕館道から北へ分岐する直線道路を寺道と呼び、その分岐点からやや東に能屋敷の記述が見える。そのため、城の東側は予想以上に諸施設があったことが想定される。

【二重の堀と土塁】　城の中心部である内館は、折邪のある方形を中心に、内館は北側を矢島川が取り込み、内堀、外堀の二重の堀で囲まれている。内館は東西一七〇メートル、南北一九〇メートルで約三万四〇〇〇平方メートルの面積がある。北東側には高さ約四メートルの土塁跡が残るほか、外館の東側外堀には屏風折りがある。これまで内館は第一次から第三次まで九ヵ年におよぶ発掘調査、外館はほ場整備事業にともなう発掘調査が行われ、調査面積は七七一四平方メートルにおよぶ。

【内館で見つかった遺構】　内容確認調査によって見つかった内館の遺構は、掘立柱建物跡六棟、溝跡二一条、土坑四基、カマド状遺構二基、ピット群などである。内館中心部から見つかった掘立柱建物跡は、柱掘り方が大きく、柱痕跡が多く残っていたことなどから、城主の主殿もしくはその付属建物と考えられる。また、内堀跡は堀の断面観察から、土塁を構築するために盛土した部分の崩落土が多く混入する。東内堀跡は、幅一九メートル、深さが最大で二・五メートルを図るが、西内堀跡は、深さ六〇センチしかないため、防御としての機能はない。土塁は、土の堆積状況からいったん地山面近くまで削り整地した後、内堀の掘削土で積み上げ、版築状に土を盛って二度突き固めて造られていたことが分かった。

【外館で見つかった遺構】　ほ場整備事業による発掘調査で見

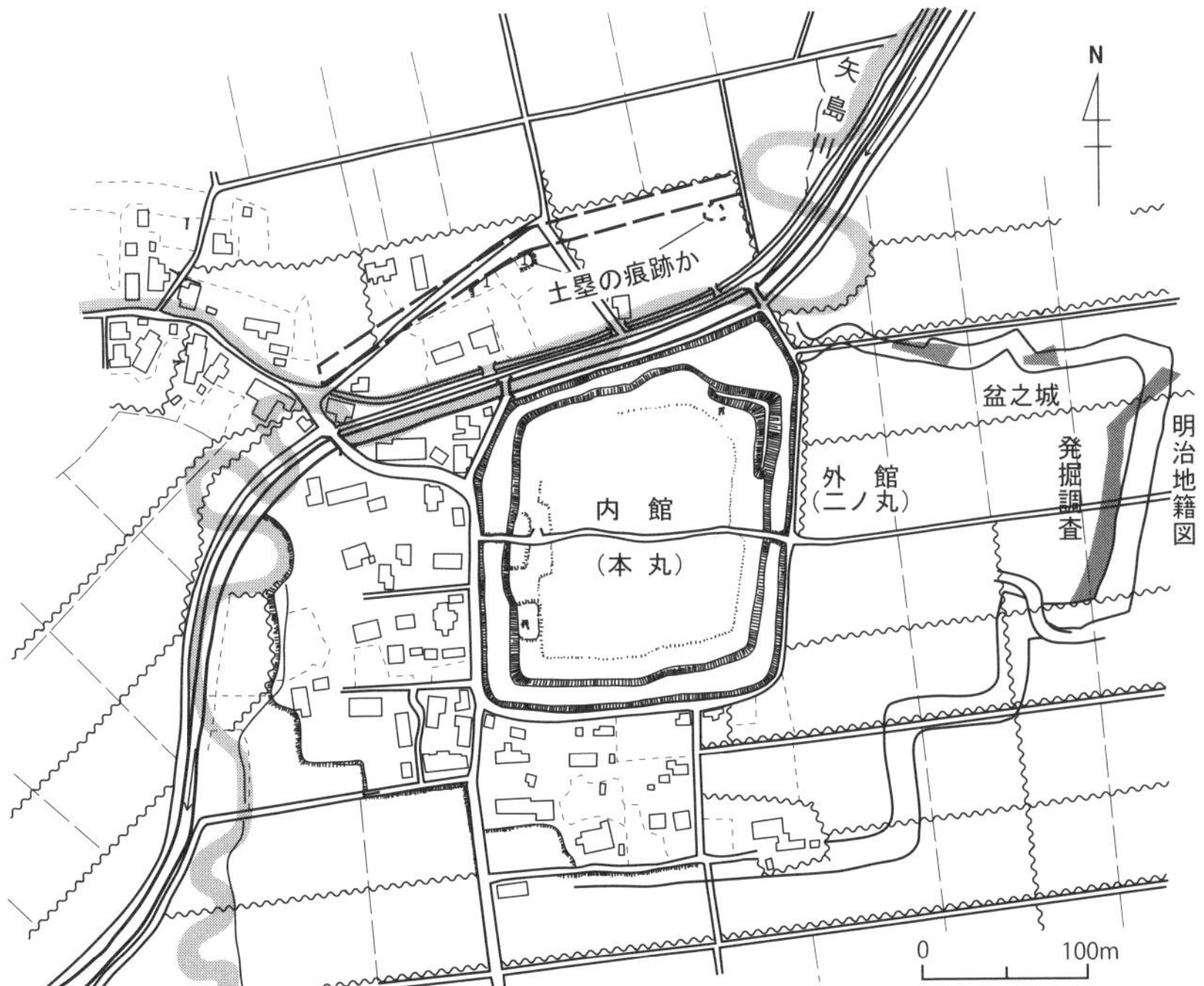

●—本堂城縄張図（作図：室野秀文，2012 年）

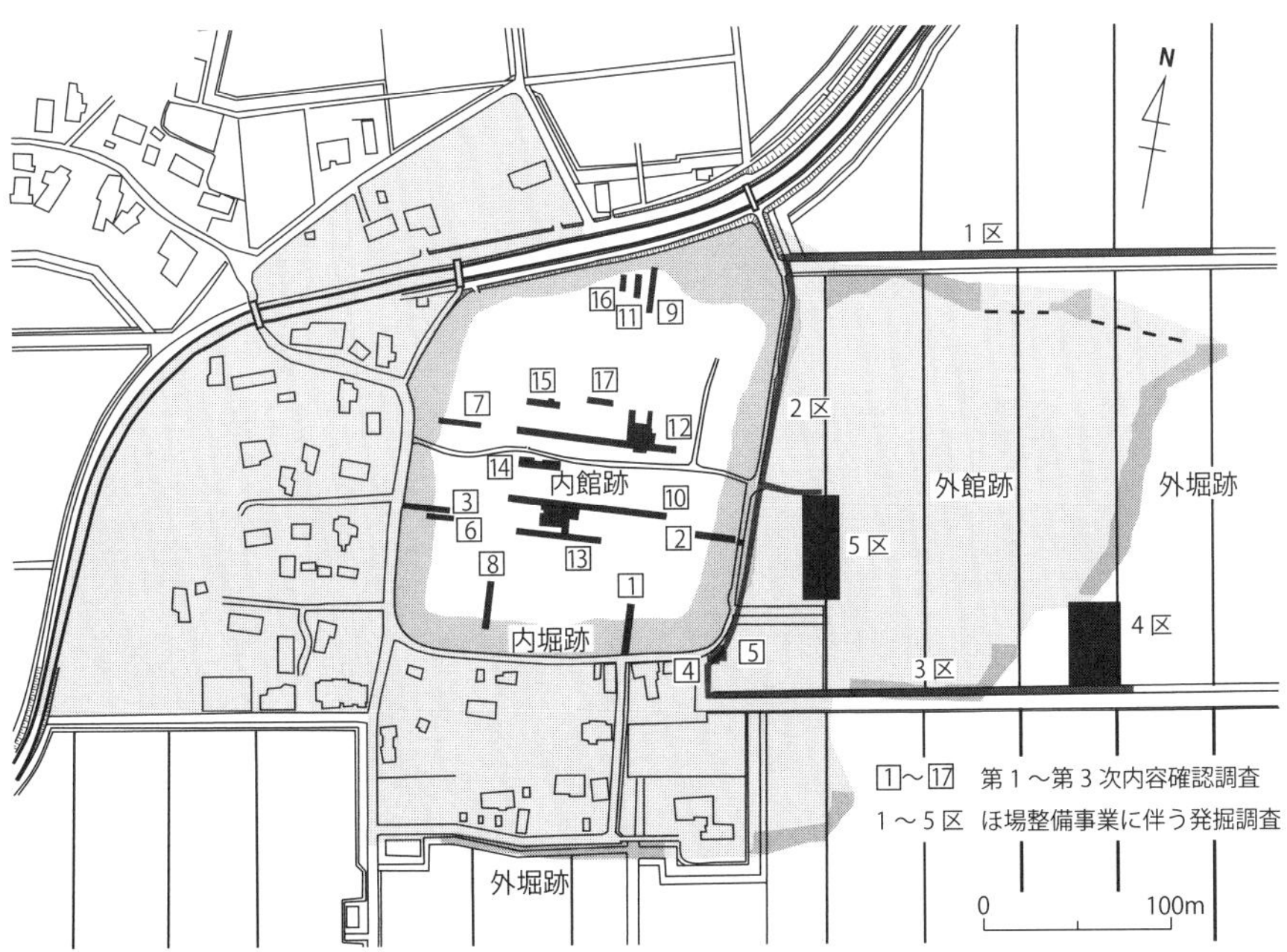

●—本堂城発掘調査図（『本堂城跡』2013 より転載，一部加筆）

つかった外館の遺構は、掘立柱建物跡一八棟、内堀跡一条、外堀跡二条、溝跡・溝状遺構三七条、土坑二二基、井戸跡三基、道路跡一条、柱穴・柱穴様ピットなどである。建物の構築年代は、一六世紀代に収まっているが、もっとも古いもので一五世紀前半のものであり、短期間に三度の建て替えがあったことが明らかになった。また、掘立柱建物は、大小の溝に区画されており、それぞれに用途があったことが伺えた。本堂城が慶長六年(一六〇一)、本堂氏の国替により廃城後、村は常陸国から入部した佐竹氏の知行地になっている。しかし、慶長十九年の本堂城廻村絵図には、内館には権利関係を示す氏名が見当たらないため、廃城後に建物がある程度存続していた可能性がある。

【出土遺物】 出土遺物は、白磁、青磁、明染付などの貿易陶磁器や、瀬戸美濃などの陶器片、曲物(まげもの)、檜扇(ひおうぎ)、柿経(こけらぎょう)、炭化米などである。檜扇は、内館東堀跡の内容確認調査で三点出土した。出土した檜扇は一綴(つづ)りであったと考えられ、すべて墨書されている。要を外し一二神将のうち、宮毘羅(くびら)大将、伐(ば)折羅(さら)大将の名を記して刀子(とうす)で意図的に刻みを入れ、廃絶した可能性が高い。また、柿経は、四〇点が出土したうち、十三仏と墨書されたもの(一三点)もある。

【城の現在】 本堂城跡は県指定史跡として、内館の公有地化がほぼ完了し、戦国末期の城の形態を残す東北地方でも数少ない城跡である。北東隅に残る土塁のそばには、町指定天然記念物ケヤキ(樹齢推定四二〇年)が立っており、館間集落の人々が作るショウキサマとよばれるワラの人形が木の根元に祀られ、城を見守っている。

【参考文献】 美郷町教育委員会『本堂城跡』(二〇〇七、二〇一一、二〇一三)、美郷町教育委員会『本堂城跡・飛沢尻遺跡』(二〇一〇)

(山形博康)

●小野寺輝道隠居の城

吉田城（よしだじょう）

〔秋田県指定史跡〕

〔所在地〕横手市平鹿町上吉田字吉田
〔比　高〕五六メートル
〔分　類〕平城
〔年　代〕一六世紀～一七世紀初頭
〔城　主〕小野寺輝道・小野寺陳道
〔交通アクセス〕JR奥羽本線「横手駅」下車、羽後交通バス「川登」下車、徒歩一〇分。

【吉田城と名残を残す地名】 見渡す限りの平坦地である横手盆地の中央に方形の森があり、それが吉田城跡だ。横手盆地は、南より雄勝（おがち）郡・平鹿（ひらか）郡・仙北（せんぼく）郡と分かれているが、戦国末期は横手盆地を総称して「仙北」といわれている。この場所は小野寺氏が雄勝郡から進出し、新たに支配した平鹿郡の中央にもあたり、東に横手城、西に大森城・沼館城がある。城跡は田ノ植集落の北東部に位置しており、東側を平鹿堰が、西側を佐戸川が北流し、南北に長い自然堤防上にある。周囲の田面は一メートルほど低く、土塁が一際目立つのも特徴である。

城跡の南側には「西小路」という字名が残り、西側を北西に向かって延び、集落が展開している。小字も城下町としての地名と考えられそうだ。「東小路」と「花見崎」は小字吉田の城付近で、前者は西小路から分岐し、城の大手に続く路と想定される。後者は北西の櫓台（やぐらだい）を指している。吉田東は城東辺りで「鍛冶屋敷」が、北側の館尻が「馬場跡」、北西の公地は「馬洗場」・「馬水飲場」が、その間には「大道」という字名が伝承され、城を中心に町割がされていたようだ。後述するが、最近、館尻遺跡の発掘調査も行われた。

【小野寺輝道の隠居地】 一六世紀後半、横手盆地で戦国武将の盟主としての基盤をつくり、横手城を構築し、動乱の戦国時代を生き抜いたのが小野寺輝道（てるみち）であった。天正十四年（一五八六）以前に家督を嫡子の光道（みつみち）に譲り、孫五郎（後の康道（やすみち））とともに大森城へ隠居したが、光道の早世と義道（よしみち）家督継承の

●—吉田城遠景（横手市教育委員会提供）

際に、横手盆地内との諸領主の離反を招いたとされる（仙北干戈）。その後、子の康道が小野寺氏領の支城主として独自の動きが目立つようになると、末子の孫市や孫一郎とされる（後の陳道）を連れ、吉田城に移ったとされる。つまり、現在目視できる吉田城跡は、戦国時代末期の姿を見せていることになる。

現在城跡に隣接する曹洞宗吉祥山西法寺は、かつて仙北郡飯詰村にあったものを陳道が吉田に移したとされる。この境内には小野寺氏の墓碑が残され、寺伝「当寺開基、西法寺殿天仙宗真大居士、慶長二戊年（一五九七）十月二十一日、小野寺遠江守」（典拠未詳）もある。これを補強するものとして高野山清浄心院所蔵『仙北三郡過去帳』には、同じ慶長二年十月二十一日付で、「天仙宗貞大禅定門」の供養を依頼した牌が確認され、「仙北吉田宗貞為菩提、孫一郎立之」とあることから、天仙宗貞が輝道、供養依頼者が孫一郎（陳道）と推測されていることから、輝道の没年が伝えられてきたのである。

横手城主である小野寺義道は、慶長五年の関ヶ原合戦後に西軍とみなされ、改易されることとなるが、父である輝道はそれを知らず没したということになる。

【別名井桁城】『奥羽永慶軍記』によれば、慶長五年（一六〇〇）の関ヶ原合戦後に行われた大森合戦で、大森城を攻めあぐんだ六郷氏を中心とする軍勢が、平城で攻めやすい城として兵を返して吉田城に攻め込んだのが吉田合戦である。陳道は早くから敵の動きを察知して援軍を求めており、この助けもあり吉田城は落城せず持ちこたえたとされる。

吉田城跡は、主郭とその周囲を巡る堀によって構成される。主郭は東西約一二〇メートル、南北約一〇〇メートルのほぼ方形で、縁には土塁（どるい）が巡る。土塁は基底幅約六メートル、上幅約三メートル、高さ約三メートル、断面は台形である。このうち南側は西法寺の墓地となっているため、わずかな高まりが残っている程度であるが、他の三方はほぼ完全な形で残っている。郭の四隅が突出する、いわゆる井桁（いげた）状であり、隅櫓（すみやぐら）が四隅に置かれていたことを考えることができる。南辺西側は東西約二〇メートル、南北約二〇メートルにわたって張り出した面があり、虎口が造られていた可能性が高いと思われる。ここは大手口とみられ、西法寺からこの大手に至る道は「天下道」と呼ばれていた。主郭を巡る濠は、幅約六～一〇メートルである。南側は土塁を崩した際に埋められたものと思われるが、寺との間に幅約四～六メートルの窪地状の溝があり、堀跡を推定することができる。その他は比較的良好に残っており、前述のとおり、北流する河川が外堀の役目も果たしていたのであろう。天正十四年（一五八六）以降から慶長五年（一六〇〇）に造られた城と推測される。吉田城跡北西にも地形図より城跡が確認され（大道Ⅱ遺跡）、主郭は東西約九〇メートル、南北約八〇メートルのほぼ方形で、縁には堀が巡っていたと想定される。

●―吉田城周辺図（室野秀文作成図を加筆改変）（横手市教育委員会提供）

【遡る城の起源】 吉田城の北側の館尻では、ほ場整備事業にともなう発掘調査が平成三十年（二〇一八）に行われた。調査面積は六六四五平方メートルで、その結果、古代と中世を主体とした遺跡であった。中世は、遺構が一六七棟の掘立柱建物跡、井戸跡三二基、墓跡一七基が、出土遺物は、中国産の白磁碗・皿および青磁碗・小碗・皿、国産陶器の方口鉢・甕・皿などが出土した。その時期は一二世紀後半～一五世紀中頃と一六世紀後半を主体とした時期であり、後者は小野寺輝道の時代である。前者は、一三世紀が最も充実している時であるが、その時代の為政者として平賀氏の存在がある。平賀氏は鎌倉御家人として平賀郡地頭職を与えられており、その一族の中に吉田五郎を名乗った平賀経宗がいる。館尻遺跡は、その関連遺跡であると思われ、吉田城跡の起源が中世前期まで遡る可能性を示唆している。

【参考文献】平鹿町『平鹿町史』（一九八四）、横手市『横手市史 史料編 古代・中世』（二〇〇六）、横手市『横手市史 資料編 考古』（二〇〇七）、横手市史『横手市史 通史編 原始・古代・中世』（二〇〇八）、横手市『横手市史 通史編 近世』（二〇一〇）、横手市教育委員会『館尻遺跡』（二〇二〇）

（島田祐悦）

●小野寺氏城館の拠点・湯沢城の支城

岩崎城

〔所在地〕湯沢市岩崎字千年・川前
〔比　高〕二〇～六五メートル
〔分　類〕平山城
〔年　代〕建長・文永年間（一二四九～七五）～元和元年（一六一五）
〔城　主〕岩崎道高・岩城義高
〔交通アクセス〕ＪＲ奥羽本線「下湯沢駅」下車、徒歩二〇分。

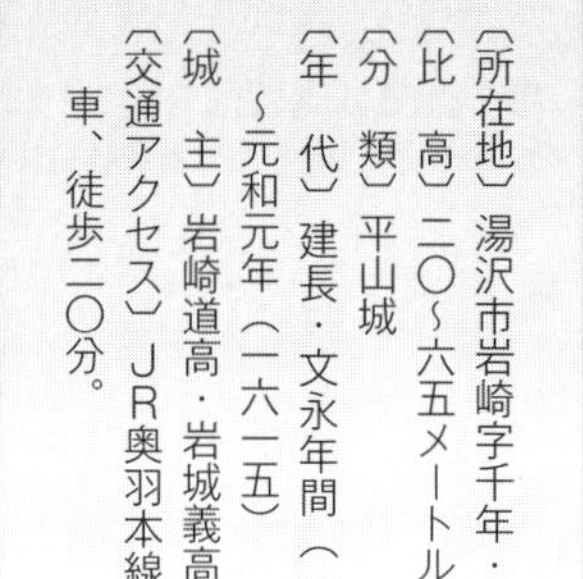

【城館の立地と既往の調査歴】　岩崎城は横手盆地の南端、奥羽山脈の西端をなす山地のうち、盆地に向かって南から北側に細長く延びるのが天ヶ台山地であり、その北側先端部に立地する。城域の北側眼下には、南東から北西に流下する皆瀬川が目視できる。その流路は郡境をなしており、岩崎城が雄勝郡の北限にあたり、川を隔てた北側は平鹿郡（現在は横手市十文字町）である。

城跡は皆瀬川の流路に沿うように南東―北西方向に延びる二つの山地・丘陵地からなり、かつては霊府森とも称されていたようである。城跡の範囲は、昭和六十年（一九八五）に地元・岩崎集落の郷土史家が踏査により確定させたとし、南東側（城館A）が長軸五七〇メートル、短軸三〇〇メートル、標高一五三メートル、北西側（城館B）は長軸一九〇メートル、短軸一六〇メートル、標高一一〇メートルである。地形分類上で前者は、硬質泥岩を基盤とする山地であり、後者は丘陵地となる。両者間の凹地には、明治三十八年（一九〇五）に開業した奥羽本線が南北に縦断する。地形を観察する限り、路線の一部は城館Aの西限となる堀であった可能性がある。

『出羽諸城の研究』を著した沼館愛三は、城館Aを本郭、城館Bを出丸とした。沼舘の記載や図には本郭を東西一二〇メートル、南北七〇～一〇〇メートルの不整四角形とし、郭面から一段下の四周に幅八メートルの帯郭を示している。ただ、現況観察では郭面の長軸は最大七〇メートル、短軸二五メートルほどであり、帯郭は明瞭に観察できない。郭面の南東側には沢状地形を利用した堀が

●―岩崎城全景

認められ、沼館は幅六メートルと表示する。周知の遺跡範囲としては堀の南東側も城域としているが、詳細は不明である。

【城館Bの現況】　一方、城館Bは現在、その全域が千年公園として整備されている。ここには大小五つの郭面が認められる。上位から下位へ、一郭〜五郭と仮称する。

最上位の一郭は、標高一一〇メートル、独立丘状をなす城域の東側にあたる。長軸八〇メートル、短軸六〇メートル、皆瀬川に面する北東側はU字形に抉り取られるも、北西〜西〜南西側には幅五〜一〇メートルの帯郭状の段状地形が認められる。城館Aに面した南東側斜面には三〜五段の帯郭が残る。西南西方向には山形県との県境に位置する鳥海山が一望できる。

二郭は、標高一〇九メートル、長軸二〇メートル、短軸一八メートルの略円形を呈する。ここには、妙見神社とも呼ばれる高辻神社が鎮座している。皆瀬川に向く北東側斜面部には五面の段状地形が認められる。三郭は、標高一〇六メートル、二郭の西側にあり、長軸五〇メートル、短軸二八メートルの規模となる。三郭の東端上位に二郭が位置する形となる。四郭に面した郭面縁辺下には幅二メートル前後の犬走り状の段差が帯状に認められる。四郭との高低差（八メートル）を考慮すれば、三郭面の崩落を防ぐことを目的に付設された可能性が考えられる。

四郭は、標高九八メートル、一郭と二、三郭に間に位置し、南側

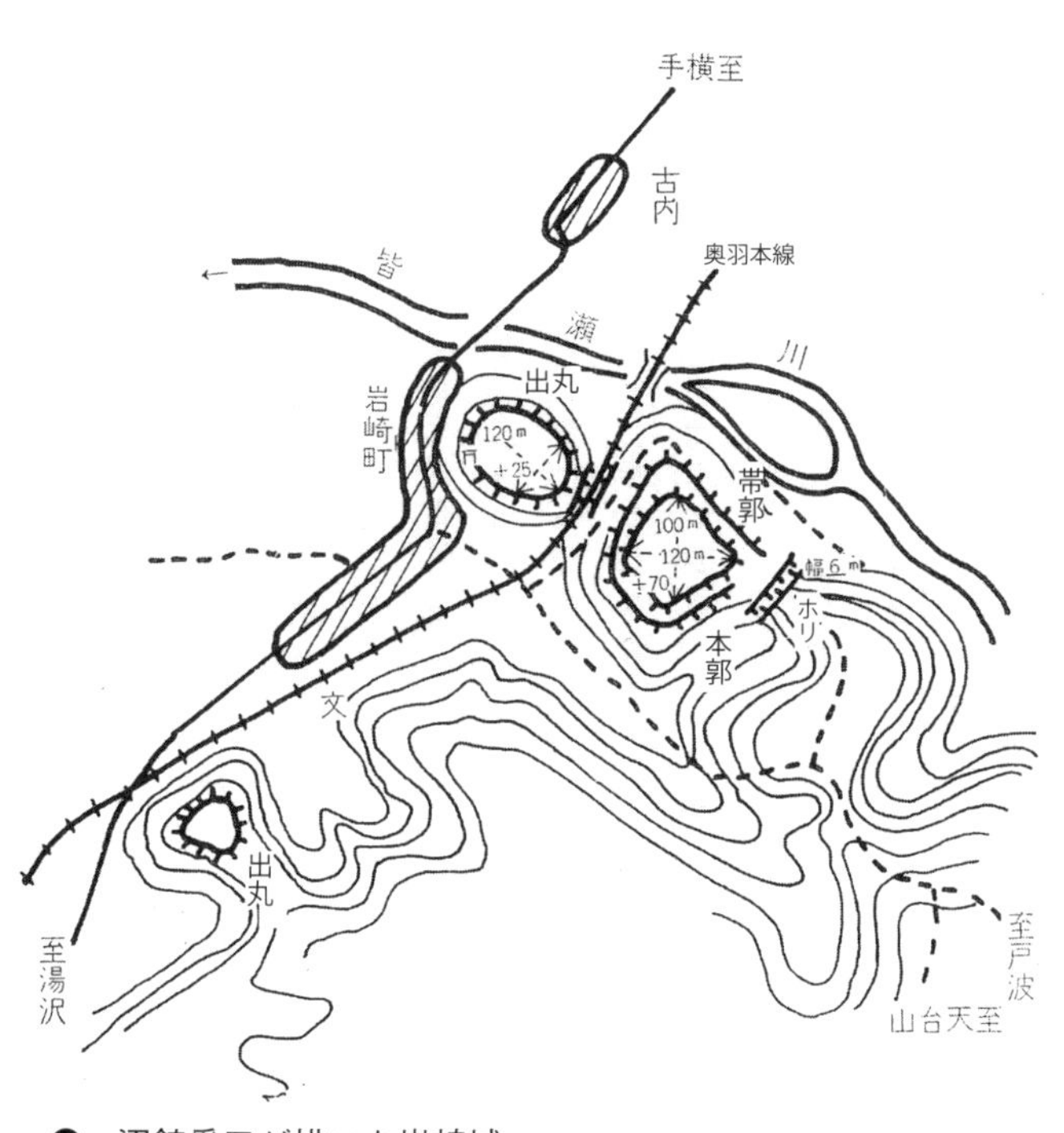

●—沼館愛三が描いた岩崎城

に開口する半円状の形状をなす。その規模は長軸七〇メートル、短軸五六メートルである。郭面北寄りには、第一四代目城主・岩崎道高の一女「能恵姫」にまつわる「玉子井戸」がある。深さは五メートルとされる。五郭は、標高九二メートル、三・四郭の南側に位置する東西に長い郭面である。幅は一二～二〇メートルの規模があり、東側は公園整備にともない、郭面の一部が改変を受けている。

なお、最下位五郭の南側は丘陵縁辺となるが、ここに幅一〇メートル前後の落ち込みが帯状に見られることから、現在宅地となっている城域外周（南～西側）に堀を巡らせていた可能性が高い。

【史料上の岩崎城】　岩崎城は、建長年間（一二四九～五五）～文永年間（一二六四～七五）に藤原河内守により築かれたとの伝聞もあるが、真偽・詳細は不詳である。『奥羽永慶軍記』には天文年間（一五三二～五五）に岩崎河内守の名が登場する。岩崎氏は小野寺氏庶流であり、南南西約五キロに位置する湯沢城（本書）の支城として、湯沢城以北の街道および皆瀬川舟運の監視・警固を目的に岩崎城は位置づけられていたと考えられる。

天正十八年（一五九〇）の奥羽仕置を契機として、山形城主最上義光が文禄四年（一五九五）に楯岡城主楯岡満茂を総大将とする最上軍を雄勝郡に派兵した。これにより湯沢城は陥落し、その後岩崎城も落城し、岩崎道高とその息子である岩崎義高は討死した。以降、岩崎城は、最上氏の属城として楯岡満茂の重臣である原田大膳が城主を務めた。元和元年（一六一五）の一国一城令により廃城となった。

【近世以降の岩崎城】　天明五年（一七八五）、三河国出身の紀行家・菅江真澄が「石田（原田の誤記）大膳という人のすみかの跡」として岩崎城を訪れたことが日記『小野のふるさと』に記されている。真澄が逗留した岩崎は、羽州街道三三番目の宿場町として栄えた岩崎宿である。

岩崎藩（久保田新田藩）藩主の佐竹義理は、明治二年（一八六九）の版籍奉還を受けて藩知事となり、岩崎城の南麓に岩崎陣屋を構えた。陣屋は現存しないが、五郭の西端に鎮座する岩崎八幡神社拝殿の唐破風が陣屋殿舎からの移築とされる。なお、本殿（一間社権現造）は、寛政二年（一七九〇）の建立であり、湯沢市指定有形文化財になっている。

また、岩崎八幡神社の北側にある岩崎水神社の裏手には、災厄退散・五穀豊穣を祈願するために、武神を象徴した高さ三メートル超の藁人形（人形道祖神）である「鹿島様」が祀られている。

●―岩崎城鹿島様

【参考文献】沼館愛三「岩崎城」『出羽諸城の研究』（伊吉書院、一九八〇）、戸部正直『奥羽永慶軍記』（今村義孝校注、無明舎出版、二〇〇五復刻）

（高橋　学）

秋田県

●稲庭城主小野寺氏の巨大支城

湯沢城（ゆざわじょう）

〈湯沢市指定史跡〉

〈所在地〉湯沢市古館山・柵内沢山・内舘山・蟹沢山・上町屋敷裏
〈比　高〉一二五メートル
〈分　類〉山城
〈年　代〉一三世紀後半～元和六年（一六二〇）
〈城　主〉小野寺道定、三春信濃守、小野寺稚道、小野寺孫七、小野寺孫七郎、楯岡満茂
〈交通アクセス〉JR奥羽本線「湯沢駅」下車、徒歩一五分。

JR奥羽本線
277
湯沢市役所
湯沢駅
13
湯沢城
278
0
500m

【二つの街道が交差する要害の地】 湯沢城は横手盆地の最南端、湯沢市中心市街地の東方「古館山」に所在する山城である。古館山は奥羽山脈の西端を構成する標高約二二〇メートルの丘陵地であるが、城域の北限には雄物川支流、鉦打沢川による開析谷が入り込んでおり独立丘状を呈している。この谷筋には宮城県栗原市に到達する小安街道（国道三九八号）が通っている。一方、城域の西側眼下には南北方向に羽州街道（国道一三号）が位置する。

安政二年（一八五五）に出版された『出羽国風土略記』には、湯沢城こそが古代城柵の雄勝城（七五九年創建）と記される。これは『日本三代実録』元慶二年（八七八）七月条に〝雄勝城は十道を承くるの大衝なり。国の要害、尤もこの地にあり〟に該当するのは、交通の要衝・要害の地は湯沢城をおいて他にはないと見られていた。なお、雄勝城の所在地は擬定地が横手盆地内各地にあるものの、未だに不明のままである。

【城の構造】 周知の遺跡としての城域は、東西・南北とも約八四〇メートルの範囲を有する。城内に名称の付されている郭面等は次の六カ所にある。

前森館は城域の北西部にあたる。標高一四二メートルで長さ八〇メートル、幅二五メートル程の平坦面が認められるが、どのような使われ方であったのか不詳である。二の丸跡は城域北東端に位置し、「北の砦」と称された。標高一九五メートル、広さは約三六メートル四方である。二の丸の北側と南側斜面には各三面の段状削平

（段郭）が認められる。また、前森館から二の丸に至る丘陵頂部には平坦地が三面連続して見られるが、郭面として名称は付されていないようである。

見張台は本丸から西側に連なる丘陵稜線先端に位置する。眼下に横手盆地南端、雄勝・平鹿の平野部が一望でき、西方には出羽富士の異称をもつ鳥海山が迫力ある姿を見せてくれる。ここには、昭和四十年代までは大きく形のよい松があって「館の一本松」とも称されていた。

●―湯沢城見張台からの眺望

本丸は城域中央やや南に位置する。東西八〇メートル、南北三〇メートルの規模である。本丸の北側斜面には少なくとも五面、南側斜面に二面の段郭が見られる。五社壇（ごしゃだん）跡は本丸の南東端に位置し、本丸との比高は六メートルである。城主が城地鎮護を祈願するために、天照、八幡、鹿島、宮比、稲荷の五社を祀っていた。広さは南北約一〇メートル、東西約二〇メートルであり、標高二二〇メートルは城内の最高位である。本丸・五社壇から南の馬場に向かう狭い尾根には堀切（ほりきり）がある。馬場は城域の南部に位置し、東西約三〇メートル、南北約一六〇メートルの規模を有する。その南西には「L」字状に土手が築かれており、弓や鉄砲の稽古場として利用された。馬場の南側、城域の南端にも堀切がある。

【湯沢城の成立と城主】　文治五年（一一八九）の奥州合戦での軍功により、出羽国雄勝郡の地頭職（じとうしき）に補任されたのは、下野国都賀郡小野寺保を本領としていた小野寺道綱（みちつな）である。現地支配として、最初に郡内に居城を構えたのは、道綱から四代下った小野寺経道（つねみち）であり、稲庭城（前書参照）である。稲庭城の北西約一〇キロの地にある湯沢城は、経道の三男・小野寺道定（みちさだ）が建治三年（一二七七）か、遅くともその一・二年後に築城とされる。創建時の湯沢城は、見張台を中心とした一角のみを利用していたようである。

次に湯沢城主として名前が挙がるのは、小野城主姉崎四郎左衛門の子、三春信濃守であり、天文年間（一五三二〜五五）のことである。信濃守の後には、稲庭城主から沼館城主であった小野寺稙道（たねみち）（稚道（わかみち））が新城主となり、現在残る城内各所

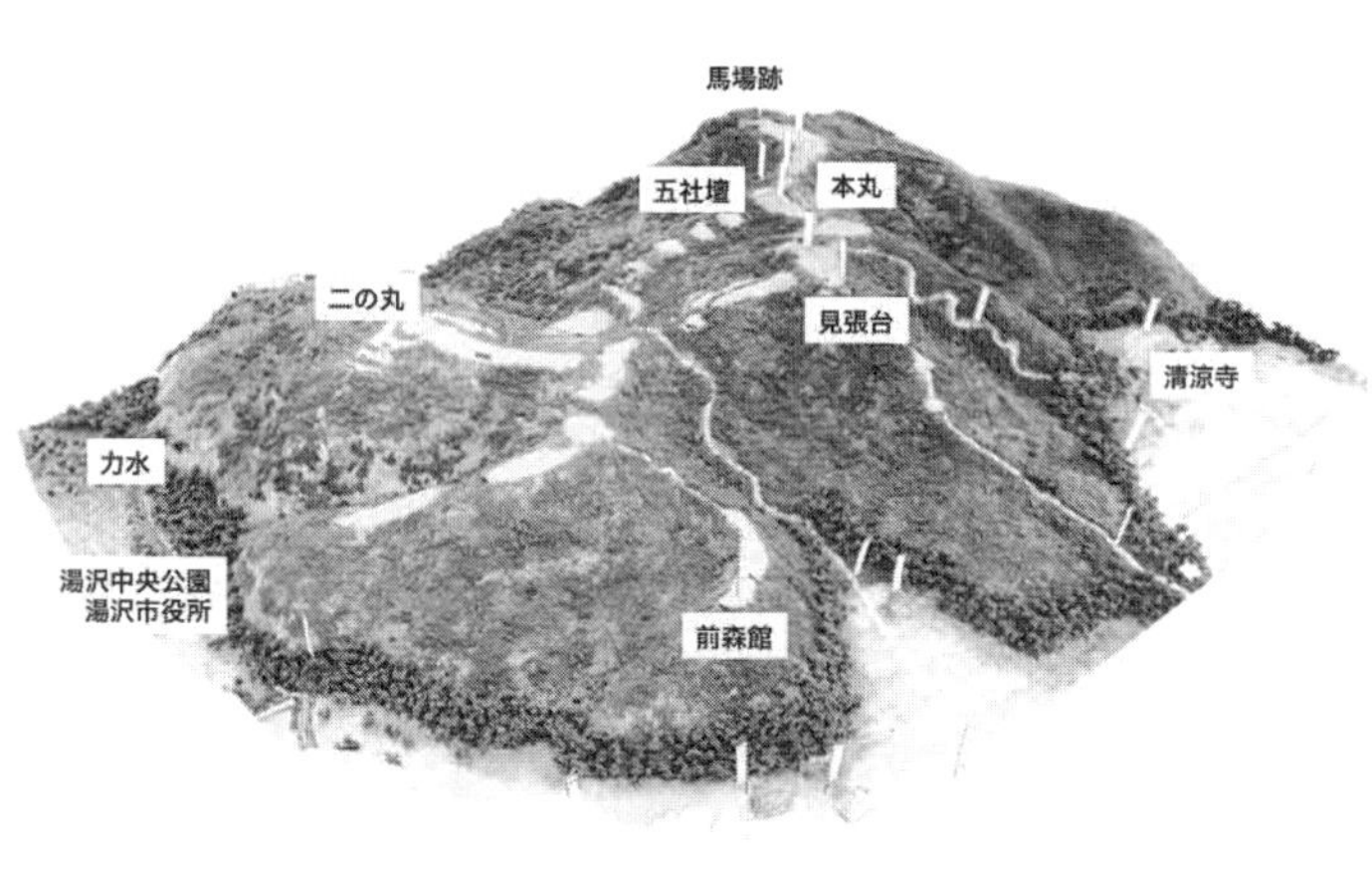

●—湯沢城ジオラマ（ゆざわ井戸端会議［ジオラマ制作・湯沢城ジオラマ研究会］提供）

の本格的整備を行った。稙道没後は小野寺孫七へ、そして子の孫七郎が城主を嗣ぐことになる。

【湯沢城落城と破却】 文禄四年（一五九五）、城主小野寺孫七郎のとき、最上義光の軍勢が雄勝郡内に攻め入り、湯沢城は落城し、最上軍の総大将であった楯岡満茂が城主となった。関ヶ原の戦い後の慶長七年（一六〇二）、大名配置換えにともない楯岡満茂は由理郡に移り、赤尾津氏の天鷺城（由利本荘市岩城）を居城とした。湯沢城には常陸国佐竹氏一門の南家三代佐竹義種が城代となった。

義種は、城内・城下の整備を進めていたが、元和六年（一六二〇）の一国一城令に従い湯沢城を破却した。その後、城下北側に佐竹南家御屋敷である「淡路屋敷」を構えた。現在、前森館の北側にある、お沢稲荷神社は義種が入城した際に「五社壇」の一社として祀っていたが、破却に際して現地に移設したものである。佐竹南家の菩提寺は、城域内の南西端に位置する清涼寺であり、佐竹宗家の菩提寺である天徳寺（秋田市）に次ぐ大寺とされた。

【現在の湯沢城】 湯沢市役所前にある湯沢中央公園は淡路屋敷跡地の一角を占めるが、湯沢城をウォーキングで巡る「湯沢城址コース」の発着地でもある。中央公園→前森館→二の丸跡→見張台跡→本丸跡→五社壇跡→馬場跡を巡り、林道湯沢城址線を利用し、城域の南側から西側を周回して起点に戻るものであり、全長六キロ、所要時間一〇〇分との表示がある。また、淡路屋敷にも引き込まれていた湧水「力水」は中央公園北側にあり、日本名水百選のひとつである。なお、湯沢市役所内には、湯沢城のジオラマが展示されている。

【参考文献】 湯沢市教育委員会『湯沢城』（一九八六）、戸部正直『奥羽永慶軍記』（今村義孝校注、無明舎出版、二〇〇五復刻）

（高橋　学）

●三重堀切と畝状竪堀をもつ城

小野城（おのじょう）

〔湯沢市指定史跡〕

〔所在地〕湯沢市泉沢字古館
〔比　高〕九〇メートル
〔分　類〕山城
〔年　代〕一三世紀中・後半～文禄二年（一五九三）
〔城　主〕姉崎六郎、姉崎四郎左衛門、町田長右衛門
〔交通アクセス〕ＪＲ奥羽本線「横堀駅」下車、徒歩四〇分。

【位置と立地】　秋田県内陸南部に位置する横手盆地は、南北六〇キロ、東西一五キロの規模をもち、その西限に出羽山地、東限を奥羽山脈、中央には雄物川が蛇行しながら北流する。小野城は横手盆地南限の外側、出羽山地東端に立地する。山城東側直下には雄物川が北流し、その対岸約三キロで奥羽山脈を構成する東鳥海山地に到達する。盆地南限に位置する湯沢城（本書）は、小野城から北東約九キロである。菅江真澄が著した『雪の出羽路』には、小野城を「宝竜館」として紹介しており、舞鶴城、びっき館の異称もある。

【城館の構造】　城域の平面形状は北東側を頂点とし、南西側に向かってやや長い不整三角状を呈する。東辺は雄物川に、西辺を沢により画され、南辺には二種類の堀が明瞭に認められる。

主郭は城域の最高位、標高二一六メートルの尾根南西部の平坦面を選地しており、長さ八〇メートル、幅三〇メートル程の規模となる。その南東側、雄物川に下向する緩斜面には、二～三面の段郭が二カ所で形成されている。主郭の南西縁には、北西方向に延びる尾根と接続することから、ここに三重の堀切を設けている。主郭寄りの一条は幅一〇メートル、深さは一五メートルに達する。もっとも外側の堀切でも幅四～五メートル、深さ三メートルほどである。大規模な堀切となったのは、その基盤層が比較的容易に開削が可能な花崗岩質であることが一因かもしれない。

主郭の南辺西側には、三重堀切の東側に並列するように五条の畝状竪堀が観察される。畝の高さは二メートルほどである。

●―小野城全景

山地斜面に沿うような竪堀が複数列をなして構築される事例は、『秋田県の中世城館』に示された縄張図や略図を参照すると、県内では一〇城館ほどと数少ない。一例が「由利十二頭」（鳥海山北麓・由利地域で割拠していた豪族の総称）のうち、大井氏の居館とされる根城館（由利本荘市矢島町荒沢）にあり、他は小野寺氏の勢力範囲とされる雄勝郡西部（湯沢市、羽後町）に限定されるようである。由利地域は雄勝郡西部と隣接することから、出羽山地域を拠点とする居館の特徴と言えるのかも知れない。

城域の北東端から南西部の主郭に至る尾根部には、複数の郭面と堀切が見られる。標高一六〇メートルの北東端部には長さ二五メートル、幅六～八メートルほどの小さな郭面がある。かつては神社（祠）が存在していたようであるが、現在はない。ただ石仏が安置され、その背面には十字の刻文が認められることから、隠れキリシタンに係わる石像物と見なされる。久保田藩内でのキリスト教布教は、法領館（本書二四四頁）の項で紹介した院内銀山が最初とされることから、その関連性が想起される。ここから狭い尾根を上がると二重の堀切を通過する。その先に二面の郭が縦列して配置されるようであるが、現地ではよく判別できない。破却時もしくは後世の地形改変を受けているためかもしれない。ここから二面の段郭を登れば主郭に到達する。

城域の南西側斜面に設置された三重の堀切と畝状竪堀群は、南方・西方の山地尾根伝いに進攻してくる敵軍を迎え撃つことを第一義としていたはずである。その一方で、南方から雄物川を下っての城内突入を仮定した場合、凹凸状を示す畝状竪堀群が目視できることは、防御施設を見せつけることでの抑止力を狙った側面も想定される。なお、現在の登城ルートは、城域北東端を起点として、西辺の沢を通り主郭に到達する裏ルートと東辺の雄物川に面した尾根筋を通る表ルートがある。

【築城から落城まで】　小野城は、小野寺氏の雄勝郡入部にともない、院内にある三浦氏の法領館の押さえとし、建長～文永年間（一二四九～七五）に小野寺氏の郎党・姉崎六郎により築城とされる。法領館は、小野城の南西約五キロに位置する。その後も姉崎氏は小野寺氏の重臣としてその任にあたっていたとみられる。天文年間（一五三二～五五）の城主は、小野寺氏の重臣姉崎四郎左衛門であった。文禄二年（一五九三）、城主町田長右衛門のとき、最上軍の攻撃を受けて、土民三百余人と共に籠城したが破れた。城から雄物川を挟んだ対岸は、小野字町田という字名であることから、町田氏の平時の居館は、ここの微高地上に存在していた可能性がある。

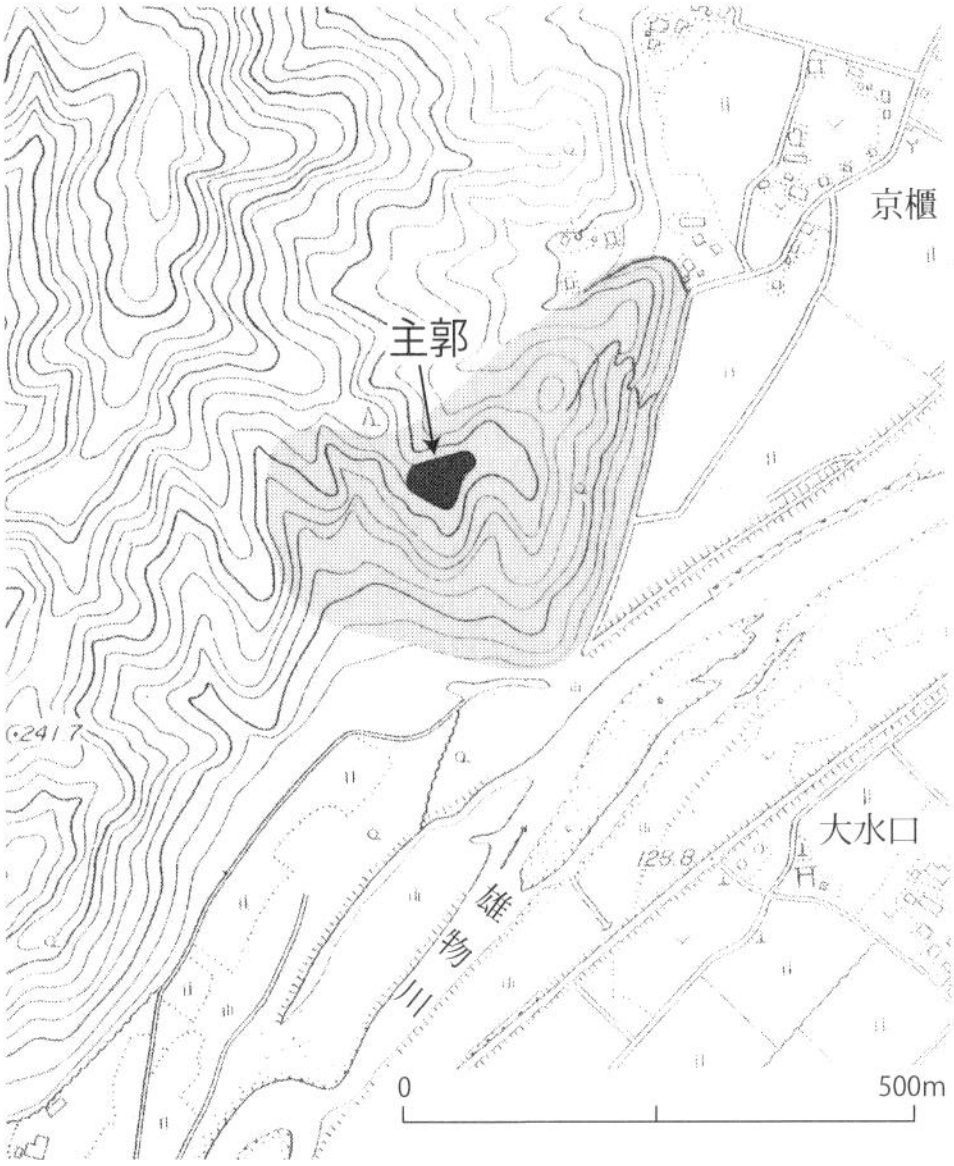

●―小野城周辺の地形図（湯沢市都市計画図に加筆）

●―小町堂

【小野城の周辺を歩く】　小野の地名にあるように、当地は「小野小町伝説」にまつわる社寺・遺跡や伝承が数多く存在する。小町が晩年を過ごしたとされる岩屋堂は、城跡から雄物川を遡上して約一キロの山地中腹にあり、岩盤をくりぬいた洞窟となっており、現在も入ることができる。小町の菩提寺とされる向野寺（こうやじ）は、岩屋堂から雄物川の対岸、約一キロに所在する。寺内には小町自作と伝えられる木像が安置されている。向野寺の南約二五〇メートルには小町の父とされる出羽国郡司小野良実が建立と伝えられる熊野神社が、さらに南三〇〇メートルには小町が祀られている小町堂があり、毎年六月の第二日曜日には「小町まつり」が催されている。これらは、小野城の最寄駅である横堀駅から徒歩圏内であり、城跡とともに訪れてみてはいかがであろうか。

【参考文献】秋田県教育委員会『秋田県の中世城館』（一九八一）

（高橋　学）

秋田県

●小野寺氏最後の砦

法領館（ほうりょうだて）

〔所在地〕湯沢市下院内字館山・黒森・越中山、上院内字町後
〔比　高〕一一〇メートル
〔分　類〕山城
〔年　代〕暦応年間（一三三八～四二）～慶長六年（一六〇一）
〔城　主〕三浦義末、小野寺氏
〔交通アクセス〕ＪＲ奥羽本線「院内駅」下車、徒歩一〇分。

【位置と立地】　法領館は雄物川（おものがわ）最上流域で、山形県境に近い出羽山地の南端に立地する。雄物川の源流とされる大仙山（だいせんざん）（標高九二〇メートル）は、館跡の西約六・五キロに位置する。この六・五キロとは南方、県境にある雄勝峠（おがちとうげ）（杉峠・院内（いんない）峠）までの直線距離と同じである。

館跡の範囲は南北約一キロ、東西三二〇メートルであり南北に細長い。館跡の南側眼下には雄物川が西から東に流れ、その支流松根川が館跡西辺を、東辺には黒森沢がそれぞれ南下し本流と接続する。従って北側を除く三方が河川や沢により画された舌状の山地端部を利用した山城と言える。雄物川の流路に沿ってＪＲ奥羽本線と国道一三号（羽州街道）が並列する。法領館は、小字名にある館山から館山城、あるいは院内館の異称がある。

【館の構造】　南北に長い館跡は、直線的に延びる一条の稜線に沿って郭面等が形成される。南側から概観していく。館跡南端は標高一六五メートルの雄物川低地にあたり、近世に入ってから遷座された神明社（千代世（ちよせ）神社）と山神社の参道口でもある。切岸（きりぎし）（現在は石段敷設）を登り四面目の段郭上に二宇の社殿がある。ここからつづら折り状に山道を進んだ先、標高二五〇メートルほどの頂部に最初の郭面が形成されていたと見られるが、後世の地形改変により詳細不明である。ここから北側に登ると、館山の最高地点である標高二七七メートルの平場に達する。長さ一二メートル、幅八メートルほどの広さであり、現在は放送局の鉄塔が建っている。ここまでを南郭と仮称する。狭い郭面の

●—法領館遠景

北側直下には鞍部を利用したとみられる一条の堀切（ほりきり）がある。この先は幅二メートルほどの尾根道を緩やかに下っていく。その長さは一〇〇メートルを超す。

次の郭面は、尾根筋の西側を開口するように、長さ三五メートル、幅一四メートルほどの平坦面を造りだしている。以下北郭と仮称する。西側斜面には三面の段郭が認められる。この北側に接して「武者（むしゃ）だまり」とされる次なる郭面があり、長さ四五メートル、幅三五メートルほどの規模である。西側、山形県寄りの眺望がきく。

武者だまりの北側は急傾斜の切岸であり、登り切った最初の郭面は長さ二五メートル、幅一三メートルの規模がある。ここには、弘仁二年（八一一）の創建とされる愛宕（あたご）神社本宮の小祠がある。貞永元年（一二三二）には、館跡の南西側麓に遷座と伝えられ、現在に至るようである。小祠のある郭面から北側にもう二面上が北郭では最高位面であり、標高は二六〇メートルである。この郭面には岩が露出している箇所があり、磐座（いわくら）のような役割をもたせていた可能性がある。この面から北側は幅五メートルほど、少なくとも三面の段築をへて沢下部に至る。

【史料から読む】　『奥羽永慶軍記』には、暦応年間（一三三八～四二）の法領館主を三浦義明（よしあき）の一八代目三浦義末（よしすえ）と記す。義明は、前九年合戦（一〇五一～六二）で源頼義（よりよし）に従い、そ

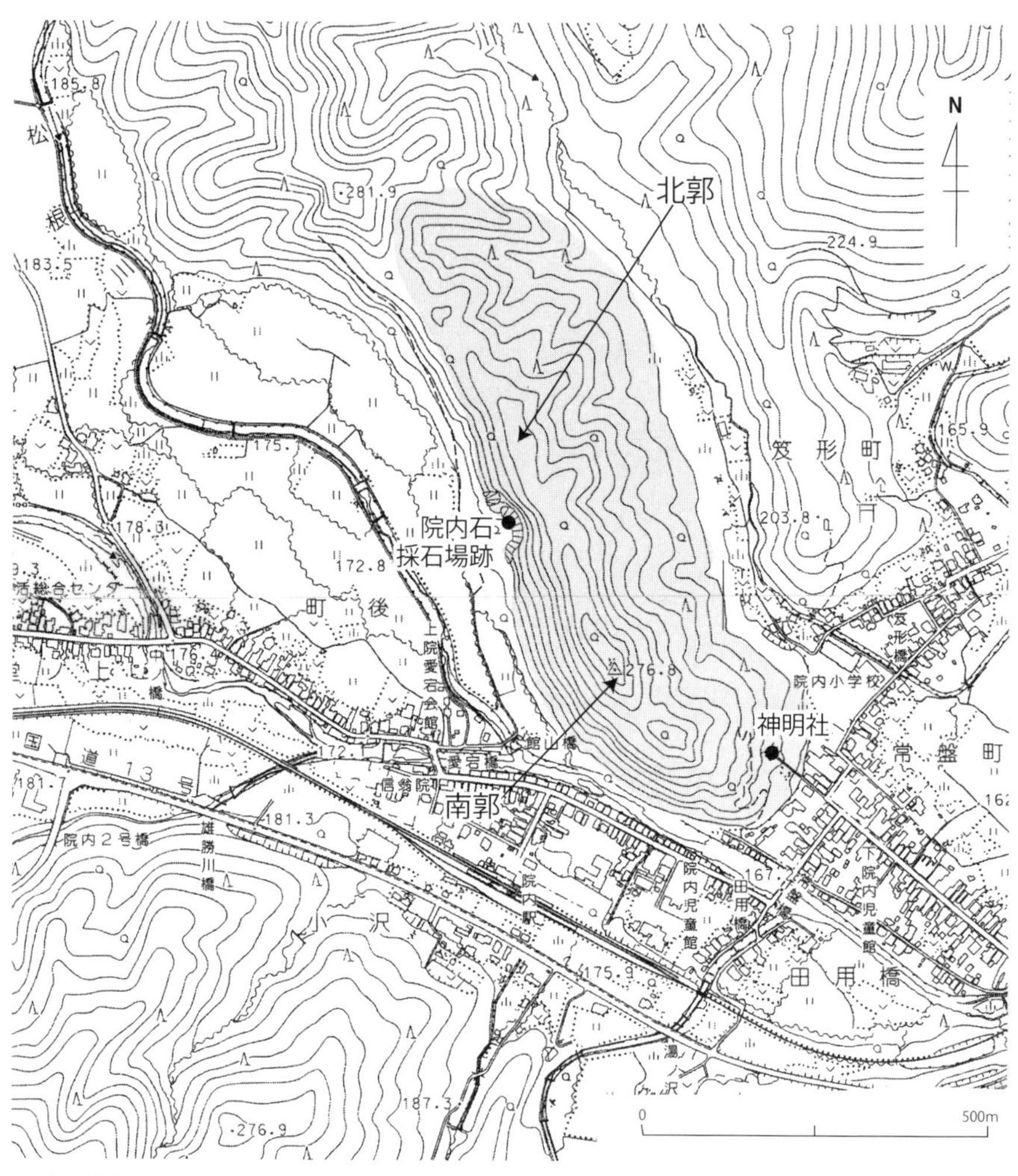

●―法領館周辺の地形図（湯沢市都市計画図に加筆）

の恩賞として相模国三浦郷に所領を得た三浦為通(ためみち)のひ孫にあたる。義末は本館の南東側、雄物川を挟んだ対岸の山地にも臼館(うすたて)を築き、ここを支城として地域支配にあたっていたようである。同様の内容は菅江真澄(すがえますみ)が『雪の出羽路』でも紹介している。

暦応二年（一三三九）、小野寺氏の家臣で小野城主姉崎四郎左衛門に攻め込まれ落城し、以降は小野寺氏の支配下となった。小野寺氏と敵対関係にあった最上氏は、天正九年（一五八一）に最上郡（山形県）と雄勝郡（秋田県）境にある有屋峠(ありやとうげ)の麓、金山の地に金山城を置いた。金山城主丹(たん)与三右衛門が率いる一〇〇〇人余りの軍勢が杉峠を越えて攻めてきたが、時の

●―法領館の院内石

法領館主の弟である山田次郎と家臣奥山玄蕃(げんば)の奮闘により、両軍とも多くの死傷者を出すものの、決着はつかなかったとされる。

小野寺氏は、慶長五年（一六〇〇）の関ヶ原の戦いに際して西軍に組したことから、翌年に改易となり、法領館も放棄されたと考えられる。

【ジオサイトとしての法領館】　館跡の立地する山地の基盤は、酸性軽石凝灰岩および火山礫凝灰岩からなる。この灰白色の凝灰岩は地元で「院内石(いんないいし)」とされ、風化作用や熱に強いことから江戸時代より採石され（平成十年頃〈一九九八〉採石中止）、現在館跡内の西側縁辺は日本ジオパーク認定「ゆざわジオパーク」、ジオサイトのひとつ「院内石採石場跡」としても公開されている。

また、館跡の西約四キロには、国内最大の銀山とされた院内銀山跡（慶長十一年〈一六〇六〉開山～昭和二十九年（一九五四）閉山、県指定史跡）が所在し、JR院内駅に併設の院内銀山異人館に関係資料が展示・公開されている。

【参考文献】　内田武志・宮本常一「雪の出羽路」『菅江真澄全集』第五巻（未来社、一九七五）、戸部正直『奥羽永慶軍記』（今村義孝校注、無明舎出版、二〇〇五復刻）

（高橋　学）

お城アラカルト

城館の系譜

高橋　学

中世城館とされる遺跡は、東北地方北部三県に、二七五四件が確認数として記載がある（青森四一二件、岩手一四二九件、秋田九一三件、三県とも昭和五十年代に悉皆調査）。陸奥・出羽北半を占める北東北において、中世城館の系譜を探るとき、先行する古代城柵と安倍氏・清原氏の柵・居館の存在が鍵となると考える。律令国家が蝦夷（えぞ）対策の拠点施設として設置した城柵は遅くとも一〇世紀後半に終焉をむかえ、これと入れ替わるように陸奥・出羽城柵の在庁官人から台頭してきた安倍氏・清原氏が一一世紀末にかけて柵や居館を構えた。安倍氏の柵のひとつである鳥海柵（とのみのさく）跡（正編一五六頁、岩手県金ケ崎町）や清原氏の居館である大鳥井山（おおとりいやま）遺跡（正編二五六頁、秋田県横手市）には、大規模な堀が巡らされ、その堀の成立を辿れば、城柵における区画施設としての大溝の存在にも注目できる。いわば中世城館の景観形成に、古代城柵や安倍氏・清原氏の柵・居館が少なからず影響を与えたことは十分に推断される。

このことは地域の拠点施設であるという共通点をもってすれば、三者は選地が重複すること、たとえば城柵跡地に城館が建造されることは想像できよう。ところがである。古代城柵や安倍氏・清原氏の居館跡内に中世城館はもとより集落が形成されるという明確な事例は認められないのである。次に秋田県内の調査例をいくつか紹介したい。

〔秋田城〕　日本海沿岸部、秋田市寺内にあり、標高四〇～五〇メートルの低丘陵上に立地する。律令国家が設置した最北の城柵であり、東西・南北とも約五五〇メートルの不整方形をなす外郭線（築地塀のち柱列塀、材木列塀、大溝）は天平五年（七三三）の創建から一〇世紀中頃の終末期に至るまで五時期の変遷をへても、内部の政庁域を含めその機能と実態を保ち存続した。中世以降、外郭域の外側隣接地には、「勅使館（ちょくしだて）」（南西側、前書参照）、湊安東氏に係わる「寺内砦」（北西側、一六世紀後半）、寺院や墓地を含む集落跡（南東側、鵜ノ木地区、一二世紀末～一四世紀）等が存在するものの、外郭内には中世以降の墓が点在する以外、館や集落等が入り込むことはない。

〔払田柵〕　横手盆地北部、秋田県大仙市・美郷町にあり、標高六五メートルの長森と五〇メートルの真山という二つの独立丘陵と周囲の沖積地に立地する城柵である。西暦八〇一年頃（年輪年代測定による）の創建時には、長森・真山を囲む外柵（材木塀）を有したが、最初の改築時である九世紀中頃には長森を囲う外郭（材木塀）がもっとも外側の区画となり、真山はそこから除外される。一〇世紀後半まで存続した払田柵は以降、真山は「堀田城」（本書二二三頁）として再利用されるものの、政庁があった長森には、一三世紀前半に墳墓や火葬墓、一五世紀末から一六世紀代の土壙墓が認められるだけであり、近世に入って「八幡宮」が勧進されるも、旧政庁域の平坦地を避ける位置に鎮座するのである。

●—大鳥井山遺跡小吉山全景・奥に台処館跡（南西→）（横手市教育委員会提供）

〔大鳥井山遺跡〕　横手盆地中部、払田柵の南約一五キロに所在する清原氏の居館跡。独立丘陵裾部に大規模な土塁・空堀を複数列巡らせる景観は、戦国期山城の姿そのものであるが、まぎれもなく一一世紀の築造であることが判明している。一一世紀末に遺棄された後は、埋まり切らずに残された空堀内には一三世紀以降に銭貨が一括して埋納され、時期は不明確ながら丘陵部に礫石塚や十三塚が認められるのみである。

〔虚空蔵大台滝遺跡〕　秋田平野の南端に位置する清原氏関連と目される居館跡。沖積面との比高三五メートルの台地南端に立地し、頂部平坦面下の南向き斜面は削り出され、傾斜角四三度の切岸に成形される。切岸下には上面幅五・五メートル前後、深さ一・六〜二・五メートルで断面が逆台形を示す堀が台地下端を囲むように開削される。堀の外側には基底幅約六メートル、現高〇・七メートルほどの土塁が巡る。この景観も、大鳥井山と同様に戦国期山城を彷彿とさせるが、出土した灰釉陶器椀（東濃産、明和27号窯式）や、かわらけ等から一一世紀中葉から後葉に位置づけ

●―虚空蔵大台滝遺跡全景（南西→）（秋田県埋蔵文化財センター提供）

られるのである。一二世紀以降の明確な場の利用は認められず、一五世紀に入り銭貨や青磁を埋納した墓が点在するのみとなる。

行政・軍事および交易拠点としての古代城柵、それを受け継いだ安倍氏・清原氏の柵・居館、そして中世を迎え地域支配を担った領主の城館は、いずれも交通の要衝をおさえた同類型の場を選地したと想定してしまう。しかしながら時の支配者は前代の拠点地を踏襲することなく、新たな場を求め移動する。残された旧地は、いずれも墓地や宗教施設、いわば霊場のような非日常空間に再編される。古代から中世に至る連鎖のような規制は、何らかの禁忌として厳密に保持されつづけ、近世末頃まで継続された。禁忌が完全に解かれてしまったのは近代以降、現代なのである。

【参考文献】青森県教育委員会『青森県の中世城館』（一九八三）、岩手県教育委員会『岩手県中世城館跡 分布調査報告書』（一九八六）、秋田県教育委員会『秋田県の中世城館』（一九八一）、高橋学「古代出羽国における城柵・城館の行方」『前九年・後三年合戦―一一世紀の城と館―』（高志書院、二〇一一）

お城アラカルト

館堀城遺物の語るもの

高橋　学

館堀城は、秋田県の内陸南東端部、湯沢市寺沢（旧雄勝郡雄勝町寺沢）に所在し、雄物川（おものがわ）支流である役内川（やくないがわ）沿いの低地（標高一六五メートル）に立地する中世城館である。ほ場整備事業にともない一九九九年に発掘調査され、南北に延びる街道（旧国道一〇八号）の東側に二重に巡る堀跡が検出され、いわゆる方形居館であることが確認された。内堀の上面幅は、四・七〜七・八メートル、深さ一・四〜一・八メートルであり、東西推定一三〇メートル、南北九〇メートルの規模である。内堀内部には多くの掘立柱（ほったてばしら）建物等が配置され、出土遺物からみた堀を含む諸施設の構築時期は、一三世紀前半〜一五世紀代となるが、盛期は一四世紀までのようである。

特筆すべきは、発掘された中世出羽国の城館等での今までの常識を覆す遺物群の発見にある。それはかわらけ・中国産磁器の多さであり、瓷器（しき）系陶器の出土率、山茶碗・滑石製石鍋の出土である。中国産磁器は、一桁台の出土点数が通例であるのに対し、ここからは三五〇点を越す青磁・青白磁・白磁・染付が確認された。国産陶器では、圧倒的多数を占めるはずの珠洲（すず）焼とも称される須恵器（すえき）系陶器の組成比率が約二割に留まり、他は瀬戸を含む東海産を中心とする瓷器系陶器であること。同じく東海地方の窯で焼成された日常雑器であり、消費地の大半が当該地に集中する山茶椀が数個体出土したこと。長崎県西彼杵（にしそのぎ）半島を主産・製作地として、東日本では鎌倉を除くと出土例は極端に少ない滑石製石鍋が見つかったことである。

館堀城における遺物の特異性は、居館の位置から読み解くことができる。館堀城の西を通る街道は、南下すると秋田・山形・宮城の三県境域に達する。ここには、山形県最上郡金山町に抜ける有屋峠ルートと、宮城県大崎市鳴子温泉に抜ける鬼首（おにこうべ）峠ルートが存在する。前者は奈良時代、天平宝字三年（七五九）に設置された駅家（うまや）である横河駅（湯沢市岩崎か）と平戈（ひらほこ）駅（金山町か）を結ぶ出羽山道駅路であり、中世には羽州大道とも称された。近世に入り秋田藩主となった佐竹氏が新

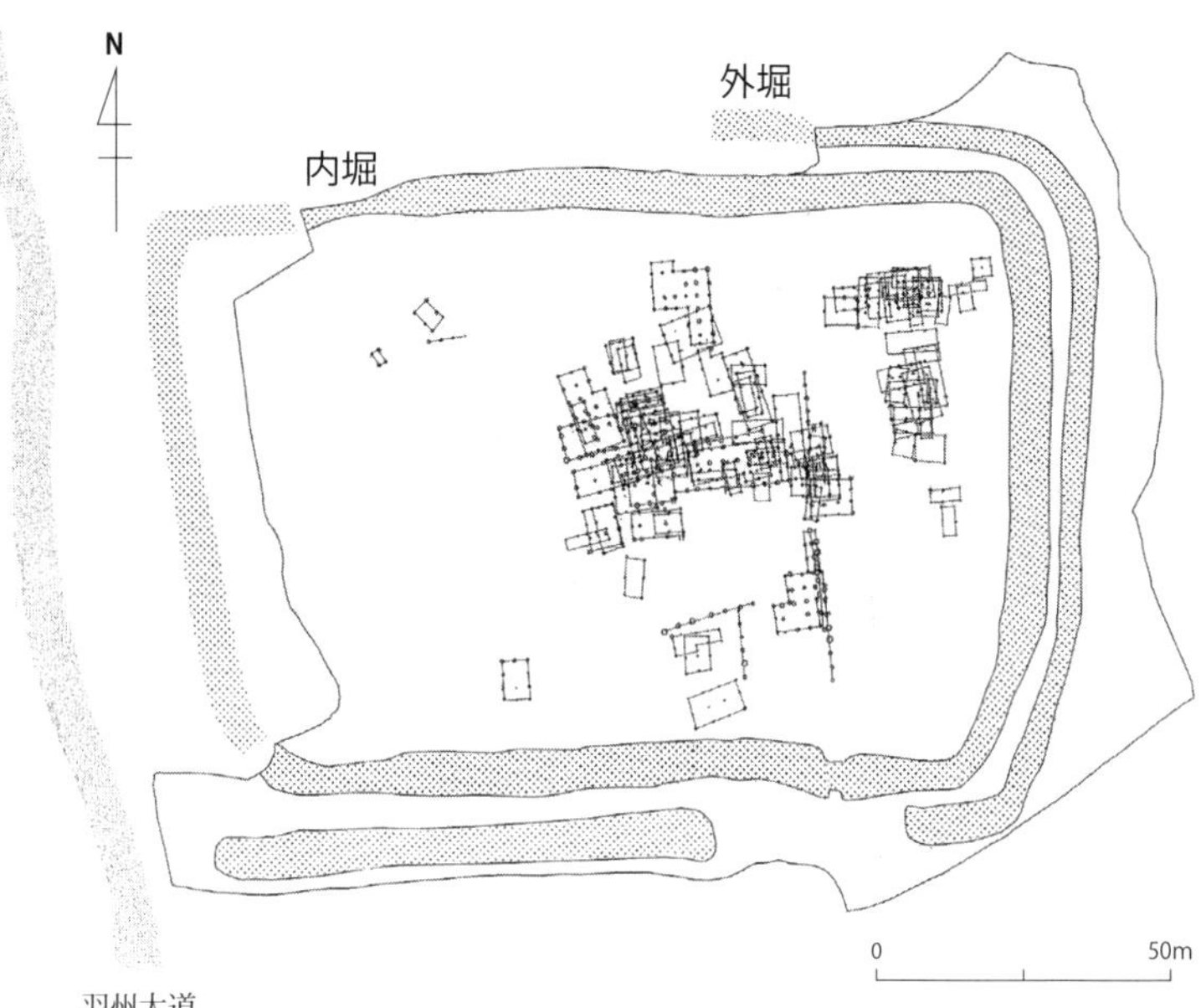

●—館堀城跡 遺構配置図

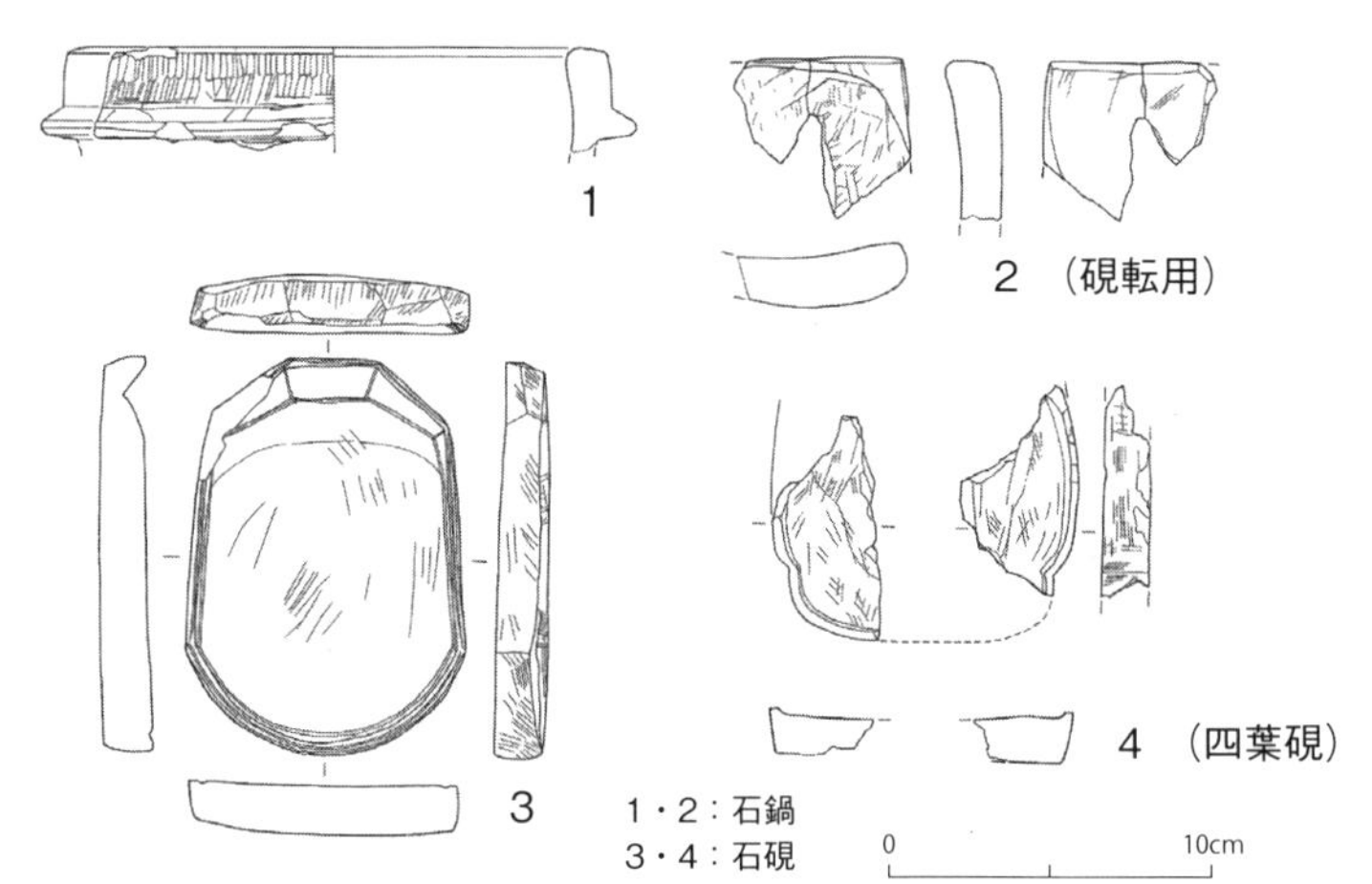

●—館堀城跡 出土の石製品

たに雄勝峠越えルート（国道一三号）を整備したことで、有屋峠ルートは脇道から廃道となり、現在では正確に路線を辿ることができない状況である。一方の後者は、鬼首街道、現在の国道一〇八号と重複する。本ルートの開通時期は不明確だが、鬼首は、陸奥国奥六郡の長であった安倍氏と国府軍の戦いである前九年合戦（一〇五一～六二）の発端となった「鬼切部の戦い」の地ともされることから、遅くとも平安時代には道路整備されていた可能性が高い。

古代有屋峠ルートの起点は、陸奥国府の多賀城（宮城県多賀城市）であり、鬼首峠・国道一〇八号の始点も宮城県石巻市である。多賀城の東方約三キロには塩竈港（津）があり、〝国府津〟の転訛ともされる塩竈市香津の地名が残る。岩手県平泉町柳之御所遺跡の発掘調査を契機として、一二世紀頃には太平洋舟運航路の確立が見通され、北上川河口の石巻周辺（牡鹿湊）に寄港地が予測されている。

館堀城に残された遺物の多くは、東海以西の産品である。これらは、太平洋舟運航路の終点である牡鹿湊あるいはその南東側にある塩竈津等に陸揚げ後、北上川・江合川あるいは鳴瀬川を川舟にて遡上させ、有屋峠もしくは鬼首峠越えのルートにて搬入されたのであろう。ちなみに、石巻市から国道一〇八号を利用して館堀城跡までの距離は約一二五キロである。

一四世紀、室町期には舟運航路の主体が日本海側に移行する。成立時期は不明確ながら『廻船式目』には当時の十大港湾（三津七湊）が記されているが、七湊全てが北陸から東北日本海側に所在する。そのひとつが雄物川河口の「出羽国秋田湊」である。雄物川最上流域に位置する館堀城の盛期が一四世紀までであることは、舟運航路の変更にも一因があったと考えることができないだろうか。

【参考文献】秋田県教育委員会『館堀城跡』（二〇〇一）、室野秀文「陸奥北部の館」『鎌倉・室町時代の奥州』（高志書院、二〇〇二）、高橋学「秋田県館堀城跡と出土陶磁器」『貿易陶磁研究』二四（二〇〇四）

【あ行】

網代塀（あじろべい）　竹を斜めに格子状に編んだ板を連ねた塀。下端は溝に埋めこみ、上部は杭や横木などに結いつけていた。屋敷内の区画などに用いられた。

挙木戸（あげきど）　木戸に吊るした門扉を、上にはね上げて開く様式の木戸。山城や陣城などに多い。

安倍館（あべだて）　安倍氏伝承のある城館。

囲郭（いかく）　溝や堀、土塁などで一定の範囲を囲むこと。または囲んだ施設のこと。

石土居（いしどい）　土塁片面、または両面に、同等の高さの石垣を備えたもの。

犬走り（いぬばしり）　土塁や石垣上面のうち、塀や柵の外側にある細長い空間のこと。あるいは、斜面部の途中に設けられた小段のこと。

馬出（うまだし）　城の門の前面に設けられた、独立した小曲輪。外敵の虎口進入を防ぎ、味方の出撃を援護する効果がある。

蝦夷館（えぞだて）　古代蝦夷（えみし）の構築した城館。いわゆる防御性集落によくみられる呼称。東北地方北部に集中し、防御性集落の分布とおおむね重複している。ただし、蝦夷館の呼称は、近代以後に付されたものもあり、名称の使用にあたっては、注意が必要である。

大手（おおて）　城館の正面。

帯曲輪（おびくるわ）　本丸、二ノ丸などの主要な曲輪とは、堀で隔てられ、帯状に囲むような曲輪を指す。腰曲輪のうち、帯状に長いものも帯曲輪と呼ばれる。

【か行】

外郭（がいかく）　外曲輪、遠曲輪など、城館の外側部分。

掻上げ（かきあげ）　掘削して発生した土砂を、掻き上げて築いた土塁や城。

郭（かく）　郭・曲輪（くるわ）の音読みで、主郭・外郭など、曲輪の序列を指す用い方もある。

搦手（からめて）　城館の裏手。

空堀（からぼり）　堀のうち、水を湛えていないものを指す。

木戸・城戸（きど）　城門、あるいは簡易な城門。

鬼門（きもん）　十二支で示す方位の丑寅（うしとら）の方角（北東）。古来、魔物や邪悪なものが入ってくる方位とされ、曲輪の北東隅や、城館の北東側に仏堂や社殿、寺社が配置された。南西側は裏鬼門とされ、この方面にも寺社が配置されることがある。鬼門除けとして、曲輪の北東隅をわざと欠いたり、隅を切り落とすプランで造られた城館もある。

居館（きょかん）　居住する館で、堀や土塁など、防御施設を伴うもの。

切岸（きりぎし）　人工で削り落とした急斜面。版築工法の盛り土で形成された、急峻な法面など。

曲輪（くるわ）　堀や土塁で区画された、城館内のエリア。または防御された平坦地。

群郭（ぐんかく）　多数の曲輪が群集して構成された縄張。曲輪の序列が今一つ不明瞭な城館も多い。秋田県鹿角市や、岩手県北部、青森県の拠点城館によくみられる構成。

虎口（こぐち）　曲輪や城館の出入り口。

腰曲輪（こしくるわ）　本丸や二ノ丸などの主要な曲輪よりも、一段低く斜面に構えられた曲輪。

小屋（こや）　山城や砦に置かれた簡易な建物のこと。または、山城や砦そのものを小屋と呼ぶ場合もあった。

【さ行】

柵（さく）　地面に打ち込んだ柱や、布掘溝に立てた柱に横木を結いめぐらせた区画施設。

桟敷（さじき）　柵や塀の内側に設けられた、弓矢や鉄砲など打ち出すための足場。発掘調査で、土塁や柵に並行して柱の列が出てきた場合、桟敷の跡である可能性が高い。

周壕（しゅうごう）　周囲にめぐらせた堀や溝。

主郭（しゅかく）　本丸・本曲輪。

宿・宿館（しゅく・しゅくだて）　城館の存立に深くかかわる集落や屋敷などを指す。宿館や宿立、宿田などの多くは、宿館が転訛した地名と考えられ、城館の近傍にあることが多い。

城館（じょうかん）　城・館の総称。城、山城などのほか、防御を施した居館を含む呼び名。

城砦・城塞（じょうさい）　城館と重なるが、臨時的な砦や陣地を含む名称。

城柵（じょうさく）　律令国家が東北政策を進める行政・軍事拠点として構築した、城や柵の総称。

陣場（じんば）　戦闘にあたり陣を置いたところ。簡易な堀や土塁、削平地が残るものもある。

透し構え（すかしがまえ）　塀のように表面に板を打ち付けない、柵構え。または、門扉などが板を打ち付けず、格子状で、内外から透かして見える状態の構え。隙間から矢を打ち込まれる危険性がある反面、内側から鑓衾（やりぶすま）を造り、撃退しやすい効果もある。

惣ガハ・惣河（そう）　城館の最も外側の防御ラインや曲輪の呼び

名。惣構（そうがまえ）・総構とおなじ。

【た行】

台（だい） 段状に構築された城館で、高い方から一の台、二の台、三の台と呼ぶ事例がある。この場合、曲輪と同義語である。

館（たち）・**舘**（たて） 古代の官人の居宅に由来する。東北地方北部では、一一世紀の安倍氏・清原氏時代に柵・楯の標記があり、近年では、柵も「たて」と読んだという主張もあり、その蓋然性は高い。古代から中世の、在庁官人の系譜にある武士の館を館（やかた）・館（たて・たち）と呼んだが、安倍氏・清原氏の城館など、城と呼んでも差し支えないような、重防備の城館も館と呼んでいた。また、合戦に備えて、逆茂木（さかもぎ）や楯を結い巡らせた、臨時的防御施設も併せて、城・楯（館）と呼んでいたらしく、今日、遺構として残りにくいような施設も存在したと思われる。東北地方では中世を通じて城と館が同じ意味で使用され、大型の城館の大館・中館・西館などの例に見るように、曲輪と同じ意味でも館が使用されていた。

多郭（たかく） 複数以上の曲輪で構成される城館の構成。群郭と意味が近い。

多重壕（たじゅうごう） 二重・三重以上の堀で囲郭していること。

竪堀（たてぼり）**・縦堀・竪土塁**（たてどるい） 斜面を上から下へ向けて掘られた堀や土塁。斜面の移動を阻害する施設であり、堀や土塁を伝い、上ってくる敵兵の列を集中的に攻撃できる利点がある。

単郭（たんかく） 一つだけの曲輪で成り立つ構造で、最も簡単な城館構造。

段築（だんちく） 人工の段差や切岸。

チャシ アイヌ民族の構築した囲郭施設や砦。確実な遺跡は北海道以北に分布する。東北地方北部においても、チャシ名称がみられるが、その多くは、近代以後の研究者によって付された名称であり、その使用にあたっては充分注意が必要である。

築地（ついじ） 版築（はんちく）工法で土を固めて構築した塀や障壁。古代城柵や官衙（かんが）に多く見られる。

梯郭（ていかく） 本丸や主郭を要に、扇形に二ノ丸、三ノ丸などの曲輪を序列した縄張。

出丸（でまる） 城館の外方へ突出した曲輪。出曲輪。

遠曲輪（とおくるわ） 惣構。

外館（とだて） 城館のなかで、本丸や二ノ丸よりも外側に設けられた曲輪。あるいは、支城のこと。外館（そとだて）とも。

土橋（どばし） 堀と堀の間を掘り残した橋。盛土で造られる場合もある。

外堀（そとぼり）・砥堀（とぼり）　外堀のこと。または、最も外側の構えを指す。戸張（とばり）との関連もある。

鳥矢場（とやば）　遠矢場。的場と同じ。

砦（とりで）　簡易な小規模城館。または臨時的に設けられた城館。

土塁（どるい）・土居（どい）　土を盛り上げた土手。堀や曲輪の造成で発生した土砂を高く盛り上げたもの。堀の内外に築かれる場合が多い。曲輪の内部の屋敷の区画などにも用いられた。

【な行】

内郭（ないかく）　主郭・本曲輪・本丸・内城など、城館の中心郭。

布掘（ぬのぼり）　塀や柵を建てるために掘られた溝のこと。または、その溝を掘ること。

根小屋（ねごや）　山城の麓に形成された屋敷街。猫屋・根小舎・猫谷地などと標記される地名もこれに関連している。

【は行】

破城（はじょう）　城を取り壊すこと。城門や柵・塀など撤去し、城構えでなくす場合も破城、または破却と呼んだ。

端城（はじょう・じろ）　出城などを指す名称。

八幡館（はちまんだて）　源義家（よしいえ）（八幡太郎）伝承のある城館。あるいは、城内に八幡宮が祀られた城館。

版築（はんちく）　築地や土塁を構築する工法で、側面を堰板（せきいた）で抑えつつ、突き棒で土砂を填圧しながら積み上げる工法。版築で造られた土塀を、築地塀（ついじべい）と呼ぶ。

樋の口（ひのくち）　引水・導水施設の水源にある地名。

複郭（ふくかく）　複数の曲輪で構成された城館構造。

副郭（ふくかく）　主郭（本丸）に準じる曲輪のこと。

防御性集落（ぼうぎょせいしゅうらく）　平安時代中期から後期にかけて、東北地方北部から北海道などに多く構築された集落。蝦夷館やチャシと呼ばれるものもある。溝や堀で集落全体を囲郭するものや、複郭のもの、集落の象徴的部分な、一部を囲郭するものもある。そのなかには、宗教的結界や共有部分の結界の場合もあり、チャシと同様に、必ずしも防御目的の施設ではない場合もある。

方八丁（ほうはっちょう）　古代城柵・官衙、あるいはそれに準じる機能をもつ集落遺跡などに、方八丁と呼ぶ事例が多い。

堀（ほり）・堀切（ほりきり）　城や曲輪を区画する溝。壕・濠などと標記されることもある。

防塁（ぼうるい）　道や狭い谷あいなどを遮断するように設けられた、塁壁や堀をさす。阿津加志（あつかし）山二重堀（福島県）や、元寇防塁（福岡県）などはその好例。

本城（ほんじょう） 領主の本拠とする城。

本館（ほんだて） 本城。あるいは城内の本丸のこと。もとだてと読む場合は、古い時期の居城のこと。

【ま行】

真館（まだて）**（間館）** 周壕形式の城館構造。廻館（まわりだて）からの転訛した呼び名らしく、真館、廻館の地名や、その近傍には、単郭構造で周壕形式の山城が良く見られる。真立を「まったち」とも読む事例もある。

桝形（ますがた） 土塁や切岸で、方形に囲んだ小区画。虎口に桝形を備えた場合、桝形の前後に門や木戸が構えられ、味方の出撃を助け、外敵の侵入に対し、三方から射撃で撃退しやすい効果がある。近世城郭では、桝形の内側に櫓門、外側に冠木門（かぶきもん）や棟門、高麗門などが構えられ、防御とともに、武家の威厳を示した。

的場（まとば） 弓矢の鍛錬の場。松葉は的場の転化。

丸（まる） 曲輪。近世城郭では、本丸、二ノ丸、三ノ丸などと表記されることが多い。

水の手（みずのて） 城の飲料水の供給源。山城では、水を得やすい鞍部などに井戸を設けたほか、周辺の沢水を引水して確保していた。

武者溜（むしゃだまり） 門の内側などに設けられた、城兵の待機するエリア。

武者走り（むしゃばしり） 土塁上や曲輪の縁辺部のうち、塀や柵の内側に確保された、城兵の足場や活動空間。天守など大きな櫓の壁沿いの廊下のような空間も、武者走りと呼んだ例もある。

【や行】

矢城（やじょう）**・矢館**（やだて） 支城（出城）や、見張り兵が詰めた監視哨に見られる呼び名。明確な堀や土塁を伴わない事例もある。

櫓（やぐら）**・矢倉** 城館の塀や柵近くに構えられた、見張り用の建物。弓矢が常備されたことから、矢倉と呼ばれた。門の上に櫓を構えた場合は、櫓門となる。

矢竹（やだけ） 矢柄に用いる目的で植えられた細い竹。城館跡に残る場合がある。

矢来（やらい） 竹や細い木材を、斜めに格子状に組んだ柵のような施設。

要害（ようがい） 攻めにくく、守りやすい城館、あるいはそのような地形を指す用語。伊達氏の仙台藩では、居城の仙台城、支城の白石城のほかにも、要害や所（ところ）が設置され、家臣を配置して知行させていた。南部氏の盛岡藩においても、居城盛岡城、支城の花巻城のほかに、中世城館を引き継ぐように、要害屋敷が置かれていた。

横矢（よこや）　城内や陣地の塁線を折り曲げて、寄せ手（敵）の側面に矢を射かけること。または、その防御を可能にした構えのこと。

【ら行】

塁（るい）　臨時的な砦や陣地、城館などを指す呼び名。

塁壕（るいごう）　土塁と堀（壕）をまとめた呼び名。

連郭（れんかく）　曲輪を複数連ねた城館構成。尾根を活用した山城や、舌状台地や段丘縁辺に立地する城に多い縄張。

【わ行】

輪台（わだい）　上台（うわだい）から転訛した地名で、城館の近傍にみられる。

執筆者略歴

浅利　英克（あさり　ひでかつ）	1972年生まれ	金ケ崎町役場
飯村　　均（いいむら　ひとし）	別掲	
伊藤　武士（いとう　たけし）	1967年生まれ	秋田市立秋田城跡歴史資料館
伊藤　直子（いとう　なおこ）	1973年生まれ	男鹿市役所観光文化スポーツ部文化スポーツ課
遠藤　栄一（えんどう　えいいち）	1973年生まれ	（一財）奥州市文化振興財団 奥州市埋蔵文化財調査センター
小田嶋知世（おだしま　ともよ）	1961年生まれ	北上市教育委員会
北田　　勲（きただ　いさお）	1975年生まれ	（公財）岩手県文化振興事業団 埋蔵文化財センター
木ノ内　瞭（きのうち　りょう）	1993年生まれ	鹿角市教育委員会
工藤　清泰（くどう　きよひと）	1955年生まれ	東北中世考古学会会長
熊谷　明希（くまがい　はるき）	1987年生まれ	大仙市役所観光文化スポーツ部文化財課
小山　卓臣（こやま　たかおみ）	1974年生まれ	東通村教育委員会
齋藤　　正（さいとう　ただし）	1974年生まれ	青森県埋蔵文化財調査センター
嶋影　壮憲（しまかげ　たけのり）	1979年生まれ	大館市教育委員会
島田　祐悦（しまだ　ゆうえつ）	1972年生まれ	横手市教育委員会
高橋　　学（たかはし　まなぶ）	1958年生まれ	秋田考古学協会会長
滝沢　清寿（たきざわ　せいじゅ）	1954年生まれ	秋田県文化財保護協会協和支部長
塚田　直哉（つかだ　なおや）	1976年生まれ	上ノ国町教育委員会
巴　　亜子（ともえ　あこ）	1983年生まれ	秋田県教育庁生涯学習課文化財保護室
中村　明央（なかむら　あきお）	1970年生まれ	一戸町教育委員会
中村　良幸（なかむら　よしゆき）	1953年生まれ	花巻市総合文化財センター
西野　　修（にしの　おさむ）	1957年生まれ	矢巾町歴史民俗資料館調査研究員
長谷川潤一（はせがわ　じゅんいち）	1969年生まれ	由利本荘市教育委員会
船場　昌子（ふなば　まさこ）	1975年生まれ	八戸市博物館
星宮　聡仁（ほしのみや　あきひと）	1985年生まれ	大仙市役所観光文化スポーツ部文化財課
三原裕姫子（みはら　ゆきこ）	1972年生まれ	由利本荘市教育委員会
室野　秀文（むろの　ひでふみ）	別掲	
山形　博康（やまがた　ひろやす）	1975年生まれ	美郷町教育委員会

編者略歴

飯村　均

一九六〇年、栃木県に生まれる
一九八三年、学習院大学法学部卒
現在、（公財）福島県文化振興財団・遺跡調査部

〔主要著書〕
『律令国家の対蝦夷政策 相馬の製鉄遺跡群』シリーズ「遺跡を学ぶ」（新泉社、二〇〇五）、『中世奥羽のムラとマチ 考古学が描く列島史』（東京大学出版会、二〇〇九）、『中世奥羽の考古学』東北中世史叢書（高志書院、二〇一五）、『東北の名城を歩く 北東北編』『〃 南東北編』（吉川弘文館、二〇一七）

室野秀文

一九六〇年、長野県に生まれる
一九七九年、長野県立下伊那農業高等学校卒
現在、盛岡市遺跡の学び館（非常勤）

〔主要論文〕
「陸奥北部の館」『鎌倉・室町時代の奥州』（高志書院、二〇〇二）、「城館の発生とその機能」『鎌倉時代の考古学』（高志書院、二〇〇六）、「中世道南の領主と城館」『北方社会史の視座第一巻』（清文堂、二〇〇七）、『東北の名城を歩く 北東北編』『〃 南東北編』（吉川弘文館、二〇一七）

続・東北の名城を歩く　北東北編
青森・岩手・秋田

二〇二一年（令和三）十一月一日　第一刷発行

編　者　飯村（いいむら）均（ひとし）
　　　　室野（むろの）秀文（ひでふみ）

発行者　吉川道郎

発行所　株式会社 吉川弘文館
郵便番号一一三―〇〇三三
東京都文京区本郷七丁目二番八号
電話〇三―三八一三―九一五一（代）
振替口座〇〇一〇〇―五―二四四番
http://www.yoshikawa-k.co.jp/

組版・製作＝有限会社 秋耕社
印刷＝株式会社 平文社
製本＝ナショナル製本協同組合
装幀＝河村　誠

ISBN978-4-642-08402-4

〈発売中〉

飯村　均・室野秀文編

続・東北の名城を歩く　南東北編

宮城・福島・山形

A5判・二八六頁・原色口絵四頁／二五〇〇円

伊達・蘆名・最上・蒲生・上杉氏ら、群雄が割拠した往時を偲ばせる石垣や曲輪が訪れる者たちを魅了する。宮城・福島・山形の三県から、名城六六を選び出し、豊富な図版を交えわかりやすく紹介する。詳細かつ正確な解説とデータは城探訪に最適。最新の発掘成果に文献による裏付けを加えた、好評の〈名城を歩く〉シリーズ南東北編、待望の続編。

◎既　刊

飯村　均・室野秀文編

六県の名城一二五を紹介。A5判・平均二九四頁

東北の名城を歩く　北東北編　青森・岩手・秋田　二五〇〇円

東北の名城を歩く　南東北編　宮城・福島・山形　二五〇〇円

吉川弘文館

（価格は税別）

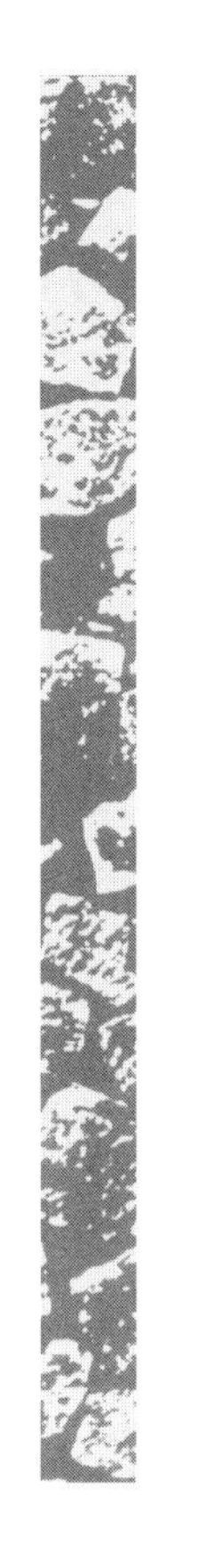

中井 均・加藤理文編
東海の名城を歩く 静岡編
名城六〇を西部・中部・東部に分け紹介。A5判・二九六頁
二五〇〇円

中井 均・内堀信雄編
東海の名城を歩く 岐阜編
名城六〇を西濃・本巣郡、中濃・岐阜、東濃・加茂、飛驒に分け紹介。
A5判・二八〇頁／二五〇〇円

中井 均・鈴木正貴・竹田憲治編
東海の名城を歩く 愛知・三重編
名城七一を尾張・三河・三重に分け紹介。
A5判・三二〇頁／二五〇〇円

仁木 宏・福島克彦編
近畿の名城を歩く 大阪・兵庫・和歌山編
二四〇〇円
近畿の名城を歩く 滋賀・京都・奈良編
二四〇〇円
二府四県の名城一五九を紹介。A5判・平均三三二頁

上里隆史・山本正昭編
沖縄の名城を歩く
沖縄本島と島嶼部のグスク四六を紹介。A5判・一九六頁
一九〇〇円

吉川弘文館
（価格は税別）